BRUGUERA LIBRO PRACTICO

DICCIONARIO ABREVIADO
DE SINONIMOS

D0994865

FERNANDO CORRIPIO

DICCIONARIO ABREVIADO DE SINONIMOS

BRUGUERA

1.ª edición en Libro Práctico: enero, 1980
2.ª edición en Libro Práctico: julio, 1980
La presente edición es propiedad de Editorial Bruguera, S. A.
Mora la Nueva, 2. Barcelona (España)
© Fernando Corripio - 1976
Diseño cubierta: Mario Eskenazi

Printed in Spain
ISBN: 84-02-06860-X
Depósito legal: B. 21.068 - 1980
Impreso en los Talleres Gráficos de Editorial Bruguera, S. A.
Carretera Nacional 152, Km. 21,650 Parets del Vallés (Barcelona) - 1980

INTRODUCCION

La labor que supone realizar una selección de vocablos para redactar un diccionario básico o compendiado es bastante más delicada de lo que puede parecer a primera vista. Se corre siempre el peligro de omitir algunos términos importantes, y de incluir otros que no lo son tanto.

Por tal motivo se ha puesto el mayor cuidado en elegir las voces de este diccionario, teniendo en cuenta que del acierto de esa tarea depende la mayor o menor utilidad del libro. Este que ahora aparece está basado en el *Gran diccionario de sinónimos, voces afines e incorrecciones*, del mismo autor, obra de considerable amplitud que se hace necesaria cuando se trata de consultas de mayor envergadura. Sin embargo, para el uso habitual, a un nivel medio, este diccionario puede proporcionar muy estimables servicios.

Siguiendo el autor con su norma de aportar algo nuevo en cada una de sus obras, en ésta ha incluido una relación de antónimos o contrarios que es de las más amplias que pueden hallarse no sólo en diccionarios de nivel similar, sino también en otros de mucha mayor extensión, algo muy necesario, pues este aspecto de los antónimos ha estado siempre bastante descuidado en nuestro idioma. De todas formas, en ocasiones se ha preferido dar un antónimo aproximado, una idea, antes que no ofrecer nada, ya que, contando con un vocablo, siempre es posible buscar entre los sinónimos del mismo hasta dar con el más adecuado a cada caso particular.

Se ha ido aquí también contra una modalidad propia de los diccionarios abreviados de sinónimos, la de no dar nunca referencias a otras voces. En este diccionario se ofrecen esas referencias cuando se considera oportuno, pues aunque esto pueda alargar un poco la consulta, en cambio contribuye a completar en lo posible el alcance de un libro que posee las lógicas limitaciones de extensión que caracterizan a las obras compendiadas.

Concisión y utilidad son, por consiguiente, los fines perseguidos. Si se ha logrado ese objetivo es algo que en definitiva sólo podrá ser dictaminado por ese juez inapelable que es el que consulta la obra.

F. CORRIPIO

NOTA

El asterisco indica una voz considerada generalmente como incorrecta, pero de amplio uso general.

A

abacería Colmado, tienda, comercio, ultramarinos, comestibles.

abacial Monástico, monacal, abadengo, cenobítico, conventual, clerical. — *Laico, seglar.*

abad Superior, prior, patriarca, rector.

abadía Cenobio, monasterio, convento, cartuja, priorato, claustro, templo.

abalanzarse A c o m e t e r, arremeter, embestir, meter, arrojarse. — *Retroceder.*

abandonar Desamparar, desatender, ceder, desasistir. — *Proteger, acompañar.* || Marcharse, alejarse, ausentarse. — *Volver.*

abandono Negligencia, desidia, dejadez, descuido, incuria. — *Cuidado, esmero.* || V. abandonar.

abaratar Rebajar, devaluar, desvalorizar, saldar. — *Encarecer, aumentar.*

abarcar Englobar, comprender, contener, incluir, rodear, ceñir. — *Excluir, soltar.*

abarquillado Combado, alabeado, pandeado, corvo. — *Recto, plano, derecho.*

abarrotar Colmar, atestar, atiborrar, llenar, saturar. — *Vaciar, desocupar.*

abastecer Aprovisionar, suministrar, avituallar, proveer, surtir. — *Desasistir, descuidar.*

abatimiento Desánimo, decaimiento, desaliento, agobio. — *Brío, ímpetu, vigor.*

abdicar Renunciar, dimitir, resignar, abandonar. — *Asumir, coronarse, entronizarse.*

abdomen Vientre, panza, barriga, estómago, intestinos, tripa.

abecedario Alfabeto, silabario, abecé, catón, cartilla.

aberración Extravío, desviación, descarrío, vicio, perversión. — *Rectitud,* *corrección.* || Error equivocación. — *Certidumbre.*

abertura Agujero, orificio, hueco, boquete, grieta, rendija. — *Oclusión, obturación, cierre.*

abierto Libre, despejado, desembarazado, expedito. — *Cerrado, obstruido, tapado.* || Sincero, franco, leal. — *Hipócrita, solapado.*

abigarrado Sobrecargado, chillón, barroco. || Heterogéneo, confuso. — *Sencillo, sobrio, simple.*

abismo Precipicio, sima, talud, barranco, despeñadero. — *Llano, explanada.*

ablandar Reblandecer, suavizar, moderar. — *Endurecer, fortificar, solidificar.* || Enternecer, conmover, emocionar. — *Ensañarse, endurecerse, abusar.*

ablución Lavatorio, enjuague, baño.

abnegación Sacrificio, renuncia, generosidad, altruismo, desinterés. — *Egoísmo, interés, indiferencia.*

abochornar Avergonzar, humillar, ofender, ridiculizar. — *Disculpar, excusar, justificar.*

abogado Letrado, jurisconsulto, jurista, defensor. — *Acusador, fiscal.*

abolengo Linaje, alcurnia,

nobleza, estirpe, prosapia, casta. — *Villanía, plebeyez, humildad.*

abolir Anular, derogar, invalidar, revocar, prohibir. — *Aprobar, designar, nombrar.*

abollar Deformar, aplastar, hundir, abultar, arquear, alabear. — *Alisar, igualar.*

abominable Detestable, odioso, aborrecible, vituperable, repugnante. — *Apreciable, querido.*

abonar Fertilizar, enriquecer. — *Empobrecer, esquilmar.* || Pagar, costear, sufragar. — *Deber, adeudar, acreditar.*

abono Estiércol, boñiga, humus, fertilizante. || Suscripción, inscripción.

abordaje Colisión, choque, encontronazo, siniestro, avería, accidente. || Ataque, acometida.

aborigen Indígena, nativo, salvaje, primitivo. — *Extranjero, foráneo, civilizado, cultivado.*

aborrecer Abominar, odiar, detestar, despreciar, execrar. — *Amar, querer, adorar.*

abortar Malograr, malparir, frustrar, perder. — *Parir.*

abotagado Hinchado, congestionado, inflamado, tumefacto. — *Descongestionado, deshinchado.*

abotonar Abrochar, ajustar, ceñir, prender. — *Desabotonar, desabrochar, soltar.*

abrasar Quemar, incendiar, arder, achicharrar, chamuscar. — *Helar, congelar, enfriar.*

abrazar Ceñir, enlazar, estrechar, rodear, oprimir, estrujar. — *Soltar, rechazar, alejar.*

abreviar Resumir, compendiar, extractar, sintetizar, acortar. — *Ampliar, detallar.*

abrigar Arropar, arrebozar, envolver, cobijar. — *Descubrir, destapar.* || Amparar, proteger. — *Desamparar.*

abrillantar Pulimentar, lustrar, bruñir, frotar. — *Deslucir, velar, oscurecer.*

abrir Entreabrir, destapar, descubrir. — *Cerrar, tapar.* || Romper, rasgar, partir. — *Unir, soldar, reparar.*

abrochar V. abotonar.

abrumar Agobiar, atosigar, oprimir, hastiar, aburrir, incomodar. — *Aliviar, divertir.*

abrupto Escabroso, escarpado, inaccesible, infranqueable, pendiente. — *Llano, accesible.*

absceso Inflamación, hinchazón, tumor, grano, flemón, forúnculo.

absolución Perdón, descargo, indulto, indulgencia, rehabilitación. —

Condena, pena, penitencia.

absolutismo Despotismo, dictadura, tiranía, autocracia. — *Democracia, libertad.*

absoluto Completo, total, universal, general. — *Parcial, fragmentario.*

absolver V. absolución.

absorber Humedecerse, empaparse, impregnarse, aspirar, chupar, embeber. || Embelesar, cautivar. — *Rezumar, destilar, perder.*

absorto Ensimismado, abstraído, pasmado, meditabundo, maravillado. — *Distraído, despreocupado.*

abstemio Sobrio, frugal, templado, continente, morigerado. — *Borracho, ebrio.*

abstenerse Renunciar, privarse, contenerse, refrenarse, prescindir, inhibirse. — *Actuar, obrar, participar.*

abstinencia Ayuno, dieta, frugalidad, privación, renuncia. — *Prodigalidad, profusión, participación.*

abstracto Inconcreto, inmaterial, puro, ideal. — *Concreto, material.*

abstraído V. absorto.

absurdo Descabellado, disparatado, ilógico, irracional. — *Lógico, cierto, sensato.* || Disparate, desatino, necedad. — *Realidad, verdad.*

abulia Apatía, desinterés, pasividad, debilidad, desgana. — *Energía, dinamismo, interés.*

abultar Aumentar, agrandar, hinchar, ensanchar. — *Alisar, deshinchar.*

abundancia Profusión, exceso, cantidad, opulencia, plétora, raudal, demasía. — *Escasez, insuficiencia, falta.*

abundar Rebosar, pulular, cundir, sobrar. — *Faltar, escasear.*

aburrimiento Tedio, fastidio, empalago, hastío, cansancio, disgusto, desgana. — *Entretenimiento, interés, distracción.*

aburrir Hastiar, empalagar, cansar, fastidiar, disgustar, importunar. — *Entretener, distraer.*

abusar Propasarse, excederse, aprovecharse, explotar, engañar. — *Considerar, respetar.*

abuso Injusticia, arbitrariedad, atropello, exceso, ilegalidad. — *Respeto, consideración, justicia.*

abyecto Vil, ruin, despreciable, rastrero, ignominioso, humillante. — *Encomiable, digno.*

acabar Concluir, terminar, finiquitar, completar, ultimar, finalizar. — *Empezar, iniciar.*

academia Corporación, sociedad, institución, entidad. || Colegio, instituto, seminario, escuela.

acaecer Ocurrir, suceder, acontecer, sobrevenir, pasar, producirse. — *Faltar.*

acaecimiento Suceso, incidente, acontecimiento, caso, episodio, hecho, contingencia.

acalorado Apasionado, exaltado, descompuesto, arrebatado, enardecido, violento. — *Tranquilo, sereno.*

acallar Silenciar, intimidar, forzar, amordazar. || Aquietar, calmar, convencer. — *Excitar, incitar, enardecer.*

acampar Vivaquear, instalarse, alojarse, descansar. — *Marchar, errar.*

acantilado Precipicio, despeñadero, barranco, talud, sima. — *Llano, planicie.*

acaparar Acumular, almacenar, retener, amontonar, especular, monopolizar. — *Distribuir, repartir.*

acariciar Tocar, palpar, sobar, rozar, manosear, mimar. — *Maltratar, golpear.*

acarrear Transportar, portear, trasladar, llevar, conducir. — *Detener, inmovilizar.*

acartonado Apergaminado, seco, momificado, marchito, amojamado. — *Fresco, lozano, tierno.*

acaso Hado, azar, destino, ventura, eventualidad, casualidad. — *Certidumbre, realidad.*

acatamiento Sumisión, obediencia, veneración, pleitesía, reverencia, disciplina, sometimiento, observancia. — *Rebeldía, desobediencia.*

acatarrar V. constipar.

acaudalado Adinerado, rico, opulento, millonario, potentado, acomodado. — *Pobre, mísero.*

acaudillar Encabezar, capitanear, dirigir, guiar, mandar. — *Obedecer, seguir.*

acceder Consentir, aceptar, admitir, transigir, aprobar. — *Rechazar, oponerse.*

acceso Llegada, entrada, ingreso, camino. — *Salida.*

accesorio Circunstancial, accidental, secundario, complementario. — *Principal, fundamental.*

accidentado Agitado, difícil, peliagudo, borrascoso. — *Tranquilo, pacífico.* || Escarpado, abrupto, montañoso. — *Liso, llano.*

accidental Fortuito, eventual, casual, accesorio. — *Previsto, sospechado.*

accidente Percance, incidente, contratiempo, peripecia, catástrofe. — *Suerte, ventura.*

acción Acto, intervención, maniobra, conducta, lucha, gesta. — *Abstención, inercia.*

acechar Espiar, observar, atisbar, vigilar, escudriñar, emboscarse.

aceitoso Graso, grasiento, oleoso, untuoso. — *Limpio, seco.*

acelerar Apresurar, apremiar, activar, urgir, apurar, avivar. — *Parar, frenar, retardar.*

acendrado Inmaculado, puro, perfecto, impoluto, limpio, delicado. — *Impuro, manchado.*

acento Vírgula, apóstrofo, tilde. || Entonación, acentuación, pronunciación.

acentuar Subrayar, insistir, resaltar, destacar, marcar, recalcar. — *Atenuar, disimular.*

acepción Significado, significación, sentido, expresión, extensión, alcance.

aceptar Admitir, aprobar, tolerar, consentir, autorizar, acceder. — *Rechazar, rehusar.*

acequia Zanja, canal, cauce, reguero.

acera Bordillo, orilla, margen, brocal.

acerbo Amargo, áspero, agrio, desagradable. — *Dulce, exquisito.* || Cruel, severo, intransigente, duro, riguroso. — *Bondadoso, benévolo.*

acercar Arrimar, aproximar, adosar, unir, pegar, juntar, tocar. — *Alejar, separar.*

acérrimo Obstinado, tenaz, voluntarioso, intransigente. — *Tolerante, mesurado.*

acertar Atinar, encontrar, adivinar, descubrir. — *Errar, equivocarse.*

acertijo Adivinanza, charada, jeroglífico, enigma, rompecabezas.

acervo Patrimonio, base, fondo, pertenencia.

aciago Funesto, nefasto, infausto, desventurado, infortunado, desdichado. — *Feliz, afortunado.*

acicalar Componer, adornar, limpiar, emperifollar, aderezar, arreglar. — *Desarreglar, descuidar.*

acicate Aliciente, estímulo, incentivo, atractivo. — *Rémora, freno.*

ácido Agrio, acerbo, acre, acedo, avinagrado. — *Dulce, suave.*

acierto Coincidencia, tino, cordura, éxito. — *Torpeza, desacierto, fracaso.*

aclamar Vitorear, ovacionar, aplaudir, homenajear, loar. — *Abuchear, protestar, desaprobar.*

aclarar Despejar, serenar, abonanzar. — *Oscurecerse, nublarse.* || Explicar, demostrar, puntualizar, esclarecer. — *Embrollar, enredar.*

aclimatar Acostumbrar, arraigar, familiarizar, habituar, radicar, naturalizar. — *Expulsar, desterrar, alejar, separar.*

acobardar Atemorizar, amedrentar, intimidar, arredrar, amilanar. — *Envalentonar, animar.*

acogedor Hospitalario, generoso, confortable, cómodo, agradable. — *Descortés, incómodo.*

acogida Recibimiento, recepción, admisión. — *Despedida.* || Hospitalidad, amparo, protección, refugio. — *Desamparo, rechazo.*

acometer Atacar, agredir, embestir, arremeter, asaltar, irrumpir, abalanzarse. — *Retroceder, huir.* || Emprender, iniciar, comenzar, intentar. — *Terminar, concluir, abandonar.*

acometividad Agresividad, empuje, dinamismo, energía. — *Abulia, pasividad, indiferencia.*

acomodado Opulento, rico, pudiente, adinerado. — *Pobre, mísero.*

acomodar Componer, arreglar, conciliar, adaptar, adecuar, establecerse, situarse, colocarse. — *Perturbar, desorientarse.*

acompañante Compañero, adlátere, escolta, agregado, asistente, amigo.

acompañar Escoltar, seguir, conducir, asistir, ayudar, juntarse. — *Abandonar, dejar.*

acompasado Rítmico, regular, medido, isócrono, pausado. — *Irregular, desigual, intermitente.*

acomplejado* Raro, disminuido, maniático, retraí-
do. — *Seguro, confiado.*

acondicionar Disponer,
arreglar, adecuar, prepa-
rar, acomodar. — *Alte-
rar, desordenar.*

acongojado Apenado, triste, afligido, desconsolado,
atribulado, entristecido,
angustiado, dolorido. —
Animado, alegre.

aconsejable Adecuado, re-
comendable, oportuno,
apropiado. — *Inconve-
niente, impropio.*

aconsejar Sugerir, recomendar, asesorar, adver-
tir, aleccionar. — *Callar,
omitir.*

acontecer Suceder, ocurrir,
sobrevenir, verificar-
se, producirse, cumplirse.
— *Fallar, frustrarse.*

acontecimiento Suceso, hecho, acaecimiento, peri-
pecia, incidente, caso, coyuntura.

acoplar Unir, enlazar, ensamblar, ajustar, agru-
par, articular, enganchar,
aproximar, conectar. —
*Separar, apartar, alejar,
dividir.*

acordar* Conceder, otorgar, ofrecer, dar. — *Ne-
gar, rehusar.* || **acordarse**
Recordar, rememorar,
evocar. — *Olvidar.*

acorde Conforme, armónico, conjuntado, entonado.
— *Desentonado, disonan-
te, discrepante.* || Arpe-
gio, armonía, sonido. —

*Discordancia, disonancia,
desentono.*

acorralar Arrinconar, rodear, asediar, hostigar,
encerrar, aislar. — *Sol-
tar, liberar, defenderse.*

acortar Reducir, aminorar,
achicar, disminuir, enco-
ger, mermar. — *Alargar,
agrandar, aumentar.*

acosar Hostigar, perseguir,
acorralar, molestar, im-
portunar, amenazar. —
Defenderse; ayudar.

acostarse Tenderse, echarse, yacer, tumbarse, ex-
tenderse, descansar. —
Levantarse, incorporarse.

acostumbrado Habituado,
familiarizado, amoldado,
aclimatado, instruido. —
*Inexperto, desconocedor,
desusado, extraño.*

acrecentar Aumentar,
agrandar, incrementar,
multiplicar, amplificar,
desarrollar, enaltecer. —
*Disminuir, rebajar, ami-
norar.*

acreditado Renombrado,
afamado, prestigioso, cé-
lebre, responsable, repu-
tado. — *Desprestigiado,
desconocido, desautori-
zado.*

acreedor Demandante, reclamante, solicitante, re-
quirente. — *Deudor, mo-
roso.*

acrisolado Depurado, aqui-
latado, refinado, proba-
do, demostrado. — *Im-
puro, inseguro, incierto.*

acritud Aspereza, mordacidad, sarcasmo, causticidad. — *Dulzura, benevolencia, amabilidad.*

acróbata Equilibrista, saltimbanqui, volatinero, gimnasta, atleta.

acta Memoria, certificación, relación, reseña, acuerdo, documento.

actitud Postura, disposición, talante, continente, porte, ademán, apariencia.

actividad Ocupación, tarea, labor, profesión, función. || Dinamismo, diligencia, energía, presteza. — *Abulia, apatía, lentitud, pereza.*

activo Dinámico, diligente, rápido, eficaz, afanoso, atareado. — *Apático, lento, perezoso.*

acto Acción, hecho, actuación, trance, maniobra, diligencia, ejercicio, suceso.

actor Artista, comediante, intérprete, histrión, cómico, figurante, galán.

actuación V. acto.

actual Contemporáneo, presente, coexistente, coetáneo, efectivo. — *Pasado, pretérito, acaecido.*

actuar Proceder, obrar, intervenir, ejercer, ejecutar, trabajar, elaborar, funcionar, desenvolverse. — *Inhibirse, abstenerse, cesar.*

acuático Marítimo, oceánico, fluvial, ribereño, costero. — *Terrestre, aéreo, seco.*

acuciar Apremiar, urgir, acelerar, apurar, apresurar, espolear, incitar. — *Desalentar, disuadir.*

acudir Ir, presentarse, asistir, llegar, arribar, congregarse. — *Faltar.*

acuerdo Convenio, resolución, pacto, compromiso, tratado, negociación, transacción, alianza, arreglo. — *Discrepancia, disensión, conflicto.*

acumular Amontonar, almacenar, apilar, aglomerar, hacinar, depositar. — *Distribuir, repartir.*

acuoso Líquido, húmedo, aguado, caldoso, jugoso, empapado. — *Seco.*

acusar Denunciar, inculpar, achacar (v.), atribuir, delatar, revelar. — *Defender, disculpar.*

achacar Atribuir, imputar, inculpar, acusar (v.), endosar. — *Disculpar.*

achacoso Débil, enfermizo, delicado, doliente, enclenque. — *Sano, vigoroso.*

achaque Dolencia, enfermedad, malestar, arrechucho, padecimiento. — *Salud, vigor.*

achicar Empequeñecer, disminuir, rebajar, encoger. — *Agrandar, aumentar.* || **achicarse** Atemorizarse, intimidarse, acoquinarse. — *Envalentonarse.*

achicharrar Tostar, chamuscar, quemar, incinerar, asar, arder, calentar.

adagio Refrán, sentencia,

dicho, aforismo, prover-
bio, máxima, axioma.

adalid Caudillo, jefe, guía,
capitán, paladín, dirigente, campeón. — *Subordi-
nado, subalterno.*

adaptar Adecuar, arreglar,
acomodar, transformar. ||
adaptarse Acostumbrarse, familirizarse, aclimatarse, habituarse. — *Desvincularse, aislarse, desa-
rraigarse, rebelarse.*

adecuado Apropiado, apto,
oportuno, conveniente,
ajustado, proporcionado.
— *Impropio, inadecuado,
inconveniente.*

adefesio Esperpento, estantigua, espantajo, birria,
hazmerreír. — *Maravilla,
preciosidad, perfección.*

adelantar Aventajar, sobrepasar, superar, exceder,
mejorar, rebasar. — *Re-
trasar, rezagarse.*

adelgazar Enflaquecer, demacrarse, depauperarse,
desmejorar. — *Engordar,
robustecer.*

además Seña, visaje, mueca, gesto, mímica, mohín,
aspaviento, pantomima,
contorsión. — *Inexpresi-
vidad.*

además También, asimismo, igualmente.

adentrarse Entrar, penetrar, ingresar, irrumpir,
pasar, profundizar, avan-
zar. — *Salir, retroceder.*

adepto Adicto, incondicional, devoto, partidario, seguidor, discípulo. — *Ad-
versario, opuesto.*

aderezar Acicalar, adornar,
arreglar, componer, her-
mosear. — *Descomponer,
desarreglar.*

adeudar Deber, obligarse,
entramparse, comprome-
terse. — *Pagar, abonar.*

adherir Pegar, unir, encolar, sujetar. — *Despegar,
separar.* || **adherirse** Afi-
liarse, asociarse, aprobar,
ratificar. — *Disentir,
oponerse.*

adhesión Solidaridad, aprobación, ratificación, apoyo, asentimiento. — *Opo-
sición, disconformidad.*

adición Suma, agregado, incremento, aumento, aña-
dido, apéndice. — *Resta,
disminución.*

adicional Complementario,
suplementario, agregado,
añadido. — *Disminuido,
sustraido.*

adicto Partidario, leal, incondicional, secuaz, se-
guidor, sectario, devoto.
— *Adversario, opuesto.*

adiestrar Instruir, guiar,
enseñar, dirigir, entrenar,
educar. — *Desviar, descarriar.*

adinerado Rico, acaudalado, opulento, pudiente,
acomodado. — *Pobre, mí-
sero.*

adivinanza Acertijo, pasatiempo, charada, rompe-
cabezas, enigma, entrete-
nimiento. — *Solución.*

adivinar Profetizar, predecir, pronosticar, descu-
brir, prever, interpretar,
vaticinar, agorar, desci-

frar, resolver. — *Errar, ignorar.*

adivino Clarividente, augur, adivinador, vidente, nigromante, mago, agorero.

adjudicar Otorgar, conceder, c e d e r, conferir, transferir, dar, entregar. — *Quitar, negar, expropiar.*

adminículo Utensilio, aparato, objeto, artefacto, útil, aparejo, pertrecho.

administrar Dirigir, guiar, regentar, gobernar, mandar, tutelar, apoderar.

admirable Espléndido, soberbio, magnífico, maravilloso, excelente, portentoso, pasmoso, notable. — *Espantable, abominable, detestable.*

admiración Asombro, pasmo, estupefacción, fascinación, entusiasmo. — *Disgusto, repulsión.*

admirador V. adicto.

admitir Aceptar, consentir, reconocer, tolerar, permitir. — *Rechazar, negar.*

adobar Aderezar, condimentar, sazonar, aliñar, salpimentar, salar.

adoctrinar Instruir, adiestrar, aleccionar, educar, amaestrar.

adolescencia Juventud, pubertad, mocedad, nubilidad, virginidad. — *Vejez, senectud.*

adolescente Muchacho, mozo, joven, púber, efebo, imberbe, mancebo, chico. — *Anciano, adulto.*

adoptar Prohijar, recoger, proteger, amparar. — *Repudiar, desconocer, abandonar.*

adorable Delicioso, encantador, maravilloso, admirable, sugestivo, exquisito. — *Detestable, repulsivo.*

adorar Idolatrar, venerar, reverenciar, amar, honrar, exaltar. — *Aborrecer.*

adormecer Aletargar, amodorrar, adormilar, entorpecer, inmovilizar, arrullar, calmar. — *Despabilar, despertar.*

adornar Acicalar, arreglar, atusar, engalanar, aderezar, componer, decorar, hermosear. — *Desarreglar, desordenar, descomponer.*

adosar Acercar, arrimar, juntar, a p o y a r, unir, aproximar. — *Separar.*

adquirir Comprar, conseguir, ganar, obtener, mercar, lucrar, lograr, agenciarse. — *Vender, ceder, perder.*

adrede Aposta, ex profeso, intencionadamente, expresamente. — *Inadvertidamente, sin intención.*

adueñarse Apropiarse, apoderarse, tomar, adquirir, ganar, atrapar. — *Ceder, entregar.*

adular Halagar, lisonjear, alabar, loar, agasajar, elogiar. — *Criticar, vituperar.*

adulterar Falsificar, mistificar, falsear, imitar, engañar, corromper.

adulterio Infidelidad, ilegitimidad, amancebamiento, abarraganamiento. — *Legitimidad.*

adulto Maduro, mayor, crecido, grande, desarrollado. — *Niño, impúber.*

adusto Severo, austero, hosco, rígido, serio, ceñudo, taciturno. — *Afable, jovial.*

advenedizo Arribista, intruso, novel, foráneo, recién llegado. — *Veterano, avezado.*

adventicio Eventual, casual, accidental, fortuito, impropio. — *Efectivo, seguro.*

adversario Antagonista, contrincante, oponente, competidor, enemigo, rival. — *Partidario, aliado.*

adversidad Desventura, infortunio, desgracia, calamidad, contratiempo, fatalidad. — *Suerte, dicha.*

adverso Desfavorable, contrario, opuesto, hostil, antagonista. — *Favorable, propicio.*

advertencia Indicación, observación, aviso, consejo, exhortación, amonestación, amenaza, apercibimiento.

adyacente Próximo, contiguo, cercano, lindante, vecino, inmediato, limítrofe. — *Lejano, distante.*

aéreo Etéreo, leve, sutil, vaporoso, volátil. — *Terre-*

nal, material, pesado, macizo.

aerodinámico Ahusado, fino, esbelto, alargado, grácil, airoso. — *Macizo, grueso.*

aerolito Bólido, meteorito, astrolito, exhalación.

aeronáutica Aviación, navegación aérea, aerostación.

aeroplano Avión, aparato, aeronave, reactor.

afable Afectuoso, atento, amable, simpático, benévolo, cordial. — *Antipático, descortés, hosco.*

afamado Renombrado, famoso, prestigioso, célebre, ilustre, glorioso, admirado, eximio, insigne, popular. — *Desconocido, ignorado.*

afán Ansia, anhelo, ambición, brega, aspiración, deseo. — *Apatía, desidia.*

afección Dolencia, achaque, enfermedad, padecimiento, indisposición. — *Salud, bienestar.*

afectado Fingido, amanerado, falso, rebuscado, cursi, ñoño, pedante, forzado. — *Espontáneo, natural, sencillo.*

afectar Perjudicar, dañar, aquejar, afligir, estropear. — *Beneficiar, favorecer.*

afecto Aprecio, cariño, estima, simpatía, devoción, apego. — *Odio, antipatía.*

afeitar Rasurar, raer, rapar, recortar, apurar.

afeite Cosmético, maquillaje, crema, colorete.

afeminado Amanerado, marica, amujerado, invertido, homosexual. — *Varonil, viril, masculino.*

aferrar Agarrar, coger, asir, atrapar, retener, aprisionar. — *Soltar.*

afianzar Consolidar, asegurar, fortalecer, reforzar, afirmar, apuntalar. — *Aflojar, debilitar.*

afición Inclinación, devoción, propensión, tendencia, entusiasmo, apego. — *Desinterés.*

afilar Aguzar, adelgazar, afinar, ahusar. — *Embotar, redondear.*

afiliarse Inscribirse, asociarse, adherirse, unirse, incorporarse. — *Darse de baja, renunciar.*

afín Similar, análogo, parecido, semejante, relacionado, vinculado. — *Diferente, contrario.*

afincarse Instalarse, establecerse, avecindarse, residir, asentarse, fijarse. — *Marcharse, emigrar.*

afinidad Relación, analogía, semejanza, parecido, parentesco, atracción. — *Diferencia, repulsión.*

afirmar Declarar, alegar, manifestar, proclamar, sostener, testimoniar, ratificar, reiterar, atestiguar. — *Negar.*

aflicción Tribulación, dolor, desconsuelo, pesar, pena, sufrimiento, pesadumbre, desesperación, angustia, congoja, amar-

gura. — *Alegría, satisfacción.*

afligir V. aflicción.

aflojar Ceder, soltar, relajar, debilitar, flaquear, decaer. — *Apretar, endurecer.*

aflorar Surgir, brotar, salir, asomar, aparecer, manifestarse. — *Ocultarse.*

aforismo Adagio, proverbio, sentencia, axioma, refrán, precepto, pensamiento, máxima, dicho.

afortunado Venturoso, favorecido, feliz, dichoso, agraciado, bienaventurado. — *Desdichado, infortunado.*

afrenta Agravio, insulto, ultraje, injuria, deshonra, ofensa, vilipendio, infamia, escarnio, vejación, baldón. — *Cumplido, pleitesía.*

afrontar Desafiar, resistir, enfrentar, oponer, aguantar. — *Someterse, rendirse.*

agacharse Bajarse, encogerse, doblarse, inclinarse, acurrucarse. — *Incorporarse, levantarse.*

ágape Convite, festín, comilona, agasajo, banquete, francachela.

agarrar Coger, tomar, asir, atrapar, sujetar, aferrar, empuñar. — *Soltar, dejar.*

agarrotado Acalambrado, contraído, endurecido. — *Relajado, suelto.*

agasajar Festejar, homenajear, obsequiar, halagar, mimar. — *Despreciar, desdeñar.*

agazaparse Ocultarse, esconderse, agacharse, acurrucarse, inclinarse. — *Descubrirse, levantarse.*

agencia Representación, delegación, filial, sucursal, despacho, administración. — *Central, sede.*

agente Delegado, intermediario, comisionista, representante, administrador, mandatario, comisionado, funcionario, mediador, negociador.

agigantarse Aumentar, crecer, agrandarse, desarrollar, ampliarse. — *Empequeñecerse, disminuir.*

ágil Rápido, ligero, raudo, diligente, vivo, activo, liviano. — *Pesado, lento.*

agitación Alteración, inquietud, excitación, perturbación, intranquilidad, revuelo, convulsión, desasosiego, revolución. — *Tranquilidad, paz.*

aglomeración Amontonamiento, acumulación, hacinamiento, reunión. — *Dispersión.*

aglutinar Adherir, unir, juntar, pegar, encolar, combinar. — *Separar, disgregar.*

agobiar Angustiar, abrumar, cansar, fatigar, oprimir, fastidiar. — *Animar, entretener.*

agonía Estertor, muerte, trance, fin, congoja, angustia, tribulación. — *Mejoría, dicha.*

agorero Triste, fatídico, infausto, pesimista, sombrío. — *Alegre, optimista.*

agotado Extenuado, cansado, exhausto, fatigado, consumido. — *Descansado, vigoroso.*

agraciado Favorecido, premiado, recompensado. — *Castigado, despreciado.* || Apuesto, gallardo, donoso, garboso. — *Feo, defectuoso.*

agradable Grato, atractivo, simpático, placentero, delicioso, cautivante, encantador, amable, afectuoso, afable. — *Desagradable, antipático.*

agradecimiento Gratitud, reconocimiento, complacencia, satisfacción, devolución. — *Ingratitud.*

agrado Complacencia, satisfacción, contento, placer, gusto. — *Disgusto, descontento.*

agrandar Incrementar, ampliar, aumentar, engrandecer, desarrollar. — *Disminuir, empequeñecer.*

agravar Empeorar, entorpecer, obstaculizar, perjudicar, complicar. — *Facilitar, favorecer.* || **agravarse** Empeorar, desmejorar, debilitarse, declinar, agonizar. — *Mejorar, aliviarse.*

agravio Ultraje, injuria, ofensa, oprobio, insulto,

baldón. — *Homenaje, halago.*

agredir Atacar, arremeter, acometer, embestir, asaltar, golpear. — *Defender, ayudar.*

agregar Añadir, completar, asociar, suplementar, sumar, anexionar. — *Quitar, sustraer.*

agresión V. agredir.

agresivo Pendenciero, provocador, impulsivo, belicoso, ofensivo. — *Pacífico, manso.*

agresor Atacante, asaltante, provocador, delincuente, culpable. — *Inocente, pacífico.*

agreste Silvestre, rústico, salvaje, pastoral, selvático. — *Manso, dócil.*

agriado V. agrio.

agricultor Campesino, labrador, agrónomo, cultivador, granjero, colono, horticultor, paisano, labriego, rústico, hortelano.

agrietar Cuartear, rajar, h e n d e r, resquebrajar, cascar, romper, quebrar. — *Unir, pegar.*

agrio Ácido, acerbo, acre, acedo, avinagrado, picante. — *Dulce, suave.* ǁ Mordaz, sarcástico, hiriente, desabrido. — *Amable, simpático.*

agrupar Congregar, reunir, asociar, juntar, concentrar, convocar. — *Separar, dispersar.*

aguacero Chubasco, chaparrón, tormenta, borrasca, turbión. — *Calma, sequía.*

aguafiestas Pesimista, gruñón, cascarrabias, protestón, agorero. — *Optimista, simpático.*

aguantar Sostener, sustentar. — *Dejar, soltar.* ǁ Tolerar, sufrir, soportar, padecer, disimular, transigir. — *Rebelarse.*

aguar Disolver, diluir, licuar, desleír, adulterar. — *Concentrar, solidificar.* ǁ Frustrar, estropear, arruinar, malograr. — *Favorecer.*

aguardar Esperar, permanecer. — *Irse.* ǁ Retrasar, diferir, prorrogar, postergar. — *Empezar.* ǁ Confiar, creer. — *Desconfiar.*

agudeza Sagacidad, perspicacia, viveza, penetración, ingenio. — *Torpeza, necedad.*

agudo Puntiagudo, aguzado, fino, punzante, afilado. — *Romo, embotado.* ǁ Inteligente, sagaz, perspicaz, penetrante, ingenioso. — *Torpe, necio.*

agüero Pronóstico, presagio, profecía, augurio, vaticinio, auspicio, predicción.

aguerrido Fogueado, veterano, experimentado, ducho, b a q u e t e a d o. — *Inexperto, novato.*

aguijonear Pinchar, estimular, incitar, avivar, hostigar. — *Refrenar, limitar.*

aguileño Corvo, ganchudo, aquilino, encorvado, convexo. — *Respingado, recto.*

aguja Alfiler, espina, pincho, púa, espiga, punzón.

agujero Abertura, orificio, hueco, boquete, taladro, perforación, hoyo. — *Obturación, relleno.*

aguzado V. agudo.

aguzar Afilar, adelgazar, afinar, ahusar, estrechar. — *Embotar, despuntar.*

ahínco. Perseverancia, tesón, empeño, esfuerzo, diligencia, fervor, insistencia. — *Desgana, dejadez.*

ahíto Harto, atiborrado, saciado, lleno, atracado, hastiado. — *Hambriento, famélico.*

ahogar Asfixiar, sofocar, ahorcar, estrangular, acogotar. — *Airear, ventilar.* || Apremiar, apretar, urgir, apurar, abrumar. — *Ayudar, tranquilizar.*

ahondar Profundizar, cavar, sondear, horadar, penetrar. — *Rellenar, tapar.*

ahorcar V. ahogar.

ahorrar Economizar, escatimar, guardar, reservar, tasar, restringir. — *Despilfarrar.*

ahuecar V. ahondar.

ahuyentar Asustar, espantar, alejar, echar, rechazar, repeler. — *Atraer.*

airado Colérico, iracundo, indignado, irritado, agitado, violento. — *Sereno, apacible.*

aire Atmósfera, ambiente, éter. || Viento, corriente, céfiro, aura. — *Calma, bonanza.* || Aspecto, apariencia, figura, continente, porte, talante.

airear Ventilar, orear, refrescar, purificar. — *Enrarecer.* || Divulgar, revelar, propagar, publicar, esparcir. — *Callar, ocultar.*

airoso Garboso, apuesto, gallardo, lucido, arrogante, donoso. — *Desgarbado, feo.*

aislar Recluir, confinar, apartar, encerrar, incomunicar, clausurar, separar, arrinconar, relegar, alejar. — *Unir, relacionar.*

ajar Deslucir, marchitar, deteriorar, maltratar, estropear, sobar. — *Renovar, vivificar.*

ajeno Extraño, foráneo, impropio, lejano, distinto, separado. — *Propio.*

ajetreado Azacanado, curtido, zarandeado, movido, agitado. — *Tranquilo, descansado.*

ajuar Enseres, pertenencias, bienes, equipo, menaje, bártulos.

ajustar Arreglar, acomodar, convenir, concertar. — *Discrepar, disentir.* || Apretar, encajar, embutir, acoplar, empalmar. — *Soltar, separar.*

ajusticiar Matar, condenar,

ejecutar, eliminar, liquidar. — *Indultar, perdo-
nar.*

alabancioso Presuntuoso,
vanidoso, jactancioso, fatuo, presumido. — *Senci-
llo, modesto, tímido.*

alabar Elogiar, celebrar,
aplaudir, ensalzar, adu-
lar, aclamar, glorificar,
encomiar, lisonjear, hon-
rar, loar. — *Censurar, difamar.*

alabeado Combado, abarquillado, curvo, pandea-
do, ondulado, torcido, arqueado. — *Recto.*

alambrada Valla, cerco,
red, cercado, empalizada,
seto, barrera.

alardear Jactarse, alabarse, vanagloriarse, ufanarse, engreírse, presumir.
— *Disculparse.*

alargar Dilatar, prolongar,
extender, estirar, am-
pliar, agrandar. — *Acor-
tar, disminuir.*

alarido Grito, chillido, au-
llido, lamento, bramido,
rugido, queja.

alarma Sobresalto, inquietud, susto, miedo, espan-
to, intranquilidad, zozo-
bra, urgencia, emergen-
cia, contingencia. —
Tranquilidad, calma.

alba Aurora, amanecer, alborada, amanecida, ma-
drugada. — *Anochecer,
atardecer.*

albedrío Voluntad, potestad, deseo, gana, arbi-
trio, gusto. — *Absten-
ción, indecisión.*

albergar Alojar, asilar, hospedar, cobijar, amparar,
aposentar, guarecer, aco-
ger, admitir. — *Echar,
expulsar, rechazar.*

albo Claro, blanco, inmaculado, puro, níveo, ca-
no. — *Negro, oscuro.*

alborada V. alba.

alborotar Escandalizar, vociferar, gritar, chillar,
molestar. — *Callar, apa-
ciguar.*

alboroto Desorden, estrépito, tumulto, confusión,
escándalo, vocerío. —
*Silencio, tranquilidad,
calma.*

alborozo Alegría, contento,
gozo, algazara, entusias-
mo. — *Tristeza, pesa-
dumbre, consternación.*

albur Riesgo, contingencia, fortuna, suerte, azar,
casualidad. — *Certidum-
bre.*

alcahuete Mediador, tercero, cómplice, encubridor,
rufián, compinche.

alcance Consecuencia, importancia, trascendencia,
efecto, eficacia, deriva-
ción.

alcanzar Conseguir, lograr,
obtener, agenciar. — *Per-
der, abandonar.* || Atra-
par, cazar, coger, reba-
sar. — *Distanciarse, rezagarse.*

alcázar Fortaleza, fortificación, castillo, ciudadela,
fortín, reducto, palacio.

alcoba Habitación, dormitorio, cuarto, aposento,
estancia, recinto.

alcoholizado Embriagado, borracho, beodo, ebrio, achispado, curda, alegre. — *Sobrio.*

alcurnia Linaje, estirpe, abolengo, casta, ascendencia, prosapia, origen. — *Plebeyez, humildad.*

aldea Pueblo, poblado, villorrio, población, lugarejo, caserío. — *Urbe, metrópoli.*

aldeano Lugareño, rústico, campesino, labriego, pueblerino, paleto. — *Ciudadano.*

aleatorio Fortuito, incierto, azaroso, arriesgado, impreciso. — *Seguro, cierto.*

aleccionar Aconsejar, instruir, adiestrar, iniciar, sugerir. — *Disuadir, desanimar.*

aledaño Vecino, lindante, limítrofe, adyacente, contiguo. — *Lejano, separado.*

alegar Aducir, razonar, declarar, manifestar, testimoniar. — *Callar, omitir.*

alegato Defensa, manifiesto, exposición, declaración, testimonio.

alegoría Símbolo, figura, imagen, signo, emblema, representación, atributo. — *Realidad.*

alegre Jovial, contento, animado, divertido, festivo, gozoso, regocijado, ufano, jubiloso, radiante, gracioso, alborozado. — *Triste.*

alejar Separar, apartar, marchar, distanciar, retirar, ahuyentar. — *Aproximar.*

alelado Atontado, lelo, pasmado, aturdido, embobado, confuso. — *Listo, despierto.*

alentar Incitar, animar, exhortar, aguijonear, apoyar, confortar. — *Desanimar, disuadir.*

alerta Avizor, presto, pronto, atento, vigilante, dispuesto, listo. — *Desprevenido.*

aletargado Amodorrado, entumecido, inconsciente, adormecido. — *Despierto, animado.*

alevosía Felonía, traición, deslealtad, infidelidad, perfidia, insidia. — *Lealtad, fidelidad.*

algarabía Bullicio, bulla, alboroto, griterío, estruendo, algazara, jaleo. — *Silencio, tranquilidad.*

algarada Asonada, revuelta, motín, revolución, levantamiento, desorden, disturbio, alboroto, tumulto. — *Paz, tranquilidad.*

algazara V. algarabía.

álgido Crítico, culminante, supremo, grave, trascendental. — *Intrascendente.*

alhaja Joya, adorno, presea, aderezo, gema.

alharaca V. algarabía.

aliado Coligado, confederado, adepto, asociado, amigo, compañero. — *Adversario, competidor.*

alianza Confederación, liga, coalición, federación, pacto, acuerdo, compromiso, tratado, unión, asociación. — *Hostilidad, enemistad.*

alias Apodo, mote, sobrenombre, seudónimo, remoquete.

alicaído Deprimido, desalentado, desanimado, triste, decaído, mohíno. — *Animado, vivaz.*

aliciente Acicate, incentivo, estímulo, ánimo, atractivo. — *Impedimento, freno.*

aliento Resuello, hálito, aire, soplo, vaho, respiración. || Ánimo, incitación, confortación, consuelo. — *Desánimo, freno.*

aligerar Disminuir, descargar, quitar, reducir, suavizar, calmar, aliviar. — *Cargar, aumentar.*

alimentar Sustentar, nutrir, cebar, mantener, sostener, aprovisionar. — *Desnutrir.*

alimento Comida, sustento, manutención, yantar, pitanza, sostén. — *Ayuno.*

alinear Enfilar, ordenar, situar, rectificar. — *Desordenar, separar.*

aliñar Condimentar, sazonar, adobar, aderezar, salar, salpimentar.

alisar Igualar, enrasar, suavizar, pulir, planchar. — *Arrugar.*

aliviar Calmar, mitigar, aplacar, tranquilizar, confortar, alegrar. — *Desanimar.* || **aliviarse** Mejorarse, restablecerse, reponerse, recuperarse, curarse, sanar. — *Empeorar, agravarse.*

alma Espíritu, esencia, ánima, sustancia, aliento, hálito, corazón, conciencia. — *Cuerpo, materia.*

almacenar Depositar, acumular, guardar, hacinar, reunir, acopiar, amontonar. — *Repartir.*

almanaque Calendario, agenda, anuario, efemérides.

almibarado Meloso, dulzón, empalagoso, pegajoso, suave. — *Amargo, insípido, grosero.*

almoneda Subasta, puja, licitación, venta pública.

almorzar Comer, nutrirse, alimentarse, desayunar. — *Ayunar.*

almuerzo Comida, refrigerio, alimento, piscolabis, desayuno. — *Ayuno.*

alocado Tarambana, aturdido, disparatado, atolondrado, impetuoso. — *Juicioso, sereno.*

alocución Arenga, prédica, discurso, perorata, alegato, sermón, plática.

alojar Albergar, acomodar, aposentar, cobijar, hospedar. — *Expulsar.* || **alojarse** Residir, vivir, morar, habitar, domiciliarse. — *Errar, vagar.*

alpargata Sandalia, zapatilla, chancleta, abarca, pantufla, escarpín.

alpinista Montañero, excursionista, escalador, deportista, montañés.

alquería Caserío, cortijo, predio, hacienda, rancho, finca, casa de campo.

alquiler Arriendo, locación, arrendamiento, contrato, transmisión, renta, operación, inquilinato.

alquitrán Pez, brea, betún.

altanero Altivo, orgulloso, desdeñoso, presuntuoso, arrogante, fatuo, engreído, petulante, soberbio, imperioso. — *Humilde, modesto.*

alterar Transformar, cambiar, v a r i a r, turnar, reemplazar, modificar, falsificar. — *Conservar, perpetuar.* || Irritar, trastornar, excitar, inquietar. — *Serenar, calmar.*

altercado Disputa, discusión, gresca, bronca, pelotera, pendencia, reyerta. — *Concordia, armonía.*

alternar Variar, cambiar, turnar, reemplazar. — *Mantener, conservar.* || Convivir, codearse, tratar, comunicarse, relacionarse, frecuentar, rozarse, verse. — *Aislarse, retraerse.*

alternativa Disyuntiva, dilema, opción, azar, altibajo, fortuna, dificultad, problema. — *Certidumbre.*

Altísimo Creador, Señor, Todopoderoso, Dios.

altisonante Grandilocuente, pomposo, rimbombante, campanudo, solemne. — *Sencillo.*

altivo V. altanero.

alto Elevado, crecido, espigado, desarrollado, descollante, g i g a n t e s c o, enorme, dominante, dilatado. — *Bajo, minúsculo.*

altruismo Caridad, generosidad, filantropía, humanidad, abnegación. — *Egoísmo, interés.*

altura Elevación, altitud, encumbramiento, nivel, cota. — *Depresión.*

alucinación O f u s c a c i ó n, desvarío, espejismo, deslumbramiento, visión. — *Realidad.*

alud Avalancha, desprendimiento, derrumbamiento, corrimiento, desmoronamiento, hundimiento.

aludir C i t a r, referirse, mencionar, personalizar, determinar. — *Generalizar.*

alumbrar Aclarar, iluminar, enfocar, relucir, irradiar, dar luz, encender. — *Oscurecer, apagar.*

alumno Escolar, estudiante, colegial, educando, discípulo, párvulo, becario. — *Maestro.*

alusión Referencia, cita, mención, sugerencia, indicación, reticencia, indirecta.

alza Aumento, incremento,

elevación, encarecimiento, carestía. — *Rebaja, disminución.*

alzamiento Insurrección, levantamiento, revolución, revuelta, rebelión, insurgencia, motín, sedición, asonada. — *Rendición, paz.*

alzar Elevar, izar, levantar, subir, encumbrar, encaramar, empinar. — *Bajar, descender.*

allanar Registrar, irrumpir, penetrar, forzar, inspeccionar, investigar. || Aplanar, nivelar, rellenar, alisar, igualar.

allegado Familiar, pariente, deudo, relativo, próximo, emparentado. — *Desconocido, extraño.*

ama Señora, patrona, dueña, jefa, propietaria, casera. — *Subordinada, sirvienta.*

amabilidad Cortesía, gentileza, cordialidad, urbanidad, afabilidad, simpatía, benevolencia, afecto, dulzura. — *Grosería, rudeza.*

amado V. amante.

amaestrar Domesticar, amansar, adiestrar, domar, enseñar, educar.

amago Finta, amenaza, ademán, intimidación. || Señal, indicio, síntoma, comienzo.

amainar Ceder, aflojar, disminuir, moderar, calmarse, escampar. — *Empeorar.*

amalgama Mezcla, combi-

nación, mixtura, conjunto, unión. — *Disgregación.*

amamantar Nutrir, criar, atetar, alimentar, dar el pecho. — *Destetar.*

amancebarse Juntarse, cohabitar, entenderse, enredarse, liarse. — *Separarse, casarse.*

amanecer Alborear, aclarar, clarear, despuntar, romper el día, rayar el alba. — *Anochecer.*

amanerado Remilgado, afectado, artificial, estudiado, afeminado, teatral, falso, rebuscado, forzado, complicado. — *Natural, sencillo, varonil.*

amansar Amaestrar, domar, domesticar, desbravar, apaciguar, calmar. — *Excitar, embravecer.*

amante Galán, adorador, querido, galanteador, enamorado, pretendiente, cortejador. || Cariñoso, afectuoso, tierno, amoroso. — *Odioso.* || Concubina, querida, manceba, barragana, entretenida.

amar Querer, idolatrar, estimar, venerar, adorar, reverenciar. — *Odiar.*

amargo Acerbo, agrio, desabrido, áspero, acre. — *Dulce.* || Angustioso, mortificante, doloroso, lamentable, triste. — *Alegre, grato.*

amargura Sufrimiento, aflicción, pena, mortifi-

cación, tristeza, descon-
suelo, tribulación, pesar,
pesadumbre, angustia,
sinsabor. — *Alegría, contento, dicha.*

amarillo Gualdo, ambari-
no, pajizo, rubio, dorado,
áureo, leonado.

amarrar Atar, ligar, enlazar, anudar, unir, asegu-
rar, inmovilizar. — *De-
satar, soltar.*

amasar Heñir, mezclar,
apretar, sobar, mano-
sear, frotar, menear.

amasijo Mixtura, revoltijo,
confusión, mezcla, masa,
fárrago.

ambición Ansia, codicia,
anhelo, apetencia, afán,
avidez, deseo, gana. —
Desinterés, modestia.

ambiente Medio, ámbito,
sector, círculo, estado,
condición, entorno, espa-
cio.

ambiguo Confuso, impreciso, incierto, vago, equí-
voco, oscuro, turbio. —
*Preciso, claro, determi-
nado.*

ámbito V. ambiente.

ambulante Móvil, itineran-
te, portátil, movible, ca-
llejero, errante, libre. —
Fijo, estable.

amedrentar Amilanar, acobardar, intimidar, espan-
tar, arredrar, atemorizar.
— *Envalentonar, animar.*

amenazador Inquietante,
desafiante, torvo, malig-
no, dañino, peligroso. —
Inofensivo, amistoso.

amenazar Retar, desafiar,

provocar, fanfarronear,
advertir, obligar. — *Re-
conciliar, olvidar.*

ameno Entretenido, divertido, variado, animado,
distraído, agradable. —
Aburrido.

amiga V. amigo. || V. con-
cubina.

amigable V. amistoso.

amigo Compañero, camarada, conocido, insepara-
ble, adicto. — *Enemigo,
adversario.*

amilanarse V. amedrentar.

aminorar Reducir, disminuir, menguar, mitigar,
achicar, mermar. —
Agrandar, ampliar.

amistad Compañerismo,
camaradería, confrater-
nidad, hermandad, leal-
tad, aprecio, devoción,
apego, inclinación, afec-
to. — *Enemistad, antago-
nismo.*

amnistía Perdón, indulto,
absolución, gracia, remi-
sión, clemencia, indul-
gencia. — *Condena.*

amo Patrono, dueño, jefe,
señor, propietario, prin-
cipal. — *Servidor, vasa-
llo, subordinado.*

amodorrarse Aletargarse,
adormilarse, adormecer-
se, dormitar. — *Desper-
tarse, animarse, desvelarse.*

amohinarse Disgustarse,
enojarse, enfadarse, en-
tristecerse. — *Animarse,
alegrarse.*

amoldarse Acostumbrarse,
adaptarse, avenirse, ajus-

tarse, habituarse, acomodarse, conformarse. — *Rebelarse, oponerse.*

amonestación Reprimenda, apercibimiento, admonición, regaño, reproche. — *Elogio, alabanza.*

amontonar Acumular, apilar, aglomerar, hacinar, juntar. — *Esparcir, distribuir.*

amor Afecto, cariño, ternura, adoración, idolatría, devoción, apego, estima, predilección, querer. — *Odio, desprecio.*

amorfo Deforme, imperfecto, informe, desproporcionado. — *Proporcionado, formado.*

amorío Devaneo, galanteo, idilio, flirteo, noviazgo, conquista, aventura. — *Desaire, desdén.*

amoroso Cariñoso, tierno, suave, afectuoso, apasionado, amante. — *Odioso, desdeñoso.*

amortiguar Moderar, suavizar, aminorar, calmar, aplacar, paliar, disminuir, reducir, atemperar. — *Aumentar, acrecentar.*

amortizar Saldar, pagar, liquidar, redimir, satisfacer. — *Adeudar.*

amoscarse Mosquearse, escamarse, recelar, amostazarse, resentirse. — *Confiar.*

amotinar Insurreccionar, sublevar, alzar, levantar, agitar. — *Pacificar, calmar.*

amparo Protección, salvaguardia, resguardo, abrigo, ayuda. — *Abandono, desamparo.*

ampliar Incrementar, acrecentar, agrandar, engrandecer, aumentar, desarrollar, dilatar, alargar, completar, ensanchar. — *Disminuir, reducir.*

amplio Vasto, espacioso, extenso, ancho, dilatado, holgado. — *Reducido, estrecho.*

ampuloso Pomposo, enfático, prosopopéyico, afectado, fatuo. — *Sencillo, sobrio.*

amputar Mutilar, cortar, cercenar, seccionar, separar, eliminar. — *Unir.*

amueblar Equipar, dotar, pertrechar, guarnecer, decorar, adornar, instalar. — *Desguarnecer, mudar.*

amuleto ídolo, fetiche, talismán, mascota, reliquia, filacteria.

amurallar Fortificar, defender, atrincherar, proteger, cercar. — *Desguarnecer, debilitar.*

anacoreta Cenobita, asceta, ermitaño, penitente, monje, santón, misógino.

anacrónico Extemporáneo, inadecuado, inoportuno, intempestivo, equivocado. — *Oportuno, adecuado.*

anales Fastos, crónicas, comentarios, relatos, memorias, relaciones.

analfabeto Iletrado, lego,

inculto, ignorante. — *Ilustrado, culto, instruido.*

análisis Estudio, examen, investigación, determinación, observación. — *Síntesis.*

analogía Similitud, semejanza, afinidad, parecido, relación, equivalencia. — *Diferencia, disparidad.*

anaquel Repisa, ménsula, estante, aparador, alacena, rinconera, soporte, armario.

anarquía Desgobierno, nihilismo, caos, desorden, desorganización, desbarajuste. — *Orden, gobierno, tradición.*

anarquista Revolucionario, nihilista, agitador, ácrata, perturbador. — *Conservador, tradicionalista.*

anatema Execración, maldición, excomunión, censura, imprecación. — *Elogio, aprobación.*

anca Cadera, grupa, flanco, cuadril, muslo.

ancestral Familiar, atávico, hereditario, afín, tradicional, antiguo. — *Moderno, actual.*

anciano Vetusto, viejo, antiguo, senil, longevo, añoso, decrépito, provecto. — *Nuevo, flamante.* || Abuelo, viejo, vejete, carcamal, matusalén, vejestorio, setentón. — *Joven.*

ancho Extenso, amplio, vasto, holgado, abierto, libre, expedito, dilatado. — *Estrecho.*

andanada Salva, descarga, fuego, disparos. || Reprimenda, filípica, reprensión. — *Alabanza.*

andanza Lance, correría, aventura, peripecia, acontecimiento, suceso, caso.

andar Caminar, moverse, deambular, marchar, avanzar, transitar, pasear. — *Pararse, detenerse.*

andrajo Guiñapo, jirón, harapo, pingo, piltrafa, desgarrón, descosido.

andrajoso Harapiento, sucio, desastrado, zarrapastroso, desaliñado. — *Atildado, pulcro.*

anécdota Narración, relato, lance, relación, cuento, historieta, leyenda, hecho, acontecimiento, chiste, fábula, hablilla.

anegar Inundar, empapar, sumergir, cubrir, encharcar, mojar. — *Secar.*

anemia Decaimiento, debilidad, insuficiencia, flojera, extenuación. — *Fortaleza, vigor.*

anestesia Adormecimiento, narcosis, inconsciencia, sopor, letargo, sueño, insensibilidad, parálisis. — *Dolor, sensibilidad.*

anexionar Unir, incorporar, vincular, agregar, ampliar, asociar, añadir. — *Separar, segregar.*

anexo Sucursal, filial, sección, rama, delegación. — *Central.*

anfiteatro Hemiciclo, tribuna, aula, gradas, teatro.

anfractuoso Tortuoso, fragoso, escarpado, desigual, irregular, quebrado. — *Llano, liso.*

ángel Serafín, querubín, arcángel, querube, espíritu celestial. — *Demonio.*

angelical Seráfico, candoroso, espiritual, inocente, puro. — *Infernal, impuro.*

angosto Estrecho, menguado, reducido, justo, ceñido, corto, apretado, escaso. — *Ancho.*

ángulo Esquina, arista, cantón, recodo, canto, chaflán, punta, sesgo, comisura, bisel, filo.

angustia Congoja, aflicción, pena, tristeza, inquietud, desconsuelo. — *Alegría, despreocupación.*

anhelar Ansiar, pretender, desear, ambicionar, querer, apetecer, aspirar, codiciar, esperar, suspirar. — *Desinteresarse.*

anillo Argolla, aro, sortija, anilla, sello, alianza, arete, armella.

ánima Espíritu, a l m a, aliento, corazón, conciencia, hálito, sentimiento. — *Cuerpo, materia.*

animación Actividad, vivacidad, excitación, movimiento, algazara, bata-

hola, bullicio. — *Inactividad, calma, silencio.*

animadversión Inquina, enemistad, ojeriza, hostilidad, antipatía. — *Benevolencia, simpatía.*

animal Bestia, fiera, bicho, alimaña.

animar Alentar, exhortar, espolear, aguijonear, respaldar. — *Desanimar.*

ánimo Energía, vigor, denuedo, brío, decisión, espíritu, resolución. — *Desánimo, desaliento.*

aniquilar Exterminar, eliminar, sacrificar, inmolar, matar, arruinar. — *Salvar.*

anochecer Atardecer, ocaso, crepúsculo, oscurecer, tarde. — *Amanecer, aurora.*

anodino Trivial, fútil, baladí, insípido, insustancial, pueril. — *Esencial, importante, capital.*

anomalía Rareza, singularidad, anormalidad, irregularidad, absurdo. — *Normalidad.*

anonadar Abatir, desolar, confundir, desalentar, postrar, descorazonar. — *Animar.*

anónimo Desconocido, incógnito, ignorado, enigmático, secreto. — *Conocido.*

anormal Anómalo, irregular, desusado, infrecuente, raro, inverosímil. — *Normal, corriente.* || Deforme, degenerado, monstruoso, deficiente. — *Normal.*

anotar Apuntar, inscribir, escribir, registrar, relacionar, explicar, consignar.

anquilosar Paralizar, atrofiar, inmovilizar, lisiar, baldar, impedir, imposibilitar. — *Agilizar, aliviar.*

ansia Afán, anhelo, deseo, codicia, apetencia, avaricia, ambición. — *Desinterés, indiferencia.* || Angustia, ansiedad, desazón, inquietud, incertidumbre, zozobra, preocupación. — *Tranquilidad, serenidad.*

antagonismo Rivalidad, oposición, competencia, discrepancia, enemistad. — *Acuerdo, amistad.*

antaño Antiguamente, antes, hace tiempo, en el pasado. — *Hoy, actualmente.*

antártico Polar, meridional, austral, del Sur. — *Ártico, boreal, septentrional, del Norte.*

antecedentes Datos, referencias, relaciones, historial, precedentes. — *Conclusiones.*

antecesor Antepasado, precursor, ascendiente, mayor, predecesor, progenitor. — *Sucesor, descendiente.*

antedicho Aludido, mencionado, precitado, referido.

antediluviano Remoto, inmemorial, prehistórico, antiquísimo, arcaico. — *Moderno, actual.*

antelación Precedencia, anticipación, prioridad. — *Sucesión.*

antemano (de) Anticipadamente, previsoramente, por adelantado, con tiempo.

anteojo Catalejo, telescopio, prismáticos, gemelos, binoculares.

antepasado V. antecesor.

anteproyecto Planteamiento, plan, preliminares, antecedentes, bosquejo. — *Apéndice, conclusión.*

anterior Previo, delantero, primero, precedente, preliminar. — *Posterior.*

antes Antiguamente, anteriormente, hace tiempo, en el pasado. — *Hoy, actualmente.*

antesala Antecámara, recibidor, saleta.

anticipar Predecir, anunciar, pronosticar, presagiar, adivinar. — *Errar, ignorar.*

anticipo Préstamo, adelanto, empréstito, ayuda, entrega a cuenta.

anticonstitucional Ilegítimo, antirreglamentario, ilícito, dictatorial. — *Constitucional, legal.*

anticuado Arcaico, antiguo, añejo, viejo, vetusto, decrépito. — *Nuevo, flamante, moderno.*

antiestético Feo, desagradable, deforme, repulsivo, deslucido. — *Armonioso, estético.*

antifaz Careta, mascarilla, carátula.

antigüedad Veteranía, experiencia, vetustez, ancianidad, decrepitud. — *Bisoñez, actualidad.*

antiguo Viejo, arcaico, vetusto, añejo, pretérito, primero, inmemorial, tradicional, rancio, decadente, trasnochado. — *Moderno, actual.*

antihigiénico Insalubre, sucio, malsano, nocivo, desaseado. — *Aseado, limpio, higiénico.*

antipatía Aversión, animosidad, oposición, repugnancia, antagonismo, incompatibilidad, animadversión, odio, repulsión. — *Simpatía.*

antirreglamentario Ilícito, ilegal, injusto, ilegítimo, prohibido. — *Legal, lícito, reglamentario.*

antiséptico Desinfectante, aséptico, antimicrobiano, bacteriostático. — *Séptico, contaminado.*

antítesis Antagonismo, contraste, contradicción, oposición, diferencia, divergencia, desigualdad, incompatibilidad, disparidad. — *Similitud, concordancia.*

antojo Veleidad, capricho, volubilidad, fantasía, gusto, extravagancia, ilusión, anhelo. — *Desinterés.*

antología Recopilación, selección, florilegio, compendio, miscelánea, compilación.

antónimo Contrario, opuesto, antitético. — *Sinónimo.*

antorcha Hachón, tea, blandón, cirio, vela.

antro Caverna, cueva, gruta, cubil, guarida, escondrijo, refugio, madriguera.

antropófago Caníbal, carnicero, carnívoro, sanguinario, feroz, salvaje, indígena.

anual Anuo, regular, periódico, añal. — *Irregular.*

anudar Ligar, atar, amarrar, unir, enlazar, juntar, sujetar, liar. — *Desatar, separar.*

anuencia Aquiescencia, beneplácito, consentimiento, aprobación, permiso, conformidad. — *Negativa, desaprobación, denegación.*

anular Inhabilitar, suprimir, revocar, abolir, cancelar, abrogar. — *Aprobar.*

anunciar Comunicar, avisar, advertir, notificar, proclamar, declarar. — *Callar, reservar.*

anuncio Aviso, letrero, cartel, rótulo, informe, notificación, publicación.

anverso Faz, cara (anterior). — *Reverso.*

añadir Adicionar, aumentar, agregar, sumar, anexionar, adherir, asociar, acrecentar. — *Sustraer, quitar.*

añagaza Cebo, reclamo, engaño, engañifa, trampa, artimaña, treta, ardid. — *Verdad.*

añejo Rancio, añoso, envejecido, tradicional, vetusto, antiguo, anciano, arcaico. — *Nuevo, joven, reciente.*

añicos Trozos, fragmentos, pedazos, trizas, piezas, cachos, partículas.

añorar Rememorar, evocar, recordar, echar de menos, suspirar por. — *Olvidar, desinteresarse.*

añoso V. añejo.

apabullar Abrumar, pasmar, despampanar, deslumbrar, desconcertar, atolondrar, confundir, dominar. — *Respetar.*

apacible Placentero, plácido, tranquilo, benévolo, dócil. — *Inquieto, rebelde, desapacible.*

apaciguar Tranquilizar, aplacar, sosegar, calmar, serenar, dulcificar. — *Excitar, irritar.*

apagar Extinguir, atenuar, amortiguar, oscurecer, aminorar. — *Encender, aumentar.*

apalabrar Acordar, pactar, ajustar, arreglar, tratar, concertar. — *Discrepar.*

apalear Golpear, vapulear, tundir, zurrar, pegar, maltratar. — *Acariciar, curar.*

apandillar Agrupar, con-

gregar, capitanear, reunir, dirigir. — *Separar, disgregar.*

apañar Arreglar, componer, ajustar, disponer, trampear, timar, engañar, robar.

apaño Engaño, timo, arreglo, componenda, embrollo, lío, hurto, robo.

aparador Alacena, estante, trinchero, vasar, armario, despensa.

aparato Utensilio, artefacto, artilugio, máquina, mecanismo, dispositivo, armatoste.

aparatoso Dramático, espectacular, teatral, pomposo, solemne. — *Sencillo, serio.*

aparear Ayuntar, cubrir, emparejar, acoplar. ‖ Hermanar, equiparar, igualar. — *Diferenciar.*

aparecer Mostrarse, presentarse, surgir, salir, brotar, exhibirse, dejarse ver, hallarse, encontrarse, estar. — *Desaparecer, ocultarse.*

aparecidos Fantasmas, espectros, duendes, apariciones, espíritus, sombras, ánimas.

aparejar Aprestar, preparar, montar, instalar, disponer, alzar. — *Desmontar.*

aparejo Aparato, artefacto, pertrecho, avío, útil, mecanismo, polea. ‖ Mástiles, arboladura, velamen, cordaje, jarcia.

aparentar Simular, figurar,

afectar, engañar, encubrir, falsear, disfrazar, representar, disimular, ocultar. — *Descubrir, revelar.*

aparente Ficticio, engañoso, falso, afectado, simulado, artificial. — *Real, verdadero, auténtico.*

aparición Fantasma, espectro, duende, visión, espíritu, aparecido, imagen, ánima, sombra, trasgo, fantasía, alma en pena.

apariencia Presencia, aspecto, traza, talante, cariz, pinta, facha, catadura, forma, aire, fisonomía, planta, exterior.

apartado Distante, lejano, retirado, arrinconado, oculto, aislado, alejado. — *Cercano, próximo.*

apartamento Piso, departamento, vivienda, cuarto, casa, morada, habitación, alojamiento.

apartar Separar, alejar, retirar, quitar, desembarazar, rechazar, ahuyentar, desechar, expulsar, arrinconar. — *Atraer, acercar.*

apasionado Vehemente, ardoroso, amante, desenfrenado, exaltado, febril, agitado, fanático. — *Flemático, indiferente, desanimado.*

apasionar Emocionar, excitar, enfervorizar, exaltar, conmover, enardecer, arrebatar, embriagar, embobar, entusiasmar. — *Aburrir, desanimar.*

apatía Indiferencia, insensibilidad, desgana, indolencia, pereza. — *Actividad, dinamismo.*

apear Descender, bajar, salir, desmontar, descabalgar. — *Subir, montar.*

apechugar Soportar, aguantar, resignarse, chincharse, aceptar, transigir, tolerar. — *Rebelarse, oponerse.*

apedrear Lapidar, descalabrar, maltratar, estropear.

apego Afecto, cariño, estima, devoción, amistad, afición, amor. — *Desafecto, odio.*

apelación Recurso, interposición, reclamación, revisión, demanda. — *Denegación.*

apelar Reclamar, interponer, recurrir, demandar, solicitar. — *Denegar, rechazar.*

apelativo Apellido, nombre, patronímico, designación, denominación, mote, apodo.

apelmazado Compacto, apretado, amazacotado, apiñado, amontonado, apelotonado. — *Suelto, disgregado.*

apelotonado V. apelmazado.

apellidarse Llamarse, nombrarse, apelarse, denominarse, apodarse, motejarse.

apellido Nombre, denominación, apelativo, designación, seudónimo, alias.

apenar Apesadumbrar, entristecer, angustiar, desconsolar, afligir, atribular, acongojar, mortificar, abrumar. — *Alegrar, consolar.*

apenas Escasamente, difícilmente, ligeramente, exiguamente. — *Totalmente, completamente.*

apéndice Agregado, añadido, aditamento, adición, extremo, extensión, alargamiento. — *Conjunto.* || Rabo, cola, miembro, extremidad, tentáculo.

apercibir Advertir, amonestar, amenazar, sugerir, exhortar, prevenir, recomendar. — *Callar, omitir.*

apergaminarse Ajarse, marchitarse, acartonarse, arrugarse, endurecerse, momificarse. — *Suavizarse, ablandarse, rejuvenecerse.*

aperos Avíos, pertrechos, enseres, bártulos, aparejos, útiles, herramientas, aparatos.

aperreado Molesto, incómodo, trabajoso, difícil, pesado, duro, fatigoso. — *Fácil, sencillo.*

apertura Comienzo, inauguración, estreno, ceremonia, gala, celebración. — *Cierre.*

apesadumbrar Entristecer, apenar, desconsolar, angustiar, desolar, atribular, abatir, contrariar, mortificar. — *Alegrar, contentar.*

apestado Corrompido, insalubre, infecto, enfermo. — *Sano.*

apestoso Pestilente, fétido, hediondo, maloliente, repugnante. — *Aromático, fragante.*

apetecer Ansiar, desear, codiciar, aspirar, pretender, gustar, antojarse. — *Ofrecer, rechazar.*

apetito Apetencia, hambre, deseo, gana, voracidad, glotonería, gula, gazuza, bulimia, ansia, avidez. — *Inapetencia, desgana.*

apetitoso Sabroso, exquisito, delicioso, gustoso, agradable. — *Insípido, desabrido, desagradable.*

apiadarse Compadecerse, apenarse, conmoverse, condolerse, enternecerse. — *Ensañarse, endurecerse.*

ápice Remate, vértice, cima, cumbre, punta, extremidad, pico, cúspide, fin. — *Base, principio.*

apilar Amontonar, acumular, agrupar, almacenar, reunir, juntar, aglomerar. — *Esparcir, allanar.*

apiñarse Agruparse, amontonarse, apretarse, arrimarse, reunirse, arremolinarse. — *Separarse, alejarse.*

apisonar Aplastar, aplanar, allanar, nivelar, explanar, igualar, enrasar, alisar. — *Levantar, romper.*

aplacar Serenar, tranquilizar, calmar, moderar, sosegar, amansar, mitigar, pacificar, ablandar, atenuar, aquietar. — *Irritar, excitar.*

aplanar V. apisonar. || Extenuar, debilitar, desanimar, agotar, abatir, postrar. — *Vigorizar, animar.*

aplastar Prensar, machacar, despachurrar, apisonar, aplanar, deformar, hundir. — *Levantar, abombar.*

aplaudir Palmear, palmotear, ovacionar, vitorear, aclamar, loar. — *Reprobar, abuchear, patear.*

aplazamiento Demora, retraso, postergación, prórroga, retardo, suspensión, tardanza, dilación, preterición. — *Continuación.*

aplicación Empleo, uso, manejo, utilidad, destino, utilización. || Diligencia, perseverancia, t e s ó n, afán, laboriosidad, trabajo, constancia, aprovechamiento. — *Inconstancia, pereza.*

aplicado Estudioso, diligente, laborioso, constante, tesonero. — *Perezoso, inconstante, desaplicado.*

aplicar Emplear, usar, manejar, utilizar, destinar. || Adherir, fijar, pegar, adaptar, poner, arrimar. — *Separar, quitar, despegar.*

aplomo Mesura, flema, c o n f i a n z a, circunspección, serenidad, soltura, desembarazo, compostu-

ra, calma, desenvoltura. — *Inseguridad, vacilación.*

apocado Pusilánime, tímido, timorato, corto, asustadizo, encogido, medroso. — *Decidido, valiente.*

apocalipsis Hecatombe, cataclismo, catástrofe. — *Tranquilidad, paz.*

apocalíptico Aterrador, espantoso, catastrófico, horrendo, pavoroso, enloquecedor, espeluznante. — *Alegre, grato, tranquilo.*

apócrifo Falso, falsificado, espurio, ficticio, fingido, adulterado, i l e g í t i m o, imitado, desnaturalizado. — *Genuino, auténtico.*

apodar Llamar, denominar, designar, apelar, apellidar, motejar.

apoderado Encargado, representante, delegado, mandatario, administrador, tutor. — *Desautorizado.*

apoderarse A p r o p i a r s e, adueñarse, quitar, coger, arrebatar, usurpar, robar. — *Entregar, ceder.*

apodo Nombre, alias, mote, seudónimo, sobrenombre, apelativo, remoquete.

apogeo Auge, culminación, cúspide, plenitud, remate, esplendor, coronamiento. — *Decadencia, ocaso.*

apolíneo Hermoso, apuesto, escultural, guapo, galán, bello. — *Feo, deforme.*

apología Elogio, panegírico, encomio, alabanza. — *Crítica, reprobación.* ‖ Defensa, disculpa, justificación. — *Acusación.*

apoltronado Gandul, haragán, perezoso, indolente, desidioso, ocioso. — *Activo, dinámico.*

aporrear Golpear, zurrar, pegar, sacudir, tundir, apalear. — *Acariciar, mimar.*

aportar Llevar, contribuir, ayudar, participar, concurrir. — *Retirar, quitar.*

aposento Cuarto, habitación, estancia, alcoba, recinto, cámara, sala, pieza.

aposta Adrede, deliberadamente, intencionadamente, ex profeso, a propósito. — *Casualmente, sin querer.*

apóstata Renegado, perjuro, relapso, descreído, incrédulo. — *Fiel, converso.*

apostillar Explicar, comentar, glosar, acotar, añadir, sugerir, referirse, aclarar. — *Callar.*

apóstol Evangelista, predicador, discípulo, evangelizador, misionero.

apostolado Defensa, misión, cometido, campaña, propaganda, servicio, divulgación.

apóstrofe Insulto, acusación, ofensa, denuncia, invectiva, dicterio. — *Elogio, alabanza.*

apóstrofo Acento, vírgula, tilde, signo ortográfico.

apostura Galanura, gallardía, donaire, garbo, arrogancia, belleza. — *Fealdad.*

apoteosis Culminación, desenlace, exaltación, frenesí, júbilo, delirio. — *Calma, pasividad.*

apoyar Defender, secundar, respaldar, patrocinar, favorecer. — *Abandonar, oponerse.* ‖ Adosar, recostar, reclinar, arrimar, afirmar, acodarse, sostenerse. — *Incorporarse, separarse.*

apoyo Base, sostén, respaldo, sustentáculo, puntal. ‖ Auxilio, ayuda, defensa, protección, amparo, aliento, patrocinio. — *Abandono, oposición.*

apreciar Estimar, querer, amar, respetar, considerar, distinguir. — *Odiar, desdeñar.*

aprehender Capturar, apresar, atrapar, coger, aprisionar. — *Soltar, liberar.*

apremiante Perentorio, urgente, acuciante, ineludible, obligatorio. — *Lento, pausado.*

apremio Premura, urgencia, precipitación, prisa, rapidez. — *Calma, lentitud.*

aprender Instruirse, estudiar, comprender, cultivarse, ilustrarse. — *Olvidar.*

aprendiz Novel, principiante, bisoño, neófito, alumno, estudiante. — *Experto, maestro.*

aprensión Escrúpulo, recelo, temor, reparo, miramiento, manía. — *Despreocupación, indiferencia.*

apresar Atrapar, capturar, detener, prender, aprisionar, encarcelar. — *Soltar, liberar.*

aprestar Disponer, preparar, acondicionar, organizar, alistar. — *Detener, dificultar, retrasar.*

apresuramiento Rapidez, urgencia, apremio, celeridad, velocidad, prontitud, premura, prisa, presteza, precipitación. — *Calma, lentitud.*

apresurar Acelerar, apremiar, urgir, activar, aligerar, avivar, precipitar. — *Retrasar, postergar.*

apretar Estrujar, comprimir, oprimir, prensar, agarrotar, exprimir. — *Soltar, aflojar.*

aprieto Apuro, conflicto, dificultad, problema, dilema, trance, brete. — *Desahogo, alivio.*

aprisa Velozmente, rápidamente, urgentemente, apresuradamente. — *Despacio.*

aprisionar Apresar, aprehender, prender, detener, encarcelar, arrestar, recluir, capturar. — *Soltar, liberar.*

aprobación Autorización, consentimiento, aquiescencia, conformidad, beneplácito, asentimiento, asenso, permiso, venia. — *Desaprobación, negativa.*

apropiado Pertinente, adecuado, apto, conveniente, justo, correcto. — *Inadecuado, incorrecto.*

apropiarse Adueñarse, apoderarse, incautarse, tomar, despojar, quitar, robar. — *Devolver, restituir.*

aprovechar Emplear, disfrutar, explotar, utilizar, beneficiarse. — *Desperdiciar.*

aprovisionar Proveer, suministrar, avituallar, distribuir, almacenar, abastecer.

aproximar Acercar, adosar, avecinar, juntar, arrimar, allegar. — *Alejar, separar.*

aptitud Destreza, idoneidad, capacidad, suficiencia, arte, maña, talento. — *Ineptitud, incompetencia.*

apuesta Jugada, postura, envite, juego, reto, desafío, rivalidad.

apuesto Arrogante, galán, gallardo, gentil, airoso, garboso. — *Feo, desgarbado.*

apuntalar Consolidar, reforzar, asegurar, afirmar, apoyar — *Debilitar, aflojar.*

apuntar Inscribir, escribir, anotar, registrar, asentar. — *Borrar, tachar.*

apuñalar Acuchillar, acribillar, pinchar, herir, asestar. — *Curar.*

apurado Apremiante, comprometido, peligroso, difícil, angustioso. — *Sencillo, fácil.* || Necesitado, afligido, angustiado, abrumado, miserable, hambriento. — *Tranquilo, desahogado.*

apurar Consumir, acabar, agotar, rematar, concluir. — *Empezar, iniciar.* || **apurarse** Atribularse, apenarse, acongojarse, preocuparse. — *Despreocuparse, alegrarse.*

aquejar Afectar, acongojar, afligir, entristecer, inquietar, abrumar. — *Aliviar, consolar.*

aquelarre Orgía, bacanal, desenfreno, batahola, barahúnda. — *Tranquilidad, paz.*

aquiescencia Aprobación, conformidad, consentimiento, permiso, beneplácito. — *Negativa.*

aquietar Tranquilizar, sosegar, calmar, apaciguar, serenar, aplacar. — *Inquietar, soliviantar.*

aquilino V. aguileño.

árabe Sarraceno, moro, mahometano, musulmán, islámico, beréber.

arabesco Voluta, adorno, dibujo, ornato, espiral, decoración, tracería. — *Recta.*

arancel Tasa, derecho, tarifa, impuesto, valoración, carga, tributo, arbitrio, contribución.

arandela Anilla, disco, corona, aro, argolla.

arañar Rasguñar, raspar, marcar, señalar, herir, rascar, arpar. — *Suavizar, curar.*

arar Labrar, remover, roturar, cultivar, trabajar, laborear, cavar, surcar. — *Allanar.*

arbitraje Dictamen, sentencia, decisión, juicio, resolución, fallo, veredicto.

arbitrariedad Ilegalidad, injusticia, desafuero, despotismo, abuso, cabildada, atropello, vejación, ultraje. — *Justicia, imparcialidad.*

árbitro Juez, mediador, interventor, intercesor, componedor, dictaminador. — *Parte.*

arboleda Floresta, bosque, fronda, espesura, follaje, bosquecillo, selva, monte. — *Desierto, erial.*

arca Baúl, arcón, cofre, arqueta, bargueño, cajón.

arcada Bóveda, arco, cimbra, vuelta, arquería, cúpula, ábside. || Vómito, vértigo, basca, náusea, vahído, asco, ansia, angustia.

arcaico Anticuado, viejo, vetusto, desusado, rancio, añejo, venerable. — *Moderno, nuevo.*

arcano Recóndito, misterioso, oculto, reservado, hermético. — *Conocido, divulgado.*

arcilla Marga, greda, are-

na, tierra, calamita, caolín, silicato, caliza.

arco Curvatura, curva, arcada, bóveda, cúpula,
vuelta, ábside, cimbra,
medio punto. — *Recta.*

archivo Protocolo, registro, legajo, repertorio,
padrón, índice, local.

arder Quemar, abrasar, incendiar, incinerar, cha-
muscar, prender, fla-
mear, inflamar, tostar,
escaldar. — *Apagar, sofocar, enfriar.*

ardid Astucia, treta, maña, engaño, artificio,
trampa, artimaña, truco,
estratagema, martingala,
timo, superchería, men-
tira. — *Verdad, honora-
bilidad.*

ardiente Abrasador, candente, tórrido, incendia-
rio, achicharrante, calu-
roso, cálido, encendido,
ígneo, incandescente. —
Gélido, frío.

ardor Fogosidad, pasión,
arrebato, entusiasmo,
efervescencia, exaltación.
— *Flema, indiferencia,
frialdad.*

arduo Difícil, peliagudo, laborioso, penoso, espino-
so, complicado. — *Fácil,
sencillo.*

área Superficie, extensión,
espacio, perímetro, zona,
tierra, comarca.

arena Tierra, polvo, grava,
polvillo, asperón, esco-
ria, arenisca, partículas.

arenga Alocución, prédica,
perorata, proclama, dis-

curso, sermón, alegato,
diatriba, catilinaria. —
Silencio.

argamasa Mortero, arena,
cemento, cascajo, grava.

argentino Sonoro, cristalino, puro, vibrante. —
Bronco, discordante.

argolla Anilla, aro, sortija,
collar, abrazadera, gar-
gantilla, ajorca, dogal.

argot* Jerga, caló, germanía, jerigonza, galima-
tías.

argucia Engaño, artimaña,
añagaza, treta, artificio,
trampa. — *Honradez, co-
rrección.*

argüir Razonar, argumentar, exponer, probar, de-
mostrar, asegurar. — *Ca-
llar, omitir.* || Disputar,
impugnar, litigar. — *Pactar, convenir.*

argumento Conclusión, razonamiento, juicio, de-
mostración, tesis, testi-
monio, evidencia, señal.
— *Disparate, sandez.* ||
Libreto, guión, trama, tema, asunto, materia,
motivo.

aria Canción, pieza, solo,
canto, aire, tonada, me-
lodía, romanza.

árido Infecundo, estéril, seco, improductivo, desier-
to, yermo, desolado. —
Fértil, fecundo.

arisco Esquivo, bravío, indócil, montaraz, cerril,
huraño, insociable. — *Sociable, dócil.*

arista Intersección, margen, canto, costado, es-

quina, saliente, ángulo, borde.

aristocracia Alcurnia, linaje, estirpe, nobleza, prosapia, solera, abolengo, ascendencia, patriciado, señorío, hidalguía. — *Plebeyez, humildad.*

armada Escuadra, flota, convoy, flotilla.

armadura Defensa, protección, coraza, arnés, caparazón, blindaje, plancha.

armar Equipar, pertrechar, proteger, defender, dotar, blindar, acorazar. — *Desarmar, desproteger.*

armario Aparador, guardarropa, ropero, alacena, cómoda, rinconero, mueble.

armatoste Trasto, cachivache, aparato, artefacto, cacharro, máquina, ingenio, artilugio.

armazón Soporte, bastidor, maderamen, entramado, montura, sustentáculo.

armisticio Tregua, cese, interrupción, pacto, tratado, reconciliación. — *Hostilidades, guerra.*

armonía Acorde, cadencia, consonancia, eufonía, afinación, ritmo. — *Estridencia, discordancia.* || Hermandad, concordia, avenencia, paz, cordialidad, calma, unión. — *Discordia, enemistad.*

armonioso Melodioso, sonoro, musical, eufónico, afinado, rítmico. — *Discordante, estridente.*

aro V. anillo.

aroma Fragancia, olor, perfume, efluvio, bálsamo, emanación, esencia. — *Hedor.*

arpa Lira, laúd, cítara.

arpía Bruja, furia, fiera, basilisco, esperpento.

arquear Curvar, alabear, cimbrar, encorvar, doblar, flexionar. — *Enderezar.*

arquetipo Prototipo, ejemplar, dechado, modelo, ejemplo, molde, ideal, tipo.

arrabal Barriada, contornos, suburbio, afueras, alrededores, extrarradio. — *Centro, casco urbano.*

arrabalero Grosero, tosco, ordinario, soez, deslenguado, descarado. — *Fino, educado.*

arracimarse Apiñarse, concentrarse, agruparse, reunirse, apretujarse. — *Dispersarse, disgregarse.*

arraigado Aclimatado, establecido, acostumbrado, radicado, avecinado. — *Desarraigado, inestable.*

arrancar Desarraigar, quitar, separar, sacar, eliminar, suprimir, destrozar, extirpar, extraer, despegar. — *Unir, adherir.*

arranque Impulso, ímpetu, rapto, arrebato, prontitud, vehemencia. — *Apatía, calma.*

arrapiezo Chiquillo, mocoso, crío, rapaz, criatura, niño, mozalbete. — *Adulto.*

arras Prenda, señal, fianza, aval, garantía, dote, bienes, asignación.

arrasar Desmantelar, asolar, arruinar, destruir, devastar. — *Construir, rehacer.*

arrastrar Remolcar, tirar de, impeler, empujar, trasladar, transportar, conducir, llevar, halar, reptar, serpentear. — *Inmovilizar, parar.*

arrear Azuzar, hostigar, aguijonear, animar, estimular, activar. — *Parar, disuadir.* || Pegar, zurrar, atizar, golpear, tundir.

arrebatado Fogoso, vehemente, violento, impulsivo, colérico. — *Flemático, tranquilo.*

arrebatador Apasionante, maravilloso, conmovedor, encantador, arrobador. — *Soso, insulso.*

arrebatar Quitar, despojar, arrancar, desposeer, saquear, apoderarse. — *Devolver, entregar.*

arrebujar Abrigar, arropar, embozar, tapar, envolver, cubrir, esconder. — *Destapar, descubrir.*

arreciar Redoblar, aumentar, agravarse, empeorarse, crecer. — *Disminuir, ceder, amainar.*

arrecife Escollo, rompiente, bajo, peñasco, atolón.

arrechucho Indisposición,

malestar, acceso, achaque, mal. — *Mejoría.*

arredrarse Amedrentarse, atemorizarse, amilanarse, acoquinarse, abstenerse. — *Envalentonarse.*

arreglo Compostura, reparación, reforma, restauración, acicalamiento. — *Avería, rotura.*

arrellanarse Repantigarse, retreparse, acomodarse, descansar. — *Incorporarse, erguirse.*

arremeter Acometer, embestir, abalanzarse, atacar, precipitarse. — *Detenerse, huir.*

arremolinarse Apiñarse, reunirse, aglomerarse, apretujarse. — *Separarse, dispersarse.*

arrendar Alquilar, ceder, rentar, traspasar, ocupar, realquilar, contratar.

arreos Enseres, guarniciones, aparejos, aperos, equipo, adornos, galas.

arrepentido Pesaroso, afligido, compungido, contrito, apenado. — *Contumaz, reincidente.*

arrestar Detener, prender, reducir, encarcelar, aprisionar, recluir, apresar. — *Liberar, soltar.*

arrestos Coraje, arrojo, valor, valentía, osadía, resolución. — *Cobardía, timidez.*

arriar Soltar, bajar, descender, recoger, aflojar, abatir, largar. — *Izar, subir.*

arribar Llegar, aparecer,

presentarse, acudir, venir, comparecer. — *Irse, alejarse.*

arribista Advenedizo, intruso, oportunista, aprovechador, ambicioso. — *Altruista.*

arriendo V. arrendar.

arriesgado Peligroso, osado, temerario, intrépido, decidido, imprudente. — *Cobarde, tímido, inocuo.*

arrimar Juntar, adosar, acercar, aproximar, apoyar, pegar, avecinar. — *Separar, alejar.*

arrinconar Aislar, relegar, abandonar, desdeñar, arrumbar. — *Sacar, actualizar.*

arrobador Seductor, encantador, arrebatador, exquisito, maravilloso, hechicero. — *Repulsivo.*

arrodillarse Inclinarse, hincarse, postrarse, prosternarse, venerar. — *Incorporarse, erguirse.*

arrogancia Presunción, soberbia, altanería, altivez, o r g u l l o. — *Humildad, sencillez.* ‖ Apostura, garbo, brío, elegancia, galanura. — *Desaliño, fealdad.*

arrojar Lanzar, echar, expeler, expulsar, tirar, despedir. — *Atraer, recuperar.*

arrojo Valor, osadía, coraje, audacia, atrevimiento, temeridad. — *Cobardía, prudencia.*

arrollador Irresistible, incontenible, pujante, furi-

bundo, invencible. — *Débil, flojo.*

arropar V. abrigar.

arrostrar Aguantar, soportar, resistir, rechazar, rebelarse, enfrentarse. — *Ceder, tolerar, rehuir.*

arroyo Riachuelo, torrentera, regato, afluente, riacho, reguero, brazo.

arruga Pliegue, surco, rugosidad, repliegue, dobladura, plisado. — *Tersura.*

arruinar Destruir, estropear, asolar, deshacer, empobrecer, malograr, fracasar. — *Enriquecer, reparar.*

arrumaco Carantoña, zalamería, halago, caricia, zalema, engatusamiento. — *Daño, grosería.*

arrumbar Desdeñar, arrinconar, abandonar, apartar, olvidar, menospreciar. — *Sacar, recuperar.*

arte Ciencia, disciplina, técnica, procedimiento, método, sistema, orden. ‖ Maña, habilidad, capacidad, facultad, experiencia. — *Incapacidad.*

artefacto Artilugio, armatoste, ingenio, aparato, trasto, cachivache, cacharro, mecanismo, artificio.

artero Astuto, ladino, marrullero, disimulado, taimado, traidor. — *Noble, leal.*

artesano Operario, obrero, menestral, p r o d u c t o r, asalariado, trabajador. — *Intelectual.*

ártico Boreal, septentrional, norte, polo. — *Austral, meridional.*

articulación Artejo, coyuntura, juntura, unión, juego, acoplamiento, enlace. || Pronunciación.

articular Pronunciar, enunciar, expresar, modular, proferir, mascullar, manifestar. — *Callar.*

artículo Título, apartado, capítulo, sección, división. || Mercadería, mercancía, género, producto. || Crónica, escrito, suelto, gacetilla, noticia.

artífice V. artesano.

artificial Falsificado, imitado, adulterado, convencional, simulado, sintético. — *Natural, genuino.*

artimaña V. ardid.

artista Actor, comediante, protagonista, estrella, galán, dama.

artístico Exquisito, elevado, estético, atractivo, primoroso, fino, noble, puro, interesante. — *Rústico, prosaico.*

as Campeón, vencedor, invicto, ganador, primero. — *Inútil, vencido.*

asa Asidero, mango, empuñadura, puño, manubrio, pomo, guarnición, tirador.

asalariado Empleado, productor, trabajador, proletario, obrero, artesano. — *Capitalista, potentado.*

asaltar Atracar, hurtar, robar, forzar, despojar, desplumar, agredir, delinquir.

asamblea Reunión, convención, conferencia, junta, congreso, mitin, público, auditorio. || Cortes, cámara, parlamento, senado, corporación.

asar Dorar, tostar, calentar, quemar, chamuscar, abrasar, achicharrar, pasar. — *Enfriar, congelar.*

ascendencia Alcurnia, linaje, estirpe, cuna, tronco, origen, abolengo, prosapia, casta, genealogía, sangre. — *Plebeyez, humildad.*

ascender Subir, trepar, elevarse, alzarse, encararmarse, progresar. — *Descender, retroceder.*

ascendiente Antecesor, precursor, antepasado, predecesor, progenitor. — *Descendiente, sucesor.* || Influencia, influjo, predominio, prestigio, poder, autoridad, crédito. — *Descrédito, incapacidad.*

ascenso Subida, escalamiento, avance, progreso. — *Descenso.* || Promoción, aumento, progreso, incremento, mejora, recompensa. — *Destitución, degradación.*

asceta Anacoreta, ermitaño, cenobita, eremita, monje, penitente, santón. — *Vividor, epicúreo.*

asco Repulsión, repugnancia, temor, disgusto, desagrado, aversión, aborrecimiento. — *Agrado.*

ascua Rescoldo, b r a s a, lumbre, fuego.

aseado Higiénico, pulcro, limpio, acicalado, aliñado, impecable. — *Sucio, antihigiénico.*

asechanza Intriga, perfidia, engaño, treta, artificio, insidia. — *Veracidad, honradez.*

asedio Bloqueo, cerco, sitio, acorralamiento, rodeo, asalto, aislamiento. — *Liberación, huida.*

asegurar Afirmar, reforzar, consolidar, sostener, fortalecer, apoyar. — *Aflojar, debilitar.* || Afirmar, declarar, aseverar, testificar, atestiguar, ratificar. — *Negar.*

asemejarse Parecerse, semejar, parangonarse, recordar a, tener un aire. — *Diferenciarse, distinguirse.*

asenso Conformidad, asentimiento, permiso, aprobación, confirmación. — *Disconformidad, negativa.*

asentaderas Nalgas, posaderas, culo, trasero, ancas, cachas, nalgatorio.

asentar Instalar, fundar, establecer, fijar, levantar, poner, crear. — *Trasladar, quitar.* || Registrar, inscribir, escribir, anotar, pasar. — *Borrar, tachar.* || Allanar, aplanar, apisonar, enrasar,

alisar, planchar. — *Desnivelar, arrugar.*

asentimiento V. asenso, conformidad. — *Disconformidad.*

asentir Aprobar, afirmar, admitir, consentir, convenir, reconocer, confirmar. — *Disentir, negar.*

aseo Lavado, higiene, limpieza, pulcritud, esmero, fregado, baño, ducha. — *Suciedad, desaseo.*

asepsia Desinfección, antisepsia, esterilización, limpieza, higiene. — *Contaminación, infección.*

asequible Realizable, factible, posible, hacedero, alcanzable, fácil. — *Inasequible, imposible, irrealizable.*

aserción Aseveración, afirmación, declaración, manifestación, aserto, confirmación. — *Negación.*

aserrar Cortar, partir, serrar, talar, seccionar, dividir, separar. — *Unir, clavar, soldar.*

aserto V. aserción.

asesinar Eliminar, matar, liquidar, inmolar, suprimir, despachar, exterminar, aniquilar, acabar, ejecutar.

asesinato Homicidio, crimen, delito, atentado, violencia, magnicidio, parricidio.

asesor Consejero, guía, mentor, monitor, supervisor, adiestrador, rector, director.

asestar Pegar, descargar, sacudir, aporrear, atizar, golpear, lanzar.

aseverar Declarar, asegurar, confirmar, afirmar, manifestar, atestiguar. — *Negar, callar.*

asfalto Pavimento, recubrimiento, hormigonado, revestimiento, alquitranado, empedrado, macadán, pez, alquitrán, brea.

asfixia Ahogo, sofocación, sofoco, opresión, agobio, estrangulación. — *Respiración, reanimación, aireación.*

asiduo Frecuente, habitual, continuo, consuetudinario, acostumbrado, constante. — *Infrecuente.*

asignación Cuota, retribución, cantidad, estipendio, paga, emolumentos, gratificación, honorarios.

asignatura Disciplina, materia, estudio, tratado, ciencia, arte, texto.

asilo Hospicio, albergue, refugio, orfanato, inclusa, establecimiento benéfico.

asimétrico Irregular, desigual, anómalo, desproporcionado. — *Simétrico, regular.*

asimilar Digerir, absorber, incorporar, aprovechar, nutrirse, alimentarse. — *Eliminar, excretar.* || Equiparar, igualar, comparar. — *Distinguir, diferenciar.*

asir Agarrar, tomar, coger, empuñar, atrapar, afe-

rrar, aprisionar, apresar, alcanzar, trabar, aprehender, afianzar. — *Soltar, aflojar.*

asistencia Ayuda, socorro, protección, colaboración, apoyo, amparo. — *Desasistencia, abandono, desamparo.*

asistir Ayudar, v. asistencia. || Concurrir, presentarse, estar, ver, ir, encontrarse, hallarse, visitar, acompañar. — *Faltar.*

asno Jumento, burro, pollino, rucio, borrico. || Zopenco, bruto, bestia, animal, necio, mentecato, lerdo. — *Inteligente, listo.*

asociación Corporación, sociedad, compañía, hermandad, entidad, institución, gremio, grupo, consorcio, empresa, círculo. — *Separación, desvinculación.*

asociar Agrupar, federar, congregar, reunir, hermanar, incorporar, inscribir. — *Separar, desvincular.*

asolar Arrasar, saquear, devastar, arruinar, talar, agostar. — *Rehacer, reconstruir.*

asomar Surgir, aparecer, mostrarse, salir, presentarse, manifestarse, enseñar. — *Ocultar, esconder.*

asombro Pasmo, sorpresa, estupefacción, turbación, estupor, alelamiento, extrañeza, maravilla, fascinación, confusión, espanto. — *Indiferencia, apatía.*

aspaviento Gesticulación, gesto, ademán, demostración, visajes, queja. — *Calma, indiferencia.*

aspecto Apariencia, traza, porte, aire, presencia, talante, cariz, figura, pinta, catadura, empaque, estampa, fisonomía, semejanza.

áspero Desigual, rudo, tosco, rugoso, abrupto, escarpado. — *Liso, uniforme, suave.* || Severo, austero, rudo, arisco, desapacible, riguroso, brusco, desabrido. — *Amable, afectuoso, cariñoso.*

aspiración. Deseo, anhelo, esperanza, sueño, pretensión, apetencia, afán, ansia, pasión, inclinación, designio, avidez. — *Desilusión, indiferencia.* || Respiración, v. aspirar.

aspirante Postulante, candidato, pretendiente, demandante, suplicante. — *Titular.*

aspirar Respirar, inhalar, inspirar, suspirar, jadear. — *Espirar, expulsar.* || Desear, v. aspiración.

asqueroso Repugnante, inmundo, sucio, repulsivo, nauseabundo, impúdico. — *Agradable, atractivo.*

asta Mástil, palo, vara, pértiga, eje, pica, lanza. || Cornamenta, cuerno.

astracanada Disparate, vulgaridad, barbaridad, bufonada, necedad, ordinariez. — *Sensatez, cordura.*

astro Mundo, planeta, satélite, estrella, luminaria, lucero, cuerpo celeste.

astroso Andrajoso, harapiento, desastrado, desaliñado, desaseado, sucio. — *Pulcro, limpio, aseado.*

astucia Picardía, sagacidad, perfidia, marrullería, habilidad, zorrería, treta, artimaña. — *Nobleza, franqueza, ingenuidad.*

asueto Festividad, vacaciones, recreo, descanso, pausa, reposo, ocio. — *Trabajo, laborable.*

asumir Aceptar, contraer, hacerse cargo, conseguir, alcanzar. — *Dejar, abandonar, rechazar.*

asunto Cuestión, tema, materia, fin, objetivo, tesis, motivo, trama. || Transacción, negocio, operación, trato, venta.

asustar Atemorizar, espantar, amedrentar, aterrorizar, impresionar, intimidar, sobrecoger, horripilar, sobresaltar, preocupar. — *Tranquilizar.*

atacar Acometer, embestir, arremeter, asaltar, agredir, abalanzarse, arrojarse. — *Retroceder, defenderse.* || Impugnar, refutar, rebatir, replicar, contestar, contradecir. — *Callar.*

atadura Vínculo, sujeción,

enlace, impedimento, yugo. — *Libertad.*

atar Anudar, ligar, amarrar, enlazar, empalmar, unir, sujetar, asegurar, trabar, inmovilizar, juntar, apiolar. — *Soltar, desatar.*

atardecer Crepúsculo, anochecer, oscurecer, ocaso, tarde. — *Amanecer, alba.*

atareado Ocupado, diligente, apresurado, afanoso, apurado, atosigado, afanado, ajetreado, abrumado, agitado, activo. — *Desocupado, indolente.*

atascar Obstruir, cerrar, cegar, obturar, taponar, atrancar, estancar, obstaculizar, embotellar, impedir, dificultar. — *Desobstruir, abrir, favorecer.*

ataúd Féretro, caja, cajón, sarcófago, andas.

ataviar Vestir, cubrir, poner, acicalar, llevar, usar, lucir, colocarse. — *Desnudar.*

atávico Ancestral, hereditario, familiar, recurrente, consanguíneo.

atavío Indumentaria, indumento, vestido, prenda, atuendo, ajuar, ropaje, vestimenta.

ateísmo Negación, incredulidad, impiedad, irreligiosidad, escepticismo, duda, infidelidad. — *Religiosidad, fe.*

atemorizar Asustar, amedrentar, acobardar, intimidar, espantar, arre-

drar, alarmar, inquietar, aterrar, horrorizar. — *Animar, envalentonar.*

atemperar Mitigar, moderar, suavizar, atenuar, aplacar, calmar. — *Irritar, exacerbar.*

atenazar Apretar, sujetar, coger, aferrar, oprimir, trincar. — *Soltar, aflojar.*

atención Cortesía, cumplido, miramiento, consideración. — *Grosería, desconsideración.* || Interés, cuidado, esmero, vigilancia. — *Desinterés.*

atender Oír, ecuchar, estudiar, reflexionar, fijarse. — *Desatender.* || Cuidar, mimar, preocuparse, interesarse. — *Descuidar, desdeñar.*

ateneo Asociación, agrupación, sociedad, casino, círculo, centro, club.

atentado Agresión, ataque, asalto, conjura, violencia, delito.

atento Afable, cortés, amable, cariñoso, considerado, complaciente, solícito, servicial, respetuoso, galante, educado. — *Descortés, grosero.*

atenuar Aminorar, disminuir, amortiguar, debilitar, mitigar, menguar. — *Aumentar, reforzar.*

ateo Incrédulo, escéptico, irreligioso, impío, descreído. — *Creyente, piadoso.*

aterciopelado Suave, afelpado, terso, fino, velloso, algodonoso. — *Áspero, tosco.*

aterido Transido, helado, frío, yerto, congelado, amoratado. — *Tibio, caliente, ardiente.*

aterrador Horripilante, estremecedor, horrendo, horrible, hórrido, tremebundo, espantoso, alucinante, tremendo, pavoroso. — *Encantador, alegre, agradable.*

aterrizar Descender, posarse, planear, llegar, bajar, tomar tierra. — *Ascender, despegar.*

atesorar Acumular, acaparar, ahorrar, economizar, guardar, amasar, amontonar. — *Gastar, despilfarrar.*

atestado Colmado, abarrotado, repleto, henchido, cargado, atiborrado. — *Vacío, libre.* || Documento, declaración, escrito, testimonio.

atestiguar Testimoniar, alegar, declarar, afirmar, aseverar, probar, manifestar. — *Negar, callar.*

atezado Moreno, bronceado, tostado, quemado, cetrino, oscuro, aceitunado. — *Claro, blanco, rubio.*

atiborrar Henchir, abarrotar, colmar, hartar, atracar, acumular. — *Descargar, vaciar.*

atildado Acicalado, pulcro, aseado, pulido, esmera-do, peripuesto. — *Desaliñado, descuidado.*

atinar Acertar, lograr, dar con, adivinar, descubrir, encontrar, h a l l a r. — *Errar, fallar.*

atiplado Aflautado, agudo, fino, alto, subido. — *Grave, bronco.*

atisbar Escudriñar, espiar, escrutar, observar, curiosear, contemplar, ver.

atizar Pegar, propinar, golpear, dar, aplicar, proporcionar. || Azuzar, incitar, avivar, remover, estimular, excitar. — *Moderar, aplacar.*

atleta Deportista, gimnasta, acróbata, competidor.

atlético Fornido, robusto, vigoroso, nervudo, membrudo, forzudo, hercúleo. — *Endeble, débil, canijo.*

atmósfera Aire, ambiente, espacio, éter, estratosfera, masa gaseosa.

atolondrado A t o n t a d o, aturdido, alocado, imprudente, precipitado. — *Sensato, prudente.*

atolladero Dificultad, obstáculo, engorro, problema, escollo, trance. — *Solución, posibilidad, salida.*

atomizar Pulverizar, dividir, fragmentar, proyectar, vaporizar, rociar. — *Aglomerar, acumular.*

atonía Flojedad, flaccidez, debilidad, relajamiento, decaimiento, lasitud. — *Firmeza, energía.*

atónito Estupefacto, pasmado, aturdido, desconcertado, asombrado, sorprendido. — *Impasible, apático.*

atontado Pasmado, bobo, lelo, papanatas, zoquete, simple, zopenco. — *Listo, despierto.* || Mareado, aturdido, aturullado, ofuscado, azorado, confundido, turbado. — *Consciente, sobrio.*

atorar Obstruir, atascar, tupir, tapar, ahogar, cegar, obturar. — *Desatascar, destapar.*

atormentar Torturar, abrumar, acosar, hostigar, martirizar, acongojar, inquietar, desesperar, molestar, disgustar. — *Confortar, aliviar.*

atosigar Acuciar, importunar, hostigar, azuzar, acosar, molestar. — *Tranquilizar, serenar.*

atracadero Muelle, dique, malecón, desembarcadero, espigón, fondeadero, amarradero.

atracador Delincuente, salteador, asaltante, bandido, malhechor, agresor.

atracar Robar, delinquir, asaltar, saltear, desvalijar, saquear. || Fondear, anclar, amarrar. || atracarse Hartarse, llenarse, atiborrarse, saciarse, tragar.

atracción V. atractivo.

atraco V. atracar.

atractivo Encanto, hechizo, atracción, simpatía, sugestión, seducción. — *Repulsión, desagrado.*

atraer Aproximar, acercar, arrimar, avecinar, tirar de. — *Repeler, rechazar.* || V. atractivo.

atragantarse Ahogarse, atorarse, atascarse, asfixiarse, taparse, ocluirse. — *Expulsar, destapar.*

atrancar Reforzar, afianzar, sujetar, atascar, cerrar, asegurar. — *Abrir.*

atrapar Aferrar, coger, agarrar, sujetar, detener, retener, apoderarse. — *Soltar.*

atrasado Anticuado, pasado, viejo, vetusto, arcaico, antiguo, añejo. — *Moderno, actual.*

atraso Retraso, demora, aplazamiento, postergación, rezagamiento. — *Adelanto.* || Incultura, salvajismo, barbarie. — *Progreso.*

atravesar Cruzar, pasar, trasponer, salvar, recorrer, traspasar, vadear. — *Rodear.* || Ensartar, horadar, traspasar, perforar, clavar, penetrar, meter, engarzar, agujerear.

atrayente Maravilloso, fascinante, seductor, sugestivo, cautivante. — *Desagradable, repulsivo.*

atrevido Audaz, osado, intrépido, temerario, valiente, despreocupado, resuelto. — *Cobarde, tímido.* || Descarado, insolente. — *Cortés.*

atribución Atributo, prerrogativa, facultad, jurisdicción, poder. — *Renun-
cia.*

atribular Apenar, entristecer, desconsolar, ator-
mentar, desconsolar. —
Alegrar, animar.

atributo Distintivo, característica, propiedad, rasgo, peculiaridad, condi-
ción.

atrio Pórtico, portal, porche, soportal, columnata,
peristilo, entrada, patio.

atrocidad Barbaridad, brutalidad, salvajada, crueldad, desenfreno. — *Hu-
manidad, piedad.*

atrofia Raquitismo, consunción, debilitamiento,
parálisis, debilidad. —
*Fortalecimiento, desarro-
llo.*

atronador Estruendoso, retumbante, ensordecedor,
ruidoso, sonoro. — *Silencioso.*

atropellar Arrollar, derribar, arrojar, tirar, gol-
pear, herir. || Agraviar,
ofender, vejar, afrentar,
insultar, deshonrar. —
Honrar, ensalzar.

atroz Espantoso, horripilante, monstruoso, bár-
baro, inhumano, cruel,
inaudito, salvaje, fiero,
impío, repugnante, terri-
ble, desastroso. — *Agra-
dable, humanitario.*

atuendo Atavío, vestimenta, ropaje, indumentaria,
vestuario, prendas.

aturdimiento Impetuosi-

dad, precipitación, apre-
suramiento, alocamiento,
atolondramiento, confu-
sión, ofuscación, torpeza.
— *Serenidad, calma.*

audacia Atrevimiento, valentía, osadía, intrepidez,
arrojo, temeridad, deci-
sión, resolución, impru-
dencia, despreocupación.
— *Prudencia, timidez, cobardía.*

audiencia Entrevista, conferencia, recepción, visi-
ta, diálogo. || Juzgado,
tribunal, sala, magistra-
tura. || Auditorio, públi-
co, asistentes, oyentes,
presentes, concurrentes.

auditorio V. audiencia.

auge Culminación, apogeo,
pináculo, remate, prospe-
ridad, cúspide. — *Deca-
dencia.*

augurar Profetizar, vaticinar, pronosticar, prede-
cir, presagiar, prever,
conjeturar, adivinar. —
Errar, equivocarse.

augusto Respetable, venerable, honorable, admirado,
reverenciado, majestuo-
so. — *Desdeñado, despre-
ciable.*

aula Clase, sala, anfiteatro,
cátedra, aposento, recin-
to, paraninfo.

aullar Rugir, bramar, gritar, vociferar, ulular, chillar, tronar. — *Callar.*

aumento Incremento, elevación, ampliación, acre-
centamiento, añadido. —
Disminución.

aunar Congregar, reunir,

sumar, juntar, combinar, ajustar, compaginar. — *Separar, dividir, disgregar.*

aura Renombre, fama, halo, aureola, reputación, popularidad. — *Descrédito.*

áureo Dorado, resplandeciente, fulgurante, rutilante, brillante. — *Opaco, deslucido.*

aureola Corona, halo, nimbo, cerco, fulgor, resplandor.

aurora Amanecer, a l b a, madrugada, mañana, alborada. — *Atardecer, anochecer.*

ausencia Carencia, omisión, falta, defecto, insuficiencia, escasez. — *Abundancia, exceso.* || Alejamiento, separación, desaparición, marcha, abandono, eclipse, falta. — *Presencia.*

auspiciar Favorecer, proteger, asistir, socorrer, patrocinar, sufragar. — *Abandonar, descuidar.*

auspicio Agüero, pronóstico, indicio, presagio, vaticinio, profecía. || Protección, amparo.

auspicioso Favorable, benéfico, propicio, adecuado, apropiado. — *Desfavorable.*

austero Sobrio, frugal, moderado, templado, abstinente, rígido, severo. — *Desenfrenado, inmoderado, intemperante.*

autarquía Independencia,

autonomía, soberanía, libertad. — *Dependencia.*

auténtico Legítimo, probado, genuino, verdadero, fidedigno. — *Falso, espurio.*

auto V. automóvil.

autóctono Indígena, natural, originario, oriundo, vernáculo. — *Foráneo, extranjero.*

automático Instintivo, involuntario, inconsciente, maquinal. — *Voluntario, consciente.* || Mecánico, técnico, automotriz. — *Manual.*

automóvil Coche, auto, vehículo, carruaje.

autonomía Emancipación, libertad, soberanía, separación, independencia, autarquía. — *Dependencia, subordinación.*

autor Creador, descubridor, padre, productor. || Causante, culpable, ejecutor. || Escritor, literato, dramaturgo, ensayista.

autoridad Mando, poderío, poder, dominación, potestad, imperio, jerarquía, supremacía, arbitrio, fuerza. — *Sumisión, dependencia.*

autoritario Mandón, dominante, despótico, arbitrario, abusivo, absoluto, injusto. — *Sumiso, dócil.*

autorizar Acceder, permitir, consentir, tolerar, facultar, otorgar. — *Prohibir, negar, rechazar.*

auxiliar Socorrer, ayudar,

favorecer, asistir, remediar, amparar, colaborar, proteger, sufragar, apoyar, acompañar. — *Desamparar, dañar.* ‖ Ayudante, asistente, adjunto, suplente. — *Titular.*

aval Garantía, fianza, vale, crédito.

avalancha Alud, desmoronamiento, corrimiento, derrumbe, hundimiento, desprendimiento.

avanzada Vanguardia, destacamento, frente, patrulla. — *Retaguardia.*

avanzar Adelantar, marchar, rebasar, arrollar, progresar, acometer. — *Retroceder.* ‖ Prosperar, progresar, mejorar. — *Declinar, empobrecerse.*

avaricia Tacañería, codicia, ambición, usura, sordidez, ruindad, cicatería, miseria, roñosería, ansia, anhelo. — *Generosidad, desinterés.*

avasallar Atropellar, someter, sojuzgar, dominar, oprimir, humillar. — *Liberar, enaltecer.*

avatares Alternativas, transformaciones, cambios, altibajos, problemas. — *Permanencia, firmeza.*

avejentado Envejecido, ajado, mustio, marchito, arrugado, apergaminado. — *Rejuvenecido.*

avenencia Arreglo, compromiso, pacto, acuerdo, convenio, inteligencia. — *Desavenencia, disputa.*

avenida Vía, paseo, bulevar, ronda, arteria, carrera. — *Callejuela.* ‖ Inundación, riada, crecida, desbordamiento, aluvión, torrente.

avenirse Amoldarse, transigir, conformarse, doblegarse. — *Rebelarse.* ‖ Simpatizar, congeniar, comprenderse, hermanarse. — *Disputar.*

aventajar Superar, sobrepujar, exceder, sobrepasar, desbordar. — *Rezagarse.*

aventura Lance, acaecimiento, suceso, hecho, episodio, andanza, contingencia, caso, evento, circunstancia, hazaña, incidente, peligro.

aventurado Arriesgado, peligroso, fortuito, aleatorio, incierto, comprometido, inseguro. — *Seguro.*

avergonzar Humillar, abochornar, vejar, afrentar, sonrojar, ultrajar, agraviar, desconcertar, confundir. — *Enaltecer, animar, alabar.*

averiar Estropear, dañar, deteriorar, perjudicar, arruinar, malograr, accidentar. — *Arreglar.*

averiguar Investigar, indagar, buscar, vigilar, examinar, rebuscar, escudriñar, rastrear, sondear, preguntar, explorar, fisgar.

aversión Repulsión, repugnancia, antipatía, desafecto, ojeriza, tirria. — *Simpatía, afecto.*

avezado Curtido, veterano, ducho, fogueado, diestro, encallecido, experimentado. — *Inexperto, novato.*

avidez Ambición, apetencia, codicia, deseo, ansia, voracidad, pasión. — *Moderación, indiferencia.*

avieso Retorcido, perverso, odioso, maligno, abyecto, tortuoso, maquiavélico. — *Recto, honrado.*

avíos Aperos, utensilios, arreos, enseres, artefactos, trastos, equipo.

avión Aeroplano, aparato, aeronave, reactor.

avisar Notificar, informar, anunciar, indicar, advertir, prevenir. — *Callar, omitir.*

avispado Sagaz, listo, ladino, astuto, despierto, previsor, despabilado. — *Necio, ingenuo.*

avistar Avizorar, divisar, percibir, descubrir, vislumbrar, observar, ojear, distinguir.

avituallar Aprovisionar, proveer, suministrar, abastecer, equipar. — *Negar, retener.*

avivar Excitar, incitar, enardecer, activar, encender, reanimar, acelerar. — *Calmar, desanimar.*

avizor Vigilante, atento, alerta, acechante, observador. — *Desprevenido, distraído.*

avizorar Vislumbrar, atisbar, distinguir, divisar, descubrir, ver, columbrar.

axila Sobaco, cavidad, hueco.

axioma Verdad, aforismo, proverbio, principio, regla, sentencia, evidencia, precepto.

aya Nodriza, niñera, chacha, ama seca, institutriz, preceptora.

ayer Anteriormente, recientemente, antes, hace poco, antiguamente. — *Hoy, actualmente, mañana.*

ayo Preceptor, guía, pedagogo, mentor, maestro, educador, dómine, tutor.

ayuda Asistencia, auxilio, socorro, amparo, protección, respaldo, favor, subsidio, colaboración, contribución, limosna. — *Abandono, daño, perjuicio.*

ayudante Colaborador, auxiliar, coadjutor, asistente, agregado, cooperador. — *Jefe, titular.*

ayunar Privarse, abstenerse, renunciar, sacrificarse, refrenarse. — *Saciarse, prodigarse.*

ayuno Abstinencia, dieta, vigilia, penitencia, privación, sacrificio. — *Desenfreno, intemperancia, hartura.*

ayuntamiento Alcaldía, municipio, municipalidad, concejo, corporación.

azafata Camarera, auxiliar, ayudante.

azar Ventura, hado, eventualidad, fortuna, contingencia, coincidencia, suerte, sino, destino, casualidad, riesgo. — *Seguridad, realidad.*

azararse Ofuscarse, confundirse, apabullarse, pasmarse, embarazarse. — *Serenarse, animarse.*

azaroso Arriesgado, fortuito, aleatorio, peligroso, casual, incierto, comprometido, apurado, inseguro. — *Seguro, real.*

azor Milano, esmerejón, ave rapaz.

azorado Turbado, sobresaltado, confundido, aturdido, desorientado, embarazado, ofuscado. — *Sereno, animado.*

azotaina Tunda, zurra, somanta, vapuleo, paliza, soba, castigo, felpa.

azote Látigo, vergajo, flagelo, disciplinas, vara, fusta. || V. azotaina. || Calamidad, plaga, epidemia, desastre, flagelo, castigo. — *Bendición, fortuna.*

azotea Terraza, terrado, solana, galería.

azucarar Almibarar, endulzar, edulcorar, acaramelar, dulcificar. — *Amargar, agriar.*

azul Añil, índigo, azur, zarco, garzo.

azulejo Baldosa, mosaico, cerámica, mayólica, alicatado, baldosín.

azuzar Espolear, incitar, hostigar, instigar, estimular, animar, acosar, avivar, excitar, atosigar, irritar, atormentar. — *Refrenar, contener.*

B

baba Saliva, humor, secreción, espumarajo.

babel Confusión, desorden, caos, laberinto, desbarajuste, barahúnda. — *Orden, organización.*

babia (estar en) Distraerse, embobarse, alelarse, abstraerse, confundirse. — *Atender, concentrarse.*

babieca Lelo, memo, bobo, tonto, pasmado, papanatas, obtuso, mentecato. — *Listo, despierto, inteligente.*

babor Izquierda, siniestra, banda. — *Estribor.*

babosa Limaza, limaco, gasterópodo.

baboso Almibarado, empalagoso, pegajoso, obsequioso. — *Rudo, tosco.* ‖ Senil, chocho, decrépito, valetudinario. — *Joven, lúcido.*

babucha Pantufla, alpargata, chancleta, chinela, sandalia, zapatilla.

bacanal Orgía, francachela, saturnal, juerga, desenfreno, parranda. —

Moderación, continencia.

bacante Libertina, ninfómana, impúdica, disoluta, voluptuosa. — *Pudorosa, honesta.*

bacilo V. bacteria.

bacinilla Orinal, bacín, chata, perico, vaso de noche.

bacteria Microbio, germen, protozoario, virus, microorganismo, coco, espiroqueta.

báculo Cayado, palo, bastón, vara, bordón.

bache Socavón, hoyo, zanja, poza, hueco, excavación, hundimiento, charco.

bachiller Diplomado, graduado, titulado, licenciado.

bagaje Equipo, pertrechos, arreos, impedimenta. ‖ Acervo, patrimonio, cúmulo, conjunto. ‖ **bagaje*** Equipaje, maletas.

bagatela Fruslería, chuchería, baratija, nimiedad, insignificancia, nadería. — *Importancia, trascendencia.*

bahía Golfo, ensenada, abra, rada, cala, caleta, ría, refugio, abrigo.

bailar Danzar, bailotear, zapatear, oscilar, moverse, estremecerse. — *Pararse, inmovilizarse.*

bailarín Bailador, artista, danzador, saltarín.

baile Danza, v. bailar.

baja Disminución, mengua, pérdida, descenso, caída, aminoración, desvalorización. — *Alza, incremento.* || Víctima, accidentado, muerto, herido, desaparecido.

bajada Descenso, cuesta, declive, desnivel, pendiente, ladera, talud, rampa, costanilla, repecho, escarpa. — *Subida, ascenso.*

bajar Descender, resbalar, deslizarse, caer. — *Subir.* || Menguar, disminuir, desvalorizarse, depreciarse, abaratarse. — *Aumentar, encarecerse.*

bajel Navío, nave, buque, barco, embarcación, galera, galeón, nao.

bajeza Vileza, ruindad, abyección, indignidad, degradación, infamia. — *Nobleza, honra.*

bajo Pequeño, corto, menudo, chico, menguado, retaco, canijo. — *Alto, corpulento.* || Vil, indigno, rastrero, ruin, soez, villano, canallesco. — *Noble, honroso.*

bala Proyectil, balín, plomo, munición, tiro.

balada Poesía, poema, cántico, tonada, romance.

baladí Nimio, trivial, insignificante, pueril, insubstancial. — *Importante, trascendental.*

baladrón Fanfarrón, valentón, matasiete, bravucón, perdonavidas, matón. — *Tímido, humilde, modesto.*

baladronada Bravata, desplante, jactancia, fanfarronada, bravuconada. — *Timidez, modestia.*

balanceo Bamboleo, mecimiento, vaivén, oscilación, movimiento, inclinación, meneo, agitación, contoneo. — *Inmovilidad, horizontalidad.*

balandro Bote, batel, lancha, barca, falúa, chalupa, embarcación.

balanza Báscula, romana.

balar Berrear, gemir, balitar, gamitar, lamentarse.

balaustrada Baranda, barandal, balcón, antepecho, pretil, borde, brocal.

balazo Disparo, tiro, descarga, fogonazo, explosión, detonación, estampido.

balbucear Balbucir, tartamudear, barbotar, farfullar, tartajear, musitar.

balcón Galería, mirador, ventanal, antepecho, pretil, miranda.

baldado Lisiado, v. baldar.

baldaquín Dosel, palio, pabellón, colgadura, tapiz, marquesina.

baldar Lisiar, impedir, inutilizar, anquilosar, estropear, tullir, atrofiar. — *Rehabilitar, curar.*

balde Cubo, artesa, barreño, palangana, cubeta, recipiente.

baldear Fregar, lavar, restregar, limpiar, regar. — *Ensuciar.*

baldío Yermo, estéril, desértico, improductivo, infecundo, infructuoso, árido, pobre, estepario. — *Fructífero, fértil.* || Inútil, fútil, vano, ocioso, ineficaz. — *Útil, eficaz.*

baldón Afrenta, oprobio, ultraje, estigma, deshonra, ignominia. — *Honra, desagravio.*

baldosa Azulejo, baldosín, mosaico, mayólica, cerámica, alicatado.

balido Berrido, quejido, gamitido.

baliza Boya, señal, indicación, marca, mojón.

balneario Caldas, termas, manantial, aguas termales, baños, playa, costa.

balón Pelota, bola, esférico, cuero.

balsa Jangada, almadía, maderamen, barcaza.

balsámico Curativo, lenitivo, calmante, suavizante. — *Irritante.* || Fragante, aromático, perfumado, oloroso, odorífero. — *Hediondo, maloliente.*

bálsamo Ungüento, unto, linimento, resina, goma, emplasto, medicamento, linitivo. || Perfume, aroma, fragancia, olor. — *Hedor, pestilencia.*

baluarte Bastión, fuerte, ciudadela, torreón, parapeto, fortificación. || Defensa, protección, refugio, centro, núcleo.

ballesta Muelle, resorte, fleje, suspensión.

ballet* Bailable, baile, danza, coreografía, función, escenas de baile.

bambalina Decorado, colgadura, decoración, telón, lienzo, bastidor.

bambolear Oscilar, menearse, tambalearse, moverse, mecerse, columpiarse. — *Parar, detenerse.*

bambolla Boato, fasto, ornato, pompa, ostentación, suntuosidad. — *Sencillez, humildad.*

banal* Trivial, baladí, insustancial, insípido, nimio, pueril, superficial. — *Importante, decisivo.*

banasta Cesto, canasta, cuévano.

bancarrota Ruina, quiebra, hundimiento, embargo, suspensión de pagos. — *Éxito, prosperidad.*

banco Taburete, escabel, banqueta, escaño, peana, sitial, asiento. || Institución, establecimiento (bancario), banca.

banda Faja, cinta, lista, venda, orla, tira, brazalete, bandolera, cincha. || Costado, lado, borde, margen, parte. || Pandilla, cuadrilla, partida, turba, tropa, horda, grupo, caterva.

bandazo Tumbo, vaivén, bamboleo, balance, oscilación, agitación, meneo.

bandeja Fuente, plato, patena, dulcera, recipiente.

bandera Enseña, pabellón, estandarte, pendón, guión, divisa, oriflama, gallardete.

bandería Facción, secta, partido, bando, pandilla, grupo, camarilla, clan.

bandido Forajido, malhechor, bandolero, delincuente, salteador, atracador, facineroso, criminal, reo, infractor, ladrón.

bando Proclama, orden, publicación, decreto, mandato, aviso. || Facción, partido, ala, grupo, secta, camarilla, pandilla.

banquero Cambista, financiero, economista, acaudalado, opulento.

banqueta Taburete, escabel, banco, peana, grada, asiento, poyo, banquillo.

banquete Comilona, festín, convite, ágape, homenaje, fiesta, francachela, orgía.

banquillo V. banqueta.

bañar Remojar, mojar, sumergir, chapuzar, calar, duchar, nadar, rociar, empaparse, refrescarse, limpiar, higienizar, regar. — Secar.

bañera Tina, pila, artesa, baño, barreño.

baqueta Varilla, vara, barra, palo, atacador.

baquetazo Golpazo, batacazo, costalada, porrazo, caída, choque, encontronazo.

baqueteado Ducho, avezado, veterano, curtido, endurecido, experto. — Inexperto, novel.

bar Café, cervecería, cafetería, cantina, tasca, establecimiento público.

barahúnda V. baraúnda.

baraja Naipes, cartas, juego de azar.

barajar Mezclar, revolver, cortar, repartir.

baranda Antepecho, balaustrada, barandilla, pasamanos.

baratija Chuchería, fruslería, bagatela, nadería, bisutería, imitación.

barato Rebajado, módico, económico, depreciado, saldado, desvalorizado, tirado, ganga, ocasión, saldo, oportunidad. — Caro, costoso.

baraúnda Alboroto, batahola, algarabía, tiberio, escándalo, bulla, juerga. — Silencio, paz.

barba Pera, perilla, chiva, mosca, vello, pelo.

barbaridad Atrocidad, crueldad, enormidad, exceso, brutalidad, disparate, desatino, ferocidad, salvajada, ensañamiento. — Civismo, respeto.

barbarie Salvajismo, incultura, rudeza, tosquedad,

atraso. — *Cultura, civilización.* || V. barbaridad.

bárbaro Inhumano, feroz, salvaje, despiadado, bestial, rudo, inculto. — *Civilizado, culto.*

barbero Peluquero, rapabarbas, fígaro, desuellacaras.

barbián Desenvuelto, bizarro, atrevido, decidido, desenfadado, gallardo. — *Tímido, desgarbado.*

barbilampiño Imberbe, lampiño, desbarbado, adolescente, pollo. — *Barbudo, velludo, peludo.*

barbilla Mentón, perilla, barba.

barbotar Farfullar, mascullar, balbucear, balbucir, murmurar, tartamudear, chapurrear.

barbudo Barbado, peludo, velludo, hirsuto, barbón, cerrado. — *Lampiño, imberbe.*

barca Bote, lancha, canoa, chalupa, falúa, piragua, motora, embarcación.

barcaza Lanchón, lancha, gabarra, chalana, pontón, embarcación.

barco Navío, buque, nave, nao, bajel, embarcación, yate, transatlántico, vapor, barca (v.).

bardo Vate, juglar, rapsoda, trovador, poeta, cantor.

baremo Tabla, escala, cómputo, índice, lista.

barniz Pintura, tintura, lustre, laca, esmalte, capa, resina, tinte.

barón Noble, aristócrata, caballero, hidalgo, señor, castellano. — *Plebeyo, villano.*

barra Palanca, barrote, tranca, eje, hierro, lingote, refuerzo.

barrabasada Trastada, barbaridad, disparate, gamberrada, pillería, diablura.

barraca Choza, cabaña, chabola, casucha, tugurio, cobertizo, casilla, tinglado.

barragana Concubina, amante, amiga, manceba, mantenida, entretenida, prostituta (v.).

barranco Cañada, quebrada, desfiladero, valle, vaguada, angostura, garganta. — *Llano, explanada.*

barrena Taladro, perforadora, broca, berbiquí, fresa, punzón.

barrendero Barredor, limpiador, basurero, peón.

barreno Cartucho, petardo, explosivo, perforación, taladro. || V. barrena.

barreño Cubo, cubeta, jofaina, palangana, recipiente, artesa, tina.

barrer Limpiar, escobar, desempolvar, cepillar. — *Ensuciar.* || Arrollar, atropellar, aniquilar, pisotear, dispersar, desbaratar.

barrera Parapeto, muro, muralla, defensa, cerca, valla, empalizada, estacada, trinchera, barricada, seto, verja. || Impedimento, obstáculo, freno, rémora, estorbo, engorro, atasco.

barricada V. barrera.

barriga Panza, vientre, tripa, abdomen, estómago, intestinos, bandullo.

barril Tonel, cuba, tina, barrica, bocoy, pipa, casco, recipiente.

barrio Distrito, sector, término, jurisdicción, barriada, suburbio, arrabal.

barro Fango, cieno, légamo, lodo, limo, azolve.

barroco Rococó, churrigueresco, plateresco, recargado, ornamentado, pomposo.

barroso Cenagoso, fangoso, legamoso, pantanoso.

barrote V. barra.

barrunto Presentimiento, sospecha, suposición, conjetura, recelo, intuición.

bártulos Cachivaches, trastos, enseres, chismes, chirimbolos, útiles, bultos, aparatos.

barullo Desorden, confusión, caos, lío, laberinto, desbarajuste, anarquía. — Orden. || Alboroto, escándalo, baraúnda, estruendo. — Silencio.

basamento Pedestal, base, zócalo, plinto, cimiento.

basar Apoyar, fundar, fundamentar, probar, establecer, demostrar, justificar, cimentar.

basca Arcada, náusea, vómito, desazón, asco.

báscula Balanza, romana.

bascular* Tambalearse, oscilar.

base Fundamento, principio, origen, arranque, génesis. || Pedestal, cimiento, sostén, apoyo, peana, podio, zócalo, basamento.

básico Fundamental, principal, cardinal, esencial, radical, primordial. — Baladí, anodino.

basílica Templo, santuario, catedral, oratorio, colegiata, iglesia.

bastante Sobrado, suficiente, harto, asaz, lo indispensable, lo justo.

bastar Convenir, ser suficiente, venir bien. — Faltar.

bastardear Degradar, degenerar, envilecer, corromper, desnaturalizar. — Mejorar, perfeccionar.

bastardo Ilegítimo, natural, adulterino. — Legítimo. || Degradado, degenerado, envilecido, corrompido, desnaturalizado. — Mejorado, perfeccionado.

bastidor Armazón, esqueleto, soporte, base, sostén, maderamen, chasis.

bastión Defensa, baluarte, fortificación, fuerte, fortín, protección.

basto Tosco, rústico, grosero, burdo, ordinario, chabacano, rudo, plebeyo, vulgar, villano. — *Fino, educado.*

bastón Báculo, cayado, vara, palo, garrote, tranca, muleta, bordón, estaca.

basura Desperdicios, desechos, inmundicia, despojos, sobras, barreduras, excrementos.

basurero Vertedero, estercolero, muladar, albañal, sentina, sumidero, corral.

bata Peinador, guardapolvo, mandil, batín, quimono, delantal, prenda.

batacazo Porrazo, golpazo, trastazo, golpe, caída, choque, culada, costalada.

batahola Alboroto, ruido, bulla, escándalo, estruendo, jaleo, tiberio. — *Silencio, calma.*

batalla Lucha, combate, lid, pelea, contienda, encuentro, pugna, choque, escaramuza, justa. — *Armisticio, paz.*

batallón Escuadrón, grupo, compañía, unidad táctica.

batel V. barca.

batería Grupo, hilera, fila, formación, conjunto. || Acumulador, pilas. || Utensilios, cacharros, cazos, peroles.

batiburrillo Fárrago, amasijo, revoltijo, desorden, confusión, embrollo. — *Orden, armonía.*

batida Acoso, persecución, exploración, búsqueda, reconocimiento, rastreo, ojeo, cacería.

batidor Explorador, guía, observador.

batidora Licuadora, mezcladora, aparato electrodoméstico, homogeneizadora.

batiente Persiana, hoja, ventana, puerta, parte, marco.

batín Quimono, bata, peinador, delantal.

batintín Gong, tantán, platillo.

batir Derrotar, vencer, combatir, superar. || Mezclar, revolver, agitar, trabar, licuar, menear. || Explorar, investigar, reconocer, ojear, inspeccionar. || V. batirse.

batirse Luchar, combatir, rivalizar, pelear, batallar, chocar, guerrear. — *Reconciliarse, pactar.*

batuta Vara, varilla, bastoncillo.

baúl Cofre, caja, arca, arcón, bulto.

bautizar Cristianar, sacramentar, administrar, crismar. || Designar, denominar, nombrar, llamar, motejar.

bayeta Trapo, paño, lienzo, pingo, guiñapo.

bayoneta Machete, hoja, cuchillo, arma blanca.

baza Tanto, mano, juego, partida.

bazar Tienda, almacén, local, establecimiento, comercio, tenderete.

bazofia Guisote, potingue, comistrajo, mejunje, bodrio. — *Manjar, exquisi-*

tez. || Desperdicios, sobras, desechos, mondas, porquería, basura.

beata V. beato.

beatificar Santificar, canonizar, venerar, reverenciar, bendecir, adorar.

beatitud Santidad, bienaventuranza, virtud, ejemplaridad, felicidad. — *Infelicidad, pecado.*

beato Bienaventurado, santo, beatífico, venerable, bendito, predestinado, virtuoso. — *Pecador.* || Mojigato, santurrón, hipócrita. — *Descreído, ateo.*

bebé Nene, crío, rorro, niño, pequeñuelo, angelito, infante, mocosuelo.

bebedizo Pócima, brebaje, infusión, filtro, narcótico, tóxico, medicina.

bebedor V. borracho.

beber Tomar, libar, sorber, catar, tragar, probar, saborear, servirse, escanciarse, consumir, pimplar, emborracharse (v.), empinar el codo.

bebida Licor, líquido, brebaje, néctar, refresco, elixir, jugo, zumo, agua.

bebido V. borracho.

becerrada Novillada, tienta, corrida, lidia.

becerro Ternero, torillo, choto, jato, recental.

bedel Ordenanza, conserje, portero, ujier, celador, empleado, subalterno.

beduino Nómada, berberisco, beréber, tuareg, trashumante, árabe. || Bárbaro, bruto, incivil. — *Culto, civilizado.*

befa Escarnio, burla, mofa, desdén, desprecio, chufla, pitorreo. — *Desagravio, elogio.*

beige* Leonado, pajizo, amarillento, de color café con leche.

belcebú Lucifer, demonio (véase).

beldad Belleza, hermosura, perfección, guapura, apostura. — *Fealdad.* || Hermosa, bella, perfecta, guapa, bonita, preciosa. — *Fea.*

belicoso Guerrero, agresivo, marcial, batallador, pendenciero, luchador. — *Pacífico, cobarde.*

beligerancia Conflicto, guerra, contienda, lucha. — *Paz.* || Importancia, trascendencia, valor, categoría. — *Desinterés, intrascendencia.*

beligerante Contrario, adversario, guerrero, combatiente, v. belicoso.

belitre Truhán, bergante, pícaro, perillán, tunante, granuja. — *Honrado, decente.*

bella V. belleza.

bellaco V. belitre.

belleza Hermosura, apostura, preciosura, encanto, perfección, atractivo, seducción. — *Fealdad.* || Hermosa, preciosa, guapa, apuesta, beldad, pimpollo, linda, bonita, divi-

na, bien parecida. —
Fea.

bello V. belleza.

bencina Gasolina, carburante, combustible, esencia, derivado del petróleo.

bendecir Consagrar, imponer, impetrar. — *Execrar, maldecir.* || Elogiar, exaltar, honrar, enaltecer, alabar, agradecer. — *Maldecir, criticar.*

bendición G r a c i a, favor, don, merced, ofrenda, dádiva. — *Maldición, desgracia.* || Consagración, invocación, impetración, signo, seña.

bendito Consagrado, santificado, santo. — *Maldito.* || Inocente, ingenuo, buenazo, infeliz, dichoso. — *Astuto, taimado.*

benefactor Bienechor, filántropo, humanitario, protector, caritativo. — *Dañino, perjudicial.*

beneficencia Filantropía, ayuda, socorro, humanidad, caridad, subvención. — *Descuido, crueldad.*

beneficiar Favorecer, ayudar, amparar, conceder, dar, dispensar, socorrer. — *Perjudicar.*

beneficio Lucro, ganancia, provecho, usura, dividendo. — *Pérdida, perjuicio.* || Ayuda, amparo, favor, concesión, dádiva. — *Descuido, crueldad.*

beneficioso P r o v e c h o s o,

útil, favorable, productivo, ventajoso, bueno. — *Perjudicial.*

benéfico Humanitario, caritativo, protector, bienhechor, benefactor. — *Impío, indiferente, maléfico.*

benemérito Elogiable, loable, encomiable, meritorio, merecedor, digno. — *Desdeñable, despreciable.*

beneplácito Aprobación, permiso, conformidad, aquiescencia. — *Disconformidad, negativa.*

benévolo Magnánimo, indulgente, complaciente, humanitario, considerado, cariñoso, benigno (v.), piadoso, compasivo. — *Severo, cruel.*

benigno Apacible, suave, dócil, plácido, obediente, benévolo (v.), sumiso. — *Rebelde, maligno.* || Templado, agradable, cálido, dulce. — *Riguroso, extremado.*

beodo Embriagado, borracho, ebrio, mamado, temulento, alegre, achispado, alumbrado, dipsómano, bebido, borrachín. — *Sobrio.*

berberisco Beréber, moro, rifeño, mogrebí, berebere, árabe, musulmán.

berbiquí Taladro, broca, trépano, barrena.

beréber V. berberisco.

berenjenal Embrollo, enredo, lío, barullo, laberinto, confusión, jaleo.

bergante V. belitre.

bergantín Velero, goleta, fragata, embarcación.

bermejo Rojizo, encarnado, rojo, colorado, granate, azafranado, rubio.

berrear Rugir, mugir, aullar, gañir, chillar, lloriquear, vociferar.

berrinche Enojo, rabieta, perra, pataleta, acceso, corajina, irritación, furor.

beso Besuqueo, caricia, roce, arrumaco, carantoña, mimo, terneza.

bestia Animal, irracional, cuadrúpedo, acémila, caballería, fiera, alimaña, bicho. || Cruel, v. bestial.

bestial Cruel, sanguinario, salvaje, inhumano, feroz, brutal, fiero, bestia (v.). — *Humanitario, piadoso.*

besuquear Mimar, sobar, acariciar, abrazar, rozar, galantear.

betún Brea, asfalto, alquitrán, pez, resina.

Biblia Sagrada Escritura, Libros Santos, Sagrados Textos.

bíblico Antiguo, venerable, tradicional, histórico.

bibliografía Relación, descripción, lista, ordenación, catálogo (de libros).

biblioteca Estantería, estante, librería, anaquel, repisa, mueble. || Local, archivo, dependencia, colección, centro, organismo.

bicoca Bagatela, fruslería, nadería, insignificancia, baratija, chuchería. || Ganga, breva, ocasión, oportunidad, negocio.

bicho Sabandija, gusarapo, parásito, gorgojo, bicharraco, alimaña.

bien Don, favor, gracia, merced, ayuda, auxilio, servicio. — *Perjuicio, daño.* || Adecuado, apropiado, conveniente, conforme, bueno, oportuno, acertado, admisible. — *Malo, inadecuado, inoportuno.*

bienaventurado Venturoso, feliz, dichoso, afortunado, favorecido. — *Desgraciado, desdichado.* || Santo, beato, bendito, perfecto. — *Maldito, réprobo.* || Inocente, ingenuo, cándido, simple. — *Astuto, taimado.*

bienes Fortuna, capital, fondos, caudales, riqueza, pertenencias, posesiones. — *Miseria, pobreza.*

bienestar Desahogo, prosperidad, c o m o d i d a d, tranquilidad, ventura, seguridad. — *Malestar, infelicidad.*

bienhechor B e n e f a c t o r, protector, defensor, mecenas, filántropo. — *Dañino, perjudicial.*

bienintencionado Benévolo, justo, bueno, benigno, indulgente, bondadoso. — *Taimado, malvado.*

bienvenida Acogida, saludo, parabién, recepción,

recibimiento, homenaje, agasajo. — *Desaire, despedida.*

bifurcación Desvío, ramificación, separación, divergencia, cruce, ramal.

bigardo Truhán, perillán, vago, vicioso. — *Virtuoso.*

bigote Mostacho, bozo, vello, cerda, patilla.

hiel H u m o r , secreción, atrabilis. ‖ Cólera, amargura, desazón, tristeza. — *Alegría.*

billete Boleto, vale, bono, entrada, talón, localidad, asiento, cupón, volante. ‖ Papel, moneda, dinero, efectivo, metálico. ‖ Misiva, carta, nota.

billetero Cartera, monedero, bolso.

binoculares Prismáticos, gemelos, anteojos.

biografía Historia, vida, crónica, ensayo, hazañas, relación, r e l a t o , acontecimientos, sucesos, semblanza, carrera, aventuras.

biombo Pantalla, mampara, persiana, cancel.

birlar Robar, hurtar, sisar, sustraer, quitar, despojar. — *Devolver.*

birrete Bonete, gorro, chapeo, solideo.

birria Mamarracho, adefesio, espantajo, facha, extravagante, grotesco. — *Apostura, belleza.*

bisagra Gozne, charnela, pernio, juego, articulación.

bisbisar V. musitar.

bisel Sesgo, corte, ángulo, borde, arista, chaflán.

bisoñé Peluquín, peluca, añadido, postizo.

bisoño Novato, inexperto, novel, aprendiz, neófito, principiante. — *Experimentado, curtido, veterano.*

bisté Chuleta, tajada, solomillo, loncha.

bisutería Baratija, fruslería, imitación, bagatela, buhonería. — *Alhaja, joya.*

bizarro Denodado, valeroso, esforzado, arrojado, bravo. — *Flojo, cobarde.* ‖ Gallardo, apuesto, garboso, elegante, bien plantado. — *Desgarbado.*

bizco Bisojo, estrábico, de vista desviada.

bizcocho Galleta, torta, bollo, barquillo.

bizma Emplasto, cataplasma, ungüento.

blanco Níveo, albo, inmaculado, cano, cándido, pálido. — *Negro.* ‖ Caucásico, ario, occidental, indoeuropeo. — *Negro, oriental.* ‖ Diana, centro.

blandir Enarbolar, empuñar, aferrar, menear, mover, balancear, amenazar. — *Soltar.*

blando Suave, tierno, mórbido, esponjoso, muelle, flojo, laxo, fláccido. — *Duro, firme.* ‖ Dócil, apacible, timorato, cobarde. — *Enérgico, valeroso.*

blasfemia Maldición, imprecación, j u r a m e n t o, reniego, terno, taco, palabrota, sacrilegio.

blasón Escudo, divisa, armas, alegoría, pieza, timbre, lema, símbolo.

blasonar Vanagloriarse, jactarse, pavonearse, alabarse, fanfarronear. — *Humillarse, recatarse.*

bledo Minucia, insignificancia, ardite, comino.

blindaje Defensa, coraza, protección, plancha, forro, revestimiento, chapa, recubrimiento.

bloc* V. bloque.

blocao Reducto, fortín, fortificación, subterráneo.

bloque Sillar, piedra, dovela, cubo, mazacote. || Libreta, librillo, cuadernillo, taco, hojas.

bloquear Asediar, sitiar, cercar, aislar, encerrar, incomunicar, rodear. — *Liberar, huir, fugarse.*

blusa Blusón, camisola, camisa, marinera.

boato Pompa, ostentación, lujo, fasto, derroche, aparato, oropel. — *Sencillez, pobreza.*

bobada Simpleza, v. bobo.

bobina Carrete, canilla, devanado, inductor.

bobo Simple, necio, tonto, mentecato, sandio, idiota, majadero, memo, obtuso, gaznápiro, zopenco, pazguato. — *Listo, inteligente.*

boca Jeta, morro, hocico, fauces, belfos. || Entrada,

embocadura, a b e r t u r a, acceso, grieta.

bocacalle Esquina, cruce, intersección, confluencia, encrucijada.

bocadillo Emparedado, panecillo, *sandwich*, canapé.

bocado Mordisco, tarascada, dentellada, mordedura. || Piscolabis, tentempié, bocadillo (v.). || Trozo, cacho, fragmento, porción.

bocanada Vaharada, vaho, soplo, hálito, aliento, emanación, exhalación, jadeo.

boceto Bosquejo, esquema, esbozo, diseño, croquis, borrador, apunte, plano, dibujo.

bocina Corneta, trompeta, cuerno, claxon.

bochinche Escándalo, jaleo, alboroto, estrépito, baraúnda, guirigay. — *Silencio.*

bochorno Calor, sofoco, canícula, calina, vulturno. — *Frío.* || Vergüenza, sonrojo, turbación, rubor, confusión. — *Descaro.*

boda Enlace, matrimonio, esponsales, unión, himeneo, desposorios, nupcias, vínculos, casorio, alianza, casamiento, sacramentos. — *Divorcio.*

bodega Cava, sótano, cueva, bóveda, silo.

bodegón Taberna, tasca, figón, fonda.

bodrio Bazofia, mejunje, potingue, guisote, comistrajo, rancho. — *Manjar, exquisitez.*

bofe Pulmón, órgano, víscera, asadura.

bofetada Bofetón, tortazo, torta, mamporro, cachete, guantazo, revés, moquete, sopapo. — *Caricia.*

boga Actualidad, moda, novedad, costumbre, uso, popularidad. — *Desuso, caducidad.*

bogar Remar, ciar, sirgar, avanzar.

bohemio Errante, vagabundo, gitano, despreocupado, negligente. — *Metódico, disciplinado.*

boicot Exclusión, aislamiento, rechazo, castigo, privación, separación. — *Aceptación.*

boina Bonete, birrete, gorra, chapela, chapeo.

bola Pelota, esfera, balón, globo, cuenta, canica, píldora. || Trola, mentira, embuste, bulo, fábula, cuento, patraña. — *Verdad.*

boleto Papeleta, cupón, talón, volante, vale, bono, tarjeta, comprobante, entrada.

boletín Gaceta, revista, circular, folleto, publicación, impreso, hoja.

bólido Meteorito, aerolito, exhalación, uranolito, piedra.

bolo Palo, taco, palitroque, tarugo.

bolsa Talega, morral, fardo, saco, alforja, bulto, lío. || Lonja, bolsín.

bolso Cartera, bolsillo, valija.

bomba Granada, proyectil, obús, explosivo, munición, bala. || Máquina, pistón, aparato.

bombardear Cañonear, lanzar, ametrallar, arrasar, atacar, demoler, aniquilar.

bombear Extraer, impulsar, succionar, sacar, impeler, agotar, vaciar.

bombilla Lámpara, lamparilla, farol, globo, bulbo.

bombo Timbal, tambor, atabal, caja. || Jactancia, vanagloria, tono, coba. — *Humildad.*

bombón Golosina, chocolate, chocolatina, chocolatín.

bombona Vasija, recipiente, garrafa, botellón.

bonachón Buenazo, bondadoso, candoroso, ingenuo, manso, sencillo. — *Severo, astuto.*

bonancible Apacible, claro, despejado, sereno, raso, benigno, tranquilo. — *Tormentoso.*

bonanza Calma, quietud, tranquilidad, auge, prosperidad, bienestar, opulencia. — *Tormenta, pobreza.*

bondad Benevolencia, dulzura, afecto, indulgencia, humanidad, caridad, clemencia. — *Maldad.*

bonete Birrete, gorro, gorra, boina, casquete, solideo, sombrero.

bonificación Descuento, reducción, abono, indemnización, compensación. — *Recargo, gravamen.*

bonito Lindo, mono, precioso, bello, primoroso, agraciado, delicado. — *Feo, desagradable.*

bono Vale, papeleta, comprobante, cupón, libranza, bonificación (v.).

boñiga Estiércol, fiemo, excremento, guano, bosta.

boquear Resollar, jadear, respirar, acezar, resoplar. || Agonizar, expirar.

boquete Hueco, agujero, brecha, boca, oquedad, grieta, perforación, orificio.

borbotón Burbujeo, borbollón, borboteo, burbujas.

bordar Coser, recamar, festonear, ribetear, adornar, marcar, ornamentar.

borde Orilla, canto, arista, labio, filete, margen, linde, extremo, orla, ribete, festón, frontera, extremidad. — *Centro.*

bordear Rodear, desviarse, circunvalar, eludir, separarse, cincundar. — *Atravesar, cruzar.*

boreal Septentrional, ártico, nórdico, hiperbóreo, norteño. — *Meridional austral.*

borla Pompón, fleco, colgante, adorno.

borra Pelusa, lanilla, guata, tamo. || Poso, hez, sedimento, residuo.

borrachera Curda, embriaguez, ebriedad, alcoholismo, dipsomanía, turca, cogorza, merluza, tajada. — *Sobriedad, abstinencia.*

borracho Ebrio, alcoholizado, beodo, temulento, embriagado, dipsómano, mamado, alegre, achispado, curda, alumbrado. — *Sobrio, abstemio.*

borrador Esbozo, bosquejo, esquema, apunte, proyecto, plan, diseño, boceto.

borrar Tachar, suprimir, anular, corregir, rectificar, deshacer. — *Escribir.*

borrasca Temporal, galerna, turbión, tempestad, aguacero, chaparrón, huracán. — *Calma, bonanza.*

borrego Cordero, ternasco. || Sumiso, apocado, pusilámine, timorato. — *Decidido, enérgico.*

borrico V. burro.

borrón Mancha, mácula, chafarrinón, tacha, churrete, lamparón, tiznón.

borroso Velado, nebuloso, confuso, opaco, turbio, impreciso, difuso, oscuro. — *Nítido, preciso, claro.*

boscoso Selvático, frondoso, espeso, denso, tupido, impenetrable, exuberante. — *Ralo, desértico.*

bosque Selva, fronda, espesura, floresta, arboleda, monte, parque, follaje. — *Sabana, páramo.*

bosquejo V. boceto. || Plan, planificación, idea, proyecto, concepción.

bostezar Boquear, inspirar, suspirar, abrir la boca, respirar profundamente.

bota Borceguí, zapato, calzado, chanclo. || Barril, cuba, tina, tonel, pellejo, cuero, odre.

botarate Tarambana, irreflexivo, alocado, atolondrado, aturdido. — *Reflexivo, sensato.*

bote Barca, lancha, canoa, esquife, chinchorro, piragua, motora, falúa, embarcación.

botella Frasco, casco, envase, botellón, recipiente.

botellero Trapero, quincallero, chamarilero, ropavejero.

botica Farmacia, droguería, establecimiento.

botijo Cántaro, jarro, ánfora, vasija, recipiente.

botín Despojo, presa, trofeo, pillaje, rapiña, robo, captura. || V. bota.

botón Botonadura, broche, presilla, automático. || Renuevo, yema, pimpollo, capullo. || Pulsador, interruptor, llave, tecla, clavija.

botones Mozo, chico, recadero, mandadero, muchacho, dependiente, servidor.

bouquet* Aroma, olor, perfume, gustillo, sabor.

bóveda Cúpula, arco, domo, ábside, vuelta, pabellón, techo, cripta, arquería.

bovino Vacuno, bóvido, rumiante, cuadrúpedo, toro, vaca, buey.

boxeador Púgil, luchador, adversario.

boya Baliza, marca, hito, señal.

boyante Floreciente, venturoso, próspero, afortunado, opulento. — *Empobrecido.*

bozo Vello, cerda, pelo, bigote, pelusa.

bracero Peón, obrero, labriego, jornalero, rústico.

braga Calzón, pantalón, prenda interior.

bragado Animoso, enérgico, valiente, resuelto, decidido. — *Pusilánime, cobarde.*

bragazas Calzonazos, menguado, pusilánime, borrego, cobarde. — *Valiente, decidido.*

bramante Cuerda, cordel, cáñamo, hilo.

bramar Rugir, mugir, aullar, berrear, ulular, chillar, gritar, vociferar. — *Callar.*

branquia Agalla, membrana, órgano respiratorio.

brasa Ascua, rescoldo, chispa, llama, lumbre, fuego.

brasero Estufa, calentador, hogar, calientapiés.

bravata Jactancia, fanfarronería, alarde, desplante, majeza, bravuconería, desafío. — *Humillación, pleitesía.*

bravío Fiero, indómito, cerril, salvaje, silvestre, montaraz, rústico. — *Manso, doméstico.*

bravo Resuelto, valiente, esforzado, intrépido, osado, temerario. — *Cobarde, tímido, miedoso.*

bravucón Matón, fanfarrón, camorrista, valentón, perdonavidas, matachín. — *Tímido, apocado, modesto.*

bravura Valentía, coraje, resolución, atrevimiento, temeridad, hombría. — *Cobardía, miedo.*

brazalete Argolla, pulsera, aro, muñequera, ajorca.

brazo Miembro, extremidad, apéndice, pata.

brea Alquitrán, pez, resina.

brebaje Potingue, pócima, poción, bebistrajo, cocimiento, filtro.

brecha Grieta, orificio, boquete, agujero, abertura, fisura, raja, hueco, rendija, resquicio, oquedad, perforación.

bregar Trabajar, trajinar, ajetrearse, lidiar, afanarse, agitarse, cansarse, agotarse, aperrearse. — *Holgazanear.*

breña Fragosidad, aspereza, escabrosidad, frondosidad, espesura. — *Claro, llano.*

brete Trance, aprieto, apuro, dificultad, problema, dilema. — *Solución, remedio.*

breve Limitado, corto, reducido, conciso, sucinto, frágil, efímero, provisional, temporal, perecedero, transitorio. — *Prolongado, extenso.*

breviario Epítome, compendio, extracto, resumen, compilación, sumario.

bribón Bellaco, tunante, bergante, pícaro, taimado; pillo, perillán. — *Honrado, ingenuo.*

brillante Resplandeciente, fulgurante, esplendente, cegador, refulgente, centelleante, luminoso, deslumbrante, radiante. — *Opaco, mate.* || Sobresaliente, descollante, destacado, distinguido. — *Anodino, vulgar, modesto.*

brincar Saltar, triscar, retozar, botar, danzar, juguetear, girar.

brinco Salto, cabriola, pirueta, corcovo, voltereta, rebote, retozo.

brindar Desear, ofrecer, dedicar, consagrar, proponer, invitar, convidar.

brío Ímpetu, pujanza, energía, fuerza, empuje, ardor, fortaleza, arrestos, reciedumbre, determinación, vigor, acometividad. — *Apatía, debilidad.*

brisa Céfiro, viento, vientecillo, aura, corriente, aire, soplo, hálito, racha.

brizna Hebra, fibra, hilo, filamento. || Pajita, ramita, hierba.

broca Taladro, barrena, trépano, lezna, cincel, punzón.

brocado Tejido, bordado, seda.

brocal Antepecho, pretil, borde, parapeto, resalto.

brocha Pincel, cepillo, cerdamen, escobilla.

broche Prendedor, pasador, imperdible, corchete, hebilla, alfiler, aguja, gancho.

broma Burla, chanza, chunga, guasa, chasco, chacota, cuchufleta, chirigota, mofa, pulla, sarcasmo, remedo, ironía, escarnio. — *Formalidad, sensatez.*

bromista Guasón, chancero, risueño, juguetón, zumbón, socarrón, jocoso. — *Serio, formal.*

bronca Pelea, gresca, riña, reyerta, escándalo, altercado, disputa, trifulca. — *Paz, tranquilidad.* || Reprimenda, filípica, regaño, rapapolvo, regañina, represión. — *Felicitación, elogio.*

bronceado Cobrizo, tostado, dorado, quemado, aceitunado, moreno, atezado. — *Blanco, pálido.*

bronco Rudo, tosco, rústico, grosero, basto, hosco, huraño, desapacible. — *Fino, cortés.* || Profundo, bajo, destemplado, áspero, desagradable. — *Agudo, armonioso.*

brotar Manar, surgir, aflorar, nacer, emerger, salir, asomar, germinar, retoñar.

brote Pimpollo, retoño, capullo, yema, renuevo, botón, pezón, vástago, cogollo.

broza Zarzal, maleza, hojarasca, matorral, espesura. || Desechos, sobras, residuos, restos.

bruja Maga, hechicera, encantadora, adivinadora, vidente, agorera, aojadora, esperpento, arpía, vieja, estantigua, adefesio.

bruma Niebla, neblina, calima, vapor, nube, vaho, velo, capa, celaje, cerrazón.

bruñir Pulir, acicalar, lustrar, abrillantar, charolar, frotar, esmerilar.

brusco Repentino, súbito, inesperado, imprevisto, inopinado, rápido. — *Lento, previsto.* || Descortés, rudo, tosco, grosero, destemplado. — *Amable, fino.*

brutalidad Crueldad, barbaridad, bestialidad, incultura, ferocidad, dureza, violencia, desenfreno, saña, encarnizamiento. — *Delicadeza, piedad.*

bruto Rústico, tosco, zafio, torpe, grosero, cruel, feroz. — *Amable, bondadoso.*

bucanero Pirata, corsario, filibustero, aventurero, bandido, forajido.

bucear Zambullirse, sumergirse, chapuzarse, hundirse, descender, explorar, bañarse. — *Flotar, emerger.*

bucle Tirabuzón, rizo, onda, sortija, caracolillo.

bucólico Campestre, pastoril, campesino, idílico, apacible, placentero. — *Ajetreado, ciudadano.*

buenaventura Auspicio, vaticinio, predicción, pronóstico, adivinación, profecía, augurio.

bueno Bondadoso, benévolo, benigno, piadoso, clemente, generoso, compasivo, tierno, indulgente, comprensivo. — *Malvado, cruel.* || Ventajoso, provechoso, propicio, favorable. — *Desventajoso.*

bufanda Pañuelo, tapaboca, chalina.

bufar Soplar, resoplar, jadear, acezar. || Rezongar, regañar, refunfuñar, rabiar, bramar.

bufete Oficina, despacho, escritorio, estudio, consultorio.

bufido Resoplido, soplo, jadeo, rebufo. || Bramido, gruñido, rugido, denuesto, rabieta.

bufo Ridículo, burlesco, grotesco, risible, extravagante. — *Serio, sensato.*

bufón Payaso, cómico, histrión, caricato, burlón, jocoso, chancero, bufo (v.).

buhardilla Desván, tugurio, altillo, sobrado, zahúrda, tabuco, antro.

búho Lechuza, mochuelo, autillo, ave rapaz.

buhonero Marchante, mercachifle, mercader, feriante, baratero, quincallero, ambulante.

bujía Cirio, vela, candela, hacha, candelabro.

bula Concesión, privilegio, favor, gracia, prerrogativa, excepción.

bulevar Avenida, ronda, paseo, arteria, vía, carretera. — *Callejuela.*

bulo Falsedad, rumor, infundio, patraña, mentira, chisme, camelo. — *Verdad.*

bulto Prominencia, protuberancia, saliente, lomo, resalte, giba, abombamiento, convexidad. || Depresión, hundimiento. || Fardo, paca, bolsa, saco, lío, paquete, equipaje. || Tumor, hinchazón, excrecencia, bubón, chichón, dureza, nódulo, grano. || Volumen, mole, masa, cuerpo, contorno.

bulla Estruendo, estrépito, vocerío, griterío, alboroto, desorden, tiberio, zarabanda, escandalera, algarabía. — *Silencio, orden.*

bullicio V. bulla.

bullir Hervir, gorgotear, burbujear, cocer, escaldar. || Moverse, agitarse, pulular, hormiguear, inquietarse, afanarse. — *Calmarse, inmovilizarse.*

bungalow* Chalé, cabaña, pabellón.

buque Barco, navío, embarcación, nave, transalántico, paquebote.

burbujear Borbotear, borboritar, gorgotear, bullir, hervir, espumar.

burdel Lupanar, prostíbulo, mancebía, casa de citas, casa de lenocinio.

burdo Rústico, tosco, rudo, grosero, basto, ordinario, áspero, vulgar, chabacano, agreste, silvestre, palurdo, inculto. — *Fino, educado, refinado.*

burgués Acomodado, adinerado, opulento, cómodo. — *Proletario, humilde.*

buril Punzón, gubia, cuchilla, cortafrío.

burla Chanza, broma, chasco, chiste, chunga, mofa, pulla, chirigota, guasa. — *Seriedad, formalidad.*

burlesco Picaresco, jocoso, alegre, cómico, jovial, jaranero, divertido, picante, audaz. — *Serio, recatado.*

burlón Guasón, bromista, chancero, socarrón, mordaz, sarcástico, irónico. — *Serio, formal.*

burocrático Administrativo, oficial, gubernativo, premioso, farragoso.

burrada Barbaridad, animalada, bestialidad, sandez, disparate, torpeza. — *Agudeza, gracia.*

burro Jumento, asno, pollino, cuadrúpedo, animal. || Necio, torpe, zopenco, ignorante, bruto, grosero, tosco, bárbaro. — *Inteligente, culto.*

buscar Indagar, investigar, escudriñar, averiguar, revolver, sondear, husmear, escarbar, preguntar, fisgonear, explorar, rastrear.

buscarruidos Pendenciero, camorrista, matón, bravucón, escandaloso. — *Formal, sensato.*

buscavidas Activo, afanoso, dinámico, trabajador, diligente. — *Perezoso, inactivo.*

buscona Ramera, prostituta (v.).

busilis Quid, clavo, nudo, meollo, intríngulis, punto principal.

búsqueda Pesquisa, investigación, indagación, explicación, batida, examen. — *Abandono.*

busto Tórax, torso, tronco, caja torácica.

butaca Sillón, silla, hamaca, mecedora, sofá, diván, asiento, localidad.

buzón Casilla, casillero, depósito, receptáculo, caja, ranura, orificio.

C

¡ca! Quia, ¡qué va!, de ningún modo.

cabal Completo, justo, perfecto, acabado, adecuado, ajustado, puro, consumado. — *Incompleto.*

cábala Suposición, conjetura, adivinación, atisbo, cálculo, deducción, inferencia. || Anagrama, signo, superstición, sortilegio.

cabalgadura Montura, corcel, cuadrúpedo, caballería, animal, caballo, mula, asno.

cabalgar Jinetear, montar, subir, avanzar.

cabalgata Comitiva, grupo, tropa, desfile, marcha, columna, séquito.

cabalístico Misterioso, secreto, recóndito, oculto, mágico.

caballeresco Galante, cortés, cortesano, fino, elegante, noble, cumplido. — *Villano, grosero.*

caballería V. cabalgadura.

caballeriza Establo, cuadra, corral, cobertizo, granero.

caballero Hidalgo, noble, señor, cortesano, aristócrata. — *Plebeyo, villano.* || Caballeresco, leal, honorable, digno, galante. — *Villano, grosero.* || V. caballista.

caballeroso V. caballeresco.

caballista Jinete, caballero, cabalgador, vaquero.

caballo Palafrén, corcel, montura, caballería, bruto, cuadrúpedo, potro, rocín, jamelgo.

cabaña Choza, chamizo, chabola, barraca, tugurio, rancho, cobertizo, refugio.

cabeceo Vaivén, bamboleo, balanceo, oscilación, ajetreo, bandazo, mecimiento, meneo.

cabecera Encabezamiento, partida, preámbulo, entrada, arranque, iniciación. || Presidencia, preferencia. || Cabezal, testero.

cabecilla Cacique, jefe, caudillo, capitán, guía, conductor. — *Esbirro, secuaz, seguidor.*

cabellera Melena, pelambre, pelambrera, v. cabello.

cabello Pelo, vello, bozo, pelusa, crin, cerda, hebra. || Cabellera, pelaje, melena, guedeja, mechón, bucle, tirabuzón, onda, rizo, trenza, flequillo, moño, tupé, rodete.

caber Contener, coger, entrar, abarcar, encerrar, englobar, reunir, estar.

cabeza Testa, mollera, sesera, melón, coco, cráneo, testuz. || Mente, seso, cerebro, inteligencia, capacidad, entendimiento, razón. — *Idiotez, torpeza.* || Comienzo, extremidad, pricipio, origen, nacimiento, prólogo.

cabezazo Testarazo, golpazo, topetazo, morrada, calabazada, choque, golpe.

cabezón Cabezudo, cabezota. || Testarudo, terco, porfiado, obstinado, tozudo. — *Razonable, comprensivo.*

cabezonería* Cabezonada, tozudez, terquedad, obstinación.

cabida Volumen, capacidad, contenido, espacio, aforo, extensión, porte.

cabildeo Conciliábulo, consulta, secreto, intriga, conspiración, reunión.

cabildo Junta, corporación, entidad, consejo, cuerpo, asamblea, ayuntamiento.

cabina Camarote, camareta, compartimiento, alojamiento, habitáculo. || Casilla, locutorio, división.

cabizbajo Abatido, desanimado, alicaído, triste, melancólico, desalentado. — *Animado, alegre.*

cable Soga, maroma, cuerda, v. cabo. || Hilo, alambre, cordón. || Telegrama, cablegrama, despacho, radiograma.

cabo Cuerda, soga, cordel, cable, maroma, cordón, chicote, calabrote, guindaleza, hilo, fibra, amarra. || Extremo, término, fin, punta, remate. || Promontorio, punta, saliente, lengua de tierra.

cabrearse Enfadarse, enojarse, irritarse, enfurecerse, enemistarse. — *Calmarse, amigarse.*

cabriola Pirueta, corcovo, bote, salto, brinco, voltereta, corveta, rebote, retozo.

cabrito Choto, chivo, ternasco.

caca Excremento, deposición, evacuación, mierda, deyección, heces, inmundicia, porquería.

cacarear Cloquear, llamar, alborotar, piar. || Jactarse, vanagloriarse, envanecerse, alardear, fanfarronear. — *Disculparse, humillarse.*

cacatúa Papagayo, loro, cotorra, periquito.

cacería Montería, batida, partida, acoso, ojeo, persecución, búsqueda, acorralamiento.

cacerola Cazo, olla, tartera, cazuela, perol, puchero, marmita, vasija, recipiente.

cacique Amo, dueño, señor, superior, patrono, cabecilla, tirano, personaje.

caco Carterista, ratero, descuidero, ladrón, rata, delincuente. — *Honrado, probo.*

cacofonía Disonancia, discordancia, repetición, reiteración. — *Eufonía, armonía.*

cacumen Seso, mollera, meollo, talento, ingenio, agudeza, lucidez. — *Torpeza, idiotez.*

cacharro Pote, vasija, olla, recipiente, cazuela, puchero. || Trasto, bártulo, cachivache, utensilio, artefacto, chisme, enser.

cachaza Flema, pachorra, parsimonia, apatía, premiosidad, morosidad. — *Dinamismo, vivacidad.*

cachear Registrar, escular, examinar, reconocer, palpar, inspeccionar, buscar.

cachete Mejilla, moflete, carrillo. || Bofetón, torta, tortazo.

cachiporra Porra, estaca, clava, maza, rompecabezas, garrote, bastón, cayada.

cachivache Trasto, chirimbolo, cacharro, chisme, enser, bártulo. || Inservible, inútil, torpe, desmañado. — *Útil, hábil, competente.*

cacho Trozo, fragmento, pedazo, porción, pieza, parte, fracción, sección. — *Conjunto, totalidad.*

cachondeo Guasa, burla, befa, mofa, chanza, pitorreo, zumba, diversión.

cachondo Libidinoso, excitado, salido, en celo, lascivo, sensual, lujurioso. — *Impotente.*

cachorro Cría, retoño, hijuelo, descendiente, hijo, vástago.

cadalso Patíbulo, plataforma, tablado, entarimado, pena, castigo, horca, guillotina.

cadáver Despojos, muerto, difunto, restos, cuerpo, extinto, víctima, finado, fallecido.

cadavérico Pálido, flaco, macilento, macabro, fúnebre, lúgubre, sepulcral. — *Sano, alegre.*

cadena Eslabones, grillete, hierros, esposas, cepo. || Serie, orden, proceso, encadenamiento, sucesión. || Cautiverio, condena, prisión, sujeción, esclavitud, cautividad. — *Libertad.*

cadencia Compás, ritmo, paso, movimiento, medida, armonía, consonancia.

cadera Cuadril, anca, grupa, flanco, pelvis, pernil.

caducar Concluir, prescribir, terminar, acabarse, extinguirse, cumplir. — *Perdurar, continuar.*

caduco Decrépito, chocho, senil, decadente, achacoso, acabado. — *Joven, lozano, perenne.*

caer Hundirse, desplomarse, precipitarse, descender, abatirse, degradarse. — *Subir, levantarse.*

cáfila Caterva, horda, tropel, turba, cuadrilla.

cafre Bárbaro, brutal, bestial, fiero. — *Humanitario.* || Inculto, cerril, rudo. — *Culto, refinado.*

cagar Evacuar, defecar, excretar, obrar, descargar, mover el vientre, hacer sus necesidades.

caída Porrazo, golpe, costalada, batacazo, culada, derrumbe. || Cuesta, declive, descenso, bajada. — *Subida, ascenso.* || Decadencia, fracaso, ocaso, ruina, desgracia. — *Auge, prosperidad.*

caja Envase, cajón, arca, estuche, cartón, urna, embalaje, paquete, bulto.

cajón Estante, compartimiento, gaveta. || V. caja.

cal Tiza, yeso, creta, caliza.

cala Abra, ensenada, caleta, golfo, rada, refugio, bahía.

calabozo Celda, cárcel, mazmorra, encierro, trena, prisión, galera, ergástula.

calamar Sepia, chipirón, pulpo, molusco, cefalópodo.

calambre Contracción, agarrotamiento, encogimiento, espasmo, convulsión, hormigueo.

calamidad Catástrofe, desastre, desgracia, desdicha, tragedia, plaga, azote. — *Suerte, ventura.* || Inepto, incapaz, incompetente. — *Hábil, capaz.*

calaña Ralea, naturaleza, índole, jaez, raza, calidad.

calar Mojarse, empaparse, embeberse, humedecerse, impregnarse. — *Secarse.* || Horadar, agujerear, perforar, cortar, trabajar, atravesar.

calavera Cráneo, huesos de la cabeza. || Parrandero, mujeriego, vividor, tarambana, jaranero, vicioso. — *Sensato, casto.*

calcar Reproducir, duplicar, copiar, repetir, imitar.

calceta Punto, media, malla, tejido.

calcetín Media, escarpín.

calcificar Endurecer, osificar, anquilosar.

calcinar Carbonizar, incinerar, quemar, abrasar, consumir, tostar, asar, arder.

calcular Contar, computar, tantear, determinar, operar.

cálculo Cómputo, cuenta, recuento, operación, enumeración.

caldear V. calentar.

caldera Calentador, fogón, hogar, estufa, horno. ‖ Recipiente, cacerola (v.).

calderilla Cambio, suelto, perras, monedas.

caldo Consomé, sopa, sustancia, jugo, zumo.

caldoso Jugoso, sustancioso, sabroso, aguado. — *Seco*.

calendario Anuario, almanaque, agenda, efemérides, repertorio, guía.

calentar Caldear, templar, abochornar, achicharrar, cocer, escaldar, tostar. — *Enfriar, helar*.

calentura Fiebre, temperatura, décimas.

caletre V. cacumen.

calibrar Graduar, medir, comprobar, evaluar, calcular, determinar.

calibre Anchura, diámetro, amplitud, abertura, tamaño.

calidad Clase, condición, índole, categoría, particularidad. ‖ Excelencia, perfección, eficacia, virtud. — *Deficiencia, defecto*.

cálido V. caliente.

caliente Cálido, caldeado, ardoroso, caluroso, candente, ardiente, tórrido, incandescente, ígneo, abrasador, encendido. — *Frío, helado*.

calificación Nota, evaluación, valoración, clasificación, estima, tasa, apreciación.

calificado Competente, hábil, apto, capacitado, experto, idóneo, capaz. — *Incompetente, incapaz*.

calificar Evaluar, valorar, establecer, estimar, calcular, tasar, atribuir. ‖ Designar, llamar, tildar, adjetivar, nombrar, denominar.

calificativo Nombre, adjetivo, epíteto, alias, apodo, título, nota.

cáliz Copa, vaso, copón, grial, recipiente.

calma Serenidad, tranquilidad, paz, sosiego, placidez, reposo, quietud, silencio, imperturbabilidad, impavidez, flema, frialdad. — *Alboroto, inquietud*. ‖ Cachaza, parsimonia, lentitud, apatía, indolencia. — *Actividad, dinamismo*.

calmante Tranquilizante, sedante, narcótico, lenitivo, hipnótico, medicamento. — *Estimulante*.

calor Bochorno, ahogo, temperatura, sofoco, sofocación, sol, canícula. — *Frío*. ‖ Ardor, fuego, combustión, hoguera, llama, incendio, incandescencia. — *Frío*.

calumnia Maledicencia, falsedad, falacia, difamación, superchería, murmuración, impostura, bulo, chisme, mentira, engaño, embuste. — *Alabanza, loa.*

caluroso Bochornoso, cálido, ardiente, sofocante, asfixiante, tórrido, tropical, caliente (v.). — *Frío, helado.*

calva Calvicie, alopecia, entradas, pelada, pelona. — *Pelambre.*

calvario Vía crucis, martirio, padecimiento, sufrimiento, fatiga, dolor, amargura. — *Felicidad.*

calvicie V. calva.

calzado Zapato, bota, botín, chanclo, borceguí, alpargata, zapatilla, pantufla.

calzar Endosarse, colocarse, ponerse, meterse. — *Descalzarse.*

calzón Calzas, pantalón, taparrabo, bragas, bombacha, calzoncillo, pantaloncito.

calzonazos V. bragazas.

calzoncillos V. calzón.

callado Silencioso, taciturno, reservado, tranquilo, reposado, tácito, secreto, hosco, silente. — *Parlanchín, comunicativo.*

callar Enmudecer, silenciar, omitir, ocultar, tapar, aguantar. — *Hablar, responder.*

calle Camino, vía, arteria, rúa, pasaje, calzada, travesía, paseo, avenida, ronda.

callejear Vagar, corretear, pasear, errar, deambular, caminar, holgazanear, merodear.

callo Dureza, endurecimiento, callosidad, aspereza, juanete, ojo de gallo.

cama Catre, lecho, tálamo, litera, yacija, hamaca, camastro (v.), diván, petate.

camada Ventregada, lechigada, cría, prole, cachillada.

cámara Estancia, aposento, pieza, sala, salón, habitación, cuarto, saleta, antesala, recinto. || Congreso, parlamento, consejo, asamblea, junta, cortes, concejo, senado.

camarada Compadre, compañero, amigo, acompañante, colega, cofrade, compinche, correligionario. — *Enemigo, rival.*

camarera Doncella, criada, muchacha, azafata, asistenta, maritornes, v. camarero.

camarero Servidor, criado, mozo, sirviente, doméstico, fámulo, muchacho, botones.

camarilla Pandilla, grupo, cuadrilla, partida, caterva.

camarón Langostino, quisquilla, gamba, marisco.

camastro Hamaca, catre, yacija, jergón, cama (v.).

cambiar Canjear, permutar, trocar, negociar, intercambiar, volver, reemplazar, transformar, innovar, modificar. — *Mantener, persistir.*

caminante Transeúnte, viandante, andarín, peatón, viajero, paseante, vagabundo.

caminar Deambular, andar, avanzar, marchar, pasear, moverse, errar, recorrer. — *Detenerse, pararse.*

camino Carretera, pista, vía, autopista, calle, senda, sendero, atajo, trocha, vado, vereda, rastro.

camión Camioneta, furgón, furgoneta, carruaje, vehículo, automotor.

camisa Blusa, camisola, camisón, camiseta, bata, lienzo, prenda, vestidura.

camorra Refriega, riña, pelea, trifulca, pendencia, gresca. — *Paz.*

campamento Acantonamiento, acampada, vivaque, cuartel, reales, campo, reducto, posición.

campana Esquila, campanilla, cencerro, bronce, carillón, sonería, badajo.

campanada Repique, rebato, toque, llamada, tañido, campaneo.

campanario Torre, campanil, espadaña, aguja.

campante Contento, alegre, ufano, gozoso, eufórico. — *Decaido, disgustado.*

campanudo Pomposo, rimbombante, prosopopéyico, altisonante. — *Modesto, sencillo.*

campaña Misión, cometido, tarea, empresa, proyecto, designio, obra, trabajo. || V. campiña.

campear Dominar, campar, descollar, destacar, prevalecer. — *Perder, fallar, fracasar.*

campechano Llano, sincero, franco, natural, despreocupado. — *Vanidoso, afectado.*

campeón Paladín, adalid, defensor, héroe, cabecilla. || As, ganador, vencedor. — *Derrotado, vencido.*

campeonato Contienda, competición, certamen, disputa, lid, concurso, lucha, pugna.

campesino Labrador, labriego, granjero, agricultor, paisano, rústico. — *Ciudadano.* || V. campestre.

campestre Agreste, silvestre, rústico, campesino, natural, bucólico, sencillo. — *Urbano, artificial.*

campo Campiña, tierra, terruño, prado, sembrado, cultivo, latifundio, hacienda, granja.

camuflar Disfrazar, ocultar, enmascarar, disimular, desfigurar. — *Descubrir, mostrar.*

can Perro, gozque, chucho, cachorro, dogo.

canal Zanja, cauce, acequia, reguero. || Istmo, estrecho, paso, bocana.

canalizar Encauzar, dirigir, conducir, reunir, aprovechar, regar.

canalón Desagüe, canal, tubería, conducto, cañería.

canalla Bribón, miserable, rastrero, infame, villano, pillo, bergante, malandrín, tunante, belitre, granuja, truhán. — *Señorial, noble.*

canasta Cesta, banasta, cuévano, espuerta.

cancela Reja, verja, puertecilla.

cancelar Suprimir, suspender, derogar, abolir, anular, revocar. — *Habilitar, aprobar.*

cáncer Neoplasia, tumor, llaga, úlcera.

canciller Dignatario, funcionario, secretario.

canción Cantar, cántico, canto, tonada, copla, balada, romanza, melodía, aire, estrofa.

cancha Campo, pista, frontón, patio, terreno.

candela Bujía, vela, cirio.

candelabro V. candelero.

candelero Candelabro, palmatoria, candil, blandón, velador, lámpara, araña.

candente Ardiente, incandescente, quemante, al rojo. — *Helado.* || Actual, presente, palpitante. — *Anticuado.*

candidato Pretendiente, solicitante, postulante, aspirante, demandante, peticionario. — *Elegido, designado.*

candidatura Pretensión, participación, aspiración, nombramiento, petición.

cándido Ingenuo, inocente, crédulo, candoroso, incauto, simple, bobo. — *Astuto, pícaro.*

candil Quinqué, farol, lámpara, fanal, linterna.

candor Inocencia, ingenuidad, candidez, pureza, credulidad, simpleza. — *Astucia, picardía.*

caníbal Antropófago, salvaje, indígena, sanguinario, inhumano, feroz. — *Civilizado.*

canícula Bochorno, calor, resol, sofoco. — *Frigidez, frío.*

canijo Enteco, enclenque, esmirriado, enfermizo. — *Vigoroso, robusto.*

canje Permuta, cambio, trueque, transacción, intercambio, cambalache.

cano V. canoso.

canoa Piragua, barca, lancha, bote, falúa, trainera, esquife, chinchorro.

canon Norma, pauta, regla, precepto, guía. || Tasa, pago, tarifa, impuesto.

canonizar Santificar, beatificar, glorificar, elevar, venerar, ensalzar. — *Execrar.*

canonjía Beneficio, prebenda, breva, ganga. — *Perjuicio.*

canoso Entrecano, grisáceo, plateado.

cansar Agotar, fatigar, debilitar, desfallecer, agobiar, sofocar, ajetrear, jadear, moler. — *Vigorizar.* || Hartar, importunar, hastiar, aburrir. — *Interesar.*

cantante Cantor, divo, intérprete, solista, soprano, tenor, barítono, bajo.

cantar Vocalizar, modular, interpretar, corear, entonar, berrear, tararear. || V. canción.

cántaro Vasija, recipiente, ánfora, jarrón, botijo, cuenco, jarra.

cántico V. canción.

cantidad Suma, total, cuantía, importe, coste, conjunto. || Exceso, abundancia, raudal, miríada, aumento. — *Falta, carencia.*

cantilena Canturreo, salmodia, tarareo, tabarra, monserga, lata, fastidio.

cantina Cafetería, bar, tasca, fonda, taberna, bodega.

canto V. canción. || Orilla, borde, arista, margen, saliente, costado. — *Centro.* || Guijarro, pedrusco.

cantón País, comarca, región, demarcación, término, distrito, territorio.

cantor V. cantante.

canturrear Entonar, tararear, salmodiar, zumbar.

canuto Cánula, tubito, boquilla, conducto, caña.

caña Bambú, anea, junco, mimbre, vara, bejuco. || Cánula, v. canuto.

cañada Vaguada, hondonada, barranco, cauce, quebrada, desfiladero, torrentera.

cañería Tubería, conducción, conducto, tubos, distribución, fontanería, caño (v.).

caño Cánula, tubo, espita, grifo, cloaca, cañería (v.).

cañón Pieza, mortero, obús, bombarda. || V. cañería. || Barranco, desfiladero, quebrada.

cañonazo Descarga, disparo, tiro, proyectil, estampido, detonación, explosión.

caos Desorden, desconcierto, lío, desorganización, desbarajuste, anarquía. — *Orden, organización.*

capa Manto, túnica, capote, abrigo, prenda. || Recubrimiento, baño, mano, forro, cubierta, revestimiento. || Veta, estrato, faja, sedimento.

capacidad Cabida, volumen, tonelaje, desplazamiento, aforo, dimensión. || Inteligencia, talento,

competencia, aptitud. —
Ineptitud.

capacho Cesta, canasta, espuerta, serón.

capar Castrar, emascular,
mutilar, cercenar, inca-
pacitar, amputar, extir-
par.

caparazón Concha, corteza,
cubierta, coraza, protec-
ción, defensa, armazón.

capataz Encargado, so-
brestante, mayoral, jefe,
delegado, subalterno.

capaz Amplio, vasto, espacioso, grande, holgado,
dilatado, abundante. —
Estrecho, reducido. ||
Competente, apto, prepa-
rado, experto. — *Incom-
petente.*

capcioso Engañoso, falaz,
artificioso, embaucador,
aparente, falso. — *Verdadero, sincero.*

capear Aguantar, resistir,
soportar, eludir, sortear,
defenderse. — *Rendirse,
dejarse arrastrar.*

capellán Eclesiástico, clérigo, cura, sacerdote.

caperuza Capucha, capuz,
gorro, bonete, cucuru-
cho, capirote.

capilla Ermita, oratorio,
bautisterio, iglesia.

capirote V. caperuza.

capital Metrópoli, urbe,
ciudad, población princi-
pal. || Fortuna, dinero,
bienes, riqueza, caudal,
patrimonio, fondos, teso-
ro, herencia. — *Indigen-*

cia, pobreza. || Esencial,
fundamental, primordial.
— *Secundario.*

capitalista Adinerado, pudiente, acaudalado, fi-
nancista, poderoso, espe-
culador. — *Mísero, po-
bre.*

capitán Comandante, caudillo, guía, jefe, oficial,
dirigente, conductor. —
Subordinado, subalterno.

capitular Rendirse, entregarse, abandonar, pactar,
someterse, ceder. — *Re-
sistir.*

capítulo Parte, sección, título, división, apartado,
artículo, párrafo.

capote Gabán, abrigo, sobretodo, capa, tabardo,
zamarra.

capricho Antojo, extravagancia, rareza, fantasía,
excentricidad, arbitrariedad, ridiculez.

cápsula Cubierta, envoltura, estuche, receptáculo,
envase, cilindro.

captar Seducir, atraer, conquistar, engatusar, fasci-
nar. — *Repeler.* || Apre-
ciar, divisar, observar.

captura Botín, presa, caza, conquista, despojo,
saqueo, trofeo, pillaje,
rapiña, prisioneros. || De-
tención, arresto, encarce-
lamiento, prendimiento.

capucha V. caperuza.

capullo Retoño, pimpollo,
brote, yema, botón.

cara Fisonomía, semblante, rostro, facciones, efigie, faz, imagen, rasgos. || Fachada, exterior, frente, plano, anverso. — *Reverso, cruz.*

carabina Rifle, fusil, máuser, escopeta, trabuco, espingarda.

carácter Humor, temperamento, naturaleza, temple, índole, genio, personalidad, dotes. || Firmeza, voluntad, severidad, energía, dureza, rigor, entereza. — *Debilidad, timidez.*

característico Particular, peculiar, típico, especial, representativo, propio. — *General, común.*

caracterizar Distinguir, determinar, definir, establecer, personalizar. — *Generalizar.*

caradura V. descarado.

caramelo Golosina, dulce, confite, bombón.

carantoña Mimo, arrumaco, caricia, zalamería, aspaviento, sobo, embeleco, terneza.

caravana Expedición, columna, partida, grupo, tropa, convoy, fila, multitud, recua.

carbón Coque, hulla, antracita, lignito, cisco.

carbonizar Calcinar, quemar, incinerar, achicharrar, abrasar, incendiar, consumir.

carburante Combustible, gasolina, bencina, gasóleo, fuel, petróleo.

carcajada Risotada, carcajeo, risa incontenible, jolgorio, algazara. — *Llanto, lloro.*

carcamal Vejestorio, anciano, senil, decrépito, vetusto. — *Joven, juvenil.*

cárcel Prisión, penal, presidio, penitenciaría, mazmorra, ergástula, correccional, celda (v.).

carcelero Vigilante, guardián, celador, centinela.

carcomer Horadar, roer, desgastar, consumir, desmenuzar, agujerear. || Inquietar, angustiar, mortificar, consumir. — *Tranquilizar.*

cardenal Prelado, purpurado, eminencia. || Moretón, verdugón, equimosis, golpe.

cárdeno Purpúreo, amoratado, violáceo.

cardinal Fundamental, sustancial, principal, básico, esencial, capital. — *Secundario.*

carear Enfrentar, encarar, cotejar, interrogar.

carecer Faltar, necesitar, estar carente, no poseer. — *Tener, poseer, disponer.*

carencia Escasez, falta, ausencia, insuficiencia, privación, déficit. — *Abundancia.*

carestía Encarecimiento, alza, aumento, elevación. — *Abaratamiento, rebaja.*

careta Antifaz, máscara, mascarilla, carátula, disfraz.

carga Cargamento, mercancía, envío, remesa, expedición, flete, volumen. || Bulto, paca, peso, fardo, lío, paquete, embalaje. || Impuesto, tributo, gabela, tasa, derechos, gravamen. || Ataque, embestida, arremetida, ofensiva, asalto. — *Huida, retirada.* || Penuria, obligación, pena, cruz, sufrimiento, agobio. — *Alegría, alivio.*

cargante Molesto, fastidioso, importuno, pesado, latoso, insoportable, enfadoso, aburrido, tedioso, soporífero. — *Interesante, agradable.*

cargar Abarrotar, llenar, meter, colmar, subir, embarcar, estibar, atestar. — *Descargar, vaciar.* || V. carga.

cargo Empleo, puesto, destino, función, cometido, responsabilidad, vacante.

cariarse Ulcerarse, corroerse, perforarse, pudrirse.

caricatura Imitación, parodia, sátira, remedo, exageración. || Dibujo, viñeta, representación.

caricia Mimo, arrumaco, carantoña, cariño, monada, zalema, beso, abrazo.

caridad Piedad, misericordia, humanidad, compasión, bondad, filantropía. — *Crueldad, insensibilidad.*

caries Picadura, ulceración, putrefacción.

carilla Plana, página, hoja, cuartilla, folio.

cariño Estima, ternura, afecto, amor, devoción, a p e g o, adoración. — *Odio, aversión.*

cariñoso Afectuoso, apasionado, tierno, amoroso, cordial, devoto. — *Rudo, desatento.*

caritativo Misericordioso, comprensivo, humano, filántropo, generoso. — *Egoísta, inhumano, cruel.*

cariz Traza, apariencia, aspecto, porte, situación.

carmesí Grana, rojo, púrpura, encarnado, colorado, purpúreo, granate.

carnal Consanguíneo, directo, familiar. || Sensual, lascivo, licencioso, mundano. — *Puro, espiritual.*

carnaval Carnestolendas, comparsa, mascarada, regocijo.

carne Magro, chicha, bisté, músculo, chuleta, solomillo, filete.

carné Documento, credencial, comprobante, justificante, título.

carnicería Matanza, degollina, escabechina, exterminio, aniquilación, mortandad.

carnicero Fiera, bestia, carnívoro, animal de presa, rapaz. — *Herbívoro.*

carnoso Rollizo, grueso, opulento, corpulento, vo-

luminoso. — *Flaco, enju-
to.* || Tierno, suculento,
apetitoso, blando, jugo-
so. — *Duro, correoso,
descarnado.*
caro Costoso, valioso, en-
carecido, elevado, alto,
exorbitante, dispendioso,
excesivo. — *Barato, eco-
nómico.* || Querido, apre-
ciado, amado. — *Odioso,
aborrecido.*
carpeta Cartapacio, cartera, legajo, cubierta.
carraca Cachivache, trasto, armatoste, cacharro.
carraspera Ronquera, aspereza, flema, tos.
carrera Corrida, persecución, recorrido, trayecto.
|| Competición, prueba,
pugna. || Profesión, licen-
ciatura, estudios, empleo.
carreta V. carro.
carretera Camino, vía, pista, calzada, autopista,
ronda, senda, desvío, atajo, trocha.
carretero Carrero, guía,
conductor, mayoral.
carril Riel, raíl, vía, surco.
carrillo Mejilla, moflete,
cachete, pómulo.
carro Carreta, carruaje, carricoche, carretón, carromato, galera, diligencia,
coche, vehículo.
carroña Putrefacción, podredumbre, cadáver, res-
tos.
carroza Carruaje, coche, v.
carro.
carruaje V. carro.

carrusel Tiovivo, caballitos,
rueda.
carta Mensaje, epístola,
misiva, pliego, esquela,
escrito, nota, comunica-
ción. || Naipe, baraja.
cartapacio Portafolio, carpeta, vademécum, cua-
derno.
cartel Letrero, aviso, anuncio, rótulo, muestra.
cartera Billetero, monedero, vademécum, portafo-
lio, bolso, macuto, mo-
chila.
carterista Caco, ladrón,
descuidero, ratero.
cartilla Silabario, catón,
abecé, abecedario, cua-
derno.
cartuchera Cinto, canana.
cartucho Explosivo, carga,
bala. || Cucurucho, bolsa,
envoltorio.
cartuja Convento, monasterio, claustro, cenobio,
priorato, noviciado, co-
munidad.
cartujo Monje, penitente,
religioso, fraile, cenobita,
anacoreta.
casa Vivienda, hogar, mansión, residencia, morada,
domicilio, techo, alber-
gue, cobijo, inmueble,
edificio. || Solar, estirpe,
linaje, familia.
casaca Levita, guerrera,
pelliza, chaquetón.
casamata Blocao, fortificación, fortín, bóveda, fuerte, reducto.
casamiento Boda, enlace,

matrimonio, nupcias, alianza, esponsales. — *Divorcio, separación.*

casar Unir, desposar, vincular. — *Divorciar.* || Emparejar, juntar, igualar, reunir. — *Desunir, separar.*

cascada Catarata, torrente, salto, caída, rápidos.

cascado Achacoso, estropeado, decrépito, ajado. — *Flamante, nuevo.* || Rajado, agrietado, partido. — *Entero.*

cascajo Guijo, guijarros, piedras.

cascar Rajar, hender, agrietar, romper, partir. — *Reparar.*

cáscara Corteza, cubierta, monda, costra, piel, cápsula, envoltura, túnica, película.

cascarrabias Quisquilloso, irascible, regañón, puntilloso, susceptible. — *Alegre, despreocupado.*

casco Morrión, yelmo, bacinete, almete, capacete.

cascote Escombro, fragmento, piedra, guijarro, canto.

casera V. casero.

caserío Villorrio, lugar, poblado, burgo, aldea. — *Urbe, metrópoli.*

casero Dueño, propietario, administrador, arrendador. — *Inquilino.* || Hogareño, familiar, doméstico. || Natural, sencillo. — *Artificial.*

caserón Casona, mansión, morada, palacio.

caseta Casilla, puesto, cabina, quiosco, refugio, cabaña, choza, chabola.

casilla V. caseta. || División, apartado, compartimiento, sección, caja, casillero.

casimir Tela, género, lienzo, paño, fieltro.

casino Centro, círculo, club, sociedad, asociación.

caso Incidente, acontecimiento, suceso, peripecia, hecho, evento, trance, situación. || Argumento, materia, tema, punto, cuestión.

casquivano Voluble, veleidoso, inconstante, frívolo, versátil. — *Formal, perseverante.*

casta Abolengo, linaje, alcurnia, raza, especie, progenie, estirpe, nobleza, prosapia, clase.

castañetear Chasquear, entrechocar, repiquetear, tiritar.

castellano Señor, barón, hidalgo, amo, caballero.

castidad Virginidad, pureza, virtud, honestidad, pudor, decencia. — *Libertinaje.*

castigar Condenar, penar, sancionar, sentenciar, punir, disciplinar. — *Perdonar, indultar.* || Golpear, pegar, zurrar, azotar, apalear. — *Curar, aliviar.*

castigo Condena, v. castigar.

castillo Fortaleza, alcázar, torre, fortificación, reducto, ciudadela, fuerte.

castizo Típico, auténtico, puro, original, limpio. — *Impuro, foráneo, adulterado.*

casto Virgen, puro, v. castidad.

castrar Emascular, capar, esterilizar, extirpar, amputar, incapacitar.

castrense Militar, bélico, marcial. — *Pacífico.*

casual Incidental, fortuito, imprevisto, ocasional, inopinado, accidental. — *Premeditado, cierto.*

casualidad Azar, ventura, fortuna, acaso, accidente, contingencia, capricho. — *Certidumbre, premeditación.*

cataclismo Desastre, hecatombe, catástrofe, calamidad, infortunio, tragedia, ruina.

catacumbas Cripta, bóveda, subterráneo.

catadura Aspecto, traza, facha, pinta, talante, apariencia, aire, figura.

catalejo Anteojo, telescopio.

catálogo Inventario, lista, índice, folleto, impreso.

cataplasma Emplasto, sinapismo, fomento, bizma, parche. || Inútil, torpe, desmañado. — *Competente, hábil.*

catar Probar, saborear, gustar, paladear.

catarata V. cascada.

catarro Constipado, resfriado, resfrío, enfriamiento, gripe, romadizo.

catástrofe V. cataclismo.

cátedra Asignatura, materia, ciencia, clase, disciplina, estudio.

catedral Basílica, templo, iglesia.

catedrático Profesor, maestro, educador, pedagogo.

categoría Grupo, estamento, nivel, rango, clase, género, tipo. || Distinción, supremacía, calidad, importancia. — *Humildad, sencillez.*

categórico Terminante, decisivo, absoluto, concluyente, inapelable. — *Impreciso, incierto.*

caterva Muchedumbre, tropel, horda, turba, pandilla, cáfila, patulea, tropa, chusma.

cateto V. paleto.

católico Cristiano, apostólico, creyente, fiel. — *Infiel, hereje.*

catre Yacija, camastro, litera, lecho, petate, hamaca, jergón, cama turca.

cauce Lecho, madre, conducto, acequia, vaguada, cañada.

caudal Riqueza, hacienda, bienes, dinero, fortuna, ahorros, economías, capital. — *Pobreza.* || Volumen, cantidad, medida, abundancia. — *Carencia.*

caudaloso Ancho, crecido, arrollador, impetuoso. — *Estrecho, pequeño.*

caudillo Dirigente, jefe, líder, cabecilla, adalid, guía, amo, señor. — *Seguidor, gregario.*

causa Motivo, razón, fundamento, móvil, fuente, principio, precedente. — *Efecto, resultado.*

causar Ocasionar, producir, originar, obrar, provocar, motivar, suscitar, influir. — *Impedir, recibir.*

cáustico Corrosivo, quemante, ácido, áspero, punzante, satírico, irónico, mordaz. — *Moderado, suave.*

cautela Prudencia, precaución, cuidado, moderación, discreción, cordura, juicio, sensatez, recelo, reserva. — *Imprudencia, inocencia.*

cauteloso Precavido, previsor, prudente, recatado, cuidadoso, receloso, mesurado. — *Imprudente, descuidado.*

cautivante Atrayente, fascinante, seductor, encantador, maravilloso, sugestivo. — *Repulsivo.*

cautiverio Esclavitud, cautividad, servidumbre, sumisión, sojuzgamiento, cárcel. — *Libertad.*

cautivo Esclavo, v. cautiverio.

cauto V. cauteloso.

cava Bodega, sótano, subterráneo.

cavar Ahondar, profundizar, penetrar, horadar, excavar, desenterrar. — *Rellenar, cubrir.*

caverna Gruta, cueva, sima, subterráneo, fosa, mina, catacumba, cripta, subsuelo, antro, agujero, cubil, cavidad, refugio, boca.

cavernoso Bronco, profundo, grave, aguardentoso, áspero, ronco, desapacible. — *Agudo, claro.*

cavidad Hueco, agujero, orificio, oquedad, concavidad, grieta, hoyo, seno, brecha, caverna (v.).

cavilar Meditar, reflexionar, rumiar, discurrir, ensimismarse, pensar. — *Olvidar, desechar.*

cayado Bastón, báculo, vara, palo, garrote, tranca.

caza Cacería, cinegética, ojeo, montería. || Persecución, batida, acoso, acecho, seguimiento, cerco, acorralamiento, apremio, sitio.

cazador Batidor, montero, ojeador, trampero, perseguidor, acechador.

cazadora Zamarra, pelliza, guerrera, chaquetilla.

cazar Perseguir, buscar, ojear, acosar, acechar, sitiar. — *Abandonar.* || Atrapar, prender, alcanzar, coger, aprisionar, pescar, detener. — *Soltar.*

cazuela Cazo, cacerola, puchero, perol, tartera, marmita, olla, recipiente.

cazurro Ladino, taimado,

taciturno, silencioso, reservado. — *Parlanchin, ingenuo.*

cebar Engordar, sobrealimentar, nutrir, atiborrar, atracar, rellenar, embutir. •

cebo Señuelo, carnada, sobrealimentación. || Anzuelo, incentivo, atractivo, aliciente. || Fulminante, explosivo, detonador.

cecina Salazón, tasajo, adobo, chacina, mojama.

cedazo Criba, tamiz, zaranda, garbillo.

ceder Traspasar, transferir, dejar, entregar, facilitar, prestar, proporcionar. — *Tomar, apropiarse.* || Transigir, consentir, acceder, someterse. — *Rebelarse, resistir.*

cédula Documento, carné, pliego, título, despacho, tarjeta de identidad.

céfiro Vientecillo, brisa, airecillo, aura, soplo, corriente.

cegar Enceguecer, deslumbrar, encandilar, alucinar, maravillar, fascinar, confundir.

ceguera Ofuscación, obcecación, extravío, prejuicio, error, terquedad. — *Sensatez, prudencia.*

cejar Consentir, transigir, ceder, abandonar, rendirse, flaquear, retroceder. — *Resistir.*

celada Trampa, engaño, fraude, estratagema, asechanza, emboscada. || Casco, yelmo, morrión.

celador Cuidador, guardián, vigilante, tutor.

celda Mazmorra, calabozo, encierro, prisión, antro, ergástula, chirona. || Aposento, célula, cuarto.

celebrar Conmemorar, festejar, evocar, recordar, rememorar. — *Olvidar.* || Elogiar, enaltecer, ensalzar, aplaudir, encarecer. — *Criticar, denigrar.*

célebre Renombrado, famoso, insigne, acreditado, eximio, ilustre, conocido, prestigioso. — *Desconocido.*

celebridad Renombre, fama, v. célebre.

celeridad Velocidad, rapidez, prontitud, diligencia, dinamismo, prisa, urgencia. — *Lentitud, flema.*

celeste Espacial, cósmico, sideral, astronómico. — *Terrestre.* || Azulino, azulado, azul claro. || V. celestial.

celestial Paradisíaco, celeste, divino, etéreo, bienaventurado, puro, delicioso. — *Infernal, terrenal.*

celestina Alcahueta, encubridora, cómplice, mediadora.

célibe Soltero, mozo, núbil, casto, mancebo. — *Casado.*

celo Afán, asiduidad, entusiasmo, diligencia, interés, cuidado, ahínco. — *Indiferencia, descuido.*

celos Recelo, sospecha, suspicacia, aprensión, envidia, resentimiento. — *Confianza.*

celosía Rejilla, persiana, enrejado, entramado.

celoso Receloso, v. celos.

cementerio Camposanto, necrópolis, sacramental.

cemento Hormigón, argamasa, cal, mortero.

cena Comida, refrigerio, colación, yantar.

cenagal Lodazal, fangal, barrizal, ciénaga, marjal, poza, charca.

cencerro Esquila, campana, campanilla.

cenefa Remate, ribete, orillo, tira, franja, lista, fleco, borde.

ceniciento Grisáceo, pardo, pálido, oscuro, borroso. — *Claro.*

ceniza Polvillo, escoria, residuo. || **cenizas** Restos, reliquias, despojos.

cenobio V. convento.

cenobita Ermitaño, monje, anacoreta, asceta, penitente, solitario, misógino. — *Mundano, laico.*

censo Lista, padrón, registro, asiento, relación, empadronamiento, inventario, catastro.

censura Crítica, reparo, reproche, diatriba, murmuración, condena, anatema. — *Elogio, aprobación.*

censurable Criticable, indigno, bajo, punible, condenable. — *Elogiable, correcto.*

censurar Tachar, prohibir, purgar, corregir, expurgar, enmendar. — *Autorizar, permitir.* || Criticar, reprochar, condenar, vituperar, murmurar, sermonear, amonestar. — *Elogiar, aprobar.*

centella Chispa, rayo, meteoro, relámpago. — *Oscuridad.*

centellear Fulgurar, resplandecer, brillar, refulgir, relumbrar, llamear. — *Apagarse, oscurecerse.*

centelleo Llamarada, fulgor, brillo, resplandor, fosforescencia. — *Oscuridad.*

centenario Ancestral, secular, antiguo, vetusto. — *Moderno.* || Conmemoración, centuria, siglo, evocación, remembranza.

centinela Vigilante, guardián, vigía, soldado, observador, cuidador.

central Sede, base, capital, polo, cuna. — *Sucursal.*

centralizar Agrupar, reunir, congregar, unir, monopolizar. — *Descentralizar.*

céntrico Central, urbano, ciudadano. — *Periférico.* || Frecuentado, concurrido, animado. — *Solitario.*

centro Medio, mitad, foco, médula, meollo, corazón, eje, base. — *Periferia, contorno.* || Círculo, casino, sociedad, club, ateneo.

centuria Siglo, centena, cien.

ceñir Rodear, abarcar, cercar, envolver, abrazar. —

Soltar. || Apretar, estrechar, oprimir, ajustar, comprimir. — Soltar, aflojar.

ceño Entrecejo, arruga, gesto, disgusto, mohín.

ceñudo Hosco, sombrío, cejijunto. — Alegre.

cepillo Escobilla, brocha, pincel, cerdamen.

cepo Trampa, lazo, cebo, añagaza.

cerámica Loza, porcelana, mayólica, arcilla, barro, terracota, gres.

cerca Próximo, junto, contiguo, inmediato, adyacente, inminente. — Lejos. || Valla, verja, vallado, empalizada, estacada, seto, pared.

cercano V. cerca.

cercar Sitiar, rodear, confinar, aislar, encerrar, arrinconar, hostigar, perseguir. — Liberar. || Vallar, tapiar, circundar.

cercenar Rebanar, cortar, truncar, mutilar, segar, talar, amputar, extirpar, suprimir. — Unir, pegar.

cerciorarse Confirmar, asegurarse, corroborar, observar, justificar, apoyar. — Omitir.

cerco Asedio, sitio, encierro, bloqueo, ataque. — Liberación. || Valla, verja, encierro.

cerda Vello, pelo, hebra, fibra, filamento. || V. cerdo.

cerdo Cochino, marrano, puerco, guarro, cebón, lechón, sucio, desaseado. — Limpio.

cerebro Seso, encéfalo, mollera, inteligencia, capacidad, cacumen. — Idiotez.

ceremonia Acto, función, rito, solemnidad, protocolo, fiesta, fasto, celebración, pompa. || Cortesía, saludo, reverencia, pleitesía. — Descortesía.

ceremonioso Protocolario, formal, solemne, pomposo, ampuloso, afectado. — Sencillo, humilde.

cerilla Fósforo, mixto, llama.

cerner Cribar, zarandear, tamizar, colar, separar. — Mezclar. || cernerse Sobrevolar, remontarse, planear, elevarse. — Bajar, caer.

cero Nada, nulidad, carencia. — Totalidad.

cerradura Cerrojo, pestillo, candado, pasador, falleba, picaporte, tranca.

cerrar Obstruir, tapar, cegar, ocluir, atrancar, condenar, taponar, obturar, cercar, vallar, sellar, pegar, juntar, unir, terminar, finalizar. — Abrir, destapar, inaugurar.

cerril Rudo, tosco, salvaje, montaraz, bronco, bravío, silvestre. — Cultivado, civilizado. || Torpe, negado, tozudo, obstinado, terco. — Razonable, sensato.

cerro Loma, colina, altozano, elevación, collado,

montecillo, altura, cota. — *Llano.*

cerrojo Pestillo, pasador, barra, hierro, falleba, picaporte, candado.

certamen Concurso, competición, torneo, disputa, encuentro, lid, liza, congreso, celebración.

certero Seguro, diestro, acertado, atinado, infalible, adecuado — *Errado, equivocado.*

certeza Certidumbre, seguridad, convicción, confianza, evidencia, infalibilidad. — *Duda, inseguridad.*

certificado Título, documento, atestado, diploma, pase, cédula, testimonio, garantía.

certificar Testimoniar, probar, afirmar, asegurar, atestar, alegar, legalizar, documentar. — *Negar, desautorizar.*

cervecería Bar, cantina, taberna, tasca, bodega.

cerviz Cogote, nuca, testuz, cuello.

cesante Parado, desocupado, inactivo, despedido, expulsado, destituido. — *Activo, admitido.*

cesar Detener, interrumpir, abandonar, dejar, finalizar, suspender, acabar, terminar, rematar, cerrar. — *Empezar, continuar.*

cesión Transferencia, entrega, donación, traspaso, préstamo, licencia, re-nuncia. — *Devolución, usurpación.*

césped Hierba, pasto, verde, pastizal, prado, campo.

cesta Canasta, banasta, cesto, cuévano, espuerta.

cetrino Aceitunado, tostado, moreno, atezado, oscuro, oliváceo. — *Blanco, claro.*

cetro Bastón, báculo, vara, caduceo. || Reinado, mando, gobierno, dignidad, majestad.

cicatero Ruin, mezquino, avaro, tacaño, roñoso, usurero, egoísta, interesado. — *Generoso, desprendido.*

cicatriz Marca, señal, costurón, escara, herida.

cicatrizar Cerrar, curar, secar, sanar. — *Abrirse, sangrar.* || Olvidar, serenar. — *Angustiar, preocupar.*

cicerone Guía, acompañante, intérprete.

cíclico Periódico, regular, constante, recurrente, incesante, asiduo. — *Irregular, variable.*

ciclo Lapso, período, tiempo, época, fase, etapa, espacio, instante, duración.

ciclón Vendaval, huracán, turbión, tromba, torbellino, tifón, tornado, borrasca. — *Calma, bonanza.*

ciclópeo Titánico, gigantesco, hercúleo, colosal, enorme, formidable, desmesurado. — *Pequeño, minúsculo.*

ciego Invidente, cegado, cegato, sin vista. — *Vidente.* || Cegado, ofuscado, obcecado, terco. — *Razonable, comprensivo, clarividente.*

cielo Cosmos, firmamento, infinito, vacío, éter, bóveda celeste. — *Tierra.* || Paraíso, edén, empíreo, gloria. — *Infierno.*

ciénaga Fangal, lodazal, barrizal, cenagal, tremedal, pantano, marjal, charca.

ciencia Tratado, disciplina, doctrina, arte, sabiduría, conocimientos, teoría. — *Ignorancia, incultura.*

cieno Barro, lodo, fango, limo, légamo.

científico Investigador, sabio, perito, técnico, especialista, experto. — *Ignorante, lego.*

cierre Clausura, cerrojazo, suspensión, interrupción, cese. — *Apertura, iniciación.* || V. cerrojo.

cierto Evidente, incuestionable, seguro, innegable, manifiesto, claro, irrefutable, elemental, tangible, certero, absoluto. — *Dudoso, inseguro.*

ciervo Gamo, venado, corzo, gacela, antílope, rebeco, reno, rumiante.

cifra Guarismo, número, signo, símbolo, cantidad, representación, notación, sigla, clave.

cigarrera Pitillera, petaca, cajetilla.

cigarro Habano, puro, veguero, tagarnina, cigarrillo, pitillo, colilla, tabaco.

cilindro Rollo, rodillo, tambor, tubo.

cima Cúspide, pico, cumbre, ápice, vértice, remate, punta, altura. — *Base, falda, fondo.*

cimbreante Ondulante, flexible, vibrante, oscilante, movedizo. — *Inmóvil, rígido.*

cimentar Basar, fundar, establecer, crear, colocar, situar, consolidar. — *Debilitar, quitar.*

cimera Penacho, airón, plumero, coronamiento, remate, adorno.

cimiento Base, fundamento, soporte, recalce, basamento, firme, pedestal, causa, motivo. — *Remate, cima.*

cimitarra Alfanje, sable, yatagán.

cincel Buril, cortafrío, gubia, escoplo, cuchilla.

cincelar Tallar, grabar, esculpir, labrar, cortar, trabajar, burilar.

cine Sala, salón, cinematógrafo, teatro, cinema. || Cinematografía, séptimo arte.

cinegética Caza, montería, cacería.

cínico Sarcástico, satírico, sardónico, desvergonzado, desfachatado, descarado, atrevido. — *Respetuoso, cortés.*

cinismo Sarcasmo, v. cínico.

cinta Ribete, tira, banda, trencilla, faja, cincha, cordón, orla. || Película, filme, proyección.

cinto Cinturón, faja, correa, ceñidor, cincha, tira, banda, cordón, pretina, traba.

cintura Talle.

cinturón V. cinto.

circo Arena, pista, anfiteatro, hemiciclo, coliseo, espectáculo, exhibición.

circulación Tránsito, tráfico, tráfago, transporte, movimiento, locomoción.

circular Moverse, transitar, pasar, recorrer, atravesar, trasladarse, marchar. — Pararse, detenerse. || Curvo, redondo, orbital, discoidal. — Cuadrado, rectangular. || Propagarse, divulgarse, difundirse, extenderse, generalizarse. — Detenerse, ocultarse. || Notificación, aviso, octavilla, hoja, panfleto, informe.

círculo Circunferencia, redondel, anillo, aro, corona, rueda, disco. — Cuadrado. || Casino, centro, asociación, agrupación, club.

circundar Rodear, cercar, circunvalar (v.), circuir, evitar. — Atravesar.

circunferencia V. círculo.

circunloquio Rodeo, giro, perífrasis, ambigüedad, evasiva, indirecta.

circunscribir Limitar, localizar, reducir, cerrar, ceñir, confinar, amoldar. — Ampliar, difundir.

circunscripción Zona, demarcación, distrito, jurisdicción, término, comarca, territorio.

circunspecto Prudente, sensato, discreto, serio, formal, mesurado, reservado. — Indiscreto, imprudente, locuaz.

circunstancia Eventualidad, situación, ocasión, coyuntura, incidente, ambiente.

circunstancial Casual, eventual, accidental, condicional, temporal. — Fijo, duradero.

circunvalar Rodear, circundar, bordear, desviarse, eludir, girar, cercar, circuir, evitar. — Atravesar.

cirio Vela, bujía, candela, blandón.

cirujano Operador, especialista.

cisma Separación, escisión, secesión, rompimiento. — Unión, anexión.

cisura Grieta, rendija, hendedura, incisión.

cita Encuentro, entrevista, reunión. || Alusión, nota, referencia, noticia, mención.

citación Mandato, requerimiento, orden, convocatoria.

citado Aludido, referido, antedicho, mencionado, señalado, nombrado, susodicho.

citar Aludir, nombrar, re-
ferirse, mencionar. ||
Convocar, requerir, orde-
nar, llamar, intimar. ||
Reunirse, convenir, com-
prometerse.

cítara Lira, laúd, arpa.

ciudad Metrópoli, urbe, población, localidad, capi-
tal, centro, emporio, mu-
nicipio. — *Aldea, pueblo.*

ciudadano Habitante, residente, poblador, vecino,
natural, domiciliado. ||
Metropolitano, urbano,
céntrico, local, capitali-
no. — *Pueblerino, aldea-
no.*

ciudadela Reducto, fortaleza, fortificación, recinto,
baluarte, fortín, castillo.

cívico Civil, urbano, político, patriótico, social, ciudadano (v.). — *Incivil,
antipatriótico.*

civil V. cívico. || Paisano,
no militar. || Cortés, so-
ciable, educado, cons-
ciente. — *Incivil, irresponsable.*

civilización Progreso, desarrollo, cultura, avance,
evolución, prosperidad.
— *Barbarie, incultura.*

civilizar Educar, cultivar,
instruir, desarrollar, mejorar, prosperar, perfec-
cionar. — *Embrutecer.*

civismo Conciencia, sensatez, responsabilidad, pa-
triotismo, celo, respeto,
interés. — *Incultura, barbarie.*

cizaña Disensión, discor-
dia, desavenencia.

clamar Lamentarse, que-
jarse, reclamar, suplicar,
gemir, condolerse, gri-
tar. — *Callar, aguantar.*

clamor Griterío, vocerío,
lamento, queja, gemido,
lloriqueo. — *Silencio.*

clan Tribu, grupo, familia,
camarilla, secta.

clandestino Ilegítimo, ilegal, furtivo, prohibido,
solapado, encubierto, se-
creto, oculto. — *Legal,
legítimo.*

claraboya Lumbrera, tragaluz, ventanal.

claridad Luminosidad, luz,
fulgor, esplendor, trans-
parencia, brillo, blancu-
ra, pureza, limpidez. —
Oscuridad. || Sinceridad,
llaneza, franqueza, leal-
tad, confianza, descaro.
— *Hipocresía.*

clarín Corneta, trompeta,
cuerno.

clarividencia Perspicacia,
intuición, sagacidad, pe-
netración, premonición,
presentimiento, adivina-
ción, visión. — *Ofusca-
ción, ceguera.*

claro Diáfano, luminoso,
alumbrado, transparente,
límpido, cristalino, blanco, puro. — *Oscuro, opa-
co.* || Sincero, franco, es-
pontáneo, llano, abierto,
leal. — *Hipócrita, taima-
do.* || Explícito, palma-
rio, manifiesto, evidente,

palpable. — *Confuso, incomprensible.* || Despejado, diáfano, sereno. — *Encapotado, cubierto, nublado.*

clase Cátedra, aula, sala, hemiciclo, anfiteatro, paraninfo. || Categoría, variedad, orden, índole, naturaleza, calidad, nivel. || Casta, especie, orden, familia, género, variedad. || Lección, materia, asignatura, disciplina.

clásico Antiguo, puro, tradicional, depurado, ideal, correcto, conservador. — *Moderno, chabacano.*

clasificar Agrupar, ordenar, dividir, separar, organizar, coordinar, registrar. — *Juntar, desordenar.*

claudicar Desistir, ceder, rendirse, entregarse, retractarse, someterse. — *Insistir, luchar.*

claustro Corredor, galería, pasillo, celda, retiro, encierro, reclusión.

cláusula Artículo, disposición, apartado, condición, requisito, reserva.

clausurar Cerrar, terminar, concluir, finalizar. — *Abrir, iniciar.* || Suspender, prohibir, abolir, inhabilitar, cerrar, anular. — *Habilitar, autorizar.*

clavar Fijar, pinchar, sujetar, introducir, asegurar, incrustar, hundir, meter. — *Sacar, extraer.*

clave Solución, respuesta, quid, aclaración, inferencia. — *Enigma.*

clavija Espiga, eje, pasador, barra, pieza, hierro, clavo (v.).

clavo Punta, clavija (v.), pincho, hierro, tachuela, alcayata, escarpia.

claxon Bocina, trompeta, corneta, pito, señal acústica.

clemencia Piedad, misericordia, indulgencia, bondad, merced, compasión, filantropía, benevolencia, tolerancia, indulto. — *Crueldad, severidad.*

clemente Piadoso, v. clemencia.

clérigo V. cura.

cliente Comprador, consumidor, parroquiano, interesado. — *Vendedor, comerciante.*

clima Temperatura, condición atmosférica, ambiente, país, región. || Estado, situación, condición.

clímax Auge, apogeo, culminación, momento crítico.

clínica Sanatorio, hospital, nosocomio, policlínico, dispensario, consultorio, departamento, cátedra.

clip* Broche, sujetapapeles.

cloaca Alcantarilla, colector, desagüe, albañal, sumidero, conducción, tubería, sentina.

cloroformo Narcótico, anestésico, sedante, anestesia.

club Círculo, sociedad, centro, asociación, casino, ateneo.

coaccionar Obligar, forzar, apremiar, imponer, violentar, amenazar, chantajear.

coadjutor Auxiliar, ayudante, vicario, clérigo.

coagular Cuajar, espesar, condensar, solidificar, precipitar, cristalizar, helar, apelmazar, enturbiar. — *Licuar, disolver.*

coágulo Cuajarón, grumo, masa, espesamiento, v. coagular.

coalición Liga, unión, alianza, confederación, asociación, convenio, pacto. — *Rompimiento, desavenencia.*

coartada Excusa, justificante, eximente, prueba, escapatoria, disculpa, testimonio.

coartar Impedir, limitar, reducir, restringir, cohibir, contener. — *Fomentar, facilitar.*

coba Adulación, halago, lisonja, jabón, pelotilla. — *Crítica, acusación, censura.*

cobarde Miedoso, pusilánime, timorato, temeroso, tímido, asustadizo, gallina. — *Valiente.*

cobardía Miedo, temor, pusilanimidad, apocamiento, susto, espanto, aprensión. — *Valentía.*

cobertizo Techado, tinglado, barracón.

cobija Manta, cobertor, colcha, abrigo.

cobijar Resguardar, guarecer, amparar, defender, abrigar, cubrir, tapar. — *Desamparar, desabrigar.*

cobista Adulador, lisonjero, adulón, pelotillero, tiralevitas, lavacaras. — *Íntegro, ecuánime, sincero.*

cobrar Recaudar, percibir, recoger, recolectar, embolsar, resarcirse. — *Pagar.*

cobrizo Bronceado, aceitunado, cetrino, oscuro. — *Blanco.*

cobro Recaudación, cobranza, percepción, exacción. — *Pago.*

cocear Patear, golpear, rebelarse.

cocer Hervir, bullir, borbotear, escalfar, escaldar, guisar.

cocina Gastronomía, culinaria, alimentación. || Cocinilla, fogón, horno, estufa, calentador, infiernillo.

cocinar Cocer, guisar, calentar, preparar, estofar, asar, condimentar, aderezar.

cocodrilo Caimán, yacaré, reptil, saurio.

cóctel Combinado, bebida.

cochambre Inmundicia, miseria, basura, mugre, suciedad, porquería, roña. — *Limpieza.*

coche Vehículo, carruaje, auto, automóvil, carricoche, carroza.

cochero Conductor, postillón, mayoral, chófer.

cochinada Marranada, porquería, faena, trastada, vileza, jugarreta, bribonada. — *Favor, ayuda.*

cochino V. cerdo.

codicia Ansia, avaricia, ambición, mezquindad, ruindad, avidez. — *Generosidad.*

codicioso Ansioso, v. codicia.

código Compilación, legislación, reglamento, precepto.

codo Articulación, coyuntura, juego.

coerción Restricción, limitación, freno, límite, sujeción. — *Libertad, aprobación.*

coetáneo Contemporáneo, coexistente, simultáneo.

coexistir Convivir, cohabitar, compenetrarse, avenirse, entenderse, simpatizar. — *Odiarse, discrepar.*

cofradía Hermandad, orden, congregación, compañía, grupo, corporación, comunidad.

cofre Arca, arcón, baúl, joyero, caja, bulto.

coger Agarrar, atrapar, asir, aferrar, tomar, retener, empuñar, prender, arrebatar, capturar, alcanzar, pillar, cazar. — *Soltar, liberar.* || Sorprender, encontrar, hallar, descubrir.

cogollo Meollo, centro, yema, renuevo, capullo.

cogote Cuello, nuca, cerviz, pescuezo, testuz.

cohabitar Convivir, coexistir, amancebarse, abarraganarse, apañarse, liarse, fornicar. — *Separarse.*

cohecho Soborno, corrupción, unto, pago, venalidad.

coherente Lógico, razonable, análogo, vinculado. — *Incoherente, ilógico, diferente.*

cohesión Enlace, ligazón, fuerza, atracción. — *Repulsión.*

cohete Proyectil, misil. || Petardo, buscapiés, volador, triquitraque.

cohibir Limitar, restringir, coartar, refrenar, intimidar, atemorizar. — *Animar, estimular.*

coincidencia Casualidad, eventualidad, fortuna, chamba, chiripa.

coincidir Encontrarse, concurrir, hallarse, verse, juntarse. || Convenir, concordar, armonizar. — *Discrepar, discutir, contrastar.*

coito Cópula, fornicación, ayuntamiento, concúbito, apareamiento.

cojear Renquear, torcerse, claudicar.

cojín Almohadilla, cabezal, almohadón, respaldo.

cojo Rengo, renco, lisiado,

tullido, estropeado, deficiente, desnivelado, vencido.

col Repollo, coliflor, hortaliza, verdura.

cola Apéndice, rabo, extremidad. || Punta, final, extremo, terminación. — *Principio, cabeza.* || Goma, adhesivo, pegamento, aglutinante, pasta.

colaboración Cooperación, participación, asociación, asistencia, ayuda. — *Oposición.*

colador Pasador, filtro, manga, criba, cedazo, tamiz, zaranda.

colar Filtrar, depurar, pasar, cribar, cerner, limpiar. || **colarse** Equivocarse, errar. — *Acertar.*

colcha Cobertor, cubrecama, cobija, edredón.

colchón Jergón, colchoneta, yacija.

colección Repertorio, conjunto, compilación, reunión, florilegio, grupo.

colecta Cuestación, petición, recaudación, suscripción, postulación.

colectividad Sociedad, familia, grupo, clase, ambiente, semejantes.

colectivo Común, general, global, familiar, público, social. — *Particular, propio.*

colega Compañero, correligionario, miembro, cofrade, consocio, igual.

colegial Alumno, escolar, párvulo, estudiante, becario, educando, discípulo.

colegio Escuela, academia, instituto, liceo, conservatorio, facultad. || Corporación, cuerpo, asociación, junta, comunidad.

colegir Deducir, conjeturar, concluir, inferir, razonar, discurrir.

cólera Rabia, furor, furia, ira, exasperación, corajina, enfado, enojo. — *Calma, serenidad.*

colérico Rabioso, v. cólera.

coleta Trenza, guedeja, mechón, moño.

colgadura Cortinaje, toldo, tapiz, repostero, paño, cortina, estandarte.

colgajo Harapo, guiñapo, andrajo, jirón, descosido, roto, pingajo.

colgar Pender, suspender, colocar, enganchar, asegurar, fijar. — *Quitar, descolgar.* || Estrangular, ahorcar, acogotar, ejecutar.

coligarse Confederarse, aliarse, vincularse, acordar, pactar. — *Separarse, enemistarse.*

colilla Punta, resto, extremo.

colina Cerro, otero, montículo, altozano, collado, loma, altura. — *Cordillera.*

colindante Contiguo, adyacente, limítrofe, fronterizo, inmediato. — *Lejano.*

coliseo Teatro, sala, escena, circo, anfiteatro.

colisión Encontronazo, choque, embate, golpe, topetazo, sacudida.

colmar Atestar, atiborrar, abarrotar, llenar, saturar, satisfacer. — *Vaciar, decepcionar.*

colmillo Canino, diente, marfil.

colmo Remate, acabóse, culmen, cima, máximo, perfección, exceso, abuso. — *Mínimo.*

colocación Ocupación, empleo, puesto, cargo, plaza, destino, oficio. || Situación, postura, posición, emplazamiento, ubicación.

colocar Situar, poner, depositar, acomodar, instalar, meter, ordenar, alinear. — *Quitar, desordenar.* || **colocarse** Emplearse, ocuparse, acomodarse, trabajar, situarse. — *Renunciar, despedirse.*

colofón Remate, término, conclusión, explicación, comentario, nota. — *Principio, prólogo.*

colonia Dominio, posesión, territorio, mandato, feudo, fideicomiso. || Asentamiento, establecimiento, fundación, poblado.

colonizar Someter, dominar, oprimir, avasallar. — *Liberar, independizar.* || Repoblar, fomentar, desarrollar, asentar, ins-

talar. — *Despoblar, abandonar.*

colono Plantador, colonizador, pionero, hacendado, labrador, emigrante.

coloquio Plática, charla, conversación, diálogo, conciliábulo, conferencia, comentario.

color Matiz, tono, tinte, colorido, gama, tonalidad, viso, pigmento, tintura, colorante.

colorado Encarnado, rojo, granate, púrpura, bermellón, carmesí, escarlata.

colorido V. color.

colosal Ciclópeo, monumental, titánico, hercúleo, enorme, inmenso, descomunal, gigantesco. — *Minúsculo, insignificante.* || Espléndido, soberbio, magnífico, maravilloso. — *Insufrible, repugnante.*

coloso Cíclope, titán, hércules, sansón, gigante. — *Enano, pigmeo.*

columbrar Divisar, percibir, otear, vislumbrar.

columna Pilastra, pilar, puntal, cepa, refuerzo, estípite, cilindro, sostén. || Fila, línea, hilera, caravana, tropa, formación.

columpiar Mecer, balancear, bambolear, acunar, menear, oscilar, empujar. — *Inmovilizar.*

columpio Hamaca, mecedora, balancín.

collar Gargantilla, argolla, aro, collarín, joya, alhaja, cuentas, abalorios.

coma Virgulilla, vírgula, notación, signo, trazo, tilde. || Estertor, sopor, letargo, colapso.

comadre Cotilla, chismosa, parlanchina, cuentista, enredadora, alcahueta.

comadrona Matrona, partera, comadre.

comandante Gobernador, jefe, caudillo, adalid, oficial, militar.

comarca Territorio, región, país, división, circunscripción, demarcación, distrito, zona.

combado Curvado, arqueado, torcido, alabeado, combo, pandeado, abarquillado. — Recto.

combate Lucha, pelea, lid, batalla, liza, lidia, acción, conflicto, hostilidades, contienda, ataque, pugna, guerra. — Paz, armisticio.

combatiente Guerrero, soldado, beligerante, enemigo, adversario, camarada. — Pacífico, neutral.

combatir Luchar, v. combate.

combinación Unión, mezcla, composición, amalgama, fusión, reunión, asociación. — Separación, disgregación. || Plan, proyecto, arreglo, acuerdo, maniobra, maquinación.

combinar Unir, v. combinación. || Proyectar, v. combinación.

combustible Carburante,

comburente, hidrocarburo, petróleo, carbón, madera, etc. || Inflamable. — Incombustible.

comedia Farsa, enredo, ficción, sainete, parodia, bufonada. — Tragedia.

comediante Actor, artista, cómico, bufón, caricato. || Farsante, hipócrita, impostor, falso, teatral, engañoso. — Serio, sincero.

comedido Mesurado, prudente, moderado, discreto, circunspecto, sensato, juicioso. — Imprudente, insensato.

comedor Refectorio, sala, cenador, cantina, fonda, establecimiento.

comensal Invitado, convidado, huésped, contertulio.

comentar Glosar, dilucidar, explicar, criticar, aclarar, interpretar, esclarecer. — Callar, omitir.

comentario Glosa, v. comentar.

comenzar Iniciar, empezar, emprender, preludiar, abrir, principiar, estrenar, inaugurar, encabezar, nacer, establecer. — Finalizar, acabar, terminar.

comer Ingerir, tomar, engullir, tragar, yantar, devorar, zampar, nutrirse, consumir, alimentarse, sustentarse, atiborrarse. — Ayunar, devolver.

comercial Mercantil, lucrativo, especulativo, mercante.

comerciante Traficante, negociante, mercader, comprador, vendedor, tratante, intermediario, especulador, proveedor.

comerciar Traficar, v. comerciante.

comercio Tráfico, v. comerciante.

comestible Alimenticio, nutritivo, sustancioso, completo. — *Indigesto, incomible.* || comestibles Víveres, vituallas, alimentos, comidas, manjares, provisiones, ultramarinos.

cometer Realizar, perpetrar, ejecutar, consumar, cumplir, llevar a cabo. — *Impedir, abstenerse.*

cometido Función, tarea, misión, labor, ocupación, gestión, encargo, deber, quehacer.

comezón Picazón, picor, desazón, prurito. || Afán, ansia, anhelo, empeño. — *Indiferencia.*

comicidad Gracia, humor, humorismo, diversión, intención, jocosidad. — *Dramatismo, sosería, tristeza.*

comicios Elecciones, votaciones, sufragio, referéndum, plebiscito, asamblea, junta.

cómico Gracioso, divertido, festivo, jocoso, humorístico, alegre. — *Triste, trágico.* || Bufón, histrión, payaso, comediante, actor.

comida Sustento, alimento, pitanza, comestibles, manjares, platos. || Desayuno, almuerzo, comida, merienda, cena, ágape, refrigerio, convite, banquete, festín, colación. — *Ayuno.*

comienzo Principio, origen, iniciación, apertura, partida, entrada, inauguración, preámbulo, prólogo. — *Fin, conclusión, término.*

comilón Glotón, tragón, voraz, insaciable, hambrón. — *Inapetente, moderado.*

comilona V. comida.

comisión Comité, junta, cuerpo, delegación, consejo, agrupación, corporación. || Tarea, misión, mandato, gestión, función. || Porcentaje, parte, derechos, prima, participación.

comisionista Representante, delegado, intermediario.

comité V. comisión.

comitiva Cortejo, séquito, acompañamiento, escolta, custodia, grupo, fila.

cómoda Tocador, mesa, guardarropa, armario.

comodidad Bienestar, conveniencia, desahogo, descanso, molicie, utilidad, ventaja, placer, agrado. — *Incomodidad, desventaja.*

cómodo Conveniente, descansado, desahogado, grato, placentero, fácil, útil. — *Incómodo, inútil.* || Haragán, vago, poltrón, egoísta. — *Activo, trabajador, austero.*

compacto Macizo, denso, sólido, consistente, espeso, fuerte, apretado. — *Laxo, esponjoso.*

compadecer Lamentar, sentir, conmoverse, apiadarse, lastimarse, enternecerse. — *Burlarse.*

compadre Camarada, compinche, compañero, padrino, pariente, amigo. — *Enemigo, rival.*

compañerismo Amistad, camaradería, lealtad, fidelidad, armonía, confianza, familiaridad. — *Enemistad.*

compañero Camarada, amigo, acompañante, compadre, compinche. — *Enemigo.* || Cónyuge, esposo, marido, novio, querido.

compañía Empresa, firma, sociedad, casa, corporación, agrupación, entidad. || Comitiva, séquito, cortejo, caravana.

comparación Cotejo, confrontación, examen, verificación, parangón, parecido, símil. — *Diferencia.*

comparar Cotejar, v. comparación.

comparecer Acudir, presentarse, llegar, asistir. — *Ausentarse.*

comparsa Comitiva, séquito, acompañamiento, escolta, cortejo, grupo. || Figurante, extra.

compartimiento Sección, división, casilla, apartado, departamento, caja.

compartir Dividir, repartir, distribuir, participar, intervenir, colaborar.

compás Cadencia, ritmo, paso, movimiento, medida.

compasión Lástima, piedad, misericordia, sentimiento, clemencia, caridad, humanidad, enternecimiento. — *Crueldad, severidad.*

compasivo Piadoso, clemente, humanitario, caritativo, humano, misericordioso. — *Cruel, riguroso, severo.*

compatible Avenido, compenetrado, amistoso, fraterno. — *Desavenido, incompatible.*

compatriota Coterráneo, paisano, conciudadano. — *Extranjero.*

compeler Impeler, impulsar, apremiar, forzar, hostigar, exigir. — *Contener, calmar.*

compendio Resumen, extracto, epítome, sinopsis, compilación, condensación, sumario.

compenetrarse Comprenderse, identificarse, concordar, avenirse, entenderse, coincidir. — *Disentir, discrepar.*

compensación Indemnización, resarcimiento, ayuda, recompensa, desagravio, estímulo, remuneración, retribución. — *Injusticia.*

compensar Resarcir, v. compensación.

competencia Pugna, lucha, antagonismo, emulación, porfía, concurrencia. — *Acuerdo.* || Aptitud, idoneidad, capacidad. — *Incompetencia.*

competición Prueba, concurso, certamen, emulación, celebración, v. competencia.

competidor Contendiente, rival, antagonista, contrincante. — *Amigo.*

competir Rivalizar, luchar, pugnar, contender, porfiar, oponerse. — *Coincidir, transigir.*

compilación V. compendio.

compinche V. compañero.

complacencia Agrado, placer, gusto, satisfacción, contento, deleite. — *Disgusto.* || Transigencia, tolerancia, conformidad. — *Intransigencia.*

complacer Conformar, contentar, satisfacer, acceder, transigir. — *Disgustar, contrariar.*

complaciente Indulgente, benévolo, tolerante, servicial, conciliador. — *Desconsiderado, severo.*

complejo Complicado, variado, múltiple, diverso, confuso, problemático. — *Sencillo.* || Rareza, manía, trastorno, inferiori-

dad, superioridad. — *Equilibrio.*

complemento Suplemento, añadidura, apéndice, aditamento. — *Totalidad.*

completar Acabar, rematar, terminar, concluir, perfeccionar, cumplir. — *Empezar.*

completo Lleno, atestado, colmado, repleto, abarrotado. — *Vacío, libre.* || Íntegro, total, cabal, absoluto, entero, indiviso. — *Parcial, incompleto.*

complexión Constitución, aspecto, temperamento, tez, color, apariencia.

complicación Obstáculo, dificultad, tropiezo, inconveniente, confusión, embrollo. — *Sencillez, simplificación.*

complicado Complejo, difícil, embrollado, arduo, espinoso, confuso, enredado. — *Sencillo, simple.*

cómplice Partícipe, participante, asociado, implicado, colaborador. — *Inocente.*

complot Conjura, confabulación, conspiración, maquinación, participación, acuerdo.

componenda Arreglo, chanchullo, maniobra, pacto. — *Desacuerdo.*

componente Elemento, integrante, parte, factor, materia. — *Totalidad.*

componer Arreglar, enmendar, modificar, remediar,

restaurar, subsanar. — *Estropear.* || Integrar, constituir, totalizar, formar parte. — *Separar, disgregar.*

comportamiento Proceder, conducta, costumbre, actuación, práctica, uso, hábito, rutina.

comportarse Actuar, proceder, conducirse, obrar, desenvolverse, hacer, gobernarse.

composición Pieza, música, canción, obra. || Labor, trabajo, obra, producción, resultado.

compositor Músico, autor, musicólogo.

compostura Decoro, circunspección, mesura, gravedad, dignidad. — *Incorrección, descaro.* || Arreglo, reparación, rectificación, restauración, ajuste, modernización. — *Avería.*

compra Adquisición, negocio, comercio, transacción, operación, lucro. — *Venta.*

comprador Cliente, parroquiano, negociante, consumidor, interesado. — *Vendedor.*

comprar Adquirir, v. compra.

comprender Entender, interpretar, percibir, intuir, saber, pensar, vislumbrar. — *Ignorar.* || Incluir, abarcar, encerrar, rodear, englobar. — *Excluir, ceder.*

comprensible Claro, evidente, sencillo, fácil, explicable, inteligible. — *Incomprensible, difícil.*

comprensión Tolerancia, benevolencia, indulgencia, bondad, simpatía. — *Incomprensión, intolerancia.* || Agudeza, inteligencia, alcance, talento. — *Idiotez.*

comprimido Pastilla, tableta, píldora, oblea, sello, gragea.

comprimir Prensar, apretar, aplastar, estrujar, apelmazar, reducir. — *Ablandar, aflojar, disgregar.*

comprobante Recibo, garantía, documento, justificante, vale.

comprobar Cotejar, verificar, confirmar, revisar, justificar, cerciorarse, observar. — *Omitir.*

comprometer Implicar, complicar, embrollar, enzarzar, mezclar. — *Librar, exculpar.* || **comprometerse** Prometer, garantizar, obligarse, responder. — *Excusarse, eludir.*

compromiso Obligación, convenio, pacto, responsabilidad, contrato. — *Excusa.* || Apuro, dificultad, trance, problema, dilema. — *Solución, ayuda.*

compuesto Combinado, mezcla, conjunto. — *Elemento.*

compulsar Comparar, cotejar, verificar, comprobar.

compungido Dolorido, atribulado, apenado, contrito, apesadumbrado. — *Despreocupado, alegre.*

cómputo Cálculo, cuenta, operación, total.

común Corriente, ordinario, usual, habitual, vulgar, frecuente. — *Extraordinario, desusado.*

comunicación Información, v. comunicar.

comunicar Informar, avisar, notificar, anunciar, declarar, revelar, transmitir, contagiar. — *Callar, omitir.*

comunicativo Sociable, expansivo, conversador, locuaz, parlanchín. — *Reservado, silencioso, taciturno.*

comunidad Sociedad, colectividad, agrupación. || Convento, orden, regla, monasterio.

comunión Lazo, vínculo, unión. — *Desunión.* || Eucaristía, sacramento, ceremonia.

conato Amago, intento, tentativa, intentona, proyecto, aborto, fracaso. — *Éxito.*

concavidad Oquedad, cavidad, hueco, seno, anfractuosidad, hoyo, depresión. — *Convexidad.*

cóncavo Hundido, hueco, deprimido, anfractuoso, profundo, abollado, excavado. — *Convexo.*

concebir Entender, penetrar, imaginar, compren-

der, crear, inferir, idear. || Engendrar, procrear.

conceder Otorgar, conferir, adjudicar, proporcionar, asignar, entregar. — *Denegar.* || Admitir, acceder, reconocer, convenir. — *Negar.*

concejal Edil, regidor, consejero.

concejo Municipio, municipalidad, ayuntamiento, cabildo, junta, corporación, alcaldía.

concentrar Reunir, agrupar, centralizar, consolidar, espesar, fortalecer. — *Dispersar.*

concepto Sentencia, frase, idea, juicio, opinión. || Fama, reputación, crédito.

conceptuar Juzgar, estimar, reputar, enjuiciar, clasificar, considerar.

concernir Atañer, relacionarse, competer, referirse, depender, vincularse. — *Desvincularse.*

concertar Acordar, ajustar, convenir, estipular, establecer, pactar — *Discrepar, romper.*

concesión Permiso, licencia, aquiescencia, autorización, favor. — *Denegación.*

conciencia Discernimiento, conocimiento, percepción. || Escrúpulo, delicadeza, miramiento, moralidad, consideración. — *Desvergüenza, inmoralidad.*

concienzudo Escrupuloso, minucioso, tesonero, perseverante, laborioso. — *Despreocupado, chapucero.*

concierto Recital, audición, sesión, interpretación. || Acuerdo, convenio (v.).

conciliábulo Asamblea, junta, corrillo. || Conjura, intriga, maquinación.

conciliar Apaciguar, armonizar, avenir, mediar, arbitrar, acordar. — *Desunir.*

concilio Junta, asamblea, reunión, congreso, capítulo.

concisión Brevedad, laconismo, parquedad, v. conciso.

conciso Breve, lacónico, parco, sucinto, sobrio, sumario, tajante. — *Extenso, detallado.*

conciudadano V. coterráneo.

conclave V. concilio.

concluir Terminar, finalizar, acabar, completar, agotar, liquidar. — *Empezar, iniciar.*

conclusión Deducción, consecuencia, indiferencia, resultado. || Término, desenlace, fin, resultado, cierre, abandono. — *Principio, apertura.*

concomitante Análogo, afín, similar, relacionado, conexo. — *Diferencia, inconexo.*

concordar Coincidir, armonizar, relacionarse, seme-

jarse, conciliar. — *Discrepar.*

concordia Armonía, avenencia, acuerdo, unidad, paz, hermandad, cordialidad, unanimidad. — *Discordia.*

concreto Determinado, específico, preciso, delimitado, sucinto, definido. — *Impreciso.*

concubina Amante, querida, entretenida, barragana, cortesana, prostituta (v.). — *Esposa.*

concupiscencia Sensualidad, lujuria, erotismo, libídine, lubricidad, voluptuosidad. — *Templanza, virtud.*

concurrir Visitar, frecuentar, asistir, presentarse, reunirse, encontrarse, hallarse. — *Faltar.*

concurso Oposición, competencia, certamen, lucha, examen, pugna, participación.

concha Valva, venera, cubierta, caparazón.

condecorar Recompensar, galardonar, premiar, distinguir, conceder, homenajear. — *Agraviar.*

condenado Culpable, reo, penado, convicto. — *Inocente.*

condenar Sentenciar, sancionar, penar, castigar. — *Indultar.* || Maldecir, censurar, desaprobar. — *Aprobar, bendecir.*

condensar Concentrar, aglomerar, espesar, compendiar, resumir. — *Diluir, extender.*

condescendencia Transigencia, benevolencia, tolerancia, complacencia, contemporización. — *Intransigencia.*

condición Requisito, exigencia, obligación, formalidad, traba. || Índole, naturaleza, particularidad.

condimentar Adobar, sazonar, aliñar, aderezar.

condiscípulo Compañero, camarada, alumno, amigo, estudiante.

condolencia Pésame, duelo, piedad, compasión, expresión, dolor, lástima. — *Felicitación, pláceme.*

conducir Guiar, transportar, trasladar, acompañar, dirigir, llevar. || Administrar, mandar, gobernar.

conducta Comportamiento, actuación, proceder, costumbre, modo de vida, estilo.

conducto Tubo, caño, canalón, desagüe, canal, cauce.

conductor Guía, jefe, director, dirigente, adalid, caudillo. — *Subordinado.* || Chófer, cochero, piloto, timonel, automovilista.

conectar Acoplar, unir, empalmar, enchufar, enlazar, encajar, ajustar, ensamblar. — *Separar.*

conexión Acoplamiento, v. conectar.

confabulación Conspiración, maquinación, complot, conjura, intriga, maniobra, traición.

confeccionar Fabricar, realizar, ejecutar, elaborar, preparar, crear, manufacturar.

confederación Alianza, unión, liga, coalición, mancomunidad, tratado, acuerdo. — *Separación, secesión.*

conferencia Disertación, coloquio, plática, charla, discurso, parlamento. || Congreso, reunión, asamblea.

conferir Conceder, otorgar, asignar, ceder, dispensar, entregar, dar. — *Negar.*

confesar Revelar, relatar, declarar, descubrir, admitir, manifestar. — *Callar, ocultar.*

confianza Esperanza, fe, seguridad, creencia, tranquilidad, convicción, certidumbre, entusiasmo. — *Desconfianza.* || Familiaridad, franqueza, intimidad, llaneza, claridad. — *Frialdad, protocolo.*

confiar Esperar, creer, encomendarse, fiarse, abandonarse. — *Desconfiar.*

confidencia Revelación, informe, secreto, testimonio, declaración.

confidencial Íntimo, personal, secreto, reservado, privado. — *Público, general.*

confidente Amigo, compañero, íntimo, consejero.

|| Delator, soplón, denunciante.

confín Linde, término, límite, frontera, orilla, extremo, final, perímetro, alrededores.

confinar Encerrar, recluir, aislar, internar, condenar. — *Liberar.* || Lindar, limitar, tocarse.

confirmar Corroborar, certificar, ratificar, atestiguar, aseverar, probar. — *Desmentir.*

confiscar Requisar, decomisar, incautarse, embargar, desposeer. — *Entregar, devolver.*

confite Golosina, dulce, caramelo, azúcar.

conflagración Guerra, contienda, choque, lucha, hostilidad. — *Paz, armonía.*

conflicto Dificultad, aprieto, apuro, trance, preocupación. || Guerra, conflagración, lucha, antagonismo. — *Concordia, paz.*

confluir Converger, desembocar, concurrir, reunirse, juntarse, coincidir. — *Separarse.*

conformar Complacer, satisfacer, acceder, transigir. — *Negar.* || **conformarse** Amoldarse, resignarse, avenirse, ceder, renunciar. — *Rebelarse.*

confort* Comodidad, bienestar, prosperidad, desahogo. — *Incomodidad.*

confortable Cómodo, desahogado, descansado, regalado, agradable. — *Incómodo.*

confortar Animar, fortalecer, alentar, tranquilizar, esperanzar. — *Desanimar.*

confraternidad Cofradía, hermandad, congregación, orden, sociedad, agrupación.

confrontación Cotejo, parangón, comparación, verificación, examen, careo, enfrentamiento.

confundir Perturbar, desconcertar, turbar, aturdir, desorientar. — *Orientar.* || Mezclar, revolver, embrollar, embarullar, enredar. — *Ordenar.*

confusión Embrollo, desorden, barullo, enredo, mezcla, revoltijo, maraña. — *Orden.* || Desconcierto, turbación, aturdimiento, desorientación. — *Seguridad, aplomo.*

congelar Helar, cuajar, enfriar, solidificar. — *Fundir, licuar.*

congénere Semejante, similar, análogo, afín, individuo, ser, persona, humano.

congeniar Avenirse, simpatizar, confraternizar, entenderse, comprenderse. — *Disentir, oponerse.*

congénito Innato, natural, original, constitucional, engendrado. — *Adquirido.*

congestión Inflamación, tumefacción, hinchazón,

saturación. || Apoplejía, ataque, patatús. || Atasco, obstáculo, embotellamiento.

conglomerado Masa, aglomeración, mazacote, amontonamiento, racimo, amasijo, grumo.

congoja Inquietud, angustia, pena, aflicción, tribulación, desconsuelo.— *Alegría, serenidad.*

congraciarse Ganarse, conquistarse, atraerse, seducir, encantar, cautivar. — *Enemistarse.*

congratulación Parabién, felicitación, enhorabuena, pláceme, cumplido, saludo. — *Pésame.*

congregación Hermandad, agrupación, gremio, cofradía, comunidad, secta, orden, compañía.

congregar Agrupar, reunir, juntar, convocar, citar, apiñarse, amontonarse. — *Dispersar.*

congreso Junta, asamblea, convención, conferencia, reunión, concilio. || Cámara, parlamento, cortes, senado, diputación.

congruente Coherente, sensato, racional, pertinente, lógico, oportuno, conveniente. — *Ilógico.*

conjetura Suposición, interrogante, hipótesis, presunción, sospecha, creencia, deducción, barrunto, posibilidad. — *Certeza, seguridad.*

conjugar Exponer, ordenar, formar, relacionar. || Unir, conciliar, unificar. — *Desunir.*

conjunto Grupo, reunión, combinación, compuesto, totalidad, serie, mezcla. — *Unidad, parte.*

conjura Conspiración, maquinación, compló, confabulación, intriga, maniobra, traición.

conjuro Hechizo, sortilegio, exorcismo, encantamiento, magia, evocación, imprecación.

conmemoración Celebración, aniversario, solemnidad, ceremonia, festividad, evocación, recuerdo.

conminar Requerir, ordenar, exigir, apremiar, intimidar, mandar, obligar. — *Rogar, suplicar.*

conmiseración V. compasión.

conmoción Trastorno, perturbación, temblor, agitación, convulsión, ataque. || Tumulto, rebelión, levantamiento, motín, sedición, disturbio. — *Paz, orden.*

conmover Emocionar, enternecer, impresionar, excitar, perturbar, inquietar, apasionar, apenar, alterar, sacudir. — *Despreocupar, aburrir.*

conmutar Indultar, absolver, perdonar, favorecer, agraciar. — *Condenar, castigar.*

connivencia Complicidad, tolerancia, alianza, conchabanza, colaboración. — *Desacuerdo.*

conocer Tratar, frecuentar, alternar, codearse, rozarse, relacionarse. — *Desconocer.* || Comprender, enterarse, percatarse, advertir, intuir, adivinar, averiguar, creer, saber. — *Ignorar.*

conocido Relación, amistad, amigo, compañero, camarada. — *Desconocido, extraño.* || Famoso, célebre, común, corriente, ilustre. — *Ignorado, desconocido.*

conquista Ocupación, invasión, usurpación, dominación, captura, rapiña, robo, botín, despojo, victoria. — *Pérdida, derrota.*

consagrar Ofrecer, dedicar, ofrendar, bendecir, santificar. || **consagrarse** Dedicarse, aplicarse, entregarse, perseverar, esforzarse. — *Descuidar.*

consanguinidad Parentesco, afinidad, vínculo, lazo, relación, grado, ascendencia, descendencia.

consciente Sensato, juicioso, formal, responsable, cabal, cumplidor, cuerdo. — *Insensato, irresponsable.*

consecuencia Efecto, resultado, derivación, secuela, desenlace, conclusión. — *Causa, principio.*

consecuente Tesonero, perseverante, tenaz, firme, inflexible. — *Inconstante, voluble.*

consecutivo Próximo, inmediato, contiguo, siguiente, sucesivo. — *Alterno, lejano.*

conseguir Lograr, obtener, ganar, alcanzar, adquirir, atrapar, apresar, vencer. — *Perder, ceder.*

consejero Mentor, asesor, guía, tutor, maestro.

consejo Recomendación, sugerencia, advertencia, indicación, aviso, idea, indirecta. || Asamblea, reunión, junta, conferencia, congreso.

consentir Permitir, autorizar, admitir, aprobar, adherirse, transigir, tolerar. — *Rechazar, denegar.* || Malcriar, mimar, resabiar, viciar, perjudicar. — *Corregir, educar.*

consentimiento Permiso, v. consentir.

conserje Bedel, portero, ordenanza, ujier, mayordomo.

conservación Cuidado, v. conservar.

conservar Cuidar, preservar, salvaguardar, proteger, salvar, atender, garantizar. — *Descuidar, abandonar.*

considerable Numeroso, cuantioso, extenso, importante, vasto. — *Reducido, minúsculo.*

consideración Miramiento,

deferencia, respeto, atención, cortesía, estima. — *Desdén, indiferencia.*

considerado Deferente, v. consideración.

consigna Contraseña, lema, santo y seña, pase, frase.

consistente Fuerte, resistente, recio, robusto, sólido, firme. — *Endeble.*

consistir Radicar, estribar, basarse, fundarse, residir, apoyarse, descansar.

consolar Alentar, animar, tranquilizar, confortar, apaciguar, calmar, sosegar, aliviar, atenuar, suavizar. — *Exacerbar, apenar.*

consolidar Fortalecer, afirmar, afianzar, robustecer, cimentar. — *Debilitar.*

consonancia Afinidad, relación, semejanza, similitud, concordancia, armonía. — *Disparidad.*

consorcio Sociedad, asociación, grupo, monopolio, agrupación, corporación.

consorte Esposo, cónyuge, compañero, contrayente, marido, mujer, desposado.

conspicuo Destacado, sobresaliente, notable, insigne, ilustre, visible. — *Insignificante, oscuro.*

conspirar Intrigar, maquinar, confabularse, conjurarse, traicionar, engañar, maniobrar, planear, tramar. — *Colaborar.*

constancia Perseverancia, tenacidad, tesón, asidui-

dad, insistencia, lealtad. — *Ligereza, inconstancia, informalidad.*

consternación Aflicción, pesadumbre, pesar, abatimiento, desconsuelo, desolación. — *Ánimo, consuelo.*

constipado Catarro, resfriado, enfriamiento, gripe.

constitución Temperamento, naturaleza, complexión, aspecto, conformación. || Estatuto, código, carta, reglamento, precepto.

constitucional Legal, legítimo, reglamentario.

constituir Establecer, formar, crear, organizar, instaurar, implantar, dotar. — *Disolver, anular.*

constreñir Apremiar, obligar, forzar, imponer, exigir, apretar, oprimir. — *Ayudar, soltar.*

construcción Edificación, erección, edificio, obra, inmueble, residencia.

construir Erigir, alzar, edificar, elevar, crear, montar, confeccionar, fabricar, elaborar. — *Destruir.*

consuelo Ánimo, aliento, pacificación, alivio, calma, confortamiento, sosiego, estímulo. — *Aflicción, desánimo, desconsuelo.*

consultar Examinar, conferenciar, entrevistarse, deliberar, reunirse, tratar.

consultorio Estudio, clínica, dispensario, gabinete.

consumado Diestro, experto, hábil, competente, cabal, insuperable. — *Inepto.*

consumar Completar, terminar, concluir, acabar, realizar, liquidar. — *Empezar.*

consumición Cuenta, importe, nota, gasto. || Agotamiento, v. consumido.

consumido Agotado, exhausto, extenuado, enflaquecido, flaco, debilitado, descarnado. — *Robusto, fuerte.*

consumir Gastar, comprar, invertir. — *Ahorrar.* || Agotar, extenuar, v. consumido.

consumo Gasto, empleo, uso, utilización, dispendio. — *Ahorro.*

contacto Tacto, acercamiento, aproximación, roce, fricción, arrimo, unión, adosamiento. — *Separación.* || Relación, amistad, vínculo. — *Desvinculación.*

contado (al) En efectivo, contante, en metálico.

contagiar Contaminar, infectar, transmitir, comunicar, propagar, infestar, inocular, apestar, plagar.

contagio Contaminación, v. contagiar.

contaminar V. contagiar.

contar Calcular, computar, valorar, liquidar, determinar. || Relatar, narrar,

detallar, referir, reseñar, explicar. — *Callar, omitir.*

contemplar Observar, ver, mirar, atender, examinar, acechar, vigilar, revisar.

contemporáneo Coetáneo, coincidente, simultáneo, coexistente, sincrónico, actual.

contemporizar Transigir, consentir, conformarse, doblegarse, amoldarse. — *Rebelarse, enfrentarse.*

contendiente Rival, adversario, contrario, oponente, guerrero, luchador. — *Amigo, partidario.*

contener Abarcar, comprender, encerrar, englobar, llevar, incluir. — *Excluir.* || Refrenar, dominar, sofrenar, moderar, reprimir. — *Permitir, aflojar.*

contenido Cabida, capacidad, volumen, aforo, espacio.

contentar Complacer, satisfacer, conformar, agradar, deleitar, acceder. — *Disgustar.*

contento Dicha, felicidad, agrado, placer, alegría, gozo, entusiasmo, euforia. — *Pena, pesar.* || Complacido, v. contentar.

contestación Respuesta, réplica, afirmación, declaración, negación, impugnación. — *Silencio.*

contestar Responder, v. contestación.

contienda Disputa, riña,

pelea, altercado, refriega, lucha, guerra. — *Paz, armisticio.*

contiguo Próximo, adyacente, inmediato, junto, adosado, vecino, lindante. — *Separado, alejado.*

continencia Templanza, moderación, abstención, virtud, castidad, pureza. — *Desenfreno, lascivia.*

continental Interior, mediterráneo, crudo, riguroso. — *Marítimo, costero.* || General, cosmopolita, internacional, mundial. — *Nacional, regional.*

continente Zona, hemisferio, territorio, ámbito. || Moderado, v. continencia.

contingencia Posibilidad, azar, eventualidad, riesgo, circunstancia. — *Realidad, certeza.*

contingente Grupo, conjunto, tropa, fuerza, agrupación.

continuación Prosecución, continuidad, duración, prolongación, persistencia, permanencia. — *Cese, interrupción.*

continuar Proseguir, permanecer, perpetuar, durar, subsistir. — *Cesar, interrumpir.*

continuo Incesante, permanente, perpetuo, repetido, persistente, crónico. — *Discontinuo, interrumpido.*

contoneo Meneo, pavoneo, movimiento, oscilación, balanceo, ondulación. — *Inmovilidad.*

contorno Perfil, figura, silueta, trazo, sombra. || **contornos** Alrededores, cercanías, aledaños, suburbios, afueras, arrabales. — *Centro, casco urbano.*

contorsión Retorcimiento, crispamiento, espasmo, deformación, encorvamiento, contracción. — *Distensión.*

contraataque Ofensiva, reacción, resistencia, recuperación, contragolpe. — *Retirada, huida.*

contrabandista Traficante, pirata, matutero, contraventor, bandolero, defraudador.

contrabando Tráfico, alijo, matute, fraude, delito.

contracción Crispamiento, espasmo, acortamiento, crispación, calambre, encogimiento. — *Distensión, alargamiento.*

contradecir Objetar, discutir, argumentar, oponerse, replicar, contestar, impugnar. — *Confirmar, corroborar.*

contradicción Absurdo, paradoja, contrasentido, incoherencia, imposibilidad, sinrazón, incompatibilidad, discordancia, disparate, ridiculez, oposición, contrariedad. — *Lógica, coherencia.*

contraer Crispar, encoger, acortar, menguar, estrechar. — *Alargar, ensanchar.* || Adquirir, tomar, contagiarse, caer. — *Perder, curar, abandonar.*

contrahecho Monstruoso, deforme, grotesco, estropeado, desproporcionado, lisiado, tullido. — *Perfecto, bien formado.*

contraindicado Desaconsejado, nocivo, perjudicial. — *Aconsejado, indicado.*

contraproducente Desventaposo, adverso, contrario, desfavorable, desacertado. — *Edicaz.*

contrapuesto Antagónico, encontrado, adverso, contrario. — *Coincidente.*

contrariar Oponerse, resistir, contradecir, dificultar, impedir, entorpecer. — *Ayudar, confirmar.*

contrariedad Dificultad, contratiempo, obstáculo, engorro, tropiezo, disgusto, tristeza. — *Suerte, ventura.*

contrario Hostil, opuesto, contradictorio, discrepante. — *Favorable.* || Enemigo, adversario, rival, contrincante, antagonista, oponente. — *Amigo.*

contrarrestar Compensar, oponerse, neutralizar, impedir, dificultar, anular. — *Favorecer, ayudar.*

contrasentido V. contradicción.

contraseña Consigna, orden, santo y seña, lema, frase.

contraste Disparidad, desigualdad, diferencia, antítesis, oposición. — *Igualdad, semejanza.*

contratar Convenir, acordar, pactar, ajustar, estipular, negociar, celebrar. — *Cancelar.* || Emplear, colocar, asalariar. — *Despedir.*

contratiempo V. contrariedad.

contrato Transacción, trato, convenio, pacto, documento, compromiso, negocio, acuerdo. — *Rescisión, cancelación.*

contravención Infracción, violación, falta, quebrantamiento, culpa, transgresión, incumplimiento. — *Cumplimiento, observancia.*

contraveneno Antídoto, antitóxico, revulsivo, desintoxicante, vomitivo. — *Tóxico.*

contraventor Infractor, violador, transgresor, delincuente, abusador. — *Respetuoso.*

contribución Cuota, canon, impuesto, subsidio, arancel, tasa, arbitrio, gravamen, costas. || Ayuda, v. contribuir.

contribuir Cooperar, ayudar, colaborar, participar, auxiliar, favorecer, secundar. — *Obstaculizar, negar.*

contrición Arrepentimiento, pesar, dolor, remordimiento, pesadumbre. — *Contumacia, impenitencia.*

contrincante V. contrario.

contrito Arrepentido, pesaroso, dolorido, compungido, triste, consternado. — *Contumaz, impenitente.*

control Inspección, vigilancia, examen, registro, comprobación, revisión, verificación. — *Descuido.*

controversia Discusión, polémica, disputa, réplica, porfía, debate, altercado. — *Armonía, acuerdo.*

contumacia Reincidencia, obstinación, recaída, insistencia, reiteración, persistencia. — *Obediencia, observancia.*

contundente Pesado, macizo, magullador. — *Liviano, inofensivo.* || Terminante, concluyente, incuestionable, decisivo, definitivo. — *Dudoso, incierto.*

contusión Magulladura, lesión, daño, herida, equimosis, moretón, cardenal.

convalecencia Restablecimiento, mejoría, cura, recuperación. — *Recaída.*

convaleciente Paciente, enfermo, mejorado, recuperado, afectado, sufrido.

convencer Persuadir, inculcar, imbuir, atraer, captar, demostrar, convertir, seducir. — *Contradecir, repeler.*

convención Asamblea, congreso, reunión, junta.

convencionalismo Artificio, afectación, falacia, falsedad, complicación, conveniencia. — *Realidad, sencillez.*

conveniencia Utilidad, provecho, ventaja, comodidad, beneficio, conformidad, adecuación, eficacia, aptitud. — *Perjuicio, desventaja.*

conveniente Util, v. conveniencia.

convenio Tratado, acuerdo, alianza, avenencia, transacción, compromiso. — *Disensión, rompimiento.*

convento Cenobio, monasterio, cartuja, priorato, claustro, retiro, noviciado.

converger Coincidir, concurrir, juntarse, aproximarse, confluir, desembocar. — *Diverger, separarse.*

conversación Charla, coloquio, parlamento, diálogo, plática, conciliábulo, tertulia, chisme.

conversar Charlar, v. conversación.

convertir Modificar, transformar, cambiar, alterar, mudar, rectificar, variar, metamorfosear, enmendar, corregir. — *Conservar.* || Evangelizar, cristianizar, reconciliar, propagar, convencer. || **convertirse** Abjurar, abandonar, abrazar, apostatar, renegar. — *Pervertirse.*

convexo Combado, pandeado, curvado, alabeado, abultado, saliente, prominente, abombado. — *Cóncavo.*

convicción Certeza, certidumbre, convencimiento, seguridad, confianza, firmeza. — *Inseguridad, duda.*

convidado Invitado, huésped, agasajado, comensal.

convidar Invitar, agasajar, homenajear, ofrecer, brindar, dedicar, hospedar. — *Desairar.*

convincente Persuasivo, concluyente, elocuente, conmovedor, locuaz, sugestivo.

convite Invitación, v. convidar.

convivir Coexistir, cohabitar, residir, compenetrarse, avenirse, entenderse. — *Separarse.*

convocar Congregar, citar, llamar, invitar, requerir, solicitar, avisar.

convoy Escolta, caravana, columna, destacamento, fila, expedición.

convulsión Espasmo, sacudida, crispación, estremecimiento, temblor, síncope.

conyugal Matrimonial, marital, nupcial, íntimo, familiar.

cónyuge Desposado, consorte, contrayente, compañero, esposo, marido, mujer, esposa.

cooperar Colaborar, secundar, participar, contribuir, auxiliar, favorecer, socorrer. — *Obstaculizar.*

cooperativa Mutualidad, economato, asociación, montepío.

coordinar Ordenar, reunir, combinar, relacionar, conectar, organizar.

copa Vaso, cáliz, taza, crátera, recipiente. || Galardón, recompensa, premio.

copar Cercar, rodear, asediar, envolver, aprisionar. — *Liberar.*

copete Penacho, mecha, tupé, flequillo, guedeja, mechón, moño, cimera, plumero.

copia Reproducción, duplicado, calco, facsímil, imitación, falsificación. — *Original.*

copioso Abundante, numeroso, nutrido, cuantioso, fecundo, profuso, excesivo. — *Escaso, mezquino.*

copla Cantar, tonada, aire, canto, estrofa, verso.

cópula Fornicación, apareamiento, unión, coito, ayuntamiento, concúbito. — *Abstinencia.*

coqueta Frívola, presumida, casquivana, vanidosa, veleidosa, seductora. — *Formal, sensata.*

coquetear Atraer, galantear, cautivar, seducir, enamorar, jugar, divertirse.

coraje Arrojo, ímpetu, valentía, audacia, intrepidez, agallas, ardor, ira, furia. — *Cobardía.*

coraza Defensa, armadura, protección, coselete, blindaje, forro, revestimiento, chapa.

corazonada Barrunto, presentimiento, presagio, intuición, arranque, ímpetu, augurio.

corbata Lazo, chalina, pajarita, corbatín.

corcel Palafrén, bridón, cabalgadura, potro, montura, caballo, jaca.

corcova Giba, joroba, chepa, deformidad.

corcovo Salto, estremecimiento, respingo, sacudida, brinco, corveta.

cordel Bramante, cuerda, cordón, cinta, trencilla, soga.

cordero Borrego, ternasco, ovino.

cordial Afable, efusivo, amable, franco, sincero, abierto, expansivo, acogedor, hospitalario, espontáneo, cariñoso. — *Antipático, huraño.*

cordillera Sierra, macizo, cadena, barrera, cumbres.

cordón V. cordel.

cordura Sensatez, juicio, prudencia, madurez, discreción, equilibrio, mesura. — *Insensatez, imprudencia.*

corear Acompañar, entonar, cantar, adular.

coriáceo V. correoso.

corista Cantante, comparsa; figuranta, bailarina, partiquino, acompañante, extra.

cornada Puntazo, cogida, topetazo, herida, desgarrón.

cornamenta Astas, cuernos, defensas, pitones.

corneta Trompeta, clarín, cuerno, trompa.

cornisa Remate, coronamiento, capitel, saliente, moldura, friso, resalto, voladizo.

cornudo Cabrón, consentido, sufrido, cuclillo.

coro Orfeón, coral, ronda, conjunto.

corona Tiara, diadema, halo, aureola, nimbo.

coronar Ceñir, ungir, investir, proclamar, consagrar, entronizar. — *Destronar.* || Terminar, rematar, concluir, completar, perfeccionar.

corporación Empresa, compañía, firma, cuerpo, junta, organismo, asociación, instituto, consejo.

corporal Orgánico, físico, material.

corpulento Robusto, fuerte, recio, abultado, imponente, gordo, voluminoso, rollizo, pesado. — *Enjuto, enclenque.*

corpúsculo Partícula, elemento, molécula, pizca.

corral Redil, aprisco, encierro, majada, establo, caballeriza, cerco.

correa Cinturón, cinto, cincha, ceñidor, banda, faja.

corrección Cortesía, educación, discreción, amabilidad, finura, delicadeza, consideración. — *Descor-*

tesía. || Rectificación, v. corregir. || Censura, reprimenda, castigo, v. correctivo.

correccional Reformatorio, internado, penal, prisión, establecimiento penitenciario.

correctivo Castigo, pena, escarmiento, sanción, reprensión, condena.

correcto Cortés, v. corrección. || Adecuado, exacto, cabal, justo, acertado, oportuno, apropiado. — *Incorrecto.*

corredor Galería, pasillo, pasadizo, angostura, pasaje, crujía. || Viajante, comisionista, agente, delegado, representante, vendedor. || Atleta, deportista, carrerista, velocista.

corregidor Alcalde, magistrado, regidor, gobernador.

corregir Modificar, alterar, cambiar, transformar, enmendar, reparar, subsanar, rectificar. — *Mantener.* || Castigar, penar, amonestar, reprender, reñir, escarmentar.

correlación Analogía, afinidad, parecido, semejanza.

correlativo Sucesivo, encadenado, inmediato, seguido, continuado.

correligionario Cofrade, compañero, camarada, acólito, compadre.

correo Correspondencia, misivas, mensajes, cartas. || Mensajero, emisario, enviado, postillón.

correoso Fibroso, coriáceo, resistente, d u r o, elástico. — *Tierno, suave.*

correr Trotar, acelerar, arrancar, avanzar, trasladarse, recorrer, viajar, desplazarse. || Activar, agilizar, darse prisa. — *Detenerse, pararse.*

correría Incursión, irrupción, ataque, invasión.

corresponder Retribuir, compensar, devolver, intercambiar, permutar, obligarse. — *Negar.*

correspondiente Adecuado, conveniente, oportuno, debido.

corresponsal Periodista, enviado, cronista, reportero.

correveidile V. cotilla.

corrida Lidia, novillada, becerrada, capea, tienta.

corrido Avergonzado, abochornado, confuso, desconcertado, humillado, ruborizado. — *Descarado.* || Veterano, ducho, baqueteado, fogueado, avezado. — *Inexperto.*

corriente Ordinario, común, habitual, vulgar, usual, general, popular, frecuente, sabido. — *Desusado.*

corrillo Grupo, tertulia, conciliábulo, reunión, camarilla, peña, corro (v.).

corro Círculo, rueda, cerco, ronda, grupo, corrillo (v.).

corroborar Aprobar, confirmar, ratificar, certificar, asentir, reconocer, apoyar — *Denegar, desmentir.*

corroer Roer, carcomer, desgastar, desmenuzar.

corromper Enviciar, pervertir, seducir, viciar, depravar, dañar, prostituir, pudrir, estropear, descomponer, desintegrar, malograr. — *Reeducar, conservar.*

corrosivo Quemante, cáustico, ácido, picante, ardiente. || Sarcástico, irónico, satírico, agresivo. — *Halagador.*

corrupción Descomposición, podredumbre, putrefacción, deterioro. — *Conservación.* || Depravación, descarrío, desenfreno, vicio, perversión. — *Virtud.*

corsario Filibustero, pirata, corso, bucanero, aventurero, forajido.

corsé Faja, ajustador, justillo, ceñidor.

cortante Agudo, afilado, filoso, aguzado, fino. — *Embotado.* || Tajante, drástico, acerado, autoritario, violento, descortés. — *A m a b l e, cortés.*

cortapisa Traba, restricción, condición, limitación, reserva, obstáculo. — *Facilidad, ayuda.*

cortaplumas Navaja, faca, cuchilla.

cortar Partir, seccionar, dividir, tajar, escindir, separar, amputar, cercenar, segar. — *Unir, soldar.*

corte Tajo, incisión, tajadura, cisura, sección, muesca, hendidura, herida. || Filo, hoja, lámina, cuchilla, tajo. || Comitiva, v. cortejo.

cortedad Timidez, indecisión, apocamiento, pusilanimidad, vergüenza, cobardía. — *Descaro, desenvoltura.*

cortejar Festejar, enamorar, requebrar, galantear, conquistar, arrullar.

cortejo Comitiva, acompañamiento, escolta, desfile, columna, compañía, grupo, fila.

cortés Amable, considerado, educado, atento, obsequioso, galante, fino, correcto, comedido, afable, exquisito. — *Grosero, incorrecto.*

cortesana V. prostituta.

cortesano Palaciego, noble, aristócrata, caballero. — *Plebeyo.*

cortesía Amabilidad, consideración, atención, finura, corrección, tacto, respeto, gentileza, modales. — *Grosería.* || Cumplido, saludo, reverencia, inclinación, genuflexión, regalo.

corteza Cáscara, cubierta, envoltura, cápsula, caparazón, vaina, costra. — *Médula, meollo.*

cortijo Hacienda, granja, rancho, finca, alquería.

cortina Colgadura, visillo, velo, pantalla.

corto Pequeño, bajo, chico, menudo, diminuto, enano, reducido, exiguo, limitado. — *Alto, amplio.* || Fugaz, breve, efímero, pasajero, precario. — *Largo, duradero.*

corveta V corcovo.

corvo V. curvo.

corzo Venado, gacela, gamo, antílope, ciervo.

cosa Ente, entidad, ser, elemento, esencia, forma.

cosecha Recolección, siega, recogida, vendimia.

coser Hilvanar, zurcir, pespuntear, remendar, unir, pegar, arreglar. — *Descoser, rasgar.*

cosmético Afeite, crema, maquillaje, pomada, ungüento, tintura, potingue.

cósmico Celeste, espacial, astral, sideral, universal. — *Terrenal.*

cosmonauta Astronauta, navegante espacial.

cosmopolita Mundano, internacional, abigarrado, animado. — *Local, pueblerino.*

cosmos Universo, creación, cielo, firmamento, espacio, alturas, infinito, vacío. — *Tierra.*

cosquillas Hormigueo, picor, picazón, titilación.

costa Orilla, litoral, margen, ribera, playa. — *Interior.*

costado Flanco, lado, lateral, ala, banda, borde, canto, orilla. — *Centro.*

costal V. fardo.

costalada Porrazo, trastazo, golpe, caída, tumbo.

costar Valer, totalizar, importar, montar, subir, ascender a, salir por, pagar.

coste Precio, costo, importe, total, valor, cuantía, monta, desembolso, gasto.

costoso Caro, dispendioso, gravoso, subido, elevado, alto, exorbitante, exagerado. — *Barato.* || Dificultoso, difícil, complicado. — *Fácil.*

costra Corteza, cáscara, cubierta, capa, revestimiento, pústula, escara.

costumbre Hábito, usanza, modo, maña, rutina, conducta, moda, uso, práctica.

costura Zurcido, remiendo, hilvanado, puntada, pespunte. || Labor, corte, confección.

costurera Modista, modistilla, zurcidora, sastra, bordadora, oficiala.

cota Altura, altitud, nivel, elevación. || Malla, camisola, armadura.

cotarro Reunión, círculo, corrillo, tertulia, refugio, albergue.

cotejar Comparar, parangonar, equiparar, compulsar, examinar, verificar, medir, cerciorarse.

coterráneo Paisano, compatriota, conciudadano.

cotidiano Diario, corriente, ordinario, h a b i t u a l, usual, seguido, periódico, regular. — *Alterno, irregular.*

cotilla Chismoso, murmurador, enredador, cuentista, comadre. — *Reservado, taciturno.*

cotización Tasación, monto, evaluación, precio, valor, importe, coste.

coto Vedado, cercado, terreno acotado, zona.

cotorra Papagayo, cacatúa, loro. || Parlanchín, charlatán, conversador. — *Silencioso, taciturno.*

cow-boy* Vaquero, caballista, jinete, ganadero.

coyuntura Juntura, articulación, juego, unión. || Situación, momento, circunstancia, ocasión.

coz Patada, golpe, porrazo.

cráneo Cabeza, calavera, testa.

cráter Abertura, boca, boquete, orificio, cima.

creación Cielos, universo, cosmos, infinito, firmamento, espacio. || Producción, obra, invento, producto, novedad, resultado, mejora. — *Copia, plagio.*

Creador Hacedor, Dios, Altísimo, Señor, Todopoderoso. || **creador** Productor, inventor, artista, genio, v. creación.

crecer Desarrollarse, formarse, elevarse, ganar, madurar, progresar, engordar, extenderse, multiplicarse, proliferar. — *Disminuir, reducirse.*

crecido Corpulento, alto, desarrollado, aventajado, espigado, vigoroso. — *Enano, pequeño.* || Numeroso, abundante, copioso, profuso, extenso. — *Reducido, corto, escaso.*

credencial Documento, justificante, comprobante, identificación, carné.

crédito Fe, confianza, seguridad, certidumbre, respaldo. || Empréstito, préstamo, prestación, anticipo, financiación, ayuda.

credo Dogma, creencia, doctrina, convicción, religión, culto.

crédulo Ingenuo, inocente, candoroso, confiado, simple, bonachón, incauto. — *Desconfiado, suspicaz.*

creencia V. crédito, v. credo.

creer Imaginar, suponer, estimar, pensar, admitir, entender, juzgar, conceptuar, opinar, afirmar, declarar. || Confiar, profesar, seguir, venerar. — *Desconfiar.*

crema Nata, natilla, manteca, sustancia. || Ungüento, cosmético, unto, maquillaje, potingue.

crepitar Crujir, restallar, chasquear.

crepúsculo Atardecer, anochecer, ocaso, oscurecer. — *Aurora, alba.*

crespo Rizado, encrespado, ensortijado.

cresta Penacho, copete,

moño, carnosidad, protuberancia. || Cima, pico, cúspide. — *Base, ladera.*

cretino Imbécil, idiota, retrasado, deficiente, necio, tonto. — *Genio, inteligente.*

creyente Fiel, seguidor, adorador, religioso, devoto, pío, místico. — *Incrédulo, ateo.*

cría Hijo, descendiente, vástago, cachorro, hijuelo, criatura, feto.

criada Doncella, maritornes, muchacha, asistenta, niñera, v. criado.

criadero Semillero, vivero, invernadero, invernáculo.

criado Sirviente, servidor, fámulo, mozo, doméstico, camarero, asistente, lacayo, mayordomo, ayuda de cámara.

crianza Cría, amamantamiento, protección, solicitud, educación.

criar Amamantar, nutrir, alimentar, cebar. || Educar, custodiar, enseñar, mimar, proteger.

criatura Ser, organismo, espécimen, individuo, sujeto, entidad. || Niño, chiquillo, pequeño, infante, párvulo, chico, nene, mocoso. — *Adulto.*

criba Tamiz, zaranda, cedazo, cernedor, filtro. || Selección, clasificación, examen, depuración, limpieza.

crimen Delito, falta, culpa, infracción, atentado, pecado, transgresión, asesinato, homicidio. — *Expiación, castigo.*

criminal Delincuente, homicida, asesino, malhechor, reo, condenado, transgresor, culpable. — *Inocente.*

crin Melena, cerda, pelo, coleta, mata.

crío V. criatura.

cripta Subterráneo, subsuelo, galería, bóveda, cueva, catacumba.

crisis Conflicto, apuro, problema, cambio, transformación, inestabilidad. — *Seguridad, estabilidad.*

crispar Convulsionar, contraer, apretar, retorcer, sacudir, temblar. — *Relajar.*

cristal Vidrio, vitrificado, cristalino.

cristalino Diáfano, transparente, claro, límpido, puro. — *Opaco, sucio, empañado.*

cristiano Católico, creyente, fiel, religioso, seguidor, piadoso, d e v o t o, practicante, bautizado. — *Infiel, descreído, pagano.*

Cristo Jesús, Jesucristo, el Mesías, el Nazareno, el Salvador, el Ungido.

criterio Juicio, discernimiento, opinión, creencia, convencimiento, sabiduría, pauta, norma.

crítica Apreciación, estimación, juicio, examen, opinión, evaluación. || Censura, acusación, re-

proche, reparo, reproba-
ción. — *Aprobación, de-
fensa.*

crítico Delicado, decisivo,
grave, serio, peligroso.
— *Favorable.* || Censor,
juez, acusador, censura-
dor, oponente, detractor.
— *Partidario.*

cromático Pintado, coloreado, irisado, pigmenta-
do.

cromo Santo, imagen, estampa, lámina.

crónica Artículo, reportaje, escrito, suelto, relato,
descripción.

crónico Repetido, invetera-
do, habitual, acostum-
brado, arraigado. — *In-
frecuente.* || Grave, serio,
enfermo. — *Sano, conva-
leciente.*

cronista Historiador, investigador, comentarista, escritor, periodista.

cronométrico Exacto, puntual, fiel, preciso, matemático. — *Impreciso,
inexacto.*

croquis Esbozo, bosquejo,
boceto, dibujo, diseño,
apunte, esquema, borra-
dor.

cruce Intersección, confluencia, bifurcación, encrucijada, reunión, em-
palme.

crucial Decisivo, culminante, crítico, cumbre, trascendental, grave. — *Co-
mún, insignificante.*

crucificar Atormentar, sacrificar, martirizar.

crucifijo Cruz, efigie, imagen, reliquia, talla.

crudo Tierno, verde, duro,
ácido, indigesto, san-
grante. — *Maduro, en
sazón.* || Destemplado,
riguroso, frío, cruel, obsceno, verde. — *Amable,
casto.*

cruel Inhumano, brutal, feroz, bárbaro, sanguina-
rio, desalmado, violento,
encarnizado, atroz, fie-
ro, bestial, salvaje. —
*Humanitario, bondadoso,
compasivo.*

crujir Chasquear, restallar, crepitar.

cruz Aspa, crucifijo, signo,
símbolo.

cruzada Lucha, liberación,
expedición, campaña, em-
presa.

cruzar Atravesar, traspasar, pasar, salvar, tras-
poner, cortar, recorrer,
atajar. — *Rodear, circunvalar.*

cuaderno Libreta, bloque,
borrador, carpeta, fascí-
culo.

cuadra Establo, caballeriza, corral.

cuadrado Rectángulo, cua-
drilátero, paralelogramo,
— *Círculo, circunferen-
cia.* || Rectangular, cua-
drangular, ajedrezado.
— *Redondo.*

cuadrilla Partida, pandilla,
hato, camarilla, grupo,
brigada, horda, multitud.

cuadro Pintura, lienzo, tela, tabla, lámina, graba-

do, retrato. || Acto, escena, parte, espectáculo, episodio.

cuajarse Coagularse, solidificarse, espesarse, condensarse, agriarse. — Licuarse.

cualidad Atributo, habilidad, aptitud, capacidad, ventaja, mérito, peculiaridad. — Desventaja, defecto.

cuantía V. cantidad.

cuantioso Abundante, considerable, copioso, numeroso, excesivo, grande, inagotable. — Escaso, pequeño.

cuarentena Aislamiento, incomunicación, encierro, confinamiento, cierre.

cuartearse Agrietarse, rajarse, resquebrajarse, fragmentarse, romperse, desintegrarse.

cuartel Campamento, acantonamiento, alojamiento, instalación, reducto, acuartelamiento.

cuarto Estancia, habitación, aposento, pieza, alcoba, dormitorio, recinto, cámara.

cuartos Dinero, metálico, monedas, billetes, fondos.

cuartucho Cuchitril, tabuco, tugurio, zahurda, desván.

cuba Tonel, barril, pipa, casco, bocoy, barrica, bota.

cubierta Envoltorio, forro, revestimiento, capa, recubrimiento, tapa, chapa, cobertizo.

cubil Madriguera, guarida, cueva, albergue, agujero.

cubo Balde, cubeta, barreño, recipiente, receptáculo.

cubrir Tapar, abrigar, envolver, resguardar, embozar, esconder, disimular, disfrazar, proteger. — Destapar.

cuco V. astuto.

cucurucho Capirote, caperuza, capucha, cartucho, bolsa.

cuchichear Musitar, susurrar, bisbisear, murmurar, cotillear, criticar.

cuchilla Hoja, filo, herramienta, arma, acero, cuchillo (v.).

cuchillada Puñalada, tajo, estocada, navajazo, herida, incisión, corte.

cuchillo Navaja, faca, machete, charrasca, daga, puñal, estilete, herramienta, cuchilla (v.).

cuchitril V. cuartucho.

cuello Garganta, pescuezo, cogote, gollete.

cuenca Órbita, cavidad, hueco. || Cauce, valle, comarca.

cuenta Cómputo, cálculo, recuento, enumeración, operación, balance, control, importe, suma, factura, nota. || Abalorio, bolita, esferita.

cuentista Chismoso, coti-

lla, correveidile, alcahuete, murmurador, coma-
dre. — *Veraz, serio.*

cuento Relato, narración,
historieta, descripción,
novela, aventura, anéc-
dota. || Chisme, cotilleo,
alcahuetería, enredo, bu-
lo, patraña, rumor, in-
fundio, bola. — *Verdad,
realidad.*

cuerda Cordel, soga, bramante, cabo, maroma,
correa, cordón, cable,
amarra, filamento.

cuerdo Sensato, juicioso,
prudente, formal, auste-
ro, sabio, reflexivo, ca-
bal, moderado. — *Insen-
sato, alocado.*

cuerno Pitón, asta, punta,
cornamenta, defensas,
antena, apéndice, extre-
midad.

cuero Pellejo, piel, cubierta, badana, corteza.

cuerpo Organismo, materia, ser, soma, exterior,
cadáver, restos. — *Espí-
ritu.* || Configuración,
forma, apariencia, figu-
ra, volumen, tamaño. ||
Corporación, organismo,
entidad, asociación, gru-
po.

cuesta Rampa, pendiente,
repecho, subida, desni-
vel, escarpa, talud, ladera. — *Llano.*

cuestación Colecta, recaudación, petición, suscripción, postulación. — *Do-
nación.*

cuestión Asunto, materia,

aspecto, punto, tema. ||
Pregunta, interrogación.
— *Respuesta.*

cuestionario Interrogato-
rio, estudio, preguntas,
consulta, relación.

cueva Caverna, gruta, subterráneo, cavidad, oque-
dad, foso, catacumba,
guarida, antro, covacha,
sótano, bodega.

cuidado Atención, solicitud, esmero, afán, amor,
interés, eficacia, preocupación, moderación, pre-
caución, temor, vigilan-
cia, exactitud. — *Des-
preocupación, descuido,
negligencia.*

cuidadoso Esmerado, minucioso, solícito, metó-
dico, nimio, escrupuloso.
— *Negligente.*

cuidar Mantener, conservar, guardar, vigilar, esmerarse, asistir, defen-
der, proteger, guarecer,
curar, sanar. — *Despreo-
cuparse, descuidar.*

cuitado Desdichado, afligido, infeliz, desgraciado,
desventurado. — *Feliz.*

culebra Serpiente, reptil,
ofidio, boa, pitón, crótalo, víbora.

culinario Gastronómico,
alimenticio, nutricio, de
la cocina.

culminación Apogeo, cima,
cumbre, auge, ápice, es-
plendor, florecimiento.
— *Decadencia.*

culminante Destacado, sobresaliente, dominante,

elevado, trascendental. — *Mínimo, ínfimo, decadente.*

culminar Descollar, predominar, destacar, distinguirse, elevarse, — *Degradarse, menguar.*

culo Asentaderas, nalgas, posaderas, trasero, nalgatorio, pompis, asiento.

culpa Falta, infracción, delito, pecado, incumplimiento, informalidad, negligencia, descuido, yerro, abandono. — *Inocencia.*

culpable Autor, infractor, causante, ejecutor, reo, acusado, criminal. — *Inocente.*

culpar Atribuir, acusar, inculpar, denunciar, censurar, condenar, procesar. — *Indultar, exculpar.*

cultivador V. campesino.

cultivar Arar, labrar, plantar, sembrar, colonizar, trabajar, recolectar. || Cuidar, mantener, sostener, fomentar, desarrollar. — *Descuidar.*

cultivo Labranza, laboreo, cultivación, agricultura, plantación, explotación. || Huerto, sembrado, parcela, plantío. — *Páramo, desierto.*

culto Instruido, cultivado, educado, erudito, entendido, docto, ilustrado. — *Ignorante.* || Ceremonia, rito, pompa, aparato, solemnidad, adoración, devoción, veneración. — *Execración.*

cultura Erudición, educación, ilustración, sabiduría, conocimientos. — *Ignorancia, barbarie.*

cumbre Cima, vértice, cúspide, cresta, pico, punta, altura, remate. — *Base, ladera.* || Culminación, apogeo, objetivo.

cumpleaños Celebración, aniversario, fiesta, festejo, acontecimiento.

cumplido Atención, galantería, fineza, halago, lisonja. — *Grosería.* || Galante, atento, considerado, cortés, solícito. — *Descortés, incorrecto.*

cumplidor Puntual, estricto, fiel, escrupuloso, disciplinado, honrado. — *Informal.*

cumplimiento Observancia, acatamiento, celo, cuidado, fidelidad, obediencia. — *Desobediencia.* || Realización, ejecución, verificación. — *Abstención.*

cumplir Ejecutar, realizar, efectuar, verificar, desempeñar, hacer, retribuir, corresponder, pagar, satisfacer. — *Abstenerse, incumplir.*

cúmulo Montón, pila, hacina, hatajo, multitud, sinnúmero, cantidad, conjunto. — *Escasez.*

cuna Camita, moisés. || Principio, comienzo, origen. — *Final.* || Ascendencia, procedencia, estirpe, linaje, familia.

cundir Propagarse, desarrollarse, extenderse, reproducirse, divulgarse, difundirse, contagiarse, aumentar. — *Limitarse, confinarse.*

cuneta Zanja, reguero, acequia, excavación.

cuña Taco, traba, calzo, tarugo.

cuñado Hermano político, pariente.

cuño Señal, marca, característica, rasgo. || Sello, troquel, matriz, punzón.

cuota Contribución, mensualidad, asignación, cantidad, canon, pago.

cupletista Tonadillera, cancionista, cantante.

cupo V. Cuota.

cupón Talón, papeleta, boleta, volante, vale, bono, comprobante.

cúpula Bóveda, domo, ábside, cimborrio, arco.

cura Sacerdote, clérigo, religioso, capellán, eclesiástico, padre, presbítero, párroco, coadjutor, fraile, monje. || Tratamiento, v. curación.

curación Alivio, restablecimiento, salud, convalecencia, tratamiento, terapéutica, régimen, medicina, método. — *Enfermedad, recaída.*

curalotodo* Panacea, remedio, pócima.

curandero Charlatán, sacamuelas, matasanos, intruso, hechicero, brujo.

curar Sanar, tratar, medicar, administrar, recetar. || Restablecer, reanimar, sanar, aliviar, rehabilitar, mejorar, convalecer. — *Enfermar, agravarse.* || Ahumar, secar, salar, acecinar, curtir.

curda V. borrachera.

curiosidad Interés, intriga, atención, deseo, expectativa, indagación, investigación, averiguación. — *Desinterés.* || Indiscreción, fisgoneo, impertinencia, espionaje. — *Prudencia, recato.*

curioso Interesado, atento, expectante, aficionado. — *Desinteresado.* || Indiscreto, fisgón, impertinente, descarado, cotilla, entrometido, espía. — *Recatado, prudente.* || Notable, interesante, desusado, raro. — *Anodino, aburrido.*

curriculum vitae Hoja de servicios, expediente.

cursar Estudiar, asistir, seguir, preparar, aprender. || Aprobar, otorgar, tramitar. — *Denegar.*

cursi Ñoño, amanerado, afectado, ridículo, extravagante, artificioso. — *Sobrio, cabal.*

curso Materia, disciplina, asignatura, carrera, estudios, enseñanza. || Año, período, ciclo, grado, término. || Trayectoria, dirección, rumbo, derrotero, destino, orientación, tendencia.

curtido Avezado, baqueteado, fogueado, experimentado, aguerrido, experto. — *Novato, inexperto.*

curtir Adobar, aderezar, preparar, ahumar, salar. ‖ **curtirse** Avezarse, acostumbrarse, foguearse, baquetearse, endurecerse, aguerrirse, encallecerse. ‖ Atezarse, tostarse, broncearse.

curva Arco, línea, elipse, órbita, círculo, circunferencia, espiral, vuelta, parábola, desvío, desviación, rodeo. — *Recta.*

curvo Torcido, curvado, encorvado, sinuoso, combado, pandeado, arqueado, desviado, cóncavo, convexo, circular, espiral. — *Recto.*

cúspide V. cumbre.

custodia Vigilancia, cuidado, defensa, protección, escolta, amparo, conservación, resguardo, salvaguardia, celo, desvelo. — *Abandono, descuido.*

custodiar Vigilar, v. custodia.

cutis Piel, epidermis, dermis, tez, complexión, pellejo, superficie.

CH

chabacano Vulgar, ramplón, ordinario, rústico, tosco, basto, grosero, charro. — *Refinado, elegante.*

chabola Choza, cabaña, barraca, chamizo, cobijo, refugio, casucha, casilla. — *Mansión, palacio.*

chacota Chanza, broma, burla, chunga, guasa, chirigota, escarnio, jarana. — *Seriedad, gravedad.*

chacha Niñera, nodriza, aya, tata, ama de cría.

cháchara Charloteo, charla, verborrea, palabrería, palique, facundia, verbo. — *Discreción, reserva.*

chafar Aplastar, despachurrar, machacar, reventar.

chal Pañoleta, pañuelo, mantón, manto.

chalado Trastornado, chiflado, guillado, ido, excéntrico, raro, estrafalario. — *Sensato, cuerdo.*

chalarse Enamorarse, chiflarse, perder la cabeza.

chalé Villa, hotelito, casita, chalet, finca, quinta, casa de recreo.

chaleco Jubón, ropilla, prenda.

chalupa Bote, lancha, barca, falúa, canoa, batel, trainera, embarcación.

chamba Chiripa, azar, fortuna, suerte, acierto, casualidad. — *Desgracia.*

chambón Torpe, tosco, desmañado, chapucero, inepto, calamidad. — *Hábil, competente.*

chamuscar Tostar, ahumar, quemar, socarrar, dorar, pasar, torrar, soflamar.

chance* Oportunidad, ocasión, suerte, fortuna. — *Desgracia.*

chancero Burlón, bromista, juguetón, chacotero, jaranero, divertido. — *Triste, formal, serio.*

chancleta Pantufla, babucha, zapatilla, alpargata, chinela, sandalia.

chanchullo Embrollo, lío, maniobra, mangoneo, artimaña, enredo, manipulación, trampa.

chantaje Extorsión, coacción, amenaza, timo, intimidación, abuso, estafa.

chanza Burla, befa, chacota, c h a s c o , diversión, zumba, mofa, broma, pulla, chunga. — *Seriedad, tristeza.*

chapa Placa, plancha, lámina, hoja, tabla, lata.

chaparrón Aguacero, chubasco, diluvio, tromba, turbión, tormenta, galerna. — *Bonanza, calma.*

chapotear Pisotear, salpicar, rociar.

chapucería Chapuza, pegote, remiendo, frangollo, impericia, tosquedad, imperfección. — *Perfección.*

chapucero Chambón, desmañado, inepto, remendón, tosco, torpe. — *Competente.*

chapurrear Farfullar, barbotar, embrollar, tartamudear.

chapuza V. chapucería.

chapuzón Remojo, baño, inmersión, salto, chapoteo, salpicadura, zambullida.

chaqueta Americana, cazadora, chaquetón, guerrera, prenda, atuendo, chaquetilla.

charada Enigma, acertijo, jeroglífico, pasatiempo, adivinanza, rompecabezas.

charco Charca, poza, balsa, hoyo, bache, cenagal, barrizal, laguna.

charcutería* Salchichería, embutidos.

charla Plática, coloquio, diálogo, parlamento, tertulia, conversación, parloteo.

charlatán Parlanchín, locuaz, lenguaraz, hablador, facundo, cotorra, cotilla. — *Callado, reservado.*

charlatanería Verborrea, facundia, locuacidad, verbosidad, monserga. — *Discreción, reserva.*

chascarrillo Chiste, anécdota, cuento, ocurrencia, lance.

chasco Plancha, burla, engaño, decepción, desilusión, equivocación. — *Acierto.*

chasquido Crujido, estallido, crepitación.

chato Romo, aplastado, liso, de nariz respingona, arremangada. — *Narigudo, aguileño.*

chaval Chico, muchacho, mozo, crío, arrapiezo.

chepa Joroba, giba, corcova, deformidad.

chequeo* Examen, reconocimiento, exploración, investigación, control médico.

chic* Elegante, distinguido, gracioso, fino, aristocrático. — *Ordinario, tosco.* || Elegancia, gracia, distinción. — *Tosquedad, vulgaridad, ordinariez.*

chica Muchacha, señorita, moza, joven, doncella, adolescente. || Sirvienta, criada, doncella, camarera, fámula, doméstica, servidora, maritornes.

chico Muchacho, mozalbete, chiquillo, pequeño, criatura, impúber, niño, galopín, mocoso, arrapiezo. — *Adulto*. || Minúsculo, pequeño, corto, menudo, escaso, reducido, exiguo. — *Grande, alto, abundante*.

chichón Bulto, hinchazón, golpe, tumefacción, protuberancia, inflamación.

chiflado Chalado, trastornado, guillado, estrafalario, raro, excéntrico. — *Sensato*.

chillar Vociferar, gritar, vocear, aullar, bramar, ulular, desgañitarse, rugir.

chillido Alarido, grito, v. chillar.

chillón Vocinglero, gritón, alborotador, vociferante, aullador, llorón. — *Callado*. || Vulgar, estridente, abigarrado, llamativo, barroco. — *Sobrio*. || Agudo, penetrante, aflautado, alto. — *Grave*.

chimenea Hogar, fogón, estufa, fogaril.

chimpancé V. mono.

chinela Chancleta, babucha, escarpín, zapatilla.

chino Oriental, amarillo, asiático.

chiquero Pocilga, zahúrda, porqueriza, cuadra.

chiquillada Niñería, travesura, puerilidad, futilidad, necedad, bobada.

chiquillo V. chico.

chirimbolo Chisme, bártulo, cachivache, cacharro, utensilio, trasto, útil, enser.

chiripa Fortuna, suerte, chamba, casualidad, azar, acierto. — *Mala suerte*.

chirriar Rechinar, crujir, crepitar, chasquear, resonar, chillar.

chisme Habladuría, murmuración, cuento, comadreo, cotilleo, bulo, comidilla, fábula, mentira, patraña, enredo, historia, calumnia. — *Verdad*.

chismoso Cotilla, charlatán, lioso, calumniador, cuentero, intrigante. — *Serio, veraz*.

chispa Rayo, centella, exhalación, relámpago. || Pavesa, chiribita, partícula, pizca.

chispazo Fogonazo, llamarada, centelleo, destello, resplandor, fulgor, brillo.

chiste Chascarrillo, historieta, cuento, anécdota, agudeza, gracia, ocurrencia.

chistoso Ocurrente, gracioso, agudo, humorístico. — *Serio*.

chivato Delator, soplón, confidente, acusón.

chivo Cabrito, choto, cabrón, macho cabrío.

chocante Sorprendente, singular, extraño, original, raro, desusado, peregrino. — *Normal, usual*.

chocar Colisionar, v. choque. || Extrañar, sorprender, asombrar.

chocho Senil, decrépito, caduco, valetudinario, claudicante. — *Joven, activo.*

chófer Conductor, cochero, automóvilista, piloto.

choque Colisión, topetazo, encontronazo, encuentro, embate, trompicón, golpe. || Conflicto, enfrentamiento, lucha, batalla. — *Paz, calma.*

chorizo Embutido, embuchado, tripa, salchicha.

chorrear Gotear, fluir, salir, brotar, perder, pringar, manchar.

chorro Surtidor, salida, efusión, pérdida, caño, hilo, vena, borbotón, manantial.

choza Cabaña, casucha, barraca, chabola, tugurio, casilla, chamizo, rancho. — *Mansión, palacio.*

christmas* Tarjeta de Navidad.

chubasco V. chaparrón.

chuchería Baratija, bagatela, fruslería, nadería, menudencia, insignificancia.

chucho Gozque, perro, can, cachorro.

chulería Desplante, fanfarronada, jactancia, bravata, presunción, amenaza.

chuleta Costilla, carne, tajada, filete, bisté. || Bofetada, tortazo, guantazo.

chulo Majo, curro, valentón, fanfarrón, jactancioso, perdonavidas. || Rufián, alcahuete, mantenido, tratante de blancas.

chunga V. chanza, v. chunguero.

chunguero Chancero, burlón, zumbón, chacotero, guasón. — *Serio, formal.*

chupado V. delgado.

chupar Succionar, mamar, sorber, lamer, aspirar, absorber, tragar.

chupatintas Oficinista, escribiente, amanuense, copista, cagatintas, pasante, auxiliar.

churrete Mancha, lámpara, chafarrinón, pringue.

chusco V. chistoso.

chusma Gentuza, vulgo, masa, plebe, populacho, horda, tropel, canalla, muchedumbre.

chuzo Palo, pica, garrote, tranca, porra, bastón.

D

dádiva Donación, gracia, ofrenda, merced, regalo, presente, obsequio, propina, auxilio. — *Exacción, expoliación, usurpación.*

dadivoso Generoso, espléndido, desinteresado, desprendido, rumboso, caritativo. — *Avaro.*

daga Puñal, estilete, navaja, cuchillo, machete, charrasca, arma blanca.

dama Señora, matrona, ama, dueña.

damajuana Garrafa, botellón, bombona, castaña, recipiente, vasija de cristal.

damisela Damita, doncella, señorita, chica (v.).

damnificado Perjudicado, afectado, víctima, lastimado, deteriorado. — *Beneficiado.*

dandy* Petimetre, elegante, pisaverde, figurín.

dantesco Tremendo, imponente, apocalíptico, impresionante, espeluznante. — *Grato, pacífico.*

danza Baile, evolución, brinco, coreografía, floreo, paso, vuelta.

dañar Deteriorar, perjudicar, menoscabar, lesionar, herir, ofender, maltratar. — *Reparar, favorecer.*

dañino Perjudicial, pernicioso, nocivo, desfavorable, malo, perverso. — *Favorable, benéfico.*

daño Deterioro, v. dañar, v. dañino.

dar Entregar, ofrecer, proporcionar, conceder, facilitar, transmitir, regalar, obsequiar, gratificar, remunerar. — *Recibir, cobrar, quitar.*

dardo Flecha, venablo, arpón, pica, jabalina, arma arrojadiza.

dársena Fondeadero, amarradero, atracadero, desembarcadero, muelle, dique, malecón.

dato Referencia, antecedente, noticia, informe, relación, detalle, nota.

deambular Vagar, merodear, errar, callejear, pasear, caminar, rondar. — *Detenerse, pararse.*

deán Canónigo, decano, rector.

debacle* V. desastre.

debajo Abajo, bajo, so, infra, sub. — *Encima, sobre.*

debate Controversia, discusión, polémica, litigio, dialéctica, altercado, disputa. — *Acuerdo.*

deber Misión, obligación, cometido, tarea, responsabilidad, exigencia. — *Prerrogativa, derecho.* || Adeudar, obligarse, entramparse. || **deberes** Tareas, trabajos escolares.

débil Frágil, enclenque, endeble, canijo, raquítico, exhausto, gastado, quebradizo, timorato, pusilánime, cobarde. — *Fuerte, enérgico.*

debilidad Cansancio, agotamiento, fragilidad, apatía, cobardía, pusilanimidad. — *Energía, fuerza.*

debut* Estreno, inauguración, presentación, apertura, inicio. — *Clausura.*

década Decenio, dos lustros, lapso, período.

decadencia Ocaso, declive, caída, descenso, menoscabo, degeneración. — *Auge, progreso.*

decapitar Degollar, guillotinar, descabezar, cercenar, segar.

decencia Honradez, honestidad, integridad, modestia, castidad, recato, pudor. — *Indecencia.*

decenio V. década.

decente Honrado, honesto, íntegro, modesto, casto, recatado, pudoroso. — *Indecente.*

decepción Desencanto, desilusión, despecho, desengaño, fiasco, chasco, plancha, sorpresa, desacierto, frustración, fracaso. — *Alegría, ilusión.*

deceso Muerte, fallecimiento, defunción, óbito, tránsito. — *Resurrección.*

decidido Audaz, valeroso, arriesgado, valiente, enérgico, intrépido, resuelto, osado. — *Miedoso, tímido, indeciso.* || Definitivo, concluyente, irrevocable, contundente, aclarado, decisivo. — *Impreciso, dudoso.*

decidir Resolver, zanjar, despachar, determinar, establecer, acordar, aclarar. — *Dudar.* || **decidirse** Animarse, arriesgarse, emprender, iniciar, osar, atreverse. — *Dudar.*

decimal Quebrado, fracción, parte, billete, lotería.

decir Manifestar, declarar, hablar, explicar, especificar, expresar, enumerar, señalar, mencionar, detallar, informar, opinar, proponer, articular, pronunciar, responder. — *Callar.*

decisión Sentencia, dictamen, resolución, fallo, juicio, decreto. || Osadía, intrepidez, arrojo, valentía, determinación, firmeza. — *Cobardía, indecisión.*

decisivo Definitivo, crucial, trascendental, concluyente, irrevocable. — *Secundario.*

declamar Recitar, entonar, representar, interpretar, ejecutar, actuar.

declaración Manifestación, afirmación, revelación, testimonio, comunicado, aseveración, confesión, información, alegato. — *Abstención, silencio.*

declarar Afirmar, v. declaración.

declinar Decaer, menguar, deteriorarse, caducar, degenerar. — *Progresar.*

declive Decadencia, ruina, ocaso, caída, eclipse, degeneración, deterioro. — *Progreso, aumento.* || Pendiente, cuesta, desnivel, inclinación, ladera, subida, bajada. — *Llano.*

decolorar Desteñir, blanquear, ajar, deslucir, desgastar, lavar. — *Colorear, teñir.*

decomisar Confiscar, requisar, incautarse, apropiarse, embargar, desposeer. — *Devolver.*

decorado Engalanamiento, ornamento, ornato, adorno, fondo, ambientación.

decorar Engalanar, ornamentar, adornar, acicalar, ambientar, guarne-

cer, hermosear — *Afear, estropear.*

decoro Pundonor, honra, dignidad, decencia, honestidad, recato, vergüenza. — *Desvergüenza.*

decoroso Digno, honrado, pundonoroso, v. decoro.

decrecer Menguar, disminuir, declinar, aminorar, moderarse, atenuarse. — *Aumentar.*

decrépito Achacoso, caduco, vetusto, valetudinario, senil, decadente, provecto, estropeado, desvencijado. — *Joven, vigoroso, flamante.*

decreto Edicto, orden, bando, ley, reglamento, precepto, disposición, resolución, dictamen.

dechado Modelo, ejemplar, ejemplo, muestra, prototipo, ideal, pauta, regla.

dédalo Laberinto, maraña, caos, embrollo.

dedicar Consagrar, destinar, aplicar, disponer, reservar, adjudicar. — *Quitar.* || **dedicarse** Afanarse, concentrarse, perseverar. — *Desinteresarse.*

dedicatoria Nota, homenaje, ofrenda, explicación.

deducción Inferencia, consecuencia, conclusión, suposición, razón, creencia, teoría, conjetura. — *Interrogante.* || Descuento, rebaja, reducción, disminución, abaratamiento. — *Recargo, gravamen, aumento.*

defecar Evacuar, obrar, ensuciar, cagar, deponer, excretar, hacer sus necesidades.

defección Deserción, abandono, infidelidad, apostasía, deslealtad, traición. — *Apoyo, fidelidad.*

defecto Falta, deficiencia, anomalía, privación, carencia, irregularidad, vicio, anormalidad, daño, imperfección, deformidad. — *Perfección.*

defectuoso Deficiente, v. defecto.

defender Proteger, librar, preservar, amparar, sostener, salvaguardar, mantener, abogar, justificar, apoyar, auxiliar, favorecer. — *Abandonar, desamparar.*

defensa Ayuda, auxilio, protección, amparo, sostén, salvaguardia, apoyo, cobijo. — *Abandono.* || Muralla, muro, parapeto, bastión, baluarte, coraza. || Alegato, disculpa, justificación, testimonio, declaración, manifiesto. — — *Acusador.*

defensor Protector, sostén, campeón, paladín, tutor, bienhechor, favorecedor. —*Acusador.*

deferencia Cortesía, respeto, consideración, miramiento, solicitud. — *Descortesía.*

deficiencia Anomalía, falta, defecto, v. deficiente.

deficiente Anómalo, raro, singular, privado, imper-

fecto, defectuoso, inferior, tosco. — *Completo.* || Retrasado, imbécil, subnormal, retardado. — *Normal, inteligente.*

déficit Pérdida, quebranto, ruina, descubierto, quiebra. — *Beneficio.* || Carencia, falta, escasez, privación, insuficiencia. — *Abundancia.*

definición Explicación, descripción, detalle, relación, aclaración. — *Imprecisión.*

definir Explicar, v. definición.

definitivo Concluyente, terminante, decisivo, resolutivo, perentorio, resuelto, evidente. — *Incierto, dudoso.*

deformación Irregularidad, anomalía, desvío, rareza, incorrección, monstruosidad, desproporción, aberración, transformación. — *Regularidad, belleza, proporción.*

deforme Anómalo, irregular, desfigurado, monstruoso, lisiado, tullido, jorobado, v. deformación.

defraudar Engañar, timar, estafar, contrabandear, robar, esquilmar, usurpar, desfalcar, delinquir. — *Devolver, restituir.* || Decepcionar, desilusionar, desengañar, frustrar, chasquear. — *Ilusionar, cumplir.*

defunción Fallecimiento,

muerte, deceso, óbito, desaparición, tránsito, expiración. — *Nacimiento*.

degenerado Corrompido, depravado, descarriado, pervertido, decadente, degradado, libertino, desenfrenado, infame. — *Puro, recto, cabal, honesto*.

degollar V. decapitar.

degollina Matanza, carnicería, mortandad, aniquilación, exterminio, asesinato.

degradación Vileza, bajeza, ruindad, abyección, mezquindad, baldón, vicio, libertinaje, degeneración, retraso. — *Pureza, progreso, reeducación*.

degradar Destituir, exonerar, separar, expulsar. — *Honrar*. || Envilecer, enviciar, humillar, corromper, descarriar, desenfrenar. — *Perfeccionar, reeducar*.

degüello Decapitación, v. decapitar.

degustar Saborear, paladear, probar, consumir, tomar, comer, beber.

dehesa Coto, campo, pastizal, prado, monte, era.

deidad Divinidad, Dios, superhombre, héroe, semidios, titán, ídolo.

dejadez Negligencia, desgana, abandono, desidia, apatía, indolencia, pereza. — *Interés, esmero*.

dejar Soltar, abandonar, desechar, repudiar, rechazar, desamparar. —

Coger, aceptar. || Irse, marcharse, abandonar, partir, desertar, ausentarse, salir. — *Llegar, estar*. || Legar, ceder, transmitir, regalar, encomendar, dar. — *Quitar, negar*. || Permitir, tolerar, acceder, consentir, autorizar, transigir. — *Negar, oponerse*.

deje Dejo, acento, tonillo, tono, inflexión, pronunciación, modulación.

delantal Mandil, b a t a, guardapolvo, prenda.

delante Primero, al frente, al principio, al comienzo, enfrente. — *Detrás*.

delantera Frente, portada, fachada, cara, vista, principio, origen, avanzadilla, anverso, antedata, antecedente. — *Trasera, reverso, retaguardia*.

delatar Denunciar, descubrir, acusar, revelar, soplar, confesar, calumniar. — *Callar, proteger*.

delator Soplón, confidente, c h i v a t o, denunciante, acusón, calumniador. — *Defensor*.

delegación Sucursal, agencia, filial, dependencia, anexo. — *Central*. || Embajada, comisión, misión, comité, grupo, organismo.

delegado Enviado, representante, comisionado, subalterno, encargado, apoderado, embajador.

deleite Goce, regodeo, placer, fruición, gusto, satisfacción, delicia, solaz. — *Disgusto, sufrimiento.*

deleznable Delicado, frágil, despreciable, desdeñable, insignificante. — *Fuerte, importante.*

delgado Flaco, enjuto, escuálido, demacrado, débil, consumido, chupado, raquítico, enfermizo. — *Gordo, fornido.* || Fino, estrecho, delicado, ligero, grácil. — *Pesado, macizo.*

deliberación Debate, polémica, discusión, sesión, reunión, estudio. — *Acuerdo.*

deliberado Intencional, premeditado, preconcebido, preparado, adrede. — *Impensado, casual.*

deliberar Debatir, discutir, examinar, tratar, meditar, resolver, decidir. — *Omitir, postergar.*

delicado Atento, cortés, fino, mesurado, tierno, afable. — *Grosero, rudo.* || Sutil, fino, suave, grácil, gracioso, pulcro. — *Tosco, rústico.* || Enfermizo, débil, enclenque, morboso, pachucho. — *Sano.* || Irritable, susceptible, quisquilloso, melindroso. — *Despreocupado.*

delicia Placer, regodeo, deleite, satisfacción, goce, exquisitez, fruición. — *Repugnancia, molestia.*

delicioso Satisfactorio, grato, gozoso, atractivo, gustoso, rico, sabroso, exquisito. — *Repugnante, ingrato.*

delimitar V. circunscribir.

delincuente Reo, malhechor, criminal, forajido, culpable, infractor, contraventor, agresor, transgresor, homicida.

delinear Dibujar, trazar, bosquejar, planear, proyectar, perfilar.

delinquir Transgredir, violar, agredir, atentar, infringir, cometer, abusar. — *Defender, cumplir.*

delirar Desvariar, desbarrar, fantasear, soñar, trastornarse. — *Entender, razonar.*

delirio Perturbación, desvarío, frenesí, fantasía, trastorno, extravío, locura. — *Cordura.*

delito Crimen, atentado, falta, culpa, infracción, violación, transgresión, abuso, usurpación, contravención, robo, asesinato. — *Inocencia, rectitud.*

demacrado Desmejorado, adelgazado, enflaquecido, consumido, esquelético. — *Robusto, gordo.*

demanda Ruego, petición, súplica, requerimiento, solicitud, instancia, exigencia. — *Concesión, oferta.*

demandante Litigante, solicitante, reclamante, querellante, peticionario.

demandar Pedir, rogar, denunciar, pleitear, querellarse, litigar.

demarcación Circunscripción, término, comarca, jurisdicción, partido, distrito.

demasía Exceso, abundancia, plétora, profusión, exuberancia. — *Carencia, falta.*

demente Loco, trastornado, perturbado, anormal, insano, enajenado, enloquecido. — *Cuerdo.*

demoler Derribar, deshacer, destruir, desmantelar, asolar, desmoronar. — *Construir.*

demoníaco Satánico, diabólico, mefistofélico, maligno, infernal, perverso. — *Angelical, benéfico.*

demonio Diablo, Satanás, Satán, Lucifer, Mefistófeles.

demora Retraso, tardanza, aplazamiento, retardo, lentitud, espera, cachaza. — *Adelanto.*

demorar Tardar, retrasar, aplazar, prorrogar, dilatar, diferir, parar, detener. — *Acelerar, adelantar.*

demostración Verificación, testimonio, prueba, comprobación, evidencia, testimonio, confirmación, exhibición, presentación. — *Secreto, ocultación.*

demostrar Verificar, v. demostración.

denegar Negar, rechazar, rehusar, refutar, recu-

sar, desestimar. — *Aprobar, acceder.*

denigrar Difamar, injuriar, ofender, deshonrar, criticar, desacreditar, desprestigiar. — *Halagar, honrar.*

denodado Esforzado, brioso, atrevido, decidido, animoso, intrépido, valeroso. — *Flojo, cobarde.*

denominar Designar, llamar, nombrar, intitular, calificar, titular, apodar.

denostar Injuriar, insultar, infamar, calumniar, ofender, denigrar. — *Ensalzar, alabar.*

denotar Significar, indicar, anunciar, advertir, apuntar, expresar, señalar. — *Abstenerse, callar.*

denso Compacto, espeso, macizo, consistente, pesado, comprimido, sólido. — *Ligero, esponjoso.*

dentellada Mordedura, mordisco, tarascada, bocado, herida, señal.

dentista Odontólogo, estomatólogo, especialista, sacamuelas.

dentro En el interior, interiormente, internamente, íntimamente, adentro. — *Fuera, afuera.*

denuedo Esfuerzo, brío, intrepidez, coraje, resolución, audacia. — *Flojedad, cobardía.*

denuesto Injuria, insulto, agravio, afrenta, ofensa, dicterio, invectiva, juramento. — *Halago.*

denunciar Acusar, revelar, delatar, descubrir, censurar, criticar. — *Defender*.

deparar Proporcionar, destinar, ofrecer, facilitar, conceder. — *Quitar, escatimar*.

departamento Sección, ramo, división, ministerio, parte, sector. || Distrito, zona, región, jurisdicción, territorio, comarca. || Casilla, compartimiento, división, apartado, caja. || Piso, apartamento, vivienda, habitación, morada.

departir Dialogar, discutir, conversar, argumentar, platicar, conferenciar. — *Callar*.

depauperado Escuálido, agotado, desnutrido, flaco, adelgazado, débil. — *Fuerte, grueso*. || Empobrecido, mísero, indigente, pobre. — *Enriquecido, opulento*.

dependencia Sumisión, subordinación, adhesión, obediencia, esclavitud. — *Independencia*. || Sección, departamento, parte, delegación, filial, despacho, oficina, sala, estancia. — *Central*.

dependiente Subordinado, supeditado, sujeto, sometido, tributario. — *Independiente*. || Empleado, tendero, vendedor, oficinista, subalterno. — *Jefe*.

depilar Arrancar, extraer, afeitar, rasurar.

deplorable Penoso, lamentable, calamitoso, lastimoso, desolador, vergonzoso. — *Loable*.

deportar Desterrar, expatriar, expulsar, alejar, echar, aislar. — *Repatriar, indultar*.

deporte Ejercicio, juego, práctica, entrenamiento, adiestramiento, gimnasia, recreo. — *Inactividad*.

deportista Atleta, jugador, gimnasta, aficionado, practicante. — *Profesional*.

depositar Colocar, poner, apoyar, entregar, consignar, imponer, guardar, ahorrar, almacenar. — *Quitar, retirar*. || Sedimentar, posar, decantar, acumularse, precipitar. — *Enturbiarse, revolverse*.

depositario Receptor, cuidador, consignatario, tesorero, banquero.

depósito Almacén, cobertizo, tinglado, barracón, nave, granero, local. || Tanque, cuba, aljibe, receptáculo. || Sedimento, precipitado, poso, decantación. || Consignación, entrega, custodia, valores, pago.

depravación Corrupción, desenfreno, perversión, degradación, libertinaje, vicio, contaminación, licencia, indecencia. — *Pureza, decencia*.

depravado Corrompido, v. depravación.

depreciación Devaluación, disminución, rebaja, abaratamiento, saldo. — *Encarecimiento.*

depreciar Devaluar, rebajar, v. depreciación.

depredación Pillaje, saqueo, despojo, rapiña, devastación, botín, hurto. — *Devolución, compensación.*

depresión Hondonada, barranco, cuenca, concavidad, seno, fosa, hoyo, sima, cañón, angostura, hueco. — *Montículo.* || Decaimiento, postración, laxitud, debilidad, desfallecimiento, desánimo, agotamiento. — *Energía, ánimo.* || Quiebra, hundimiento, baja, ruina comercial. — *Prosperidad.*

deprimir Abollar, hundir, aplastar, ahuecar, socavar. — *Levantar.* || Agobiar, desmoralizar, entristecer, desolar, desanimar. — *Animar.*

depuesto Expulsado, exonerado, destituido, relevado, derrocado. — *Nombrado, entronizado.*

depurado Puro, purificado, saneado, sano, limpio, refinado, decantado. — *Contaminado.* || Expulsado, destituido, derrocado, purgado, eliminado, exonerado, excluido. — *Nombrado, entronizado.*

depurar Purificar, v. depurado.

derechista Tradicionalista, conservador, moderado, carca. — *Izquierdista, radical.*

derecho Recto, directo, seguido, alineado, tieso, plano, erguido, levantado, vertical, perpendicular. — *Inclinado, curvo, torcido.* || Ley, jurisprudencia, legislación, justicia, rectitud, imparcialidad. — *Desorden.* || Voluntad, deseo, poder, facultad, prerrogativa. — *Deberes.* || Honesto, honrado, cabal, recto, pundonoroso, puro. — *Deshonesto.* || **derechos** Tasa, exacción, impuesto, tributo, contribución, honorarios, comisión, porcentaje, prima.

derivar Proceder, salir, emanar, provenir, originarse, engendrarse, resultar.

dermis V. piel.

derogar Anular, abolir, suprimir, abrogar, cancelar, invalidar. — *Promulgar.*

derramar Verter, dispersar, desaguar, vaciar, volcar, rebosar, fluir.

derredor (en) Alrededor, en torno, rodeando.

derrengar Deslomar, malograr, estropear, lisiar, cansar, agobiar, agotar. — *Rehacerse, recuperarse.*

derretir Licuar, fundir, disolver, fusionar. — *Cuajar, solidificar.* || **derretirse** Enamorarse, acara-

melarse, amartelarse. —
Desdeñar.

derribar Derrumbar, derruir, abatir, tumbar, volcar, demoler, arrasar. — *Levantar, construir.* || Derrocar, destronar, deponer. — *Instaurar, entronizar.*

derrochar Despilfarrar, disipar, dilapidar, malgastar, prodigar, malbaratar, gastar, tirar, liquidar. — *Ahorrar, economizar.*

derrota Descalabro, revés, pérdida, fracaso, desastre, capitulación. — *Triunfo.* || Rumbo, ruta, derrotero, dirección, camino.

derrotar Vencer, hundir, aniquilar, batir, rendir, superar, destrozar. — *Perder.*

derruir V. derribar.

derrumbar V. derruir.

desabrido Insípido, insustancial, soso, insulso, áspero, amargo, descortés, huraño, rudo, arisco. — *Sabroso, cortés.*

desabrigar Destapar, desvestir, aligerar, desnudar, desamparar. — *Abrigar, amparar.*

desabrochar Desabotonar, soltar, abrir, aflojar, desvestir, desnudar. — *Abrochar, sujetar.*

desacato Insubordinación, desafío, reto, oposición, duelo, desobediencia. — *Obediencia.*

desacertado Errado, equivocado, incorrecto, desorientado, absurdo. — *Acertado, correcto.*

desacierto Error, v. desacertado.

desacostumbrado Inusitado, desusado, insólito, inaudito. — *Corriente, común.* || Inexperto, desconocedor. — *Experimentado.*

desacreditar Crítica, denigrar, difamar, deshonrar, infamar, vituperar. — *Elogiar.*

desacuerdo Divergencia, disconformidad, discordancia, diferencia, conflicto, desafecto (v.). — *Acuerdo, conformidad.*

desafecto Aversión, enemistad, antipatía, desacuerdo (v.), hostilidad. — *Cariño, acuerdo.*

desafiar Provocar, enfrentarse, retar, contradecir, rivalizar, oponerse. — *Someterse, acceder.*

desafinado Desentonado, disonante, discordante, destemplado, horrísono. — *Afinado, entonado.*

desafío Provocación, duelo, reto, lance, bravata, oposición, lucha. — *Sometimiento.*

desaforado Excesivo, desmesurado, exagerado. — *Pequeño.* || Furioso, brutal, bárbaro, frenético, rabioso, exasperado. — *Tranquilo.*

desafortunado Desdichado,

desgraciado, desventura-
do, infeliz, fatal, nefasto.
— *Feliz, propicio.*

desafuero Abuso, injusticia, violencia, atropello,
tropelía, exceso. — *Me-
sura, justicia.*

desagradable Molesto, fastidioso, ingrato, enfado-
so, enojoso, insufrible,
feo, antipático, aburrido,
incómodo. — *Agradable,
grato.*

desagradar Molestar, v. desagradable.

desagradecido Ingrato, desleal, infiel, indiferente,
egoísta, descastado. —
Agradecido, fiel.

desagrado Disgusto, descontento, enfado, resen-
timiento, fastidio, mo-
lestia, amargura, sinsa-
bor, aflicción, hastío. —
Gusto, contento.

desagravio Reparación, rei-
vindicación, compensa-
ción, indemnización. —
Agravio.

desaguar Desembocar, verter, vaciar, afluir, rebosar, sacar, desocupar. —
Llenar, anegar.

desagüe Desaguadero, salida, caño, tubería, cloaca, alcantarilla, sumide-
ro.

desaguisado Desatino, barbaridad, estropicio, tor-
peza, necedad, injusticia.
— *Acierto, justicia.*

desahogado Cómodo, holgado, tranquilo, espacio-
so. — *Incómodo, estre-
cho.* || Opulento, rico,

adinerado, acomodado.
— *Pobre, necesitado.*

desahogarse Confesar, revelar, confiar, serenarse,
aliviarse. — *Preocupar-
se, callar.*

desahuciado Grave, incurable, sentenciado, desesperado, moribundo, irre-
mediable. — *Curable,
convaleciente.*

desahuciar Expulsar, desalojar, lanzar, arrojar,
echar, despedir. — *Admi-
tir.* || Sentenciar, v. desa-
huciado.

desairar Desdeñar, despreciar, ofender, humillar,
ultrajar, engañar. — *De-
sagraviar, respetar.*

desalentado Pesimista, abatido, desanimado, cabiz-
bajo, alicaído, v. desa-
liento. — *Animado, opti-
mista.*

desaliento Pesimismo, abatimiento, desánimo, des-
mayo, desmoralización,
consternación, desenga-
ño, impotencia. — *Áni-
mo, optimismo.*

desaliñado Desastrado,
descuidado, desaseado,
abandonado, sórdido, su-
cio. — *Pulcro.*

desalmado Brutal, inhumano, cruel, bárbaro, feroz,
salvaje, despiadado. —
Humanitario, piadoso.

desalojar Expulsar, echar,
despedir, arrojar, lan-
zar, eliminar, desahuciar.
— *Alojar, admitir.*

desamarrar Desatar, soltar, desligar, desanudar,

soltar, desaferrar. — *Atar, anudar.*

desamor V. desafecto.

desamparado Abandonado, desvalido, inerme, indefenso, solitario, perdido. — *Protegido.*

desangrarse Debilitarse, perder, agotarse, extenuarse, empobrecerse. — *Restañar.*

desanimar Disuadir, descorazonar, desalentar, agobiar, consternar, acobardar, desmoralizar, desaconsejar, convencer. — *Animar. alentar.*

desapacible Destemplado, brusco, desagradable, borrascoso, tormentoso. || *Sereno, agradable.*

desaparecer Ocultarse, disiparse, esfumarse, esconderse, evaporarse, taparse, oscurecerse, desvanecerse, ponerse, cesar, acabar. — *Aparecer, empezar.*

desaparición Ocultación, v. desaparecer.

desapasionado Imparcial, objetivo, equitativo, justo, neutral, ecuánime. — *Parcial, injusto.* || Indiferente, frío, apático, insensible. — *Apasionado, arrebatado.*

desapego V. desafecto.

desaplicado Descuidado, negligente, desatento, distraído, holgazán. — *Aplicado, atento, estudioso.*

desaprensivo Desvergonzado, fresco, descarado, deshonesto, sinvergüenza. — *Honrado.*

desaprobar Censurar, criticar, reprochar, reprobar, condenar, amonestar, corregir, oponerse. — *Aprobar, elogiar.*

desaprovechar Desperdiciar, malgastar, perder, despilfarrar, prodigar. — *Aprovechar.*

desarmado Inerme, indefenso, impotente, desvalido. desprovisto, desarmado, v. desarmar. — *Armado, protegido.*

desarmar Quitar, arrebatar, debilitar, desposeer. — *Armar, proveer.* || Desmontar, separar, desmenuzar, desbaratar, deshacer. — *Montar, armar.*

desarme Pacificación, apaciguamiento, tratado, pacto, acuerdo. — *Rearme.*

desarraigado Apartado, alejado, emigrado, inseguro, inestable. — *Fijo, estable.* || Arrancado, descuajado, desenterrado. — *Plantado.*

desarreglar Desordenar, trastornar, alterar, confundir, desorientar, descomponer, estropear, deteriorar, dañar. — *Arreglar, componer, ordenar.*

desarreglo Desorden, trastorno, estropicio, caos, mezcolanza, desorganización, v. desarreglar. — *Orden, organización.*

desarrollado Crecido, alto,

espigado, fuerte. — Cani-
jo, enclenque, retrasado.
|| V. desarrollar.

desarrollar Fomentar, ampliar, acrecentar, impul-
sar, expandir, evolucio-
nar, perfeccionar. — Re-
trasar. || Desplegar, de-
senvolver, extender. —
Arrollar, enrollar. || Ex-
plicar, exponer, definir,
esclarecer, interpretar.
— Callar, omitir.

desarrollo Auge, progreso,
prosperidad, crecimien-
to, expansión, adelanto.
— Retraso, retroceso.

desarropar Destapar, desabrigar, descubrir, des-
vestir, levantar. — Arro-
par, cubrir.

desarrugar Alisar, planchar, estirar, arreglar. —
Arrugar, aplastar.

desarticular Descoyuntar,
luxar, dislocar, torcer.
— Encajar, colocar. ||
Desmembrar, separar,
desunir, aniquilar, des-
truir, eliminar. — Reu-
nir, confabularse.

desaseado Desaliñado, astroso, sucio, desidioso,
mugriento, cochino. —
Pulcro, limpio.

desasirse Soltarse, librarse,
desprenderse, separarse,
eludir. — Sujetarse.

desasistir Desamparar,
abandonar, desatender,
olvidar, relegar. — Ayu-
dar, atender.

desasosiego Inquietud, impaciencia, intranquilidad,

desazón. — Tranquilidad,
calma.

desastrado V. desaseado.

desastre Catástrofe, calamidad, tragedia, heca-
tombe, cataclismo, si-
niestro, ruina, apocalip-
sis, desgracia. — Fortu-
na, felicidad.

desastroso Catastrófico, v.
desastre. || Inepto, in-
competente, inservible.
— Diestro.

desatado Desenfrenado, desaforado, desmandado,
desbocado, desencadena-
do. — Contenido, repri-
mido.

desatar Desanudar, desligar, soltar, desunir, desamarrar, liberar. — Atar,
ligar.

desatascar Desobstruir,
desembozar, despejar,
limpiar, abrir. — Obtu-
rar, atascar.

desatención Incorrección,
desaire, descortesía, desprecio, ofensa. — Aten-
ción, cortesía.

desatender Descuidar, relegar, olvidar, abandonar,
menospreciar. — Aten-
der, recordar.

desatento Desconsiderado,
descortés, incorrecto, ordinario, grosero. — Aten-
to, considerado.

desatino Barbaridad, disparate, absurdo, error,
insensatez, yerro, locura.
— Acierto, lógica.

desatornillar Desenroscar,
desmontar, desarmar,

girar, soltar. — *Atornillar, armar.*

desatrancar V. desatascar.

desautorizado Desacreditado, disminuido, desprestigiado, rebajado. — *Autorizado, prestigioso.*

desavenencia Discrepancia, desacuerdo, disputa, antagonismo, ruptura, pugna, cisma, querella, discusión. — *Acuerdo, armonía.*

desayuno Almuerzo, comida, alimento, tentempié.

desazón Inquietud, zozobra, intranquilidad, desasosiego, fastidio, comezón. — *Tranquilidad.*

desbancar Eliminar, quitar, reemplazar, sustituir, relevar, arrebatar, apoderarse. — *Confirmar, instaurar.* || Arruinar, arramblar, saltar la banca. — *Perder.*

desbandada Fuga, huida, estampida, escapada, derrota, descalabro, desbarajuste (v.), desorden, retirada. — *Orden, ataque, resistencia.*

desbarajuste Confusión, caos, desorden, desbandada (v.), laberinto, tumulto. — *Orden, calma.*

desbaratar Estropear, deshacer, utilizar, desarticular, desarmar, destrozar. — *Rehacer, componer.*

desbarro Desatino, disparate, error, confusión, necedad, locura. — *Lógica, acierto.*

desbocado Encabritado, enloquecido, embravecido, disparado, trastornado. — *Dominado, tranquilo.*

desbordante Exuberante, excesivo, profuso, ilimitado. — *Mínimo, reducido.*

desbordarse Anegar, inundar, salirse, rebosar, cubrir. — *Bajar, ceder, encauzarse.*

desbravar Amansar, domesticar, domar, amaestrar, aplacar, dominar. — *Enfurecer, asilvestrar.*

desbrozar Limpiar, despejar, desarraigar, extirpar, destruir. — *Arraigar.*

descabalar V. desbaratar.

descabellado Disparatado, absurdo, insensato, irracional, ilógico. — *Sensato, lógico.*

descalabrar Lastimar, herir, maltratar, lesionar, golpear, desgraciar. — *Curar, cuidar.*

descalabro Desastre, ruina, daño, quebranto, quiebra, pérdida, derrota. — *Triunfo, ganancia.*

descalificar Incapacitar, inhabilitar, anular, invalidar, eliminar. — *Autorizar.*

descalzarse Despojarse, quitarse, desprenderse, desnudar. — *Calzarse.*

descaminado Errado, desacertado, equivocado, incorrecto, confundido, desatinado, erróneo, aberrante, extraviado. — *Acertado.*

descamisado Desastrado, harapiento, indigente, zaparrastroso. — *Pulcro.*

descampado Erial, planicie, páramo, meseta, llanura, vega, solar, campo. — *Bosque, población.*

descansar Sosegarse, calmarse, suspender, aliviarse, parar. — *Cansarse.* || Echarse, apoyarse, reposar, reclinarse, tenderse, dormirse. — *Levantarse.*

descansillo Rellano, descanso, tramo.

descanso Reposo, tregua, holganza, sosiego, pausa, respiro, detención, parada, inactividad, alto. — *Actividad, trabajo, acción.* || Intermedio, entreacto, intervalo. — *Acto, función.*

descarado Insolente, atrevido, desfachatado, desvergonzado, cínico, grosero, vulgar, fresco, desmandado. — *Respetuoso, cortés.*

descarga Andanada, salva, ametrallamiento, fuego, disparos, cañonazos. || V. descargar.

descargadero Muelle, atracadero, almacén, dique, plataforma, andén.

descargador Estibador, mozo, cargador, peón, faquín, costalero, esportillero.

descargar Bajar, sacar, desembarcar, descender, aligerar, desembarazar. — *Embarcar, cargar.* || Aliviar, liberar, eximir, tranquilizar. — *Preocupar.* || Atizar, pegar, propinar, zurrar. || Fusilar, disparar, ametrallar, barrer.

descarnado Flaco, esquelético, enjuto, demacrado, enflaquecido. — *Rollizo.*

descaro Insolencia, desvergüenza, frescura, osadía, desfachatez. — *Respeto, mesura.*

descarriado Desviado, extraviado, perdulario, corrompido, depravado. — *Recto, sensato.*

descarriar Errar, extraviarse, pervertirse, malograrse, frustrarse, desviarse. — *Encarrilarse.*

descarrilamiento Catástrofe, siniestro, percance, choque, incidente.

descarrío Desvío, extravío, v. descarriado, v. descarriar.

descartar Rechazar, desechar, excluir, prescindir, posponer, postergar. — *Incluir, aceptar.*

descastado Ingrato, renegado, desagradecido, infiel, insensible, indiferente. — *Agradecido, fiel.*

descendencia Linaje, casta, sucesión, sucesores, progenie. — *Ascendencia.*

descender Bajar, caer, precipitarse, inclinarse, resbalar, deslizarse. — *Su-*

bir, ascender. || Disminuir, decrecer, aminorar, debilitarse. — *Aumentar, crecer.* || Proceder, derivarse, originarse.

descendiente Sucesor, vástago, heredero, pariente, familiar. — *Ascendiente, antepasado.*

descenso Bajada, descendimiento, deslizamiento, jornada. — *Ascenso.* || Declive, caída, decadencia, ocaso, debilitamiento. — *Apogeo, aumento.*

descentrado Excitado, alterado, exaltado, inquieto, desquiciado. — *Tranquilo.* || Excéntrico, desviado, desplazado, errado. — *Centrado, acertado.*

descentralizar Desconcentrar, descongestionar, repartir, dispersar. — *Centralizar, concentrar.*

descerrajar Forzar, violentar, romper, fracturar, destrozar. || *Disparar* (v.).

descifrar Traducir, interpretar, transcribir, desentrañar, dilucidar, entender, comprender, penetrar, adivinar. — *Ignorar, desconocer.*

desclavar Desprender, extraer, arrancar, quitar, separar. — *Clavar, fijar.*

descocado Impúdico, insolente, atrevido, desfachatado, desvergonzado. — *Pudoroso, vergonzoso.*

descoco Impudicia, desvergüenza, descaro, atrevimiento, desfachatez. — *Pudor, vergüenza.*

descolgar Bajar, arriar, descender, apear, deslizar, echar. — *Alzar, colgar.*

descolocado Desplazado, descentrado, mal situado, desocupado. — *Colocado, situado.*

descolorido Incoloro, pálido, lívido, apagado, desvaído, tenue, amarillento. — *Coloreado.*

descollante Destacado, sobresaliente, señalado, dominante, elevado, culminante, excelente, superior, ilustre, distinguido. — *Bajo, insignificante.*

descollar Destacar, v. descollante.

descomedido V. descarado.

descomponer Estropear, averiar, desarreglar, deteriorar, dañar, arruinar, malograr, desbaratar. — *Arreglar, componer.* || **descomponerse** Corromperse, pudrirse, alterarse, picarse, estropearse. — *Conservarse.* || Indisponerse, enfermar, padecer, dolerse, desmejorar, debilitarse. — *Mejorar.*

descomposición Avería, corrupción, v. descomponer. || V. descompostura. || Diarrea, flujo, cursos, cagalera, cámara, achaque. — *Estreñimiento.*

descompostura Indisposición, achaque, afección, malestar, enfermedad. —

Mejoría. || Diarrea, v. descomposición.

descompuesto Estropeado, deteriorado, defectuoso, imperfecto, dañado, averiado. — *Arreglado.* || Enfermo, indispuesto, achacoso, desmejorado, doliente. — *Curado.* || Corrompido, podrido, picado, alterado, maloliente. — *Sano.*

descomunal Enorme, colosal, gigantesco, formidable, desmesurado. — *Minúsculo.*

desconcertar Confundir, turbar, perturbar, desorientar, aturdir, embarazar. — *Calmar, orientar.*

desconcierto Turbación, confusión, ofuscación, sorpresa, extrañeza, aturdimiento. — *Seguridad, calma.*

desconectar Cortar, interrumpir, parar, detener, aislar, suspender. — *Conectar.*

desconfianza Recelo, sospecha, suspicacia, incredulidad, malicia, susceptibilidad, barrunto, escepticismo, prevención. — *Confianza, fe.*

desconformidad V. disconformidad.

descongestionar Desahogar, desconcentrar, aliviar, abrir, aligerar. — *Congestionar.*

desconocer Ignorar, rechazar, repudiar, despreciar, olvidar. — *Admitir, apreciar, conocer.*

desconocido Forastero, extraño, advenedizo, anónimo, extranjero, intruso. — *Conocido.*

desconocimiento Ignorancia, inadvertencia, negligencia, inexperiencia, incuria. — *Conocimiento.*

desconsiderado Desatento, incorrecto, despreciativo, ofensivo, ingrato. — *Cortés, atento.*

desconsolado Afligido, triste, dolorido, angustiado, inconsolable, compungido, atribulado, pesaroso, gimiente. — *Contento, animado.*

desconsuelo Angustia, dolor, aflicción, tristeza, tribulación, pesar, pena. — *Alegría.*

descontar Deducir, disminuir, abonar, pagar, sustraer, restar, devolver, quitar. — *Cobrar, cargar.*

descontento Disgusto, enfado, contrariedad, pesar, enojo, fastidio, disconformidad. — *Contento, conformidad.* || Disgustado, enfadado, v. descontento.

descontrolado* V. desbocado.

descorazonamiento Desánimo, desaliento, abatimiento, desesperación, desmoralización, duda, vacilación, desfallecimiento. — *Ánimo, esperanza.*

descorrer Retirar, correr, quitar, revelar, descubrir, exhibir. — *Correr, tapar.*

descortés Desatento, incorrecto, inculto, incivil, desconsiderado, ordinario, rudo, vulgar, ofensivo, ultrajante. — *Cortés, educado.*

descortesía Incorrección, desconsideración, ordinariez, grosería. — *Cortesía, educación.*

descortezar Descascarar, mondar, pelar, cortar, limpiar, extraer.

descoser Separar, deshacer, deshilvanar, desatar, desunir, rasgar. — *Coser, unir.*

descoyuntar Desarticular, desencajar, dislocar, separar, luxar, distender. — *Encajar, unir.*

descrédito Deshonor, deshonra, desprestigio, baldón, mengua, ignominia. — *Honor, honra, confianza.*

descreído Incrédulo, escéptico, impío, irreverente, ateo, irreligioso, infiel. — *Creyente, crédulo.*

describir Detallar, reseñar, especificar, definir, referir, contar, explicar.

descripción Retrato, imagen, síntesis, resumen, detalle, v. describir.

descriptivo Gráfico, claro, detallado, expresivo, representativo. — *Confuso, embrollado.*

descuartizar Dividir, despedazar, partir, trocear, desmembrar, mutilar.

descubridor Explorador, expedicionario, adelantado, conquistador. || Inventor, científico, investigador, creador, genio.

descubrimiento Invención, creación, obra, hallazgo, conquista, exploración, colonización.

descubrir Mostrar, revelar, destapar, exhibir, enseñar, pregonar, difundir, publicar. — *Esconder, ocultar.* || Localizar, encontrar, sorprender, atrapar, apresar. — *Perder.* || **descubrirse** Quitarse, destocarse, destaparse, homenajear, honrar, reverenciar. — *Cubrirse, desdeñar.*

descuento Deducción, rebaja, retención, reducción, tasa, porcentaje. — *Abono, pago.*

descuidar Desatender, omitir, abandonar, olvidar, postergar, errar, despreocuparse, dormirse, distraerse. — *Preocuparse, vigilar.*

descuidero Ratero, v. ladrón.

descuido Abandono, apatía, desidia, indiferencia, olvido, omisión, error. — *Preocupación, cuidado.*

desdecirse Retractarse, negar, rectificar, corregir, enmendar, renegar. — *Confirmar.*

desdén Menosprecio, desprecio, desaire, ofensa, postergación. — *Aprecio, interés.*

desdeñable Indigno, mezquino, infame, insignificante, minúsculo, anodino. — *Digno, importante.*

desdeñar Despreciar, desairar, menospreciar, ofender, postergar. — *Apreciar, interesarse.*

desdeñoso Altivo, altanero, despectivo, ofensivo, soberbio, ultrajante. — *Interesado, atento.*

desdicha Infelicidad, desventura, adversidad, desamparo, fatalidad, desgracia, calamidad, tragedia, dificultad. — *Dicha, fortuna.*

desdichado Infeliz, v. desdicha.

desdoblar Extender, desplegar, desenrollar, fragmentar, dividir. — *Plegar, unir.*

desdoro Mancilla, baldón, descrédito, desprestigio, deshonra. — *Honra, prestigio.*

desear Ambicionar, querer, anhelar, esperar, pedir, pretender, acariciar, antojarse, encapricharse, perecerse, suspirar. — *Rechazar, desdeñar.*

desechar Excluir, apartar, desentenderse, rechazar, rehuir, repudiar. — *Considerar, apreciar.*

desechos Desperdicios, despojos, sobras, restos, residuos, excrementos, remanentes.

desembalar V. desempaquetar.

desembarazado Desenvuelto, atrevido, desenfadado, audaz, osado. — *Tímido, apocado.* || Expedito, libre, abierto, descubierto, amplio. — *Atascado, cerrado.*

desembarazar Despejar, abrir, retirar, quitar, limpiar, desatascar. — *Atascar.* || **desembarazarse** Librarse, eliminar, liquidar, eludir. — *Implicarse, comprometerse.*

desembarazo Desenvoltura, desenfado, descaro, osadía, audacia. — *Timidez, cortedad.*

desembarcadero Dique, muelle, malecón, dársena, fondeadero, atracadero.

desembarcar Descender, bajar, salir, abandonar, dejar, llegar. — *Embarcar, subir.* || Invadir, incursionar, v. desembarco.

desembarco Invasión, incursión, ocupación, ataque, asalto. — *Retirada.* || V. desembarcar.

desembaular V. desempaquetar. || Desembuchar, hablar, confesar, cantar, revelar. — *Callar, resistir.*

desembocadura Boca, embocadura, desagüe, estuario, salida, delta, barra, confluencia.

desembocar Dar a, terminar en, confluir, afluir, verterse, derramarse.

desembolso Pago, gasto,

entrega, dispendio, subvención, inversión. — *Cobro, ahorro.*

desembrollar Aclarar, esclarecer, desenmarañar, dilucidar, descubrir. — *Enmarañar, embrollar.*

desemejante V. desigual.

desempaquetar Desembalar, desenvolver, desenfardar, desatar, soltar, abrir, destapar, desempacar, deshacer, desliar. — *Empaquetar, atar.*

desempeñar Rescatar, librar, desembargar, recuperar, redimir. — *Empeñar, pignorar.* || Ejercer, ejercitar, ocupar, practicar. — *Abandonar.*

desencadenar Liberar, redimir, soltar. — *Aprisionar.* || **desencadenarse** Estallar, desatarse, iniciar. — *Terminar, escampar.*

desencajar Dislocar, descoyuntar, desarticular, luxar, torcer. — *Encajar, colocar.* || **desencajarse** Palidecer, descomponerse. — *Aliviarse.*

desencanto Decepción, desengaño, desilusión, frustración, chasco. — *Ilusión, satisfacción.*

desenchufar Desconectar, desacoplar, interrumpir, quitar. — *Enchufar, conectar.*

desenfado Desenvoltura, desembarazo, audacia, osadía, descaro, desfachatez. — *Timidez, cortedad.*

desenfrenado Desaforado, desmedido, inmoderado, descarriado, libertino, inmoral. — *Moderado, casto.*

desenfreno Abuso, descarrío, exceso, libertinaje, inmoralidad. — *Moderación, castidad.*

desenfundar Sacar, soltar, extraer, desenvainar, empuñar, aferrar. — *Enfundar, meter.*

desenganchar Soltar, desunir, desconectar, desprender, separar. — *Enganchar, unir.*

desengañar Decepcionar, desilusionar, desencantar, desanimar, contrariar, desesperanzar, defraudar, desesperar, disgustar. — *Ilusionar, animar.*

desengaño Decepción, v. desengañar.

desenlace Conclusión, colofón, resultado, secuela, remate, final. — *Intriga, incógnita.*

desenlazar V. desatar.

desenmarañar V. desenredar.

desenmascarar Descubrir, revelar, sorprender, acusar, señalar, mostrar. — *Ocultar.*

desenredar Desenmarañar, deshacer, desatar, soltar, alisar. — *Enmarañar, enredar.* || Aclarar, desembrollar, solucionar, esclarecer. — *Embrollar.*

desenrollar Extender, desplegar, abrir, estirar, de-

senvolver, mostrar. —
Enrollar, plegar.

desenroscar Desatornillar,
desenrollar, girar, torcer.
— *Enroscar, atornillar.*

desentenderse Despreocuparse, olvidar, abstener-
se, disimular, rehuir, desdeñar. — *Preocuparse.*

desenterrar Exhumar, sacar, extraer, excavar, revelar. — *Enterrar, ocul-
tar.* || Evocar, revivir,
resucitar. — *Olvidar, ignorar.*

desentonado Desafinado,
discordante, destempla-
do, disonante. — *Afina-
do.* || Discrepante, dife-
rente, fuera de lugar. —
Apropiado.

desentrañar Dilucidar, resolver, aclarar, desem-
brollar, solucionar. —
Embrollar.

desenvainar Extraer, sacar,
desenfundar, desnudar,
tirar de, aferrar, empu-
ñar. — *Envainar, meter.*

desenvoltura Desembarazo,
naturalidad, aplomo, se-
guridad. — *Inseguridad,
torpeza.* || Descaro, inso-
lencia, desparpajo, frescura. — *Respeto, cortesía.*

desenvolver V. desenrollar.

desenvuelto Desembarazado, descarado, v. desen-
voltura.

deseo Anhelo, afán, ansia,
pretensión, aspiración,
apetencia, esperanza, in-
clinación, gana, apetito,
propensión. — *Repug-
nancia, indiferencia.*

deseoso Ansioso, anhelante, afanoso, esperanzado,
codicioso, inclinado. —
Apático.

desequilibrio Inseguridad,
inestabilidad, oscilación,
vacilación, desigualdad,
desproporción. — *Equili-
brio, igualdad.* || Chifla-
dura, trastorno, pertur-
bación, neurosis, manía.
— *Cordura.*

desertar Abandonar, escapar, huir, escabullirse,
traicionar, renegar. —
Unirse.

desértico Despoblado, solitario, árido, desolado,
yermo, estéril, seco. —
Poblado, fértil.

desertor Prófugo, fugitivo,
traidor, tránsfuga, esca-
pado, cobarde. — *Fiel.*

desesperación Exasperación, enfado, irritación,
disgusto, alteración, do-
lor, consternación, desa-
liento, descorazonamien-
to. — *Esperanza, sereni-
dad.*

desesperante Insoportable,
irritante, vergonzoso, fastidioso, agobiante. —
Calmante, grato.

desesperar Desconfiar, recelar, temer, sospechar.
— *Confiar.* || **desesperar-
se** Exasperarse, enfadarse, v. desesperación.

desestimar Desechar, rechazar, negar, omitir,
rehusar, impugnar. —
Aceptar.

desfachatez Atrevimiento,
descaro, insolencia, des-

coco, cinismo, frescura. — *Respeto.*

desfalcar Defraudar, estafar, timar, escamotear, malversar, falsear. — *Devolver, reintegrar.*

desfallecimiento Desmayo, decaimiento, debilidad, extenuación, agotamiento. — *Energía, recuperación.*

desfasado Anticuado, pasado, arcaico, opuesto. — *Actual, apropiado.*

desfavorable Hostil, contrario, adverso, nocivo, perjudicial, dañino. — *Propicio, favorable.*

desfigurar Herir, dañar, cortar, lisiar, deformar, estropear. — *Arreglar, curar.* || Falsear, disimular, alterar, ocultar. — *Revelar.*

desfiladero Paso, garganta, barranco, angostura, quebrada, valle, despeñadero. — *Llanura.*

desfilar Marchar, pasar, evolucionar, maniobrar, recorrer, exhibirse. — *Detenerse.*

desfile Revista, parada, marcha, maniobra, exhibición, paso, recorrido.

desflorar Violar, forzar, desvirgar, profanar, abusar, deshonrar, estuprar.

desfondar Destrozar, romper, hundir, desbaratar, estropear. — *Arreglar, reparar.*

desgajar Arrancar, quebrar, desprender, destrozar, desarraigar. — *Injertar, unir.*

desgalichado V. desgarbado.

desgana Apatía, indolencia, disgusto, hastío, inapetencia, anorexia, hartura. — *Energía, apetito.*

desgañitarse Enronquecer, vociferar, chillar, bramar, escandalizar. — *Callar, enmudecer.*

desgarbado Grotesco, desgalichado, desmedrado, desmañado, desaliñado. — *Garboso, apuesto.*

desgarrar Romper, destrozar, rasgar, rajar, despedazar, descuartizar, estropear. — *Coser, unir.*

desgarro Insolencia, presunción, desfachatez, atrevimiento. — *Respeto.* || V. desgarrón.

desgarrón Jirón, andrajo, rasgón, pingo, guiñapo, tira, harapo, descosido.

desgastar Ajar, usar, raer, consumir, rozar, deteriorar, carcomer, consumir. — *Engrosar, arreglar.* || **desgastarse** Debilitarse, extenuarse, v. desgastar.

desgobierno Anarquía, desorden, caos, desorganización, abandono. — *Gobierno, orden.*

desgracia Infortunio, adversidad, desdicha, infelicidad, desamparo, trastorno, tribulación, miseria, catástrofe. — *Suerte, dicha.*

desgraciado Lamentable,

infausto, aciago, trágico, desastroso, fatídico. — *Afortunado.* || Infeliz, pusilánime, apocado, tímido, vil, malvado. — *Enérgico, bueno.*

desgraciar Lisiar, estropear, mutilar, tullir, frustrar. — *Curar, proteger.*

desgreñado Despeinado, desmelenado, hirsuto, revuelto, desastrado. — *Peinado, pulcro.*

desguarnecer Desarmar, debilitar, desnudar, desamparar, despojar. — *Proteger, amparar, guarnecer.*

desguazar Desmontar, desarmar, deshacer, desbaratar, inutilizar. — *Armar, montar.*

deshabillé* Bata, batín, ropas menores, ropa de casa.

deshabitado Despoblado, desierto, solitario, abandonado, vacío, desolado. — *Habitado, concurrido.*

deshacer Desbaratar, desmontar, desarmar, descomponer, dividir, desmenuzar, despedazar, destrozar, romper. — *Armar, hacer.* || Aniquilar, eliminar, vencer, derrotar, exterminar. || Disolver, derretir, fundir, desleír. — *Solidificar.*

desharrapado Harapiento, haraposo, andrajoso, roto, mugriento, v. desaseado. — *Pulcro, atildado.*

deshecho Desbaratado, v. deshacer.

deshelar Fundir, derretir, licuar, disolver, calentar, descongelar. — *Helar, congelar.*

desheredar Repudiar, excluir, privar, desahuciar, olvidar, castigar. — *Legar, otorgar.*

deshidratar Resecar, evaporar, consumir, secar, marchitar. — *Hidratar, humedecer.*

deshilvanado Incoherente, inconexo, absurdo, incongruente, disparatado, embrollado. — *Lógico.*

deshinchar Desinflar, desinflamar, mejorar, curar. — *Inflamar.* || Romper, rasgar, achicar, disminuir, evacuar. — *Hinchar, soplar.*

deshojar Arrancar, quitar, sobar, ajar.

deshonesto Infiel, desleal, indecente, desvergonzado, impúdico, vicioso. — *Honrado, casto.*

deshonor V. deshonra.

deshonra Deshonor, infamia, ignominia, oprobio, desprestigio, descrédito, estigma, vergüenza, baldón, abyección, corrupción. — *Honra, prestigio.*

deshora (a) Intempestivamente, inoportunamente, inopinadamente. — *Oportunamente.*

desidia Indolencia, dejadez, incuria, abandono, pereza, apatía. — *Afán, dedicación.*

desidioso Indolente, v. desidia.

desierto Desértico, deshabitado, despoblado, solitario, abandonado, desolado, árido, yermo, estéril. — *Poblado, fértil.* || Estepa, páramo, erial, baldío, pedregal. — *Campiña, vergel.*

designar Nombrar, indicar, señalar, calificar, titular, investir, escoger, elegir, ascender, distinguir. — *Destituir, expulsar.*

designio Intención, propósito, determinación, maquinación, plan, mira.

desigual Diferente, diverso, distinto, desparejo, discrepante, dispar. — *Igual, semejante.*

desigualdad Diferencia, desemejanza, heterogeneidad, disconformidad, divergencia, desproporción, oposición. — *Igualdad, similitud.*

desilusión Decepción, desengaño, desencanto, desaliento, frustración, amargura. — *Ilusión, ánimo.*

desinfectante Antiséptico, esterilizador, purificador, higienizador. — *Contaminante.*

desinfectar Esterilizar, purificar, higienizar, sanear, fumigar. — *Infectar, contaminar.*

desintegrar Disgregar, desmenuzar, dividir, separar, deshacer, pulverizar. — *Reunir, condensar.* || **desintegrarse** Desaparecer, volatilizarse, evaporarse, consumirse, dispersarse. — *Materializarse.*

desinterés Desidia, indiferencia, dejadez, desgana, impasibilidad. — *Interés.* || Altruismo, generosidad, abnegación, desprendimiento. — *Egoísmo.*

desistir Renunciar, desentenderse, abandonar, cesar, abstenerse, eludir. — *Perseverar, proseguir.*

desleal Ingrato, infiel, engañoso, pérfido, indigno, traicionero, infame. — *Leal, fiel.*

deslealtad Vileza, infidelidad, ingratitud, felonía, intriga, v. desleal.

desleír V. disolver.

deslenguado Descarado, desfachatado, procaz, grosero, lenguaraz. — *Prudente, educado.*

desligar Soltar, desatar, desunir, deshacer. — *Atar, unir.* || **desligarse** Independizarse, liberarse, emanciparse, distanciarse. — *Ligarse, vincularse.*

deslindar Puntualizar, aclarar, establecer, señalar, fijar, definir. — *Confundir, embrollar.*

desliz Traspié, falta, tropiezo, error, distracción, debilidad, flaqueza. — *Acierto.*

deslizarse Resbalar, escurrirse, desplazarse, patinar, moverse, rodar. — *Detenerse.*

deslomar Descostillar, moler, tundir, golpear, agotar, cansar. — *Curar, descansar.*

deslucir Ajar, gastar, marchitar, deslustrar, sobar, empañar, oscurecer. — *Arreglar, adornar.*

deslumbrante Refulgente, cegador, brillante, fulgurante, resplandeciente. — *Opaco, oscuro.* || Espléndido, soberbio, maravilloso, fastuoso. — *Pobre, humilde.*

deslumbrar Refulgir, v. deslumbrante. || Maravillar, fascinar, obsesionar, ofuscar. — *Aburrir.*

desmadejado Desanimado, decaído, flojo, lánguido, lacio, exhausto, despatarrado (v.). — *Erguido, animado.*

desmán Abuso, tropelía, atropello, exceso, arbitrariedad, injusticia. — *Justicia, compensación.*

desmandado V. descarriado.

desmantelar Desarmar, derribar, desarbolar, arrasar, saquear. — *Restituir, reparar, construir.*

desmañado Torpe, patoso, desgarbado, inexperto, inútil, incapaz. — *Mañoso, hábil.*

desmayar Ceder, flaquear, renunciar, desanimarse, desfallecer, acobardarse, aminorar. — *Impulsar, animarse.* || **desmayarse** Desvanecerse, desfallecer, marearse, acciden-

tarse, caerse, aletargarse. — *Recuperarse, volver en sí.*

desmayo Desvanecimiento, desfallecimiento, síncope, mareo, patatús, colapso, accidente, debilidad, renuncia, cansancio. — *Recuperación, reanimación.*

desmedido V. desmesurado.

desmejorar Empeorar, debilitarse, agravarse, indisponerse, declinar. — *Mejorar, recuperarse.*

desmembrar V. descuartizar.

desmemoriado Olvidadizo, distraído, aturdido, despistado, ido. — *Memorión, atento.*

desmentir Negar, rechazar, debatir, impugnar, objetar, contradecir. — *Confirmar, corroborar.*

desmenuzar Disgregar, deshacer, desmigajar, pulverizar, desgranar, triturar, picar. — *Aglomerar, unir.*

desmerecer Desvalorizar, rebajar, desprestigiar, criticar, deslucir. — *Ensalzar, alabar.*

desmesurado Descomunal, enorme, desmedido, excesivo, gigantesco, exagerado. — *Minúsculo.*

desmontar Desarmar, separar, desajustar, desbaratar, desmantelar. — *Armar, montar.* || Descabalgar, descender, bajar, apearse. — *Montar, subir.*

desmoralizar Desalentar, descorazonar, desanimar, abatir, amedrentar. — *Animar.*

desmoronar Hundir, destruir, deshacer, derribar, desplomar, derrumbar, fracasar, arruinarse, decaer. — *Construir, levantar.*

desnaturalizado V. cruel.

desnivel Cuesta, declive, altibajo, pendiente, repecho, rampa. — *Llano.*

desnucar Descalabrar, malograr, lesionar, matar.

desnudo Desvestido, despojado, desarropado, desabrigado, descubierto, liso, árido. — *Vestido, frondoso.* || Pobre, indigente, desprovisto, falto, carente, privado. — *Provisto, dotado.*

desnutrido Debilitado, depauperado, débil, escuálido, flaco, esquelético. — *Nutrido, vigoroso.*

desobedecer Contradecir, transgredir, vulnerar, infringir, enfrentarse, insubordinarse, rebelarse, resistir. — *Obedecer, acatar.*

desobediente Indisciplinado, rebelde, arisco, terco, insubordinado. — *Obediente, dócil.*

desocupado Inactivo, ocioso, haragán. — *Activo.* || Vacío, libre, vacante, disponible, deshabitado, despoblado. — *Ocupado, habitado.*

desocupar Abandonar, va-

ciar, dejar, evacuar, desagotar, desaguar, dehabitar. — *Ocupar, llenar.*

desoír Desatender, desobedecer, desdeñar, rechazar, descuidar. — *Escuchar, atender.*

desolación Pesar, tristeza, aflicción, pena, angustia, dolor, amargura. — *Alegría, contento.* || Devastación, ruina, estrago, aniquilación. — *Prosperidad, paz.*

desollar Despellejar, arrancar, lastimar, herir. || Criticar, vituperar, murmurar. — *Alabar.*

desorden Desbarajuste, caos, embrollo, desorganización, barullo, tumulto. — *Orden.*

desordenar Desorganizar, desarreglar, revolver, enredar, perturbar. — *Ordenar, arreglar.*

desorganizar V. desordenar.

desorientar Confundir, desconcertar, turbar, ofuscar, trastornar. — *Orientar, guiar.*

despabilado Despejado, listo, vivaz, pillo, ingenioso, despierto. — *Tardo, torpe.*

despabilar Avivar, instruir, adoctrinar, adiestrar, avispar, iniciar, arreglárselas. — *Atontar.*

despacio Pausadamente, lentamente, premiosamente, poco a poco. — *Rápido, velozmente.*

despachar Enviar, mandar,

remitir, dirigir, expedir, facturar. — *Recibir.* || Tramitar, solucionar, resolver, arreglar. || Destituir, echar, expulsar, matar, eliminar, liquidar. — *Nombrar, perdonar.*

despacho Oficina, bufete, estudio, escritorio. || Nota, comunicado, noticia, parte, telegrama.

despachurrar Aplastar, reventar, despanzurrar, estrujar, destripar.

despampanante Pasmoso, admirable, maravilloso, asombroso, sorprendente, fenomenal, increíble, portentoso, impresionante. — *Insignificante, corriente.*

despanzurrar V. despachurrar.

desparejar Cambiar, mezclar, embarullar, alternar, confundir. — *Emparejar, casar.*

desparéjo Dispar, desigual, distinto, alternado. — *Igual.* || Abrupto, escarpado, desigual, irregular, accidentado, áspero. — *Liso, regular.*

desparpajo Desfachatez, descaro, frescura, cinismo, insolencia. — *Respeto, timidez.*

desparramar Esparcir, dispersar, derramar, extender, diseminar, desperdigar. — *Juntar, recoger.*

despatarrado Desmadejado, estirado, tumbado, apoltronado, tendido. — *Encogido.*

despavorido Aterrorizado, asustado, espantado, horrorizado, amedrentado, consternado. — *Sereno, impávido.*

despectivo Altanero, desdeñoso, altivo, despreciativo, soberbio, orgulloso, imperioso, arrogante, engreído, ofensivo. — *Atento, solícito.*

despecho Resentimiento, encono, envidia, tirria, animosidad, desilusión. — *Agradecimiento, afecto.*

despedazar Descuartizar, desmembrar, amputar, trocear, seccionar, dividir, cortar. — *Unir, juntar.*

despedida Adiós, separación, partida, ausencia, marcha, ida. — *Llegada.* || Homenaje, cortesía, ceremonia, saludos.

despedir Echar, expulsar, arrojar, destruir, desterrar, lanzar, tirar, devolver. — *Recibir.* || despedirse Saludarse, abrazarse, desearse, separarse, celebrar, conmemorar. — *Acoger, recibir.*

despegar Desprender, quitar, arrancar, desencolar, levantar separar. — *Pegar, encolar.* || Remontarse, alzar, salir, levantar el vuelo. — *Aterrizar.*

despegue Ascenso, arranque, partida, salida. — *Aterrizaje.*

despeinado Greñudo, desgreñado, desmelenado,

revuelto, hirsuto, eriza-
do, encrespado, desorde-
nado, descuidado. — *Pei-
nado.*

despeinar Desgreñar, v.
despeinado.

despejado Claro, limpio, sereno, bonancible, abierto,
terso. — *Nublado, enca-
potado.* || Desatascado,
desobstruido, libre, abierto, amplio, holgado, es-
pacioso. — *Tapado, obs-
truido.* || Lúcido, inteli-
gente, ingenioso, talentoso, penetrante. — *Torpe,
necio.*

despejar Limpiar, abrir, v.
despejado.

despellejar V. desollar.

despensa Alacena, armario, estante, trinchero,
aparador.

despeñadero Precipicio, barranco, abismo, talud,
acantilado, sima, hondo-
nada.

despeñar Precipitar, arrojar, lanzar, caer, derrumbar. — *Subir, alzar.*

despepitarse Pirrarse, deshacerse, derretirse, mi-
mar, interesarse. — *Des-
deñar, olvidar.*

desperdiciar Malgastar, desaprovechar, derrochar,
despilfarrar, prodigar, tirar. — *Aprovechar.*

desperdicio Sobra, remanente, resto, exceso, des-
pojo, basura, detritos. ||
Despilfarro, gasto, derroche. — *Economía, prove-
cho.*

desperdigar Diseminar, es-

parcir, dispersar, despa-
rramar, extender, dividir.
— *Reunir, condensar.*

desperezarse Estirarse, de-
sentumecerse, extender,
despertarse, bostezar. —
Aletargarse.

desperfecto Avería, daño,
deterioro, percance, rotura, defecto. — *Arreglo,
reparación.*

despertar Despabilar, avivar, reanimar, mover, sa-
cudir, estimular. — *Dor-
mir, acunar.* || Evocar, re-
cordar, rememorar. — *Ol-
vidar.*

despiadado Cruel, bárbaro,
inhumano, desalmado,
sañudo, inclemente, in-
flexible. — *Piadoso, compasivo.*

despido Cesantía, expulsión, destitución, elimi-
nación, exclusión, exone-
ración, degradación, sus-
pensión, relevo. — *Ad-
misión, rehabilitación.*

despierto Despabilado, des-
velado, insomne, atento,
animado, vigilante. —
Dormido. || Avispado, sa-
gaz, listo, sutil, perspicaz. — *Torpe, necio.*

despilfarrador Derrochador, v. despilfarrar.

despilfarrar Prodigar, derrochar, malgastar, dila-
pidar, disipar, gastar. —
Ahorrar, economizar.

despistado V. distraído.

desplante Insolencia, enfrentamiento, desfacha-
tez, descaro, réplica. —
Respeto.

desplazamiento Volumen, cabida, peso, arqueo, tonelaje. || V. desplazar.

desplazar Correr, empujar, deslizar, trasladar, desalojar, quitar, apartar, arrinconar, relegar. — *Inmovilizar.* || **desplazarse** Viajar, dirigirse, trasladarse, presentarse. — *Quedarse.*

desplegar Extender, desenrollar, desdoblar, alisar, mostrar. — *Plegar, doblar.* || Ejercitar, activar, efectuar, llevar a cabo.

despliegue Maniobra, marcha, evolución, dilatación, extensión. — *Inmovilidad.* || Actividad, ejercicio, realización.

desplomarse Derrumbarse, hundirse, desmoronarse, derribar, demoler. — *Alzarse.*

desplumar Arrancar, pelar, despojar, estafar.

despoblado Abandonado, deshabitado, apartado, desierto, desolado, vacío, desértico. — *Habitado, poblado.* || Descampado, páramo, estepa, erial, afueras, contornos. — *Población.*

despoblar Abandonar, v. despoblado.

despojar Quitar, privar, arrebatar, arrancar, desposeer, saquear, usurpar. — *Devolver, entregar.* || **despojarse** Privarse, sacrificarse, ofrecer, desprenderse, renunciar. — *Quitar, apropiarse.*

despojo Botín, presa, saqueo, abuso, robo, pillaje. || **despojos** Restos, residuos, piltrafas, desechos, sobras, restos mortales.

desposado Casado, consorte, cónyuge, marido, esposo. — *Divorciado, soltero.* || Unido, vinculado, atado, ligado. — *Separado, divorciado.*

desposarse Casarse, unirse, prometerse, vincularse, contraer nupcias. — *Divorciarse, separarse.*

desposeer V. despojar.

déspota Tirano, dictador, autócrata, cacique, amo, cabecilla, despótico. — *Liberal, demócrata.*

despotismo Tiranía, dictadura, intransigencia, dominación, intolerancia, absolutismo. — *Liberalismo, democracia.*

despotricar Desvariar, disparatar, desbarrar, criticar, vilipendiar. — *Razonar.*

despreciable Ruin, infame, indigno, abyecto, vil, rastrero, miserable, depravado, ridículo. — *Apreciable, noble.*

despreciar Desairar, menospreciar, humillar, postergar, ofender. — *Considerar, respetar.*

despreciativo Despectivo, altanero, altivo, soberbio, arrogante, orgulloso. — *Respetuoso, afectuoso.*

desprecio Desaire, v. despreciar.

desprender Separar, despegar, desunir, desasir. — *Juntar, pegar.* || **desprenderse** Librarse, eludir, despojarse, sacrificarse. — *Conservar.*

desprendido V. generoso.

desprendimiento V. generosidad. || Alud, corrimiento, desmoronamiento.

despreocupación Tranquilidad, calma, apatía, indiferencia, desgana, desidia. — *Preocupación.*

despreocuparse Desentenderse, descuidar, serenarse. — *Preocuparse.*

desprestigiar Denigrar, desacreditar, criticar, vilipendiar, difamar, acusar. — *Rehabilitar, alabar.*

desprevenido Descuidado, imprevisor, despreocupado, indolente. — *Preparado, prevenido.*

desproporción Diferencia, desigualdad, disparidad, discrepancia. — *Similitud, proporción.*

desproporcionado Asimétrico, deforme, incongruente, dispar. — *Proporcionado.*

despropósito V. disparate.

desprovisto Falto, carente, desnudo, privado, incompleto. — *Dotado.*

después Luego, más tarde, posteriormente, detrás, a continuación. — *Antes.*

despuntar Embotar, mellar, gastar, redondear. — *Aguzar.* || Salir, aparecer, nacer, levantarse, asomar. — *Ponerse.* || Des-

collar, distinguirse, destacar. — *Vegetar, estancarse.*

desquiciado Alterado, perturbado, excitado, descompuesto, trastornado, enloquecido. — *Sereno.*

desquitarse Resarcirse, v. desquite.

desquite Venganza, resarcimiento, compensación, represalia. — *Perdón.*

destacado Descollante, v. destacar.

destacamento Avanzada, pelotón, patrulla, grupo, vanguardia.

destacar Descollar, sobresalir, predominar, aventajar, superar, distinguirse. — *Vegetar, estancarse.* || Subrayar, acentuar, recalcar, insistir.

destapar Descubrir, abrir, quitar, mostrar, revelar, desnudar, desabrigar. — *Cubrir.* || Desembozar, desobstruir, desatascar, limpiar. — *Obstruir.*

destartalado Desvencijado, desordenado, escacharrado, estropeado. — *Ordenado.*

destello Fulgor, centelleo, resplandor, brillo, chispazo, luz, vislumbre. — *Oscuridad.*

destemplado Hosco, desabrido, áspero, grosero, arisco, descortés. — *Amable.* || Desapacible, frío, riguroso, desagradable. — *Templado.*

destemplanza Abuso, intemperancia, exceso, vicio. — *Templanza, virtud.* || V. destemplado.

desteñir Aclarar, decolorar, blanquear, borrar, amarillear, deslucir. — *Colorear, teñir.*

desternillarse Descuajaringarse, deslomarse, desarmarse, morirse de risa, escacharrarse.

desterrar Expatriar, deportar, expulsar, confinar, proscribir, exiliar. — *Perdonar, repatriar.*

destiempo (a) Inoportunamente, a deshora, intempestivamente. — *Oportunamente.*

destierro Ostracismo, expatriación, v. desterrar.

destilar Evaporar, separar, volatilizar, filtrar, sublimar, purificar, extraer, obtener.

destinar Designar, dedicar, aplicar, señalar, reservar. || Enviar, trasladar, mandar.

destino Hado, sino, fortuna, suerte, ventura, providencia, azar. || Empleo, puesto, cargo, función, cometido, menester, vacante.

destituir Expulsar, exonerar, despedir, degradar, excluir, privar, suspender. — *Restituir, rehabilitar.*

destornillar Extraer, sacar, aflojar, girar, desmontar.

destreza Pericia, habilidad, competencia, maestría, maña, aptitud. — *Impericia, torpeza.*

destripar V. despachurrar.

destronar Derrocar, deponer, expulsar, eliminar, sustituir. — *Entronizar, coronar.*

destrozar Despedazar, desmembrar, desmenuzar, desbaratar, romper, partir, quebrar, fragmentar, destruir, deshacer. — *Arreglar, componer.*

destrucción Estrago, ruina, devastación, demolición, aniquilación, catástrofe. — *Reparación, construcción.*

destruir Derribar, arruinar, arrasar, desmantelar, demoler, devastar, desintegrar. — *Construir, reparar.*

desunir Separar, alejar, apartar, disgregar, desarticular, enemistar. — *Unir, juntar.*

desusado Insusitado, inaudito, insólito, desacostumbrado, anormal, infrecuente. — *Normal, corriente.*

desvaído Descolorido, borroso, impreciso, vago, desdibujado, incoloro. — *Definido.*

desvalido Inerme, desamparado, impotente, abandonado, huérfano, indefenso. — *Amparado, fuerte.*

desvalijar Robar, atracar, despojar, saquear, pillar, hurtar, sustraer. — *Restituir.*

desvalorizar V. devaluar.

desván Buhardilla, altillo,

sobrado, tabuco, cuartucho.

desvanecerse Desmayarse, marearse, desplomarse, desfallecer, perder el sentido. — *Volver en sí, recuperarse.* || Esfumarse, desaparecer, evaporarse, disiparse, huir. — *Aparecer.*

desvanecimiento Síncope, mareo, soponcio, desmayo, vértigo, desfallecimiento. — *Recuperación.*

desvarío Delirio, perturbación, enajenación, locura, fantasía, barbaridad. — *Sensatez, razón.*

desvelarse Despreocuparse, despabilarse, v. desvelo.

desvelo Esmero, cuidado, celo, atención, interés. — *Despreocupación.* || Insomnio, vigilia, vela, nerviosidad. — *Sueño, sopor.*

desvencijado Destartalado, escacharrado, deteriorado, estropeado, viejo, desportillado. — *Flamante.*

desventaja Dificultad, inconveniente, perjuicio, trastorno, contrariedad, menoscabo. — *Ventaja.*

desventura V. desdicha.

desvergüenza Insolencia, descaro, frescura, desfachatez, descoco, cinismo. — *Vergüenza, respeto.*

desvestir Desnudar, descubrir, destapar, desarropar, desabrigar. — *Vestir.*

desviar Descarriar, descaminar, desorientar, torcer, extraviar, equivocar, frustrar, corromper, viciar, pervertir. — *Encarrilar, enderezar.*

desvirgar V. desflorar.

desvirtuar Transformar, deformar, adulterar, alterar, desfigurar, falsear. — *Legalizar.*

desvivirse Pirrarse, perecerse, deshacerse, chalarse, anhelar, ansiar. — *Despreocuparse.*

detallado Preciso, minucioso, escrupuloso, esmerado, cuidadoso, nimio. — *Abreviado.*

detalle Pormenor, relación, enumeración, particularidad, explicación, elemento. — *Conjunto.*

detectar Descubrir, localizar, individualizar, determinar, revelar, señalar. — *Perder.*

detective Agente, investigador, policía.

detener Demorar, retrasar, dilatar, parar, suspender, atascar, paralizar, interrumpir. — *Continuar, impulsar.* || Capturar, arrestar, aprehender, encarcelar. — *Soltar, liberar.*

detenido Preso, condenado, convicto, recluso, encarcelado, arrestado. — *Libre, absuelto.* || V. detener.

deteriorar Estropear, averiar, romper, menoscabar, deformar, malograr, dañar. — *Arreglar.*

determinado Establecido, fijo, señalado, especificado, concreto, concluyente. — *Impreciso.* || Decidido, osado, intrépido, valeroso, resuelto. — *Indeciso, tímido.*

determinar Establecer, especificar, aclarar, definir, señalar, fijar. — *Indeterminar.* || Provocar, causar, originar, motivar, crear, suscitar. — *Detener.*

detestar Odiar, aborrecer, condenar, maldecir, despreciar. — *Amar.*

detonación Estampido, descarga, explosión, estallido, disparo, tiro, estruendo.

detractor Oponente, contrario, crítico, acusador, censor. — *Defensor.*

detrás Atrás, después, luego, posteriormente. — *Delante.*

detrimento Perjuicio, daño, pérdida, menoscabo, mal, quebranto. — *Beneficio.*

detrito Residuos, restos, sobras, despojos, desperdicios.

deuda Compromiso, obligación, carga, deber, gravamen, débito, dificultad, brete. — *Haber, derecho.*

deudo Pariente, familiar, allegado. — *Desconocido.*

devaluar Desvalorizar, depreciar, rebajar, abaratar. — *Encarecer, valorizar.*

devaneo Galanteo, amorío, coqueteo, aventura, flirteo.

devastador Destructor, catastrófico, aniquilador, arrasador, ruinoso, espantoso, horroroso. — *Benéfico.*

devoción Fervor, piedad, fe, unción, recogimiento, éxtasis, veneración, misticismo. — *Irreligiosidad, ateísmo.* || Cariño, apego, interés, amor. — *Desinterés.*

devocionario Misal, breviario.

devolver Restituir, reintegrar, reponer, reemplazar, restablecer. — *Quitar, retener.* || Vomitar, lanzar, arrojar, echar. — *Tragar.*

devorar Engullir, zampar, tragar, comer, masticar, despedazar. — *Vomitar.* || Consumir, disipar, agotar, desvanecer.

devoto Piadoso, religioso, creyente, místico, fiel, pío. — *Incrédulo, ateo.* || Afectuoso, apegado, seguidor, admirador. — *Contrario, opuesto.*

día Fecha, jornada, data, plazo, tiempo. || Amanecer, alba, luz. — *Noche.*

Diablo Demonio, Satanás, Mefistófeles, Belcebú, Lucifer, Luzbel. — *Angel, Dios.*

diablura Travesura, picardía, chiquillada, trastada, imprudencia, jugarreta.

diabólico Satánico, demoníaco, infernal, mefisto-

félico, maligno, perverso.
— *Inocente, angelical.*

diácono Ministro, eclesiástico, religioso, sacerdote, cura. — *Lego, seglar.*

diadema Joya, cinta, corona, aderezo, presea.

diáfano Translúcido, transparente, claro, cristalino, límpido, puro. — *Opaco, oscuro.*

diafragma Membrana, lámina, músculo.

diagnosticar Establecer, determinar, analizar, definir, prescribir, v. diagnóstico.

diagnóstico Diagnosis, prescripción, determinación, análisis, parecer, opinión, juicio.

diagonal Sesgado, oblicuo, transversal, cruzado, torcido. — *Vertical, horizontal.* || Trazo, línea, recta, sesgo, cruce.

diagrama Bosquejo, esbozo, esquema, croquis, plano.

dialéctica Razonamiento, raciocinio, oratoria.

dialecto Lengua, lenguaje, habla, idioma, jerga, jerigonza.

diálogo Conversación, charla, coloquio, parlamento, plática, entrevista, consulta. — *Monólogo.*

diamante Brillante, gema, piedra, joya, cristal.

diámetro Eje, recta, línea, medida.

diana Llamada, toque, aviso, señal, orden. || Blanco, centro, punto.

diario Periódico, publicación, gaceta, impreso, hoja, rotativo. || Cotidiano, regular, corriente, habitual, periódico. — *Irregular.*

diarrea Descomposición, cólico, flujo, cagalera, flojedad de vientre. — *Estreñimiento.*

diáspora Dispersión, diseminación, éxodo. — *Unión, reunión.*

diatriba Invectiva, crítica, perorata, discurso. — *Alabanza.*

dibujante Artista, pintor, diseñador, proyectista, delineante, calquista.

dibujar Pintar, v. dibujo.

dibujo Pintura, diseño, delineación, proyecto, ilustración, croquis, imagen, lámina, grabado, retrato, apunte, silueta.

dicción Elocución, articulación, pronunciación.

diccionario Léxico, enciclopedia, vocabulario, repertorio, glosario, relación.

dictador Autócrata, déspota, tirano, cabecilla, absolutista, amo. — *Demócrata.*

dictadura Autocracia, v. dictador.

dictamen Parecer, opinión, veredicto, sentencia, conjetura, acuerdo.

dictar Leer, decir, pronunciar, transcribir. || Ordenar, mandar, imponer, obligar, decretar, promulgar, disponer, estatuir.

dictatorial Autocrático, v. dictador.

dicterio Insulto, invectiva, denuesto, afrenta, improperio. — *Alabanza, elogio.*

dicha Ventura, felicidad, fortuna, suerte, bienestar, complacencia, beatitud. — *Desgracia.*

dicharachero Parlanchín, gárrulo, chistoso, ocurrente, bromista. — *Hosco, serio.*

dicho Máxima, refrán, sentencia, proverbio, aforismo, adagio, chiste.

dichoso Venturoso, v. dicha.

diente Hueso, muela, colmillo, canino, incisivo. || Saliente, punta, resalte, prominencia.

diestro Hábil, competente, experto, mañoso, idóneo, docto, versado. — *Inepto, incapaz, torpe.*

dieta Abstinencia, régimen, privación, ayuno, tratamiento. — *Comilona.* || **dietas** Honorarios, retribución, indemnización, estipendio, paga.

dietario Libreta, agenda, memorándum, cuaderno.

diezmar Aniquilar, exterminar, eliminar, arrasar, asolar, destruir. — *Proteger.*

diezmo Tributo, tasa, impuesto, contribución, carga.

difamar Calumniar, denigrar, desonrar, infamar,

afrentar, murmurar. — *Alabar, disculparse.*

diferencia Desigualdad, disparidad, desproporción, desemejanza. — *Igualdad.* || Controversia, desavenencia, disensión. — *Acuerdo.*

diferenciar Distinguir, separar, determinar, calificar, discrepar. — *Asemejar.*

diferente Diverso, distinto, desigual, divergente, contrario. — *Parecido, igual.*

diferir Retrasar, prorrogar, aplazar, posponer, demorar, suspender. — *Adelantar.*

difícil Laborioso, complicado, arduo, trabajoso, engorroso, penoso, imcomprensible, intrincado, imposible. — *Fácil, comprensible.*

dificultad Inconveniente, obstáculo, contrariedad, problema, aprieto, apuro. — *Solución.*

dificultoso V. difícil.

difundir Extender, esparcir, divulgar, diseminar, emitir, publicar. — *Juntar, reservarse, callar.*

difunto Finado, cadáver, extinto, fallecido, muerto, víctima. — *Vivo, resucitado.*

difusión Extensión, v. difundir.

difuso Confuso, borroso, oscuro, vago, farragoso, incomprensible. — *Claro.*

digerir Asimilar, aprovechar, absorber, nutrirse, alimentarse. — *Eliminar*.

digesto Resumen, recopilación, repertorio, selección.

dignarse Consentir, permitirse, condescender, acceder, admitir. — *Negar, rechazar, acceder*.

dignatario Personaje, personalidad, mandatario, cabecilla, funcionario, figurón, cortesano.

dignidad Honradez, decoro, gravedad, mesura, solemnidad. — *Ruindad, vileza*. || Cargo, puesto, prerrogativa, título, honor.

digresión Divagación, rodeo, vaguedad, observación.

dije Colgante, joya, baratija, chuchería.

dilación Retraso, demora, prórroga, aplazamiento. — *Prisa*.

dilapidar Despilfarrar, prodigar, derrochar, disipar, malgastar, gastar. — *Ahorrar*.

dilatar Hinchar, abultar, expandir, distender, aumentar, agrandar. — *Contraer*. || Prolongar, demorar, prorrogar, alargar. — *Acortar, abreviar*.

dilecto Preferido, querido, amado, selecto, predilecto, elegido. — *Odiado, desdeñado*.

dilema Alternativa, opción, disyuntiva, problema, dificultad. — *Solución*.

diligencia Rapidez, preste-

za, prontitud, actividad, dinamismo. — *Lentitud*. || Esmero, dedicación, cuidado, celo, afán. — *Desinterés*. || Misión, cometido, mandado, trámite. || Coche, carruaje, carroza, carro, carromato.

diligente Veloz, rápido, v. diligencia.

dilucidar Aclarar, establecer, esclarecer, determinar, explicar, desembrollar. — *Embrollar*.

diluir V. disolver.

diluvio Aguacero, temporal, chaparrón, chubasco, lluvia, borrasca, inundación, tromba. — *Sequía*.

dimensión Medida, longitud, extensión, volumen, tamaño, magnitud, cantidad.

diminuto Minúsculo, mínimo, microscópico, pequeñísimo, ínfimo, menudo. — *Enorme*.

dimisión Renuncia, abandono, cese, resignación, entrega, deserción, retiro, abdicación.

dimitir Renunciar, v. dimisión.

dinámico Activo, diligente, veloz, afanoso, solícito, laborioso. — *Lento, cachazudo*.

dínamo Generador, transformador, aparato.

dinastía Estirpe, linaje, casa, casta, progenie, raza, familia, sucesión.

dineral Fortuna, caudal, capital, millonada, tesoro, dinero (v.). — *Miseria, insignificancia.*

dinero Moneda, billete, capital, fortuna, tesoro, fondos, riqueza, patrimonio, metálico, valores, efectivo, dineral.

diócesis Obispado, distrito, sede, jurisdicción, circunscripción.

Dios Hacedor, Creador, Todopoderoso, Altísimo, Señor, Divinidad, Padre. || **dios** Deidad, divinidad, héroe, semidiós.

diploma Título, certificado, nombramiento, documento, despacho, pergamino.

diplomacia Tacto, política, habilidad, estrategia. — *Rudeza.* || Embajada, representación, cancillería, consulado.

diplomático Embajador, plenipotenciario, ministro, enviado, legado, representante, agente, cónsul. || Hábil, político, taimado, cortés. — *Rudo, brusco.*

diputación Junta, representación, consejo, corporación, organismo.

diputado Representante, consejero, parlamentario, congresista, delegado, legislador, procurador.

dique Rompeolas, malecón, espigón, escollera, muelle, desembarcadero, dársena. || Muro, pared.

dirección Rumbo, sentido, orientación, trayectoria, marcha, giro, curso. ||

Señas, domicilio, destinatario. || Jefatura, gobierno, mando, guía.

directivo V. director.

directo Recto, continuo, seguido, derecho, ininterrumpido. — *Sinuoso, oblicuo.* || Claro, llano, franco, rotundo, natural, abierto. — *Disimulado, hipócrita.*

director Dirigente, jefe, rector, presidente, guía, autoridad, gobernador, administrador. — *Subordinado.*

directorio Junta, jefatura, presidencia, asamblea, comité, consejo, gobierno.

dirigir Guiar, conducir, regir, gobernar, mandar, orientar, encarrilar, tutelar, enseñar. — *Desorientar.* || **dirigirse** Encaminarse, converger, trasladarse, ir, presentarse, salir. — *Volver, regresar.*

dirimir Resolver, zanjar, decidir, solventar, ventilar. — *Complicar.*

discernimiento Perspicacia, lucidez, penetración, clarividencia, juicio. — *Torpeza.*

discernir Diferenciar, distinguir, juzgar, apreciar. — *Confundir.* || discernir* Otorgar, premiar, conceder, adjudicar. — *Negar.*

disciplina Obediencia, orden, rigor, severidad, regla, sumisión, intransigencia. — *Desorden, indisciplina, caos.*

discípulo Alumno, estudiante, escolar, educando, colegial, seguidor, partidario, adepto. — *Mestro, oponente.*

disco Círculo, circunferencia, rodaja, chapa, tapa, rueda, redondel.

díscolo Rebelde, revoltoso, indisciplinado, desobediente. — *Obediente.*

disconformidad Desacuerdo, oposición, incompatibilidad, antagonismo, divergencia, choque, discrepancia. — *Conformidad.*

discontinuo Interrumpido, intermitente, desigual. — *Continuo.*

discordante Opuesto, contrario, disonante. — *Conforme.*

discordia Discrepancia, cizaña, querella, disensión. — *Concordia.*

discreción Tacto, sensatez, mesura, moderación, prudencia, cordura. — *Insensatez.*

discrepar Disentir, diverger, oponerse, contradecirse, discutir, pugnar. — *Coincidir.*

discreto Moderado, prudente, sensato, cuerdo, razonable. — *Imprudente.*

discriminar Diferenciar, distinguir, separar, segregar. — *Integrar.*

disculpa Excusa, pretexto, evasiva, subterfugio. — *Razón.*

disculpar Defender, excusar, apoyar, justificar. — *Acusar.*

discurrir Pensar, reflexionar, meditar, cavilar, juzgar, inventar. || Avanzar, transitar, pasear, deambular, marchar. — *Detenerse.*

discurso Arenga, alocución, parlamento, prédica, sermón, perorata.

discusión Controversia, debate, polémica, altercado, disputa, pleito, diferencia. — *Acuerdo.*

discutir Debatir, deliberar, ventilar, tratar, polemizar, impugnar, insistir. — *Razonar, acordar.*

diseminar Dispersar, esparcir, disgregar, desparramar, sembrar, desperdigar, derramar. — *Reunir, juntar.*

disensión Desacuerdo, diferencia, divergencia, desavenencia, cizaña, discordia. — *Acuerdo, concordia.*

diseño Dibujo, boceto, bosquejo, croquis, plano, gráfico.

disertar Explicar, hablar, perorar, tratar, exponer, razonar.

disfraz Máscara, t r a j e, atuendo, velo, fingimiento. — *Verdad.*

disfrazar Enmascarar, disimular, ocultar, fingir, velar, tapar, ataviar. — *Descubrir*.

disfrutar Gozar, regocijarse, complacerse, poseer, saborear, gustar, deleitarse, recrearse. — *Sufrir*.

disgregar Desintegrar, desmenuzar, pulverizar, separar. — *Unir*.

disgusto Pena, pesadumbre, desencanto, amargura, desconsuelo, aflicción. — *Alegría*. || Riña, disputa, disensión, altercado. — *Avenencia, acuerdo*.

disidente Cismático, oponente, contrario, discrepante. — *Partidario*.

disímil V. diferente.

disimulado Furtivo, solapado, subrepticio, hipócrita, taimado, ladino. — *Franco, directo*.

disimular Callar, esconder, encubrir, desfigurar, tolerar, disfrazar. — *Revelar, oponerse*.

disimulo Fingimiento, malicia, engaño, hipocresía, argucia. — *Franqueza, verdad*.

disipación Depravación, libertinaje, vicio, licencia, desenfreno, disolución, inmoralidad. — *Honestidad, castidad*. || Desaparición, evaporación, difuminación, desvanecimiento. — *Materialización*.

disipar Despilfarrar, derrochar, malgastar, dilapidar. — *Ahorrar*. || De-

saparecer, desvanecerse, evaporarse, esfumarse. — *Materializarse*.

dislate Barbaridad, disparate, absurdo, insensatez, necedad, desatino. — *Sensatez*.

dislocar Descoyuntar, luxar, desencajar, desarticular, torcer. — *Encajar, unir*.

disminuir Aminorar, menguar, reducir, bajar, mermar, rebajar, degradar, desvalorizar, restar, empobrecer, baldar, tullir. — *Aumentar, mejorar*.

disociar V. disgregar.

disolución Dilución, solución, disgregación, mezcla, v. disolver. || Libertinaje, v. disoluto.

disoluto Libertino, vicioso, disipado, liviano, licencioso, libidinoso, corrompido. — *Casto, abstinente*.

disolver Desleír, licuar, diluir, disgregar, descomponer, aguar, separar. — *Solidificar, reunir, concentrar*.

disonante Discordante, desentonado, destemplado, inarmónico, desafinado, desentonado. — *Armonioso*.

dispar Desigual, desparejo, disímil, heterogéneo, diverso, opuesto. — *Similar, coincidente*.

disparar Tirar, descargar, proyectar, lanzar, hacer fuego. || **dispararse** Desbocarse, desmandarse, perder el control. — *Refrenar, contener.*

disparate Barbaridad, absurdo, extravagancia, insensatez, necedad, desvarío, delirio. — *Sensatez, cordura.*

disparidad Desigualdad, diferencia, desproporción, desemejanza. — *Igualdad.*

disparo Tiro, descarga, andanada, balazo, salva, detonación.

dispendio Desembolso, gasto, derroche, despilfarro, dilapidación. — *Economía.*

dispendioso Caro, valioso, costoso, excesivo, exagerado, lujoso. — *Económico, barato.*

dispensar Conceder, dar, otorgar, ofrecer, agraciar, adjudicar. — *Negar.* || Eximir, librar, exceptuar, excusar, perdonar, absolver. — *Obligar, condenar.*

dispensario Clínica, consultorio, servicio, policlínica.

dispersar Diseminar, esparcir, extender, desparramar, separar. — *Reunir, agrupar.* || Vencer, aniquilar, desbaratar, ahuyentar. — *Proteger.*

displicente Apático, indiferente, impasible, desdeñoso, despreciativo. — *Interesado, afable.*

disponer Colocar, ordenar, arreglar, situar, acomodar, instalar. — *Desorde-*

nar, quitar. || Mandar, ordenar, decretar, establecer, decidir. — *Revocar.* || **disponerse** Aprestarse, prepararse, iniciar. — *Detener, estancar.*

disponible Vacante, libre, desocupado, apto, utilizable. — *Ocupado, inútil.*

disposición Orden, mandato, decreto, decisión, edicto, precepto, bando. — *Revocación.* || Vocación, propensión, facilidad, aptitud, destreza. — *Incapacidad.* || Colocación, arreglo, distribución, orden, instalación. — *Desorden.*

dispositivo Mecanismo, ingenio, aparato, artefacto, instalación.

dispuesto Servicial, propicio, capaz, idóneo, competente. — *Reacio, incompetente.* || Preparado, listo, a punto. — *Desprevenido.*

disputa Pelea, controversia, riña, discusión, altercado, disensión, discrepancia, desavenencia, debate, querella, polémica. — *Acuerdo, reconciliación.*

distancia Intervalo, medida, longitud, anchura, altura, separación, alejamiento. — *Proximidad.* || Recorrido, trecho, camino, jornada, viaje.

distanciar Alejar, apartar, separar, repeler, enemistar, desunir. — *Acercar, unir.*

distante Remoto, lejano, apartado, separado. — *Cercano.*

distinción Deferencia, honor, honra, privilegio, prerrogativa. — *Desaire.* || Elegancia, finura, gallardía, estilo, donaire, clase. — *Chabacanería.*

distinguido Noble, elegante, fino, señorial, garboso. — *Vulgar, burdo.* || Destacado, brillante, sobresaliente, descollante. — *Anónimo.*

distinguir Diferenciar, separar, apreciar, diversificar, distanciar. — *Confundir.* || Honrar, destacar, reconocer, premiar, preferir. — *Castigar, humillar.* || Divisar, percibir, vislumbrar, descubrir. || **distinguirse** Destacar, sobresalir, despuntar, descollar, predominar. — *Estancarse, vegetar, hundirse.*

distintivo Característica, s e ñ a l, particularidad, rasgo, diferencia. || Insignia, emblema, botón, símbolo, divisa, marca.

distinto Diferente, propio, peculiar, particular, característico, contrario, opuesto, discrepante, vario, especial. — *Igual.*

distracción Descuido, olvido, omisión, ligereza, error, falta, desliz. — *Atención.* || Entretenimiento, diversión (v.).

distraer Entretener, diver-

tir, amenizar, recrear, solazar, animar, interesar. — *Aburrir.* || Engañar, apartar, desviar, entretener, quitar. || **distraerse** Olvidarse, descuidarse, despreocuparse, abandonar, desatender. — *Atender, cuidar.*

distraído Descuidado, olvidadizo, desatento, abstraído, desprevenido. — *Atento.* || Divertido, entretenido, agradable, animado. — *Aburrido.*

distribuir Repartir, dividir, adjudicar, donar, asignar, entregar. — *Retener.* || Ordenar, colocar, disponer, ubicar. — *Desordenar.*

distrito Jurisdicción, circunscripción, división, demarcación, comarca, territorio, partido, término, municipio, zona.

disturbio Revuelta, desorden, trastorno, algarada, motín, tumulto, alboroto. — *Orden, paz.*

disuadir Desanimar, persuadir, inducir, desviar, descorazonar, desalentar. — *Animar.*

disyuntiva Alternativa, dilema, opción, dificultad, problema, opción. — *Solución.*

divagación Vaguedad, digresión, confusión, rodeo, imprecisión, ambigüedad. — *Precisión.*

divagar Desviarse, desorientarse, enredarse, confundir, perderse, andarse por las ramas. — *Concretar.*

diván Sofá, canapé, sillón, asiento.

divergencia Discrepancia, disconformidad, oposición, separación, bifurcación. — *Convergencia.*

divergir Bifurcarse, apartarse, separarse. — *Converger.* || Discrepar, discordar, oponerse. — *Coincidir.*

diversión Distracción, entretenimiento, pasatiempo, juego, recreo, afición. — *Aburrimiento.*

diverso Variado, distinto, ameno, múltiple, dispar, heterogéneo. — *Uniforme, igual.*

divertido Entretenido, distraído, placentero, agradable, animado, variado, recreativo. — *Aburrido.* || Cómico, alegre, chistoso, ocurrente. — *Triste.*

dividendo Interés, renta, porción, cuota, rédito, lucro, ganancia.

dividir Fraccionar, separar, partir, desmenuzar, fragmentar, cortar. — *Unir, pegar.* || Distribuir, repartir, asignar. || Enemistar, malquistar, desunir, separar, indisponer. — *Amigar, reconciliar.*

divieso Forúnculo, tumor, golondrino, grano, inflamación, bulto.

divinidad Dios, deidad, superhombre, semidiós, héroe. || Primor, preciosidad, belleza, galanura. — *Fealdad.*

divino Celestial, paradisíaco, etéreo, sobrehumano, puro, delicioso. — *Terreno, infernal.*

divisa Insignia, emblema, señal, marca, distintivo, enseña, lema.

divisar Percibir, observar, ver, distinguir, vislumbrar, atisbar.

división Cálculo, operación, cuenta, razón, cómputo. — *Multiplicación.* || Partición, fraccionamiento, rotura, separación, parcelación, distribución. — *Reunión, concentración.* || Discordia, desavenencia, escisión, desunión, separación. — *Unión.* || Casilla, compartimiento, estante, sección, apartado. || Parte, fracción, porción, sección, grupo, clase. — *Conjunto.*

divisorio Medianero, lindante, fronterizo, limítrofe, tangente, marginal. — *Central.*

divorcio Separación, ruptura, alejamiento, desacuerdo, disolución, desunión. — *Unión, casamiento.*

divulgar Difundir, propagar, generalizar, publicar, revelar, esparcir, pregonar. — *Silenciar, callar.*

dobladillo V. doblez.

doblar Plegar, torcer, arquear, encorvar, flexionar, combar. — *Enderezar.* || Tañer, repicar, tocar, voltear.

doblegar Someter, domar, dominar, vencer, sojuzgar, contener. — *Liberar.* || **doblegarse** Ceder, acceder, acatar, resignarse, transigir, rendirse. — *Rebelarse.*

doblez Pliegue, dobladillo, bastilla, alforza, frunce. || Disimulo, hipocresía, falacia, simulación, farsa, artificio. — *Franqueza, sinceridad.*

dócil Manso, sumiso, dulce, obediente, fiel, disciplinado, borrego. — *Rebelde.*

docto Sabio, erudito, sapiente, culto, ilustrado, instruido, estudioso, experto. — *Ignorante.*

doctorarse Graduarse, diplomarse, revalidar, estudiar, titularse, examinarse.

doctrina Creencia, religión, credo, fe, dogma (v.), evangelio, teoría, sistema, enseñanza, opinión.

documento Manuscrito, original, pergamino, registro, legajo, comprobante, minuta, título. || Carné, credencial, cédula, tarjeta de identidad.

dogma Doctrina (v.), verdad, credo, misterio, base, fundamento. — *Hipótesis.*

dolencia Afección, achaque,

indisposición, p a d e c i-miento, morbo, malestar. — *Salud, mejoría.*

doler Sufrir, padecer, quejarse, lamentarse. — *Sanar.* || **dolerse** Compadecerse, condolerse, apiadarse, c o n m o v e r s e, ablandarse. — *Endurecerse.*

doliente Enfermo, indispuesto, malo, afectado, enfermizo, delicado, paciente, achacoso. — *Sano.* || Quejumbroso, lloroso, gemebundo, lastimero, abatido. — *Alegre, animado.*

dolor Daño, sufrimiento, padecimiento, aflicción, tormento, suplicio, pena, angustia, arrepentimiento, queja, lamento. — *Bienestar, placer.*

dolorido Molido, maltratado, descoyuntado, agobiado, lacerado, herido, sensible. — *Descansado, insensible.*

doloroso Penoso, lamentable, aflictivo, deplorable, lastimoso, desesperante. — *Alegre.* || Punzante, penetrante, agudo, torturante. — *Placentero.*

doloso Fraudulento, falso, engañoso. — *Verdadero.*

domar Domesticar, amaestrar, adiestrar, amansar, someter, desbravar, aplacar, vencer. — *Enardecer.*

doméstica Doncella, ama, muchacha, niñera, v. doméstico.

domesticar V. domar.

doméstico Criado, servidor, sirviente, fámulo, mozo, camarero, ayudante, chico. || Hogareño, casero, familiar, natural.

domicilio Morada, casa, habitación, mansión, hogar, residencia. || Señas, dirección, destinatario.

dominante Dictatorial, tiránico, imperioso, severo, instransigente, intolerante. — Benévolo, dócil.

dominar Sojuzgar, someter, avasallar, vencer, oprimir, abusar. — Respetar. || Sobresalir, destacar, descollar, distinguirse. — Decaer. || dominarse Contenerse, refrenarse, sobreponerse. — Desahogarse.

domingo Festividad, asueto, fiesta, descanso.

dominio Mando, poderío, despotismo, señorío, sujeción, servidumbre, esclavitud, yugo. || Colonia, mandato, territorio, posesión, propiedad, hacienda.

don Dádiva, regalo, obsequio, ofrenda, merced, cesión. || Cualidad, prenda, facultad, aptitud, capacidad, virtud, poder. — Defecto.

donación Legado, v. donar.

donaire Gentileza, garbo, gallardía, galanura, arrogancia, elegancia. — Torpeza, fealdad.

donar Legar, ofrendar, entregar, ceder, traspasar, transferir. — Arrebatar, quitar.

donativo Donación, óbolo, ofrenda, dádiva, regalo. — Petición.

doncel Efebo, mancebo, joven, adolescente, muchacho, chico, imberbe. — Adulto, anciano.

doncella Virgen, damisela, muchacha, moza. || Pura, casta, intacta, entera. || Criada (v.).

donjuán Tenorio, conquistador, burlador, mujeriego, galán, seductor. — Misógino.

donosura V. donaire.

dorado Chapado, bruñido, áureo, brillante, refulgente. — Opaco. || Feliz, venturoso, floreciente, radiante. — Infausto.

dormilón Gandul, poltrón, lirón, tumbón. haragán. — Insomne, activo.

dormir Adormecerse, dormitar, descansar, soñar, reposar, pernoctar, yacer, acostarse. — Velar.

dormitorio Alcoba, pieza, cuarto, aposento, habitación, cámara.

dorso Revés, reverso, espalda, respaldo, trasera, cruz, lomo, zaga, retaguardia. — Anverso, cara.

dosel Palio, toldo, baldaquino, colgadura.

dosificar Graduar, medir, administrar, repartir.

dosis Medida, cantidad, toma, porción, parte.

dossier* Expediente, legajo, carpeta, documentos.

dotación Tripulación, oficialidad, marinería, personal, equipo, servicio.

dotar Conceder, asignar, dar, ofrecer, proporcionar, proveer. — *Quitar, negar*.

dote Caudal, prenda, patrimonio, bienes, fondos. || **dotes** Cualidades, virtudes, prendas, ventajas. — *Defectos*.

drama Tragedia, melodrama, desgracia, calamidad, fatalidad. — *Comedia*.

dramatismo Emoción, emotividad, impresión, garra, sensibilidad. — *Apatía, calma*.

drástico Enérgico, radical, eficaz, decisivo, concluyente, contundente, violento, rápido. — *Suave*.

droga Ingrediente, medicamento, sustancia, medicina, especialidad, preparado, remedio, narcótico, estupefaciente, estimulante.

drogadicto* Toxicómano, drogado, morfinómano, vicioso.

dubitativo Vacilante, indeciso, irresoluto, titubeante, confuso. — *Decidido, resuelto*.

dúctil Flexible, maleable, blando, dócil, condescendiente, adaptable, transigente. — *Duro, rígido, intransigente*.

ducha Chorro, lluvia, riego, aspersión, llovizna.

ducho Experto, experimentado, capaz, competente, avezado, baqueteado, fogueado. — *Inexperto*.

duda Vacilación, titubeo, indecisión, dilema, incertidumbre. — *Seguridad*. || Recelo, sospecha, barrunto, prevención, suspicacia. — *Confianza*.

dudoso Inseguro, incierto, hipotético, problemático, precario, vago. — *Cierto, seguro*.

duelo Desafío, reto, lance, encuentro, justa, enfrentamiento. — *Reconciliación*. || Luto, dolor, aflicción, pena, sentimiento. — *Alegría, gozo*.

duende Genio, trasgo, gnomo, espíritu, visión, espectro.

dueña V. dueño. || Acompañante, carabina, celestina, dama de compañía.

dueño Propietario, amo, señor, patrón, jefe, poseedor, titular. — *Vasallo, subordinado, empleado*.

dulce Dulzón, exquisito, delicioso, sabroso, suave, grato, rico, azucarado. — *Amargo*. || Golosina, confite, caramelo, bombón.

dulcificar Suavizar, apaciguar, calmar, mitigar, amansar. — *Exacerbar*.

dulzura Suavidad, ternura, bondad, afecto, benevolencia, sencillez. — *Aspereza*.

duplicar Copiar, reproducir, calcar, transcribir, plagiar, multiplicar.

duplicidad Doblez, hipocresía, falsedad, fingimiento, disimulo, astucia. — *Franqueza.*

duración Permanencia, estabilidad, persistencia, aguante, firmeza, continuación. — *Fugacidad, brevedad.* || Tiempo, lapso, espacio, plazo.

duradero Resistente, estable, firme, permanente, inmutable, inalterable, eterno. — *Pasajero, breve.*

durar Resistir, perdurar, permanecer, eternizarse, mantenerse. — *Caducar, cesar.*

duro Firme, tenaz, recio, sólido, compacto, consistente, irrompible, rígido. — *Blando, endeble.* || Severo, inflexible, insensible, rígido. — *Benévolo.* || Terco, porfiado, sufrido, estoico. — *Razonable, blando.*

E

ebrio Embriagado, borracho, beodo, dipsómano, temulento, bebido, alegre. — Sobrio.

ebullición Cocción, hervor, burbujeo, efervescencia, hervidero, borbotón. — Solidificación, congelación.

eccema V. eczema.

eclesiástico V. cura.

eclipsar Ocultar, tapar, oscurecer, interceptar, interponerse, esconder, cubrir. — Mostrar, revelar. || Superar, exceder, desmerecer, deslucir. — Realzar. || eclipsarse Desaparecer, desvanecerse, escabullirse, esfumarse, ocultarse. — Aparecer.

eclipse Ocultación, ocaso, desaparición, decadencia, oscurecimiento. — Auge.

eco Repetición, resonancia, sonido, retumbo, repercusión, sonoridad. — Silencio.

economía Ahorro, v. económico.

económico Ahorrativo, previsor, frugal, prudente, sobrio, administrador, sensato. — Imprudente. || Avaro, mezquino, miserable, roñoso, tacaño. — Pródigo, derrochador, generoso. || Barato, rebajado, conveniente, módico, ventajoso. — Caro.

ecuánime Equitativo, justo, imparcial, objetivo, recto, neutral, razonable. — Injusto.

ecuestre Caballar, equino, hípico.

ecuménico Universal, mundial, general, total. — Local.

eczema Sarpullido, erupción, eccema, irritación, descamación.

echar Arrojar, repeler, expulsar, separar, excluir, despedir, rechazar, volcar, tirar. — Admitir, atraer. || echarse Tumbarse, tenderse, acostarse, tirarse, yacer, dormirse, encamarse. — Levantarse.

edad Años, tiempo, vida,

longevidad, existencia. ||
Época, era, tiempo, lapso, período.

Edén Paraíso, empíreo, cielo, nirvana, elíseo, vergel. — *Infierno, desierto.*

edición Publicación, impresión, tirada, ejemplares.

edicto Bando, ley, sentencia, orden, disposición, decisión, mandato.

edificar Erigir, alzar, construir, levantar, elevar, urbanizar. — *Derruir, tirar.*

edificio Casa, obra, construcción, inmueble, vivienda, mansión, palacio.

editar Publicar, imprimir, tirar, lanzar, estampar.

editor Librero, impresor, empresario, publicista.

editorial Librería, empresa, imprenta, casa editora. || Artículo de fondo, escrito, suelto, gacetilla.

edredón Colcha, cobertor, cobija, manta, almohadón.

educación Enseñanza, instrucción, formación, cultura, adiestramiento, método, lección. — *Ignorancia.* || Cortesía, urbanidad, delicadeza, corrección, v. educado. — *Descortesía.*

educado Cortés, urbano, delicado, correcto, amable, considerado, fino, atento. — *Grosero.* || Culto, instruido, erudito, ilustrado, documentado. — *Ignorante.*

educar Adiestrar, instruir,

enseñar, aleccionar, ilustrar, preparar, explicar. — *Embrutecer.*

efectivo V. eficaz.

efecto Consecuencia, resultado, secuela, fruto, acción, producto. — *Causa.* || Emoción, impresión, sensación, sentimiento. — *Indiferencia.*

efectuar Realizar, verificar, cumplir, ejecutar, celebrar, cometer. — *Abstenerse.*

eficaz Efectivo, capaz, eficiente, dispuesto, activo, enérgico, seguro, duradero. — *Inútil.*

efigie Imagen, representación, figura, modelo, apariencia, copia, retrato.

efímero Fugaz, breve, corto, precario, frágil, perecedero, temporal. — *Duradero, eterno.*

efusivo Cariñoso, afectuoso, cordial, expresivo, entusiasta, amistoso. — *Hosco, circunspecto.*

egoísmo Codicia, v. egoísta.

egoísta Codicioso, materialista, interesado, ambicioso, avaro, sórdido, ruin, mezquino, ególatra. — *Generoso.*

egregio Ilustre, excelso, ínclito, magnífico, glorioso, famoso. — *Oscuro, anónimo, ruin.*

eje Vara, barra, barrote, palanca, cigüeñal, árbol.

ejecutar Efectuar, celebrar, realizar, cumplir, establecer, formalizar, hacer, verificar. — *Deshacer, detener*. || Ajusticiar, matar, eliminar, sacrificar, inmolar, suprimir. — *Perdonar, indultar*.

ejemplar Espécimen, prototipo, modelo, muestra, patrón. || Intachable, íntegro, irreprochable, perfecto, cabal. — *Imperfecto, reprobable*.

ejemplo Anécdota, caso, cita, muestra, prueba, alusión, parábola. || Modelo, v. ejemplar.

ejercer Desempeñar, efectuar, realizar, llenar, dedicarse, cumplir, ejecutar. — *Abandonar, cesar*.

ejercicio Gimnasia, adiestramiento, deporte, movimiento, entrenamiento, caminata. — *Inactividad*. || Desempeño, ocupación, función, práctica, ejecución, trabajo. — *Abandono, inactividad*.

ejercitar Desempeñar, ocupar, ejecutar, realizar, practicar, ejercer. — *Cesar, abandonar*.

ejército Tropa, hueste, milicia, guardia, mesnada, banda, falange, multitud.

elaboración Fabricación, producción, transformación, confección, preparación, industria.

elástico Flexible, dúctil, blando, compresible. — *Rígido*. || Resorte, muelle, ballesta, fleje.

elección Votación, comicios, voto, referéndum, sufragio, plebiscito, junta, asamblea. || Nombramiento, designación, selección. || Alternativa, opción, decisión, preferencia.

electricidad Energía, corriente, fluido eléctrico.

electrizante Apasionante, arrebatador, embriagador, asombroso, excitante, enardecedor. — *Aburrido*.

elegancia Distinción, gracia, donaire, finura, garbo, apostura, nobleza, esbeltez, gallardía, delicadeza. — *Tosquedad, vulgaridad*.

elegante Distinguido, v. elegancia.

elegir Seleccionar, distinguir, escoger, preferir, nombrar, designar, destacar. — *Relegar, descartar*.

elemental Simple, sencillo, básico, principal, fundamental. — *Complejo*.

elemento Fundamento, base, principio, pieza, parte, componente, integrante. — *Totalidad*.

elevación Incremento, subida, aumento, encarecimiento, mejora, progreso. — *Descenso*. || V. colina.

elevar Aumentar, acrecentar, subir, alzar, construir, edificar. — *Bajar, derruir*. || Ennoblecer, enaltecer, perfeccionar. — *Envilecer*.

eliminar Quitar, anular, suprimir, liquidar, abolir,

expulsar, matar, aniquilar, destruir, exterminar. — *Admitir, perdonar.*

elipse Óvalo, sinusoide, parábola, curva cerrada.

elite* Lo mejor, lo escogido, minoría selecta. — *Gentuza, chusma.*

elixir Pócima, bálsamo, poción, brebaje, licor, curalotodo, remedio, medicamento.

elocuencia Oratoria, persuasión, facundia, retórica, fogosidad, convicción. — *Apatía, silencio.*

elocuente Fogoso, persuasivo, convincente, conmovedor, locuaz, arrebatador, orador. — *Apático, silencioso.*

elogiar Ensalzar, loar, alabar, ponderar, celebrar, aclamar, exaltar, honrar, glorificar, aplaudir. — *Criticar, recriminar.*

elogio Loa, alabanza, v. elogiar.

eludir Soslayar, evitar, esquivar, sortear, rehuir, rehusar, salvar. — *Encarar, afrontar.*

emanar Exhalar, fluir, irradiar, emitir. || Derivar, resultar, proceder, nacer, provenir.

emancipación Independencia, v. emancipar.

emancipar Independizar, liberar, manumitir, redimir, separar, proteger. — *Colonizar, dominar.*

embadurnar Untar, pringar, ensuciar, ungir, engrasar, recubrir. — *Limpiar, desengrasar.*

embajada Representación, misión, legación, delegación, consulado.

embajador Diplomático, ministro, plenipotenciario, delegado, representante, enviado.

embalaje Caja, envoltorio, paquete, envase, estuche, bulto, fardo, lío.

embalar Empaquetar, encajonar, empacar, envasar, envolver, atar, proteger. — *Desembalar.*

embalsamar Preservar, preparar, conservar, momificar.

embalsar Detener, represar, recoger, estancar, acumular.

embalse Presa, represa, dique, pantano.

embanderar Engalanar, decorar, empavesar, adornar.

embarazada Preñada, encinta, gestante, grávida, fecundada, parturienta.

embarazo Gestación, preñez, gravidez, maternidad, fecundación. || Turbación, perplejidad, confusión, desconcierto. — *Seguridad.* || Molestia, dificultad, estorbo, impedimento, obstáculo. — *Facilidad.*

embarazoso Turbador, desconcertante, delicado, serio, molesto, incómodo. — *Simple, llevadero, cómodo.*

embarcación Nave, buque, barco, bajel.

embarcadero Muelle, dársena, dique, malecón, escollera, atracadero.

embarcar Subir, entrar, llegar, ingresar, introducir, meter, cargar, estibar. — *Desembarcar.* || embarcarse Aventurarse, arriesgarse, lanzarse, exponerse, comprometerse, atreverse. — *Abstenerse, eludir.*

embargar Confiscar, incautarse, requisar, decomisar, secuestrar, quitar. — *Devolver.*

embarrancar Encallar, varar, atascarse, atollar, zozobrar. — *Salir a flote.*

embarullar Enredar, confundir, azorar, ofuscar, desorientar, aturdir, embrollar. — *Aclarar, orientar.*

embate V. embestida.

embaucar Timar, engañar, estafar, enredar, engatusar, chantajear, embrollar.

embeber Empapar, absorber, humedecer, impregnar, rezumar, saturar. — *Secar.*

embelesar Arrobar, suspender, hechizar, seducir, extasiar, maravillar, pasmar. — *Repeler.*

embellecer Hermosear, acicalar, componer, adornar, decorar, preparar, maquillar. — *Afear.*

embestida Acometida, ataque, arremetida, asalto,

choque, embate. — *Retroceso, huida.*

embestir Acometer, v. embestida.

emblema Alegoría, divisa, símbolo, lema, escudo, insignia, enseña, figura.

embobar Pasmar, maravillar, fascinar, encandilar, deslumbrar, asombrar, suspender, enajenar, embelesar.

embolsar Introducir, meter, ensacar, embalar, empacar. — *Sacar.* || embolsarse Guardarse, percibir, cobrar, recaudar, apañar. — *Pagar, ceder.*

emborracharse Embriagarse, beber, marearse, alegrarse, alumbrarse, mamarse, alcoholizarse, empinar el codo. — *Abstenerse.*

emborronar Garrapatear, garabatear, dibujar. — *Borrar.*

emboscada Celada, engaño, trampa, asechanza, lazo, estratagema, ardid, añagaza.

embotar Entorpecer, entumecer, adormecer, debilitar. — *Avivar.* || Mellar, despuntar, desgastar, engrosar. — *Afilar.*

embotellamiento Obstrucción, atasco, detención, atolladero. — *Fluidez.*

embotellar Envasar, dosificar, fraccionar, llenar. — *Vaciar.* || Atascar, obstruir, detener. — *Circular.*

embozado Tapado, oculto,

cubierto, arrebujado. — *Descubierto.* || Obstruido, atrancado, atascado, cegado, atorado. — *Desatascado.*

embravecido Tormentoso, proceloso, agitado, enfurecido, excitado. — *Sereno.*

embriagado Ebrio, borracho, beodo, alcoholizado, bebido, mamado, temulento, achispado, alumbrado, curda, dipsómano. — *Sobrio.* || Embelesado, enajenado, maravillado, f a s c i n a d o. — *Indiferente.*

embriagarse V. emborracharse.

embriaguez Ebriedad, borrachera, curda, tajada, mona, alcoholismo, dipsomanía, tranca. — *Sobriedad.*

embrionario Rudimentario, tosco, primario, rudo, elemental. — *Perfeccionado.*

embrollado Desorientado, confundido, trastornado, turbado, confuso. — *Seguro.* || Desordenado, caótico, revuelto, mezclado, enmarañado, confuso. — *Claro.*

embrollo Desorientación, desorden, caos, lío, jaleo, problema, mezcla, confusión. — *Orden.*

embrujar Conjurar, hechizar, encantar, evocar, endemoniar. — *Exorcizar.* || Cautivar, atraer, sedu-

cir, fascinar, extasiar. — *Repeler.*

embrujo Hechizo, encantamiento, maleficio, conjuro, ensalmo. — *Desencantamiento.* || Atractivo, encanto, fascinación, embeleso, seducción. — *Repulsión.*

embrutecer Atontar, entorpecer, degradar, idiotizar, encallecer. — *Educar.*

embuchar Engullir, embaular, devorar, tragar, zampar, manducar, atracarse. — *Devolver.*

embuste Enredo, mentira, patraña, infundio, engaño, cuento, falsedad, calumnia. — *Verdad.*

embustero Mentiroso, enredador, cuentista, farsante, falso, lioso. — *Veraz.*

embutir Introducir, meter, incrustar, atiborrar, rellenar, acoplar, empalmar. — *Sacar, separar.*

emergencia Urgencia, incidente, peripecia, accidente, suceso, aprieto, apremio. — *Normalidad.*

emerger Surgir, salir, brotar, aparecer. — *Sumergirse.*

emigración Éxodo, marcha, migración, partida, abandono, expatriación. — *Inmigración.*

eminencia Sabio, personalidad, lumbrera, personaje. — *Medianía.* || Excelencia, superioridad, distinción, grandeza. — *Inferioridad.* || V. colina.

emisario Delegado, enviado, representante, embajador, mensajero, parlamentario.

emisión Transmisión, difusión, programa, audición, espacio. || Proyección, lanzamiento, v. emitir.

emisora Estación, radio, difusora, transmisor.

emitir Transmitir, difundir, propalar. || Expulsar, proyectar, lanzar, irradiar, despedir, emanar. — *Atraer.*

emoción Conmoción, agitación, alteración, turbación, angustia. — *Tranquilidad, calma.* || Ternura, piedad, humanidad, sensiblería. — *Crueldad.*

emocionante Conmovedor, enternecedor, emotivo, interesante, inquietante. — *Indiferente.*

emocionar Conmover, v. emocionante.

emotivo V. emocionante.

empachar Saciar, estragar, empalagar, hartar, indigestar, estomagar.

empadronar Censar, inscribir, registrar, relacionar, matricular.

empalagar V. empachar.

empalagoso Irritante, fastidioso, cargante, dulzón, pesado, almibarado. — *Sobrio, indiferente.*

empalizada Valla, cerca, estacada, cerco, verja, seto, cercado.

empalmar Acoplar, ensamblar, reunir, ligar, conectar, ajustar. — *Soltar, separar.*

empantanar V. estancar.

empañar Enturbiar, oscurecer, opacar, deslustrar. — *Aclarar.* || Deslucir, estropear, arruinar, desacreditar. — *Realzar.*

empapar Calar, mojar, humedecer, remojar, impregnar, duchar, inundar. — *Secar.*

empapelar Forrar, cubrir, revestir, tapizar, guarnecer.

empaque Cadura, porte, figura, traza, presencia, facha, continente. || Gravedad, seriedad, afectación, prosopopeya. — *Sencillez.*

empaquetar Empacar, envolver, enfardar, encajonar, liar. — *Desempaquetar.*

emparedado Bocadillo, canapé, panecillo, tentempié.

emparejar Igualar, allanar, nivelar, alisar, reunir, aparear, juntar. — *Desigualar, separar.*

emparentar Vincularse, relacionarse, unirse, atarse, contraer lazos. — *Desvincularse.*

emparrado Pérgola, cenador, glorieta, mirador, galería.

empatar Igualar, emparejar, nivelar, equilibrar, compensar. — *Desempatar.*

empecinado Terco, obstinado, tozudo, porfiado, testarudo, incorregible. — *Razonable.*

empedernido Implacable, insensible, cruel, desalmado, brutal, riguroso. — *Humano.*

empedrar Adoquinar, pavimentar, cubrir.

empellón Empujón, choque, topetazo, golpe, atropello, codazo, brusquedad.

empeñar Pignorar, entramparse, adeudar, comprometerse. — *Desempeñar.* || **empeñarse** Obstinarse, encapricharse, porfiar, insistir. — *Abandonar, ceder.*

empeño Deseo, vehemencia, ansia, pasión, obstinación, tesón, apetencia, ardor. — *Abulia.*

empeorar Agravarse, desmejorar, perder, disminuir, deteriorarse, decaer. — *Mejorar.* || Nublarse, encapotarse, cerrarse, cubrirse. — *Despejarse.*

empequeñecer Disminuir, reducir, menguar, aminorar, mermar, decaer, minimizar. — *Agrandar.*

emperador Soberano, monarca, rey.

emperifollar Emperejilar, adornar, acicalar, engalanar, ataviar, endomingar, hermosear, componer, aderezar. — *Afear, desarreglar.*

emperrarse Encapricharse, obstinarse, porfiar, encastillarse. — *Razonar, ceder.*

empezar Iniciar, comenzar, emprender, estrenar, principiar, surgir, crear, fundar. — *Terminar.*

empinado Pino, inclinado, encaramado, desnivelado, caído, elevado. — *Llano.*

empinarse Alzarse, auparse, encaramarse, estirarse. — *Bajarse.*

empingorotado Encopetado, presuntuoso, engreído, prosopopéyico, opulento. — *Sencillo, humilde.*

empíreo Edén, paraíso, cielo, gloria, nirvana. — *Infierno.* || Paradisíaco, excelso, supremo. — *Infernal.*

empírico Práctico, rutinario, positivo, real. — *Teórico.*

emplasto Cataplasma, parche, sinapismo, fomento, bizma, ungüento.

emplazado Situado, colocado, ubicado, orientado, dispuesto. || Citado, convocado, requerido, llamado.

emplazar Situar, colocar, instalar, ubicar, orientar. — *Quitar.* || Convocar, llamar, ordenar, citar, requerir.

empleado Oficinista, funcionario, productor, subalterno, burócrata, escribiente. — *Jefe.*

emplear Colocar, contratar, acomodar, asalariar, aceptar. — *Despedir.* ||

Utilizar, usar, disfrutar, aprovechar, obtener, valerse, consumir, gastar. — *Dejar.*

empleo Colocación, puesto, cargo, ocupación, trabajo, oficio, acomodo, destino, plaza, menester, vacante. — *Desocupación.* || Uso, utilización, usufructo, aprovechamiento, aplicación, función, utilidad. — *Desuso.* || Jerarquía, grado, categoría, título, escalafón.

empobrecer Arruinar, perjudicar, dañar, endeudar, decaer. — *Enriquecer.*

empollar Criar, incubar, cuidar. || Estudiar, memorizar, reflexionar, meditar.

emponzoñar V. envenenar.

emporio Centro, núcleo, foco, base, sede, almacén, establecimiento, mercado.

empotrar Embutir, incrustar, encajar, enchufar, empalmar, alojar. — *Extraer.*

emprendedor Activo, dinámico, diligente, afanoso, ambicioso, hábil. — *Abúlico.*

emprender Intentar, acometer, abordar, iniciar, comenzar. — *Abandonar, cesar.*

empresa Ocupación, tarea, trabajo, obra, labor, cometido, tentativa, proyecto. || Sociedad, compañía, firma, casa, industria, razón social.

empresario Patrono, patrón, amo, dueño, propietario, jefe, cabeza, gerente. — *Empleado, subordinado.*

empréstito Préstamo, adelanto, anticipo, ayuda, hipoteca, garantía.

empujar Impeler, impulsar, arrastrar, forzar, propulsar, lanzar, chocar, atropellar. — *Detener, frenar.*

empuje Brío, arranque, impulso, ímpetu, energía, vigor, coraje. — *Indolencia.*

empujón V. empellón.

empuñadura Mango, asa, manubrio, puño, guarnición, asidero, manija.

empuñar Aferrar, asir, coger, aprisionar, tomar, blandir, apretar. — *Soltar.*

emular Imitar, remedar, copiar, reproducir, competir, rivalizar, oponerse.

enajenación Venta, pignoración, cesión, traspaso, adjudicación. — *Recuperación, devolución.* || Locura, demencia, desvarío, arrebato, acceso. — *Cordura.*

enajenar Vender, v. enajenación. || **enajenarse** Enloquecer, desvariar, trastornarse, disparatar, desatinar. — *Razonar.* || Extasiarse, abstraerse, embelesarse, pasmarse. — *Repugnar.*

enaltecer Ensalzar, encumbrar, alabar, exaltar, honrar, glorificar, destacar. — *Criticar.*

enamorado Adorador, galán, galanteador, pretendiente, tórtolo. || Encariñado, apasionado, prendado, chalado, seducido, tierno. — *Indiferente.*

enamorar Conquistar, flechar, seducir, galantear, cortejar. || **enamorarse** Encariñarse, prenderse, adorar, idolatrar, derretirse, apasionarse. — *Olvidar.*

enano Pigmeo, liliputiense, minúsculo, diminuto, escaso, menudo, raquítico. — *Gigante.*

enarbolar Izar, alzar, levantar, colocar, ondear, blandir, empuñar. — *Arriar, bajar, soltar.*

enardecer Arrebatar, acalorar, apasionar, entusiasmar, estimular. — *Aplacar.* || Irritar, exasperar, encolerizar, provocar. — *Calmar.*

encabezar Dirigir, capitanear, acaudillar, organizar. — *Seguir.* || Empezar, principiar, iniciar, titular, escribir. — *Terminar.*

encadenar Esposar, aherrojar, ligar, maniatar, esclavizar, sujetar. — *Liberar.*

encajar V. embutir.

encaje Puntilla, blonda, bolillo, bordado, calado, labor. || Ajuste, articulación, unión.

encajonar Embalar, ence-

rrar, empacar, empaquetar, envasar. — *Desembalar.*

encalar Enlucir, blanquear, enjalbegar, pintar.

encallar Varar, embarrancar, atascarse, abordar, zozobrar, naufragar. — *Salir a flote.*

encaminarse Trasladarse, dirigirse, marchar, ir, converger, caminar. — *Desandar.*

encandilar Cegar, deslumbrar, enceguecer, maravillar, impresionar, fascinar, pasmar. — *Indisponer.*

encantador Maravilloso, v. encantar. || Mago, hechicero, brujo, nigromante, taumaturgo.

encantamiento Magia brujería, hechicería, ensalno, aojo, cábala, filtro, sortilegio. || Fascinación, maravilla, v. encantar.

encantar Maravillar, fascinar, seducir, embelesar, impresionar, cautivar, sugestionar. — *Repeler.* || Hechizar, embrujar, invocar, conjurar, hipnotizar, dominar. — *Liberar, desencantar.*

encanto Maravilla, v. encantar. || Hechizo, v. encantar.

encapotarse Nublarse, oscurecerse, cerrarse, cubrirse, entoldarse. — *Aclarar.*

encapricharse Emperrarse, obstinarse, machacar, insistir, aficionarse. — *Ol-*

vidar. || Prendarse, ena-
morarse, pirrarse, derre-
tirse. — *Odiar.*

encaramarse Subirse, trepar, ascender, elevarse,
colocarse, empinarse. —
Bajar.

encarar Enfrentar, arrostrar, plantarse, resistir,
hacer frente. — *Ceder.*

encarcelar Aprisionar, detener, encerrar, prender,
apresar, recluir, confi-
nar, aislar. — *Soltar, liberar.*

encarecer Aumentar, elevar, valorizar, subir, especular, gravar, estafar.
— *Abaratar.* || Encomen-
dar, encargar, recomen-
dar, suplicar, insistir.

encargado Delegado, gestor, agente, representan-
te, responsable, subalterno.

encargar Ordenar, pedir,
solicitar, mandar, reque-
rir, encomendar. || De-
legar, comisionar, facul-
tar, autorizar, apoderar.
— *Desestimar.*

encargo Mandato, orden,
requerimiento, solicitud,
gestión, favor, petición.

encariñarse Simpatizar, aficionarse, interesarse, encapricharse, enamorarse.
— *Odiar.*

encarnación Personifica-
ción, materialización, representación, símbolo,
imagen.

encarnado Colorado, rojo,
purpúreo, escarlata, gra-

nate, rubí, carmesí, car-
mín.

encarnar Personificar, v.
encarnación.

encarnizado Sañudo, implacable, cruel, feroz, enconado, salvaje, sangrien-
to. — *Benévolo.*

encarrilar V. encauzar.

encasillar Encuadrar, clasificar, circunscribir, ca-
talogar, calificar, sepa-
rar.

encasquetarse Encajarse,
ponerse, calarse, meter-
se, colocarse, enjaretarse.
— *Descubrirse, quitarse.*

encauzar Orientar, dirigir,
guiar, enfocar, encami-
nar, inspirar, gobernar.
— *Desorientar.*

encenagar Embarrar, enlodar, enfangar, ensuciar,
pervertir, encanallar. —

encender Prender, iluminar, conectar, accionar,
pulsar, incendiar, avivar,
inflamar, quemar. —
Apagar.

encerrar Recluir, aprisionar, internar, incomuni-
car, confinar, aislar. —
Soltar.

encerrona Trampa, añagaza, engaño, ardid, celada,
treta, artificio.

enciclopedia Léxico, diccionario, vocabulario, repertorio, compendido, texto.

encierro Reclusión, clausura, aislamiento, retiro,
prisión, mazmorra, cár-
cel, celda, calabozo. — *Liberación.*

encinta V. embarazada.

enclavado Localizado, situado, emplazado, ubicado, instalado, establecido, plantado. — *Trasladado.*

enclave Territorio, zona, comarca, emplazamiento.

enclenque Canijo, enfermizo, enteco, raquítico, esmirriado, débil. — *Fornido.*

encoger Contraer, menguar, reducir, disminuir, mermar, acortar, abreviar. — *Estirar.* || **encogerse** Acobardarse, amilanarse, arredrarse. — *Encararse.*

encolar Pegar, adherir, unir, fijar, aglutinar, soldar. — *Despegar.*

encolerizar Irritar, exasperar, enfurecer, enojar, exacerbar, desafiar, excitar, molestar, fastidiar, alterar. — *Aplacar, calmar.*

encomendar Encargar, pedir, recomendar, encarecer (v.), mandar, solicitar, suplicar. || **encomendarse** Confiarse, entregarse, fiarse, abandonarse. — *Desconfiar.*

encomiar Alabar, ponderar, ensalzar, elogiar, loar, aplaudir, enaltecer, adular. — *Criticar.*

encomienda V. encargo.

encomio Alabanza, v. encomiar.

enconarse Infectarse, inflamarse, congestionarse, supurar. — *Sanar, desinfectar.*

encono Rencor, inquina, fobia, tirria, odio, animadversión, enemistad, resentimiento. — *Afecto.*

encontrar Hallar, descubrir, tropezar, dar con, acertar, descubrir, topar. — *Perder.* || **encontrarse** Coincidir, reunirse, concurrir. — *Alejarse.*

encontronazo Tropezón, topetazo, golpe, tropiezo, colisión, encuentro, empellón.

encopetado Linajudo, aristocrático, distinguido, señorial, ilustre. — *Humilde, plebeyo.* || Vanidoso, soberbio, presumido, vano, ostentoso. — *Sencillo, modesto.*

encorsetar Ceñir, fajar, oprimir, estrechar.

encorvar Torcer, curvar, inclinar, arquear, doblar, flexionar. — *Enderezar.*

encrespar Rizar, ensortijar, enmarañar, escarolar. — *Alisar.* || **encresparse** Irritarse, encorajinarse, sulfurarse, encolerizarse. — *Calmarse.*

encrucijada Intersección, cruce, bifurcación, confluencia, empalme, reunión.

encuadrar Encasillar, delimitar, circunscribir, calificar, asignar, encerrar.

encubridor Cómplice, protector, colaborador, compinche, partidario. — *Denunciante, soplón.*

encubrir Ocultar, proteger, amparar, colaborar, participar, callar, fingir. — *Denunciar.*

encuentro Reunión, cruce, hallazgo, descubrimiento, coincidencia. — *Pérdida.* || Combate, lucha, enfrentamiento, rivalidad. — *Pacto, amistad.*

encuesta Indagación, investigación, examen, informe, sondeo, opinión, estudio.

encumbrarse Elevarse, sobresalir, destacar, progresar, descollar. — *Declinar.*

encharcar Inundar, empantanar, enlodar, enfangar, anegar, mojar. — *Secar.*

enchufar Acoplar, conectar, unir, vincular, encajar, ajustar, ensamblar, introducir. — *Desenchufar, desconectar.* || Recomendar, acomodar, ayudar, proteger, favorecer. — *Desdeñar.*

enchufe Clavija, unión, empalme, placa. || Recomendación, sinecura, momio, canonjía, breva.

endeble Flojo, enclenque, canijo, delgado, esmirriado, débil, frágil. — *Fuerte, robusto.*

endemoniado Endiablado, embrujado, poseído, poseso, satánico, perverso. — *Bendito, santificado, exorcizado.*

enderezar Erguir, levantar, alzar, elevar. — *Bajar.* || Rectificar, corregir, en-

cauzar, rehabilitar, encarrilar. — *Descarriar.*

endeudarse Entramparse, empeñarse, comprometerse. — *Pagar.*

endiablado V. endemoniado.

endilgar V. endosar.

endomingado Arreglado, acicalado, emperifollado, adornado, compuesto. — *Desarreglado.*

endosar Endilgar, enjaretar, encasquetar, espetar, cargar, encargar, culpar. — *Quitar, retirar.*

endulzar Azucarar, dulcificar, deleitar, suavizar, aplacar, c a l m a r. — *Amargar, exacerbar.*

endurecer Robustecer, fortalecer, fortificar, vigorizar, acerar. — *Debilitar.* || **endurecerse** Acostumbrarse, avezarse, curtirse. || Embrutecerse, encallecerse, insensibilizarse. — *Apiadarse, ablandarse.*

enemigo Rival, contrario, adversario, contrincante, competidor, oponente, antagonista. — *Amigo.*

enemistad Rivalidad, antagonismo, hostilidad, competencia, antipatía, riña. — *Amistad.*

enérgico Poderoso, potente, vigoroso, pujante, brioso, resuelto, firme, autoritario. — *Débil.*

energía Poder, potencia, v. enérgico.

energúmeno Violento, bárbaro, brutal, frenético, furioso, exaltado, enloquecido, fiera, bestia. — *Apacible, benévolo.*

enfado Enojo, cólera, furia, arrebato, ira. — *Calma, pacificación.* || Hastío, disgusto, fastidio, contrariedad, mortificación, resentimiento. — *Satisfacción.*

enfangar V. encenagar.

énfasis Intensidad, vehemencia, viveza, vigor, intención, pomposidad, pedantería. — *Debilidad, sencillez.*

enfático Pomposo, solemne, prosopopéyico, hondo, profundo, intencionado, agudo. — *Sencillo, claro.*

enfermedad Achaque, dolencia, padecimiento, trastorno, complicación, desarreglo, indisposición, afección, malestar, morbo, mal. — *Salud.*

enfermo Doliente, paciente, indispuesto, aquejado, afectado, molesto. — *Sano.*

enflaquecer Adelgazar, desmejorar, demacrarse, secarse, chuparse, depauperarse, reducir, consumirse, disminuir peso. — *Engordar.*

enfocar Encarar, orientar, dirigir, considerar, realizar, ejecutar. — *Desviar.*

enfrascarse Ensimismarse, embeberse, absorberse, abstraerse, engolfarse. — *Distraerse.*

enfrentar Resistir, oponerse, encarar, arrostrar, desafiar. — *Ceder, rehuir.* || **enfrentarse** Luchar, contender, chocar, guerrear. — *Huir.*

enfriar Refrescar, helar, congelar, refrigerar. — *Calentar.* || **enfriarse** Resfriarse, constiparse, acatarrarse, indisponerse. — *Sanarse.*

enfundar Cubrir, tapar, revestir, forrar, meter. — *Sacar.*

enfurecer Irritar, encolerizar, enojar, provocar, arrebatar, sulfurar, excitar, crispar, encorajinar, alterar, sublevar. — *Calmar, aplacar.*

engalanar Atildar, adornar, emperejilar, componer, arreglar, hermosear, empavesar, embanderar. — *Afear.*

enganchar Prender, empalmar, ensamblar, acoplar, trincar, ligar, asegurar. — *Soltar.*

engaño Mentira, chasco, falsedad, timo, embaucamiento, embeleco, disimulo, embrollo, invención, pretexto, truco, fraude. — *Verdad.*

engarzar Encajar, engastar, embutir, incrustar, alojar, ajustar, acoplar. — *Soltar, aflojar.*

engendrar Procrear, reproducir, criar, generar, fecundar, poblar. — *Abortar.* || Originar, causar, provocar, crear, motivar, suscitar. — *Terminar.*

engendro Aborto, monstruo, feto, espantajo, fenómeno. || Aberración, disparate, barbaridad. — *Perfección.*

englobar Comprender, incluir, abarcar, encerrar, rodear, abrazar, envolver. — *Soltar.*

engolado Inflado, vano, pomposo, hinchado, hueco, ampuloso, pretensioso, pedante, fatuo. — *Sencillo, modesto.*

engolfarse V. enfrascarse.

engolosinar Seducir, atraer, engañar, ofuscar, sugestionar, fascinar, encandilar. — *Repeler.*

engomar Pegar, encolar, adherir, fijar, unir, untar, impregnar, sujetar. — *Despegar.*

engordar Engrosar, robustecer, aumentar, ensanchar, abultar, cebar, hinchar, abotagarse. — *Enflaquecer.*

engorro Molestia, dificultad, embrollo, complicación, enredo, problema, apuro. — *Facilidad.*

engorroso Molesto, difícil, v. engorro.

engranar Encajar, ajustar, ensamblar, coincidir, embragar, empalmar. — *Desengranar, soltar.*

engrandecer Agrandar, aumentar, extender, dilatar, elevar, incrementar, crecer, fomentar, acrecentar, ennoblecer. — *Empequeñecer.*

engrasar Pringar, untar, embadurnar, lubrificar, aceitar, recubrir, suavizar. — *Limpiar, secar.*

engreimiento Jactancia, envanecimiento, fanfarronería, vanidad, soberbia, fatuidad, arrogancia, petulancia, suficiencia, desdén. — *Modestia.*

engrudo Goma, cola, pasta, adhesivo, mucílago.

engullir Tragar, devorar, embaular, zampar, deglutir, manducar, atiborrarse. — *Devolver, vomitar.*

enhebrar Ensartar, engarzar, introducir, pasar. — *Soltar.*

enhiesto Tieso, erguido, erecto, derecho, vertical, rígido, levantado. — *Lacio, caído.*

enhorabuena Pláceme, parabién, felicitación, congratulación, brindis, aplauso. — *Pésame, crítica.*

enigma Misterio, incógnita, secreto, interrogante. — *Clave, solución.* || Rompecabezas, charada, jeroglífico, acertijo, pasatiempo. — *Solución.*

enigmático Secreto, misterioso, inexplicable, oscuro, abstruso, turbio. — *Claro, evidente.*

enjambre Profusión, cantidad, abundancia, hervidero, hormiguero, cúmulo, infinidad. — *Falta, carencia.*

enjaular V. encerrar.

enjoyado Recamado, recubierto, adornado, engastado, rico, opulento. — *Sobrio, pobre.*

enjuagar Aclarar, lavar, humedecer, bañar, sumergir, limpiar, rociar. — *Secar, enjugar.*

enjugar Secar, limpiar, escurrir, recoger. — *Humedecer.* || Cancelar, liquidar, extinguir. — *Crear.*

enjuiciar Valorar, calificar, evaluar, justipreciar, juzgar, apreciar, sentenciar. — *Ignorar.*

enjundia Fuerza, vigor, arrestos, coraje, brío, pujanza, esencia, quid. — *Debilidad.*

enjuto Flaco, enteco, nervudo, magro, seco, delgado, chupado, demacrado, consumido. — *Rollizo.*

enlace Boda, casamiento, nupcias, unión, alianza, matrimonio, vínculo, esponsales. — *Divorcio.* || Ligazón, unión, vínculo, enchufe, articulación, acoplamiento, nexo, engarce, lazo. — *Separación.*

enlazar Ligar, unir, v. enlace.

enlodar V. encenagar.

enloquecedor V. espeluznante. || V. arrebatador.

enloquecer Trastornarse, delirar, chalarse, chiflarse, enajenarse, extraviar-

se, desvariar, chochear, desbarrar. — *Razonar.*

enmarañado Revuelto, erizado, enredado, desordenado, hirsuto. — *Suelto, ordenado.* || Confuso, embrollado, enredado, desordenado, caótico, complicado. — *Claro, simple.*

enmascarar Disfrazar, disimular, encubrir, desfigurar, tapar, cubrir. — *Descubrir, revelar.*

enmendar Corregir, rectificar, enderezar, encarrilar, reparar, subsanar. — *Reincidir.*

enmienda Corrección, v. enmendar.

enmohecerse Oxidarse, estropearse, arruinarse, herrumbrarse, anquilosarse.

enmudecer Callar, silenciar, desconcertarse, turbarse, guardar silencio. — *Parlotear.*

ennegrecer Oscurecer, sombrear, teñir, atezar, pintar, ensuciar. — *Blanquear.*

ennoblecer Enaltecer, encumbrar, elevar, realzar, honrar, glorificar. — *Denigrar, envilecer.*

enojo Irritación, cólera, enfado, rabia, ira, acaloramiento, furia. — *Alegría, serenidad.*

enorgullecerse Ufanarse, alegrarse, jactarse, presumir, alardear, blasonar. — *Avergonzarse.*

enorme Gigantesco, titánico, ciclópeo, colosal, descomunal, monumental, voluminoso, monstruoso, desmedido, inmenso. — *Minúsculo, diminuto.*

enormidad V. barbaridad.

enraizar Arraigar, aclimatar, fijar, acostumbrar, establecer. — *Desarraigar.*

enrarecido Rarificado, disperso, escaso. — *Condensado.* ‖ Viciado, contaminado. — *Puro.*

enredar Enmarañar, mezclar, desordenar, revolver. — *Desenredar.* ‖ Embrollar, liar, confundir, complicar, entorpecer. — *Simplificar.*

enredo Lío, embrollo, maraña, trampa, intriga, confusión, complicación, cuento, fraude. — *Verdad.*

enrevesado Confuso, embrollado, oscuro, complejo, difícil, indescifrable, incomprensible. — *Sencillo.*

enriquecer Mejorar, fomentar, ayudar, vigorizar, impulsar. — *Empobrecer.* ‖ **enriquecerse** Prosperar, progresar, ascender, lucrar, embolsar, beneficiarse, especular, explotar, cosechar. — *Empobrecerse.*

enrojecer Avergonzarse, abochornarse, sonrojarse, ruborizarse. — *Palidecer.* ‖ Pintar, teñir. — *Decolorar.*

enrolar Alistar, reclutar, enganchar, inscribir, incorporar. — *Licenciar.*

enrollar Arrollar, liar, envolver, enroscar, plegar, retorcer. — *Desenrollar.*

enronquecer Desgañitarse, vociferar, rugir, quedarse afónico.

enroscar Atornillar, v. enrollar.

ensalada Barullo, embrollo, lío, mezcolanza, revoltijo, amasijo, maraña.. — *Claridad.*

ensalmo Brujería, conjuro, hechizo, exorcismo, superstición.

ensalzar Loar, alabar, elogiar, ponderar, encomiar, encarecer, aplaudir, glorificar. — *Denigrar.*

ensamblar V. embutir.

ensanchar Dilatar, ampliar, extender, engrandecer, agrandar, aumentar, estirar, distender, abultar, hinchar, expandir. — *Estrechar, disminuir.*

ensangrentar Salpicar, empapar, manchar, teñir, bañar, matar, liquidar.

ensañamiento Brutalidad, ferocidad, saña, encarnizamiento, sevicia, crueldad. — *Humanidad.*

ensartar Traspasar, atravesar, espetar, horadar, cruzar, enristrar, unir.

ensayar Experimentar, tantear, investigar, examinar, probar, sondear, reconocer.

ensenada Cala, caleta, ra-

da, abrigo, bahía, fondeadero, abra, golfo, ría.

enseña Insignia, estandarte, emblema, divisa, ban-
dera, guión, guía.

enseñanza Instrucción,
ilustración, educación,
iniciación, cultura. — *Ig-
norancia.* || Cátedra, mé-
todo, clase, programa,
escuela.

enseñar Educar, instruir,
adiestrar, iniciar, adoctrinar, ilustrar, divulgar. —
Embrutecer. || Mostrar,
exhibir, revelar, desta-
par, sacar, exponer, lu-
cir. — *Ocultar.*

enseñorearse Adueñarse,
apoderarse, apropiarse,
dominar, ocupar, usur-
par. — *Entregar, devol-
ver.*

enseres Utensilios, aparatos, muebles, efectos,
bártulos, útiles, bienes,
artefactos.

ensimismado Abstraído,
meditabundo, embebido,
pensativo, absorto, abis-
mado, enfrascado. —
Alerta.

ensoberbecerse V. envanecerse.

ensombrecerse Oscurecerse, nublarse, encapotarse,
cerrarse, ennegrecerse.
— *Aclarar.* || Entriste-
cerse, apenarse, preocu-
parse, enfadarse. — *Ale-
grarse.*

ensordecedor Estrepitoso,
estruendoso, atronador,
sonoro, retumbante, es-

tridente. — *Inaudible,
apagado.*

ensortijado Crespo, rizado,
encrespado, encarrujado,
ondulado. — *Liso, lacio.*

ensuciar Manchar, embadurnar, percudir, prin-
gar, tiznar, afear, deslu-
cir. — *Limpiar.* || Man-
cillar, degradar, deshon-
rar, empañar, afrentar.
— *Honrar.*

ensueño Fantasía, ilusión,
quimera, esperanza, ima-
ginación, ficción, utopía,
visión, imagen, irreali-
dad, espejismo. — *Reali-
dad.*

entablar Preparar, disponer, iniciar, comenzar,
emprender, causar, plei-
tear. — *Terminar, arre-
glar.*

entablillar Sujetar, inmovilizar, asegurar, vendar.

ente Sujeto, ser, entidad,
esencia, cosa, entelequia,
sustancia, criatura.

enteco V. enclenque.

entender Percibir, comprender, creer, pensar,
inferir, alcanzar, intuir,
pensar. — *Ignorar.*

entendido V. experto.

entendimiento Talento, alcance, agudeza, perspica-
cia, penetración, capaci-
dad, intelecto, cacumen,
razón, lucidez, cabeza. —
Torpeza.

enterar Informar, comunicar, avisar, revelar. —
Ocultar. || **enterarse** Oír,
saber, conocer, descu-

brir, notar, averiguar. — *Ignorar.*

entereza Energía, firmeza, fortaleza, carácter, ánimo, aguante. — *Debilidad.* || Integridad, honradez, honestidad, rectitud, probidad. — *Truhanería, infidelidad.*

enternecer Conmover, emocionar, impresionar, inquietar, turbar, afectar, compadecerse. — *Endurecer.*

entero Completo, íntegro, intacto, total, absoluto, indiviso, uno. — *Fragmentario.* || Recto, honrado, honesto, íntegro, leal. — *Desleal.*

enterrador Sepulturero excavador.

enterrar Cavar, soterrar, sepultar, ocultar. — *Desenterrar.* || Inhumar, sepultar, conducir, acompañar. — *Exhumar.* || Arrinconar, olvidar, desechar. — *Revivir.*

entidad Ser, v. ente. || Empresa, corporación, sociedad, firma, asociación, consorcio, compañía.

entierro Sepelio, inhumación, ceremonia, acto, comitiva, cortejo. — *Exhumación.*

entonación Tono, acento, modulación, armonía, deje, acentuación, tonillo.

entonado Adecuado, moderado, apropiado, conveniente, oportuno, correcto, mesurado. — *Exage-*

rado. || Fortalecido, animado. — *Débil.*

entonar Vocalizar, cantar, modular, corear, tararear, canturrear, salmodiar. || **entonarse** Animarse, fortalecerse, vigorizarse. — *Debilitarse.*

entorpecer Dificultar, estorbar, embarazar, impedir, paralizar, entumecer, abrumar. — *Facilitar.*

entrada Acceso, ingreso, pórtico, puerta, embocadura, abertura. — *Salida.* || Llegada, irrupción, invasión, admisión. — *Marcha, abandono.* || Billete, boleto, papeleta, comprobante, vale, cupón.

entraña Órgano, víscera, bofe. || Corazón, alma, esencia, fondo, entresijo, carácter, genio.

entrañable Dilecto, íntimo, cordial, estimado, caro, amado, bienquisto, predilecto. — *Odiado.*

entrar Penetrar, meterse, introducirse, ingresar, acceder, pasar, irrumpir, presentarse, invadir, escalar. — *Salir.* || Afiliarse, inscribirse.

entreabrir Entornar, entrecerrar, adosar, separar.

entreacto Intervalo, intermedio, descanso, interludio.

entrecejo Ceño, sobrecejo, arruga.

entrecortado Irregular, vacilante, intermitente, tartamudeante, balbuceante. — *Seguro, continuo.*

entrechocar Castañetear, percutir, golpear, trompicar.

entredicho Sospecha, prevención, desconfianza, recelo. — *Confianza.*

entregar Ceder, transferir, transmitir, dar, traspasar, facilitar, prodigar, distribuir, suministrar, ofrecer. — *Recibir.* || **entregarse** Rendirse, capitular, humillarse, abandonarse, someterse. — *Luchar, resistir.*

entrelazar Entrecruzar, cruzar. — *Separar.*

entremés Platillo, tapa, aperitivo. || Sainete, pieza breve.

entremetido Indiscreto, fisgón, curioso, incauto, descarado, oficioso. — *Serio, discreto.*

entrenar Preparar, adiestrar, ejercitar, instruir, aleccionar, guiar. — *Desentrenar.*

entresacar Escoger, elegir, extraer, seleccionar, espigar, aligerar.

entresijo Interioridad, entretelas, entrañas, alma, corazón, intimidad, enigma. — *Exterior.*

entretejer Entrelazar, urdir, entreverar, trenzar, enredar, trabar. — *Soltar.*

entretela Forro, guata, relleno, refuerzo. || **entretelas** Entrañas, alma, entresijo (v.).

entretener Divertir, distraer, solazar, recrear, amenizar, animar, interesar. — *Aburrir.* || Retrasar, retardar, demorar, entorpecer, distraer. — *Urgir.* || Conservar, preservar, cuidar, mantener. — *Descuidar.*

entretenimiento Diversión, distracción, esparcimiento, solaz, pasatiempo, recreo. — *Aburrimiento.*

entrever Percibir, vislumbrar, columbrar, divisar, otear, distinguir. — *Cegarse, descuidar.* || Sospechar, prever, presumir. — *Ignorar.*

entrevista Audiencia, conferencia, reunión, conversación, cita, encuentro.

entristecer Afligir, desconsolar, atribular, consternar, apenar, angustiar, acongojar, atormentar, apesadumbrar. — *Alegrar.*

entrometido V. entremetido.

entronizar Implantar, instalar, asentar, colocar, fundar, coronar. — *Destronar, expulsar.*

entronque Lazo, vínculo, parentesco, relación, afinidad, alianza. — *Desvinculación.*

entuerto Agravio, injuria, daño, perjuicio, baldón, insulto. — *Favor, beneficio.*

entumecerse Entorpecerse, impedirse, paralizarse,

adormecerse. — *Agilizarse*.

enturbiar Obscurecer, empañar, revolver, agitar, ensombrecerse. — *Aclarar*.

entusiasmo Pasión, emoción, exaltación, admiración, arrebato, frenesí, ardor. — *Indiferencia*.

entusiasta Devoto, admirador, partidario, fanático, adorador, incondicional. — *Indiferente*.

enumerar Relacionar, detallar, especificar, exponer, declarar, contar. — *Omitir*.

enunciar V. enumerar.

envainar Enfundar, guardar, meter, introducir, colocar. — *Desenvainar, sacar*.

envalentonarse Atreverse, resolverse, animarse, fanfarronear, bravuconear. — *Acobardarse*.

envanecerse Ensoberbecerse, engreírse, inflarse, fanfarronear, presumir. — *Disculparse, avergonzarse*.

envarar V. entorpecer.

envasar Embotellar, encajonar, empaquetar, enlatar, fraccionar, llenar. — *Extraer, sacar, desembalar*.

envase Recipiente, frasco, bote, vaso, lata, botella, embalaje.

envejecer Marchitarse, avejentarse, gastarse, estropearse, ajarse, declinar, degenerar. — *Rejuvenecer*.

envejecido V. viejo.

envenenar Intoxicar, emponzoñar, contaminar, inocular, contagiar, enviciar, pervertir. — *Desintoxicar*.

envergadura Amplitud, extensión, anchura, largo, distancia, magnitud, trascendencia.

enviado V. emisario.

enviar Despachar, mandar, remitir, dirigir, expedir, consignar, facturar, delegar. — *Recibir*.

enviciar Corromper, depravar, pervertir, habituar, contaminar, extraviar, seducir. — *Corregir*.

envidia Celos, rivalidad, resentimiento, pelusa, rencor, animosidad, rabia. — *Afecto, nobleza*.

envidiar Codiciar, ansiar, querer, anhelar, ambicionar, resentirse, reconcomerse. — *Alegrarse*.

envidioso Celoso, resentido, suspicaz, reconcomido, codicioso, egoísta. — *Noble*.

envilecer Degradar, corromper, mancillar, deshonrar, humillar, descarriar, contaminar. — *Corregir*.

envío Remesa, expedición, encargo, mercancía, paquete, bulto, carga.

envoltorio Paquete, lío, bulto, fardo, embalaje, atadijo, envoltura (v.).

envoltura Cubierta, capa, recubrimiento, funda, forro, corteza, envoltorio (v.).

envolver Cubrir, enrollar, liar, tapar, arrollar, empaquetar. — *Destapar.*

enzarzarse Reñir, pelearse, liarse, pleitear. — *Amigarse.* || Comprometerse, arriesgarse. — *Desentenderse.*

épico Heroico, glorioso, grandioso, legendario.

epidemia Peste, morbo, pandemia, plaga, azote, calamidad, enfermedad infecciosa. — *Salubridad.*

epidermis Cutis, piel, dermis, pellejo, capa.

epígrafe Inscripción, rótulo, título, letrero, encabezamiento, lema.

epílogo Desenlace, remate, conclusión, colofón, coronamiento, final. — *Prólogo.*

episódico Circunstancial, incidencial, irregular, variable. — *Regular, fijo.*

episodio Hecho, suceso, incidente, caso, peripecia, lance, acontecimiento. || Capítulo, división, jornada, sección, aparte.

epístola Mensaje, misiva, carta, esquela, escrito, despacho, comunicación.

epitafio Inscripción, título, leyenda, exergo.

epíteto Adjetivo, calificativo, título, nombre, apodo.

epítome Compendio, resumen, extracto, sumario,

esquema, compilación. — *Texto.*

época Tiempo, período, era, etapa, fase, fecha, temporada, lapso, ciclo, división.

epopeya Gesta, hazaña, proeza, aventura, heroicidad, leyenda, épica, relato.

equidad Objetividad, imparcialidad, ecuanimidad, justicia, honradez. — *Injusticia.*

equilibrio Estabilidad, nivelación, contrapeso, proporción, medida, sensatez. — *Desequilibrio.*

equilibrista Funámbulo, acróbata, volatinero, trapecista, gimnasta.

equipaje Equipo, bultos, maletas, bagaje.

equipar Proveer, suministrar, dotar, aprovisionar, avituallar, surtir. — *Desposeer.*

equiparar Igualar, comparar, cotejar, parangonar, confrontar. — *Diferenciar.*

equipo Conjunto, bando, grupo, agrupación, combinación, cuadrilla, banda. || Indumentaria, vestuario, instrumental, pertrechos.

equitativo V. ecuánime.

equivalente Similar, parecido, semejante, paralelo, igual, gemelo, armónico. — *Desigual.*

equivocación Error, falta, yerro, omisión, desliz, disparate, desatino, culpa, inadvertencia, inexactitud, gazapo. — *Acierto.*

equivocado Incorrecto, defectuoso, errado, disparatado, erróneo, inexacto. — *Acertado.*

equívoco Ambigüedad, tergiversación, vaguedad, imprecisión. — *Claridad, precisión.*

era Época, tiempo, período, temporada, fase, etapa, momento, espacio, ciclo, lapso.

erecto Erguido, alzado, levantado, · empinado, derecho, tieso, rígido. — *Inclinado, encorvado, lacio.*

erguido V. erecto.

erguir Enderezar, levantar, empinar, subir, alzar. — *Inclinar, aflojar.*

erial Páramo, descampado, planicie, estepa, llanura, yermo, baldío. — *Pradera.*

erigir Levantar, alzar, edificar, construir, montar, cimentar, establecer. — *Derribar.*

erizado Espinoso, punzante, puntiagudo. — *Romo.* || Difícil, duro, arduo. — *Fácil.*

ermita Capilla, oratorio, santuario, templo, iglesia.

ermitaño Monje, asceta, eremita, anacoreta, cenobita, penitente.

erosión Desgaste, roce, uso, merma, corrosión, consunción, fricción.

erótico Voluptuoso, sensual, mórbido, carnal, lascivo, lujurioso, obsceno, pornográfico. — *Casto.*

errar Vagar, deambular, vagabundear, callejear, apartarse, desviarse. — *Pararse.* || Equivocarse, fallar, fracasar, narrar, malograr, pifiar, confundirse. — *Acertar.*

error Desliz, incorrección, defecto, distracción, · gazapo, inexactitud, omisión, yerro, descuido, falta, defecto, desliz, pifia, mentira. — *Acierto, corrección.*

erudito Sabio, sapiente, experto, docto, ilustrado, conocedor, culto, estudioso. — *Ignorante.*

erupción Estallido, explosión, emisión, expulsión. || Inflamación, eritema, irritación.

esbelto Delgado, fino, ligero, delicado, gallardo, grácil, arrogante. · — *Rechoncho.*

esbirro Secuaz, paniaguado, segundón, partidario, seguidor, sicario. — *Jefe.*

esbozo Apunte, bosquejo, boceto, dibujo, diseño, delineación, croquis, esquema.

escabroso Abrupto, áspero, escarpado, tortuoso, anfractuoso, desigual, quebrado, salvaje. — *Llano.* || Obsceno, v. erótico.

escabullirse Ocultarse, eludir, escurrirse, esquivar, desligarse, esfumarse, huir. — *Regresar, presentarse.*

escacharrar Estropear, despanzurrar, malograr, romper, maltratar, destrozar. — *Componer.*

escala Gradación, serie, sucesión, progresión, nivel. || Escalerilla, flechaste, tablazón.

escalafón Orden, grado, progresión, clasificación, categoría, jerarquía, rango.

escalar Ascender, subir, trepar, montar, progresar, encaramarse, acometer. — *Bajar.*

escaldar Abrasar, quemar, cocer, escalfar, bañar, hervir. — *Helar, enfriar.*

escalera Escala, escalinata, gradería, gradas, escalones, peldaños.

escalofriante Impresionante, estremecedor, espeluznante, horrible, aterrador. — *Cómico.*

escalofrío Estremecimiento, temblor, espasmo, indisposición, repeluzno, miedo. — *Calma, valor.*

escalón Peldaño, viga, madera, grada, piedra.

escamado Desconfiado, receloso, temeroso, malicioso, mosqueado. — *Confiado.*

escamotear Birlar, hurtar, apañar, sustraer, manipular, disimular, ocultar. — *Mostrar.*

escamoteo Truco, prestidigitación, engaño, juego de manos. || Robo, hurto, apaño. — *Devolución.*

escampar Mejorar, abonanzar, serenar, aclarar, abrir, calmar, despejar. — *Encapotarse, nublarse.*

escandalizar Alborotar, vocear, molestar, gritar, chillar, reñir, pelear. — *Sosegar, silenciar.* || **escandalizarse** Ofenderse, horrorizarse, espantarse, mosquearse, incomodarse, avergonzarse. — *Despreocuparse.*

escándalo Alboroto, bulla, batahola, estrépito, desorden, griterío, jarana, algarabía. — *Silencio, calma.* || Disputa, pelea, tremolina, altercado, riña, zapatiesta. — *Paz.* || Impudicia, inmoralidad, suceso.

escapar Huir, evadirse, fugarse, dispersarse, esfumarse, desaparecer, escabullirse. — *Permanecer, volver, entregarse.*

escaparate Vitrina, vidriera, estante, muestra, exposición, mostrador.

escapatoria Fuga, huida, evasión, desaparición, escapada. — *Rendición, permanencia, regreso.* || Subterfugio, excusa, disculpa, pretexto, evasiva, recurso, salida. — *Realidad, argumento.*

escape Pérdida, fuga, salida, derrame. — *Taponamiento, obstrucción.*

escaramuza Riña, refriega, reyerta, pelea, encuentro, contienda, choque. — *Paz, concordia.*

escarbar Hurgar, arañar, remover, rascar, raspar, cavar, desenterrar. — *Enterrar.*

escarceo Amago, simulacro, juego, devaneo, divagación, rodeo, ambigüedad.

escarlata V. colorado.

escarmentar Castigar, corregir, disciplinar, sancionar, penar. — *Indultar, perdonar.* || Doler, escocer, desengañarse, recelar. — *Reincidir.*

escarnecer Afrentar, vilipendiar, humillar, ultrajar, agraviar, vejar, mofarse. — *Respetar.*

escarpado V. escabroso.

escasear Faltar, carecer, bajar, disminuir, desaparecer, reducir, limitar. — *Abundar.*

escaso Insuficiente, falto, exiguo, limitado, pobre, carente, mezquino, roñoso. — *Abundante.*

escatimar Tasar, ahorrar, economizar, regatear, reservar. — *Derrochar.*

escena Cuadro, acto, parte. || Panorama, ambiente, cuadro, escenario, paisaje, vista, perspectiva, espectáculo. || Teatro, farándula, drama.

escéptico Incrédulo, indiferente, descreído, desconfiado, insensible, frío,
apático, suspicaz. — *Crédulo.*

esclarecer Aclarar, evidenciar, puntualizar, descubrir, desenredar. — *Ocultar.*

esclarecido Preclaro, insigne, famoso, ilustre, ínclito, afamado, eximio, célebre. — *Ignorado.*

esclavitud Yugo, sujeción, sumisión, servidumbre, opresión, tiranía, despotismo. — *Libertad.*

esclavo Siervo, cautivo, sometido, subyugado, prisionero, servidor, villano, vasallo. — *Amo.*

escocer Resquemar, arder, picar, punzar, cosquillear, enrojecerse, irritarse. — *Calmar, suavizar.*

escoger Elegir, seleccionar, tomar, separar, apartar, destacar, preferir. — *Mezclar, confundir.*

escogido Selecto, notable, elegido, excelente, sobresaliente, granado, destacado. — *Ignorado, anónimo, oscuro.*

escolar Alumno, estudiante, educando, discípulo, colegial, becario, párvulo. — *Maestro.*

escolta Séquito, comitiva, compañía, cortejo, comparsa, corte, acompañamiento.

escollo Arrecife, roca, peñasco, banco, bajío, rompiente, farallón.

escombro Cascote, ruina, piedra, desecho, derribo.

esconder Ocultar, disimular, encubrir, tapar, guardar, desfigurar, fingir, callar. — *Exhibir, divulgar.* || **esconderse** Agazaparse, agacharse, desaparecer, esfumarse. — *Presentarse, mostrarse.*

escondite Refugio, escondrijo, guarida, madriguera, abrigo, asilo, cobijo, cueva.

escopeta Rifle, carabina, fusil, mosquete, trabuco.

escoplo Cincel, gubia, formón, buril, cortafrío.

escorar Inclinarse, ladearse, torcerse, desviarse, zozobrar. — *Nivelarse.*

escoria Desecho, residuo, detrito, sobra, despojo, impureza, ceniza, hez. — *La flor.*

escotadura Muesca, corte, mella, rebajo, entalladura, cisura, incisión.

escote Descote, abertura, hendedura, busto, seno.

escozor Ardor, punzada, cosquillas, quemazón, picor, prurito, desazón. — *Alivio.* || Disgusto, resentimiento, inquietud. — *Contento.*

escribano Notario, actuario, escribiente, funcionario.

escribiente Amanuense, pasante, copista, empleado, oficinista, cagatintas, chupatintas.

escribir Caligrafiar, garabatear, trazar, subrayar, copiar, transcribir, expresar, redactar, publicar, editar, firmar. — *Borrar, tachar.*

escrito Documento, nota, acta, manuscrito, texto, inscripción, apunte, escritura (v.).

escritor Autor, literato, publicista, novelista, comediógrafo, dramaturgo, ensayista, comediante, prosista, creador.

escritorio Despacho, oficina, bufete, estudio. || Pupitre, mesa, escribanía.

escritura Manuscrito, escrito (v.), documento, copia, contrato, protocolo, original.

escrúpulo Miramiento, consideración, circunspección, conciencia. — *Desfachatez.* || Recelo, reparo, cautela, temor, remilgos, melindres, aspavientos. — *Audacia.*

escrupuloso Puntilloso, nimio, melindroso, minucioso, esmerado, cuidadoso. — *Despreocupado.*

escrutar Otear, observar, examinar, estudiar, verificar. — *Ignorar.*

escuadra Flota, armada, unidad, escuadrilla, marina, buques, flotilla.

escuadrón Batallón, unidad táctica.

escuálido Enjuto, esquelético, flaco, demacrado, enclenque, consumido, macilento. — *Rollizo.*

escuchar Oír, atender, percibir, enterarse, presentir, prestar atención. — *Desoír.*

escudero Paje, ayudante, acompañante, sirviente.

escudo Broquel, rodela, adarga, pavés, égida. || Defensa, amparo, protección, abrigo. — *Desamparo.*

escudriñar Otear, avizorar, observar, mirar, reconocer, explorar, investigar. — *Ignorar.*

escuela Colegio, academia, instituto, institución, liceo, facultad.

escueto Conciso, breve, sucinto, preciso, parco, corto, estricto. — *Detallado, extenso.*

esculpir Tallar, labrar, grabar, cincelar, repujar, modelar, crear, formar.

escultor Artista, imaginero, tallista, estatuario, artífice, creador.

escupir Salivar, expectorar, esputar, arrojar, expeler, lanzar, echar.

escurridizo Resbaladizo, resbaloso, deslizante. — *Áspero.* || Ligero, ágil, veloz, hábil, diestro, taimado, astuto. — *Torpe, lento.*

escurrir Secar, enjugar, gotear, apurar. — *Humedecer.* || **escurrirse** Resbalar, deslizarse, desplazarse, correrse, huir. — *Permanecer, inmovilizar.*

esencia Naturaleza, principio, existencia, sustancia, materia, propiedad. || Perfume, fragancia, aroma, extracto, bálsamo.

esencial Principal, funda-

mental, primordial, básico, cardinal, natural. — *Secundario.*

esfera Bola, globo, pelota, balón, abalorio, canica, píldora, pella. || Zona, campo, actividad, círculo, nivel, clase, categoría.

esforzado Animoso, valeroso, arriesgado, decidido, afanoso, arrojado. — *Apático, cobarde.*

esfuerzo Afán, trabajo, empeño, lucha, pugna, impulso, empuje, vigor, movimiento. — *Apatía, debilidad.*

esfumarse Desaparecer, diluirse, evaporarse, disiparse, escabullirse, huir. — *Presentarse, aparecer.*

esmalte Porcelana, vidriado, barniz, recubrimiento, baño, lustre.

esmerarse Afanarse, aplicarse, dedicarse, consagrarse, esforzarse. — *Descuidar.*

esmirriado Enclenque, canijo, desmedrado, enteco, débil, raquítico. — *Fornido.*

espabilado Listo, ligero, despierto, ladino, astuto, avispado, vivaz. — *Tonto, tardo.*

espabilar Avivar, espolear, adiestrar, aprender, apañárselas, componérselas. — *Atontar.*

espacio Cielo, cosmos, universo, vacío, firmamento, infinito, creación. — *Tierra.* || Capacidad, dimensión, medida, sitio, puesto, lapso. || Anchura, amplitud, holgura, desahogo. — *Estrechez.*

espada Estoque, mandoble, sable, alfanje, tizona, colada, acero, hierro, hoja.

espalda Lomo, dorso, espinazo, reverso, posterior, envés, trasera, retaguardia. — *Frente, cara.*

espantajo Adefesio, esperpento, coco, estantigua, espantapájaros. — *Hermoso.*

espantar Asustar, aterrar, horrorizar, amedrentar, acobardar, impresionar. — *Envalentonar.* || Ahuyentar, rechazar, alejar, echar, expulsar. — *Atraer.*

espantoso Horrible, pavoroso, terrible, impresionante, terrorífico, alucinante. — *Cómico, grato.*

esparcimiento Distracción, entretenimiento, solaz, diversión, pasatiempo, recreo. — *Aburrimiento.*

esparcir Desparramar, diseminar, derramar, desperdigar, extender, sembrar, tirar. — *Juntar, reunir.*

espasmo Contracción, convulsión, crispación, temblor, agitación. — *Relajación.*

especia Condimento, aderezo, sustancia.

especial Particular, peculiar, singular, propio, característico, típico. — *General, común.*

especialista Perito, experto, versado, entendido, técnico, diestro.

especie Familia, variedad, género, tipo, clase, orden, raza, grupo, serie.

especificar Explicar, enumerar, detallar, definir, establecer, precisar.

espectacular Teatral, aparatoso, pomposo, dramático, grandioso. — *Insignificante.*

espectáculo Función, representación, exhibición, gala, acto, ceremonia. || Paisaje, panorama, escena (v.).

espectador Asistente, concurrente, oyente, presente, público, auditorio, multitud.

espectro Aparecido, fantasma, espíritu, trasgo, duende, espantajo, ánima, visión. — *Realidad.*

especular Traficar, lucrarse, negociar, monopolizar, encarecer. — *Beneficiar, abaratar.* || Pensar, reflexionar, meditar, madurar, contemplar.

espejismo Visión, ilusión, quimera, engaño, delirio, apariencia. — *Realidad.*

espejo Luna, cristal.

espeluznante V. espantoso.

espera Expectativa, demora, permanencia, retraso, prórroga, aplazamiento. — *Acción.*

esperanza Confianza, fe, seguridad, certeza, certidumbre, ilusión, paciencia. — *Desconfianza, desesperanza.*

esperar Anhelar, querer, desear, confiar, animarse, creer, pensar, imaginar. || Aguardar, atender, permanecer, prorrogar, diferir. — *Adelantar, desesperar.*

esperpento V. espantajo.

espeso Denso, compacto, macizo, concentrado, condensado, apelmazado, sólido. — *Flojo, ralo.*

espesor Grosor, anchura, volumen, amplitud, solidez, fortaleza, reciedumbre. — *Estrechez, debilidad.*

espesura Fronda, ramaje, follaje, boscaje, selva, bosque, hojarasca. — *Claro, desierto.*

espetar V. endosar.

espía Agente, observador, informador, investigador, confidente, soplón.

espiar Observar, atisbar, investigar, vigilar, informar, delatar.

espigado Alto, crecido, desarrollado, esbelto, gallardo. — *Rechoncho, bajo.*

espigar Escoger, elegir, separar, seleccionar, apartar, cribar. — *Mezclar.*

espigón Rompeolas, escollera, malecón, muelle, dique, desembarcadero.

espina Pincho, púa, punta, aguijón, puya, pico.

espinazo Raquis, columna vertebral, espina dorsal, lomo, espalda.

espino Zarza, cardo, abrojo, mata, matorral.

espinoso Agudo, puntiagudo, punzante, aguzado, fino. — *Romo.* || Difícil, arduo, peliagudo, dificultoso, complicado, apurado, penoso, embarazoso, embrollado, laborioso. — *Sencillo.*

espionaje Investigación, información, averiguación, pesquisa, acecho, vigilancia.

espiración Exhalación, v. espirar.

espiral Espira, vuelta, hélice, curva, rosca, rizo, bucle. — *Recta.*

espirar Exhalar, expulsar, echar, soplar, respirar, alentar. — *Inspirar.*

espiritista Médium, ocultista, pitonisa, charlatán.

espíritu Alma, esencia, sustancia, ánima, principio, psiquis, ánimo, interior, corazón. — *Materia.* || Energía, brío, viveza, esfuerzo, valor, carácter. — *Debilidad.* || Fantasma, trasgo, duende, demonio, espectro.

espiritual Anímico, íntimo, emocional, interior, místico, platónico, delicado, sensible, fino, inteligente. — *Material.*

espléndido Soberbio, magnífico, maravilloso, estupendo, regio, noble. — *Modesto, insignificante.*

|| Generoso, filantrópico, altruista, desprendido, liberal, dadivoso, derrochador. — *Avaro.*

esplendor Magnificencia, riqueza, lustre, brillo, auge, apogeo, progreso. — *Decadencia, pobreza.*

espolear Incitar, avivar, pinchar, punzar, aguijonear, animar, fustigar. — *Desanimar, calmar.*

esponjoso Hueco, poroso, inconsistente, fláccido, fofo, blando. — *Duro, macizo.*

esponsales Compromiso, promesa, juramento. || Casamiento (v.). — *Divorcio, separación.*

espontáneo Natural, sencillo, abierto, sincero, franco, campechano, ingenuo. — *Afectado, hipócrita.* || Maquinal, involuntario, automático, inconsciente, instintivo. — *Voluntario, consciente, deliberado.*

esporádico Eventual, ocasional, circunstancial, casual fortuito, excepcional. — *Fijo, habitual.*

esposa Cónyuge, mujer, señora, pareja, compañera, consorte, desposada, casada. — *Soltera, divorciada.*

esposar Aherrojar, aprisionar, sujetar, inmovilizar, encadenar. — *Soltar.*

esposas Manilla, grillete, cadenas, ligaduras, hierros.

esposo Cónyuge, compañero, marido, consorte, casado, pareja, contrayente. — *Soltero, divorciado.*

espuela Punta, pincho, rodaja, espiga. || Aguijón, acicate, estímulo, incentivo. — *Desánimo, freno.*

espuerta Capacho, capazo, cesta, cuévano, sera.

espuma Hervor, efervescencia, burbujeo, borbollón, espumarajo, baba.

espumoso Espumante, efervescente, hirviente, burbujeante.

espurio Fraudulento, falso, bastardo, corrompido, adulterado. — *Auténtico.*

esputo Salivazo, gargajo, expectoración, escupitajo.

esquela Misiva, nota, carta, billete, tarjeta, comunicación.

esquelético Descarnado, escuálido, consumido, demacrado, enjuto, seco, flaco. — *Rollizo.*

esqueleto Osamenta, armazón, montura, bastidor, soporte.

esquema V. esbozo.

esquilmar Empobrecer, explotar, arrasar, arruinar, estafar, robar, dañar. — *Enriquecer, devolver.*

esquina Arista, ángulo, recodo, cantón, chaflán, saliente, canto, costado. — *Centro.*

esquivar Eludir, soslayar, sortear, rehuir, rechazar, evitar, escapar. — *Enfrentar.*

esquivo Arisco, huraño, áspero, huidizo, hosco, montaraz, rudo. — *Espontáneo, sociable.*

estable Firme, duradero, permanente, fijo, inmóvil, inalterable, arraigado, seguro. — *Inestable, inseguro.*

establecer Instalar, colocar, asentar, fundar, situar, crear, organizar. — *Desmontar, quitar.* || Determinar, averiguar, comprobar.

establecimiento Empresa, sociedad, entidad, firma, corporación, comercio, tienda.

establo Caballeriza, corral, cuadra, cobertizo, pocilga.

estaca Palo, tranca, madero, rama, porra, garrote, cayado, bastón, vara.

estacada V. empalizada.

estación Época, temporada, período, tiempo, etapa, fase, ciclo. || Apeadero, terminal, parada.

estacionar Aparcar, colocar, situar, parar, detener, inmovilizar. — *Mover, marchar, desplazar.*

estadio Coliseo, campo, cancha, pista, recinto, circuito.

estadista Gobernante, político, dirigente, guía, rector, jefe, presidente, autoridad. — *Súbdito.*

estadística Censo, recuento, lista, padrón, registro.

estado Nación, país, terri-

torio, pueblo. || Gobierno, administración, poder. || Disposición, situación, circunstancia, actitud, postura, aspecto.

estafa Fraude, trampa, timo, engaño, chantaje, robo. — *Honradez.*

estafador Tramposo, timador, embaucador, bribón, ladrón, chantajista. — *Honrado.*

estallar Reventar, explotar, detonar, saltar, volar, resonar.

estampa Efigie, grabado, figura, lámina, ilustración, cromo.

estampar Grabar, imprimir, impresionar, marcar, reproducir.

estampido Explosión, detonación, estallido, descarga, estruendo.

estancar Atascar, detener, empantanar, rebalsar, paralizar, obstruir, entorpecer. — *Movilizar.*

estancia Cuarto, habitación, pieza, aposento, alcoba. || Permanencia, detención, alojamiento. — *Marcha, salida.*

estandarte V. enseña.

estanque Laguna, alberca, lago, depósito, marjal, embalse.

estante Repisa, anaquel, ménsula, aparador, armario.

estar Permanecer, hallarse, encontrarse, ser, detenerse, existir. — *Desaparecer, faltar.*

estático Inmóvil, fijo, quieto, parado, inalterable. — *Móvil.*

estatua Escultura, imagen, talla, efigie, ídolo, figura.

estatura Altura, alzada, talla, corpulencia, alto.

estatuto Ordenanza, decreto, precepto, reglamento, código, ordenación, norma.

este Levante, oriente, naciente. — *Oeste, occidente.*

estela Rastro, paso, señal, marca, huella, pista.

estentóreo Potente, retumbante, ruidoso, estruendoso. — *Débil.*

estepa Páramo, erial, yermo, llanura, planicie. — *Vergel.*

estera Alfombra, felpudo, tapiz, tapete, moqueta.

estéril Improductivo, infecundo, yermo, árido, pobre, desértico, ineficaz, inútil. — *Fecundo, eficaz.*

esterilizar Capar, castrar, extirpar. || Desinfectar, purificar, higienizar. — *Contaminar.*

estertor Agonía, jadeo, ronquido.

estético Decorativo, artístico, gracioso, bello. — *Antiestético.*

estibador Cargador, esportillero, mozo, costalero, peón.

estibar Cargar, colocar, disponer, distribuir. — *Descargar.*

estiércol Abono, boñiga, fiemo, bosta, excremento.

estigma Mancha, mácula, señal, llaga. || Baldón, afrenta, deshonra, vergüenza. — *Honra.*

estilete Daga, puñal, cuchillo, navaja, faca, hoja.

estilizado Esbelto, armonioso, airoso, fino. — *Tosco.*

estilo Manera, uso, modo, costumbre, moda, práctica.

estima Aprecio, consideración, afecto, cariño, respeto. — *Odio.*

estimar Evaluar, tasar, calcular, valorar, presumir, juzgar. || Querer, amar, apreciar, h o n r a r. — *Odiar.*

estimular Animar, incitar, espolear, provocar, alentar, inspirar. — *Desanimar.*

estipendio Pago, remuneración, honorarios, salario, comisión.

estipular Convenir, acordar, pactar, especificar, concretar.

estirar Alargar, extender, dilatar, ensanchar, desplegar. — *Encoger.* || estirarse Bostezar, desperezarse, desentumecerse, extender. — *Encogerse.*

estirpe Abolengo, alcurnia, linaje, origen, prosapia, cuna.

estocada Cuchillada, tajo, corte, pinchazo, golpe, chirlo.

estofado Guiso, aderezo, adobo, guisado, cocido, vianda.

estoico Sereno, inmutable, firme, fuerte, sufrido. — *Débil.*

estómago Víscera, buche, vientre, órgano.

estoque V. espada.

estorbo Obstáculo, freno, barrera, engorro, dificultad, traba, molestia, embarazo, interrupción. — *Facilidad.*

estrado Tarima, tablado, grada, peana, pedestal, plataforma.

estrafalario Raro, ridículo, estrambótico, extravagante, grotesco, cómico. — *Normal, estético.*

estragar Hastiar, importunar, corromper, viciar. — *Corregir, incitar.*

estrago Ruina, destrucción, daño, trastorno, desgracia, desolación, catástrofe. — *Beneficio, fortuna, reconstrucción.*

estrangular Acogotar, ahogar, sofocar, ahorcar, asfixiar.

estraperlo Tráfico, chanchullo, especulación, contrabando.

estratagema Celada, ardid, engaño, treta, artimaña, astucia.

estrategia Táctica, maniobra, habilidad, pericia, competencia.

estrechar Ceñir, apretar, rodear, abrazar, angostar, reducir, encoger. — *Aflojar, ensanchar.*

estrecho Angosto, apretado, contraído, justo. — *Ancho.* || Canal, paso, embocadura, angostura.

estrella Astro, luminaria, lucero. || Sino, hado, destino.

estrellarse Chocar, golpear, precipitarse, colisionar. — *Eludir.*

estremecer Sacudir, mover, temblar, menear, agitar. — *Inmovilizar.* || **estremecerse** Conmoverse, turbarse, impresionarse, alarmarse, inquietarse. — *Tranquilizarse.*

estrenar Inaugurar, comenzar, iniciar, abrir, acometer. — *Cerrar.*

estrépito Estruendo, ruido, alboroto, fragor, tumulto. — *Silencio.*

estría Surco, ranura, muesca, canal, hueco.

estribillo Muletilla, repetición, bordón, reiteración.

estricto Ajustado, preciso, justo, rígido, severo, recto. — *Benévolo.*

estridente Rechinante, chirriante, destemplado, ruidoso, desentonado, discordante. — *Armonioso.*

estropear Deteriorar, averiar, dañar, arruinar. — *Arreglar.*

estructura Armazón, montura, esqueleto, soporte, base, sostén.

estruendo V. estrépito.

estrujar Comprimir, apretar, prensar, exprimir, ceñir. — *Soltar, aflojar.*

estuche Joyero, envase, cajita, arqueta, funda, cofre.

estudiante V. escolar.

estudiar Educarse, instruirse, aprender, cursar, ilustrarse, practicar. — *Embrutecerse.* || Investigar, examinar, buscar, proyectar. — *Descuidar.*

estudio Educación, v. estudiar. || Despacho, escritorio, bufete, oficina, taller.

estudioso Aplicado, laborioso, aprovechado, empollón. — *Vago.*

estufa Hogar, radiador, calorífero, calentador, brasero, chimenea.

estupefacción Asombro, estupor, pasmo, maravilla, sorpresa, extrañeza, fascinación. — *Indiferencia.*

estupefaciente Narcótico, soporífero, hipnótico, alcaloide, anestésico, droga.

estupefacto Asombrado, v. estupefacción.

estupendo Soberbio, asombroso, magnífico, maravilloso, prodigioso, pasmoso, increíble. — *Desastroso, horrible.*

estupidez Necedad, simpleza, sandez, bobada, disparate, majadería, idiotez. — *Genialidad.*

estúpido Tonto, bobo, necio, memo, mentecato, simple, obtuso, zopenco, pasmado. — *Genio, inteligente.*

estupor V. estupefacción. ||

Sopor, embotamiento, insensibilidad, letargo, modorra. — *Actividad.*

estupro Violación, abuso, desfloración, acceso, profanación, violencia, rapto.

etapa Fase, período, parte, ciclo, peldaño. || Parada, descanso, alto, detención.

éter V. espacio.

etéreo Sutil, vaporoso, incorpóreo, volátil, irreal, grácil, puro. — *Material, recio.*

eternidad Perpetuidad, inmortalidad, perennidad, permanencia. v. eterno.

eternizarse Demorarse, retrasarse, aplazar, diferir, prorrogar. — *Avivar, urgir.*

eterno Perpetuo, permanente, perdurable, perenne, prolongado, imperecedero, inmortal. — *Fugaz, efímero, pasajero, breve.*

ética Norma, conducta, moral, proceder, práctica. — *Inmoralidad.*

etimología Origen, procedencia, raíz, cuna, fuente, génesis (de las palabras).

etiqueta Rótulo, marbete, sello, precinto. || Protocolo, ceremonial, rito, culto, solemnidad, pompa. — *Sencillez.*

étnico Racial, etnográfico, familiar, peculiar, nacional, característico. — *Universal.*

eucaristía Sacramento, comunión, hostia, viático.

eufemismo Rodeo, perífrasis, alusión, ambigüedad, indirecta, tapujo. — *Rudeza, brusquedad.*

eufónico Armonioso, melodioso, agradable. — *Discordante.*

euforia Bienestar, animación, entusiasmo, ardor, exaltación, optimismo. — *Pesimismo, tristeza.*

eunuco Castrado, emasculado, impotente. — *Viril.*

euritmia Equilibrio, proporción, mesura, relación, correspondencia. — *Desproporción.*

europeo Occidental, ario, blanco, caucásico. — *Oriental.*

evacuación Defecación, deposición, deyección, excremento, heces, detrito. ¦ Abandono, v. evacuar.

evacuar Defecar, obrar, cagar, orinar. ‖ Abandonar, mudarse, desocupar, retirarse, huir, desalojar. — *Permanecer, resistir, ocupar.*

evadir Eludir, evitar, rehuir, soslayar. — *Enfrentar.* ‖ **evadirse** Fugarse, escapar, huir, escabullirse, esfumarse, desaparecer. — *Permanecer.*

evaluar Tasar, valorar, calcular, estimar, justipreciar, ajustar, concretar.

evangelizar Convertir, catequizar, predicar, divulgar, difundir, cristianizar. — *Corromper, renegar.*

evaporar Volatilizar, disipar, gasificar, vaporizar. — *Solidificar.* ‖ **evaporarse** Desaparecer, desvanecerse, fugarse, esfumarse. — *Aparecer.*

evasión Fuga, huida, escapada, salida, marcha, desaparición, abandono, deserción. — *Permanencia, regreso.*

evasiva Excusa, disculpa, pretexto, justificación, coartada, recurso. — *Exigencia.*

eventual Accidental, fortuito, incidental, circunstancial, casual, interino. — *Deliberado, preparado.*

eventualidad Contingencia, emergencia, hecho, incidente, suceso. — *Realidad.*

evidente Cierto, palmario, claro, innegable, positivo, auténtico. — *Dudoso, impreciso.*

evitar Eludir, esquivar, rehuir, sortear, evadir, rehusar. — *Enfrentar.* ‖ Impedir, prevenir, obviar, prever, precaver. — *Favorecer, provocar.*

evocar Rememorar, recordar, repasar, insinuar, revivir, reanimar. — *Olvidar.*

evolución Transformación, cambio, metamorfosis, desarrollo, progreso. — *Estancamiento, decadencia.*

exabrupto Desbarro, salida de tono, inconveniencie, grosería. — *Fineza.*

exacerbar V. excitar.

exacto Puntual, preciso, minucioso, fiel, correcto, estricto, cumplidor. — *Inexacto, impreciso.*

exageración Exceso, abundancia, fantasía, ilusión, quimera, utopía, colmo. — *Ponderación, equidad.*

exagerado Desmedido, excesivo, inmoderado, colosal, descomunal, imaginario, utópico. — *Real, minúsculo.* || Charlatán, cuentista. — *Veraz.*

exagerar Aumentar, agrandar, abultar, desarrollar, recargar, ponderar. — *Minimizar, atenuar.*

exaltado Entusiasta, vehemente, fogoso, ardiente, impetuoso, violento, v. exagerado. — *Moderado.*

exaltar Enaltecer, honrar, encumbrar, elevar. — *Denigrar.* || Excitar, entusiasmar, enardecer, acalorar, exasperar. — *Calmar.*

examen Ejercicio, prueba, repaso, oposición, convocatoria, concurso, selección. || Investigación, observación, pesquisa, comparación, vigilancia, análisis.

examinar Investigar, v. examen.

exangüe Debilitado, agotado, débil, anémico, aniquilado, desmayado. — *Fuerte, enérgico.*

exasperar Enardecerse, excitar, irritar, indignar, enfurecer, trastornar. — *Calmar.*

excavación Hoyo, socavón, zanja, agujero, cuneta, pozo, foso, hueco, cauce, perforación. — *Relleno, montículo.*

excavar Ahondar, perforar, penetrar, minar, escarbar, desenterrar. — *Enterrar.*

excedente Sobrante, residuo, resto, innecesario, superabundante. — *Carente.*

exceder Superar, rebasar, adelantar, aventajar. — *Rezagarse.* || **excederse** Extralimitarse, propasarse, abusar, desmandarse. — *Contenerse.*

excelente Eminente, excelso, magnífico, soberano, insuperable, colosal, soberbio. — *Pésimo, mísero.* || Bondadoso, benévolo, bueno, magnánimo, generoso. — *Malvado.*

excéntrico Extravagante, raro, paradójico, ridículo, loco, chalado. — *Normal, sensato.*

excepción Anomalía, irregularidad, singularidad, exclusión, omisión, salvedad, paradoja. — *Normalidad.* || Privilegio, prerrogativa, distinción, preferencia, indulgencia, merced. — *Castigo.*

excepcional V. excelente. || Anómalo, v. excepción.

excesivo Exagerado, desmedido, enorme, desmesurado, fabuloso, colosal. *Escaso, insuficiente.*

exceso Demasía, abundancia, exageración, sobra. — *Falta.* || Abuso, desorden, intemperancia, desarreglo, libertinaje, vicio. — *Temperancia, sobriedad.*

excitar Agitar, entusiasmar, estimular, exasperar, enardecer, enloquecer. — *Calmar.*

exclamación Interjección, grito, voz, imprecación, juramento, ovación. — *Silencio.*

exclamar Gritar, vocear, apostrofar, proferir, lamentarse, vitorear. — *Callar, silenciar.*

excluir Descartar, rechazar, negar, apartar, excomulgar (v.), desechar, omitir, eliminar, exceptuar. — *Incluir.*

exclusiva Privilegio, preferencia, monopolio, autorización, prerrogativa, concesión. — *Igualdad.*

exclusivo Privilegiado, preferente. — *Equiparado.* || Peculiar, característico, distintivo, típico. — *General.*

excomulgar Repudiar, anatematizar, excluir (v.), castigar, condenar, maldecir. — *Aprobar, perdonar.*

excremento Deyección, detrito, inmundicia, heces, mierda, defecación.

excursión Paseo, viaje, caminata, recreo, gira, marcha, esparcimiento.

excusa Pretexto, evasiva, subterfugio, motivo, disculpa, coartada. — *Realidad.*

excusado Reservado, servicios, aseos, lavabos, retrete.

excusar Perdonar, disculpar, probar, justificar, defender, eludir, rehuir. — *Acusar.*

execrable Abominable, detestable, aborrecible, condenable, repugnante. — *Apreciable.*

exento Libre, inmune, dispensado, favorecido, excluido, perdonado. — *Obligado, incluido.*

exequias Funerales, honras, homenaje, réquiem, ofrenda, ceremonia.

exhalar Emanar, despedir, desprender, emitir. — *Retener.*

exhausto Extenuado, agotado, fatigado, debilitado, enflaquecido. — *Vigoroso.*

exhibición Presentación, revelación, publicación, divulgación. — *Ocultación.* || Feria, muestra, exposición, certamen.

exhortar Animar, incitar, estimular, impulsar, exigir (v.), persuadir, suplicar, obligar. — *Desanimar.*

exigente Riguroso, severo, estricto, intolerante, inflexible. — *Benévolo.*

exigir Ordenar, exhortar (v.), reclamar, pedir, invitar. — *Suplicar*.

exiguo Escaso, insuficiente, falto, carente, insignificante. — *Abundante*.

exiliar Desterrar, alejar, expulsar, deportar, confinar, proscribir, echar. — *Acoger, repatriar*.

eximio V. excelente.

eximir Exceptuar, excluir, librar, indultar, redimir, perdonar. — *Obligar*.

existencia Vida, supervivencia, presencia, realidad, esencia. — *Muerte, inexistencia*. || **existencias** Mercancías, víveres, vituallas.

existir Vivir, ser, subsistir, estar, hallarse, durar, conservarse, mantenerse. — *Morir*.

éxito Victoria, auge, triunfo, gloria, honor, renombre, notoriedad, laurel, trofeo, premio, resultado, fin. — *Fracaso*.

éxodo Emigración, huida, marcha, ausencia, peregrinación, abandono. — *Permanencia, arraigo*.

exonerar Destituir, degradar, relevar, expulsar, echar, suspender. — *Rehabilitar*.

exorbitante V. excesivo.

exorcismo Sortilegio, conjuro, embrujo, encantamiento, hechizo, magia. — *Bendición*.

exótico Desusado, raro, insólito, curioso, extravagante, excéntrico. — *Común*. || Extranjero, foráneo, lejano, remoto, bárbaro. — *Nacional*.

expansión Extensión, dilatación, agrandamiento, desarrollo, aumento, difusión, propagación. — *Limitación*.

expansivo Comunicativo, sociable, tratable, efusivo, cariñoso, parlanchín. — *Huraño*.

expatriar V. exiliar.

expectativa Esperanza, ilusión, posibilidad, interés, curiosidad, atención. — *Desinterés*.

expectorar Escupir, salivar, gargajear, toser, expulsar, lanzar.

expedición Excursión, gira, viaje, exploración, invasión. || Partida, caravana, grupo, tropa.

expediente Sumario, documento, legajo, registro, escrito, auto, pliego, papeleo, negocio.

expedir V. enviar.

expedito Libre, desembarazado, despejado, holgado, amplio, desahogado. — *Obstruido*.

expeler V. expulsar.

expender V. vender.

experiencia Práctica, costumbre, conocimiento, pericia, habilidad, hábito. — *Inexperiencia*. || Experimento, ensayo, prueba, investigación, tentativa.

experimentado Ducho, experto, práctico, diestro, hábil, mañoso, fogueado, curtido. — *Inexperto*.

experimentar Soportar, sufrir, padecer, recibir, notar, advertir. || Ensayar, probar, intentar, estudiar, tantear. — *Abandonar.*

experimento V. experiencia.

experto Hábil, diestro, perito, práctico, idóneo, experimentado (v.). — *Inexperto.*

expiar Purgar, penar, reparar, pagar, purificarse, padecer, sacrificarse. — *Eludir.*

expirar V. fallecer.

explanada Llano, descampado, plaza, superficie.

explayarse Expansionarse, desahogarse, relatar. — *Contenerse.* || Divertirse, recrearse, solazarse, entretenerse, gozar. — *Aburrirse.*

explicar Aclarar, describir, esclarecer, contar, narrar, afirmar. — *Callar, embrollar.*

explícito Manifiesto, claro, rotundo, franco, sincero, meridiano. — *Oscuro, dudoso.*

explorador Expedicionario, excursionista, viajero, rastreador, guía, batidor, descubridor, investigador.

explorar Viajar, reconocer, rastrear, aventurarse, estudiar, investigar, indagar.

explosión Estallido, descarga, voladura, reventón,

detonación, estampido, disparo.

explotar Estallar, volar, descargar, reventar, detonar. || Engañar, abusar, aprovecharse, timar, estafar. || Emplear, aprovechar, utilizar. — *Desaprovechar.*

exponer Arriesgar, aventurar, atreverse, osar. — *Conservar.* || Mostrar, exhibir, ostentar, enseñar. — *Esconder.*

exportar V. enviar.

exposición Certamen, exhibición, muestra, feria, salón.

expósito Inclusero, hospiciano, huérfano, abandonado.

expresar V. explicar.

expresión Palabra, vocablo, término, locución, modismo. || Gesto, aspecto, actitud, mueca, mímica, visaje.

expresivo Efusivo, vehemente, comunicativo, cariñoso, parlanchín. — *Huraño.*

expreso Rápido, directo, tren, ferrocarril.

exprimir Comprimir, prensar, estrujar, apretar, esquilmar, abusar. — *Aflojar.*

ex profeso Intencionadamente, deliberadamente, premeditado, adrede. — *Casualmente, inocentemente.*

expuesto Arriesgado, aventurado, peligroso, comprometido, apurado, inseguro. — *Seguro.*

expulsar Echar, arrojar, lanzar, despedir, expeler, eliminar, destituir, exonerar, degradar, desterrar, eliminar. — *Atraer, admitir.*

exquisito Delicioso, excelente, sabroso, apetitoso, delicado, fino, rico, primoroso. — *Tosco, rústico.*

éxtasis Embeleso, arrobo, hechizo, embobamiento, pasmo, embriaguez, maravilla. — *Indiferencia, repugnancia.*

extender Desplegar, desenvolver, desdoblar, estirar, ensanchar, dispersar, difundir, sembrar, divulgar. — *Recoger, reunir.*

extensión Vastedad, amplitud, inmensidad, llanura. || Dispersión, difusión, expansión.

extenso Vasto, inmenso, espacioso, amplio, dilatado, desarrollado, anchuroso. — *Limitado, reducido.*

extenuado Debilitado, agotado, exhausto, fatigado, cansado. — *Vigoroso, recuperado.*

exterior Externo, superficial, visible, manifiesto. — *Interno.* || Aspecto, apariencia, figura, superficie, fachada, frente. — *Interior.* || Extranjero, foráneo. — *Nacional.*

exterminar Eliminar, aniquilar, extinguir, suprimir, matar, liquidar. — *Proteger.*

extinguir Apagar, sofocar, ahogar, exterminar (v.). — *Avivar.* || **extinguirse** Decaer, degenerar, desaparecer, fenecer. — *Surgir, nacer.*

extinto V. finado.

extirpar Extraer (v.), quitar, arrancar, erradicar, amputar, cercenar. — *Injertar.*

extorsión Expoliación, desposeimiento, despojo, daño, abuso, perjuicio. — *Favor, beneficio, entrega.*

extra V. extraordinario. || Complemento, suplemento, aditamiento, añadido, sobresueldo. || Comparsa, figurante, partiquino.

extracción Arrancamiento, v. extraer.

extracto Concentrado, jugo, zumo, esencia. || Compendio, resumen, sumario, abreviación. — *Texto.*

extraer Quitar, sacar, despojar, arrancar, separar, apartar, extirpar (v.). — *Introducir, meter.*

extralimitarse Excederse, abusar, propasarse, desorganizarse. — *Contenerse.*

extramuros Afueras, alrededores, contornos, inmediaciones, periferia. — *Centro.*

extranjero Forastero, foráneo, desconocido, extraño, advenedizo. — *Nativo, indígena.*

extrañeza Asombro, duda, pasmo, desconcierto, maravilla, sorpresa, confusión, preocupación. — *Certeza.* || Rareza, irregularidad. — *Normalidad.*

extraño Raro, insólito, chocante, singular, original, exótico, irregular, peregrino, inverosímil, absurdo. — *Normal.* || V. extranjero.

extraordinario Asombroso, excepcional, maravilloso, extraño (v.). — *Corriente, habitual.*

extravagante Original, singular, caprichoso, raro, curioso, ridículo, incongruente, excéntrico, estrafalario, extra (v.), extraordinario (v.). — *Normal.*

extraviar Perder, confundir, traspapelar, descuidar, dejar. — *Encontrar.* || **extraviarse** Perderse, descaminarse, apartarse, errar, corromperse. — *Encarrilarse, hallar, encontrar.*

extremidad Miembro, apéndice, pierna, brazo, rabo, cola, parte, punta, extremo (v.). — *Centro, cuerpo.*

extremista Fanático, agitador, revolucionario, exaltado, ferviente, radical. — *Moderado.*

extremo Extremidad, límite, orilla, borde, frontera, separación, remate, costado. — *Centro.* || Intenso, elevado, extremado (v.).

extrínseco Accesorio, superfluo, accidental, circunstancial. — *Intrínseco.*

exuberancia Plenitud, abundancia, exceso, profusión, plétora. — *Falta, carencia.*

exuberante Ubérrimo, profuso, copioso, fértil, rico, desbordante. — *Escaso.*

exudar Extravasarse, salirse, perder, sudar, rezumar. — *Absorber.*

exultante Eufórico, regocijado, alborozado, jubiloso, exaltado, triunfante. — *Triste.*

exvoto Ofrenda, ofrecimiento, presente, gratitud, agradecimiento.

eyaculación Emisión, expulsión, excreción, polución, espasmo, convulsión, crispación, orgasmo, eretismo. — *Impotencia.*

F

fábrica Manufactura, industria, taller, instalación, nave, empresa, explotación.

fabricar Elaborar, manufacturar, construir, explotar, realizar, industrializar. — *Destruir*.

fábula Leyenda, m i t o, cuento, quimera, narración. || Bulo, chisme, rumor, mentira. — *Verdad*.

fabuloso Increíble, inverosímil, fantástico. — *Real*. || Maravilloso, fantástico (v.).

facción Bando, grupo, partido, camarilla, pandilla, secta. || **facciones** Rasgos, líneas, fisonomía, perfil, apariencia, aspecto.

faceta Lado, cara, canto, fase, aspecto, apariencia, circunstancia.

fácil Sencillo, factible, realizable, posible, claro, obvio, comprensible. — *Difícil*.

facilitar Simplificar, allanar, solucionar. — *Dificultar*. || Entregar, proporcionar, proveer. — *Negar*.

facineroso Delincuente, forajido, bandido, malhechor, malandrín, canalla. — *Honrado*.

factible Hacedero, realizable, posible, practicable, viable, sencillo. — *Imposible*.

factor Agente, causa, elemento, principio. || Multiplicador, número, coeficiente, cifra.

factura Nota, cuenta, resumen, extracto, detalle, suma.

facultad Capacidad, aptitud, permiso, autorización, licencia, exención, poder, concesión. — *Prohibición*. || Universidad, colegio, escuela, cátedra, seminario.

facultativo Voluntario, potestativo, prudencial, discrecional. — *Obligatorio*.

facundia Verborrea, charlatanería, labia, facilidad, locuacidad. — *Reserva, parquedad*.

facha Catadura, apariencia, traza, pinta, estampa, figura, porte. || Esperpento, espantajo. — *Hermosura.*

fachada Frente, frontispicio, exterior, portada.

faena Labor, tarea, trajín, trabajo, obra, ocupación. — *Ocio.* || Trastada, jugarreta, judiada. — *Ayuda.*

faja Ceñidor, justillo, corsé. || Banda, tira, cinta || Franja, zona, sector, borde.

fajo Manojo, haz, puñado, atado, montón.

falange Legión, tropa, cohorte, cuerpo, batallón.

falaz V. falso.

falsedad Mentira, embrollo, calumnia, engaño, enredo, chanchullo, chisme. — *Verdad.*

falso Ficticio, espurio, artificial, copiado, imitado, aparente. — *Genuino.* || Traicionero, mentiroso, falsario, hipócrita, impostor. — *Sincero, fiel.*

falta Carencia, escasez, insuficiencia, déficit, penuria, ausencia. — *Abundancia.* || Defecto, deterioro, daño, avería, falla, fallo, tacha, imperfección, error. — *Perfección.*

faltar No asistir, fallar, eludir, evitar, ausentarse. — *Presentarse.* || Escasear, carecer, acabarse, consumirse, necesitar. — *Abundar.* || Ofen-

der, insultar, injuriar, humillar. — *Disculparse, elogiar.*

falla Defecto, v. falta.

fallar Marrar, errar, pifiar, fracasar, malograr. — *Acertar.* || Sentenciar, dictaminar, decidir, resolver, decretar, zanjar, condenar.

fallecer Morir, fenecer, perecer, expirar, agonizar, sucumbir. — *Nacer.*

fallo Veredicto, sentencia, resolución, decisión, dictamen. || Defecto, v. falta.

fama Renombre, popularidad, reputación, celebridad, notoriedad, renombre, nombradía, triunfo, auge, éxito. — *Oscuridad, modestia.*

famélico Hambriento, ávido, ansioso, necesitado, flaco. — *Hastiado, harto.*

familia Parentela, parientes, familiares, ascendientes, descendientes, casta, linaje, progenie, dinastía, parentesco. || Hogar, casa, solar, domicilio, morada.

familiar Sencillo, corriente, íntimo, casero, hogareño. — *Protocolario.* || Conocido, ordinario, habitual, acostumbrado. — *Extraordinario.* || Pariente, allegado, deudo, ascendiente, descendiente, relativo, emparentado. — *Extraño.*

familiaridad Confianza, in-

timidad, llaneza, amistad, compañerismo. — *Protocolo, desconfianza.*

famoso Célebre, renombrado, popular, notorio, conocido, distinguido, insigne. — *Ignorado, oscuro.*

fámula Doméstica, sirvienta, criada (v.), servidora, asistenta, chica, muchacha, camarera. — *Ama.*

fanático Intransigente, intolerante, exaltado, obcecado, ferviente. — *Razonable.*

fanfarrón Jactancioso, ostentoso, vanidoso, orgulloso, presumido, bravucón. — *Tímido, modesto.*

fango Barro, cieno, lodo, légamo, limo.

fantasía Ficción, imaginación, ilusión, fábula, invención, novela, leyenda, quimera. — *Realidad.* || Capricho, antojo, excentricidad. — *Normalidad.*

fantasioso V. fanfarrón.

fantasma Aparición, espectro, espíritu, espantajo, coco, aparecido, trasgo, genio.

fantástico Sobrenatural, fabuloso, fantasmagórico, utópico, inexistente, prodigioso, irreal. — *Real.* || Soberbio, maravilloso, magnífico, extraordinario.

fantoche Títere, polichinela, marioneta, pelele, muñeco. || V. fanfarrón.

farándula Compañía, teatro, cómicos, actores.

fardo Bulto, lío, paquete, paca, bala, saco, talego, bolsa, envoltorio.

farfullar Balbucir, murmurar, tartamudear, susurrar, musitar, enredar. — *Articular.*

fariseo Hipócrita, astuto, simulador, malicioso, solapado, socarrón. — *Sincero.*

farmacia Botica, laboratorio, droguería.

farol Fanal, linterna, lámpara, foco, farola, reflector. || Lance, jugada, trampa, truco.

farragoso Aburrido, fastidioso, tedioso, pesado, cargante, minucioso. — *Ameno.*

farsa Comedia, parodia, sainete, drama, pantomima, pieza, obra, ficción. — *Realidad.* || Engaño, simulación, disimulo, enredo. — *Sinceridad.*

farsante Engañoso, simulador, embaucador, embustero. — *Sincero.*

fascinador Atractivo, deslumbrador, encantador, atrayente, hechicero. — *Repulsivo.*

fascinar Seducir, encantar, atraer, deslumbrar, hechizar. — *Repeler.*

fase Período, parte, ciclo, espacio, curso, aspecto.

fastidio Molestia, enfado, incomodidad, enojo, cansancio, disgusto, hastío, asco. — *Agrado.*

fasto V. fausto.

fastuoso Pomposo, suntuoso, aparatoso, lujoso, regio, magnífico. — *Humilde, modesto.*

fatal Inevitable, irremediable, forzoso, seguro. — *Inseguro.* || Mortal, nefasto, funesto, aciago, desgraciado, sombrío. — *Afortunado.*

fatalidad Destino, hado, sino, fortuna, suerte. || Desgracia, desdicha, calamidad, infortunio. — *Fortuna.*

fatalismo Pesimismo, desesperanza, desilusión, melancolía, tristeza, desánimo. — *Ánimo.*

fatídico Nefasto, funesto, sombrío, negro, fatal (v.). — *Propicio.*

fatiga Desfallecimiento, agotamiento, cansancio, extenuación, agobio, debilitamiento. — *Recuperación, descanso.* || Ahogo, sofoco, sofocación, asma. || Penuria, molestia, trabajo, pena, pesadumbre. — *Alegría.*

fatigar Cansar, agotar, extenuar, desfallecer, postrar, debilitar, agobiar, abatir, hastiar, hartar. — *Descansar* || Jadear, ahogarse, asfixiarse, sudar.

fatigoso Penoso, extenuante, cansador, agotador, duro, difícil. — *Descansado.*

fatuo Vanidoso, vacuo, presuntuoso, petulante, presumido, jactancioso, altanero. — *Sencillo, humilde.*

fausto Boato, pompa, aparato, fasto, derroche, ostentación, rumbo, bambolla. — *Modestia.*

favor Ayuda, amparo, auxilio, protección, gracia, distinción, atención. — *Faena, trastada, fechoría.*

favorable Propicio, dispuesto, inclinado, benévolo, conveniente, oportuno, favorecedor (v.), apto, adecuado. — *Desfavorable.*

favorecedor Bienhechor, benefactor, protector, defensor, compasivo, benévolo, generoso, favorable (v.), humanitario, espléndido. — *Tacaño, perjudicial, cruel.*

favorecer Amparar, ayudar, auxiliar, apoyar, socorrer, defender, donar, dispensar. — *Perjudicar.*

favoritismo Preferencia, predilección, parcialidad, propensión, favor (v.). — *Igualdad, equidad.*

favorito Predilecto, protegido, preferido, privilegiado, valido, privado. — *Desdeñado, igualado.*

faz Rostro, fisonomía, cara, semblante, efigie, rasgos, facciones.

fe Certeza, confianza, seguridad, convicción. — *Desconfianza.* || Religión, dogma, creencia, ideología, fanatismo. — *Incredulidad.* || Prueba, testimonio, evidencia, juramento. — *Duda.*

fealdad Deformidad, imperfección, irregularidad, desproporción, defecto, monstruosidad. — *Belleza.*

febril Calenturiento, ardiente, afiebrado, consumido, encendido. — *Sano.* || Nervioso, ansioso, inquieto, impaciente, angustiado. — *Tranquilo.*

fécula Almidón, harina, albumen, hidrato de carbono.

fecundar Fertilizar, reproducir, procrear, unirse, preñar, copular. — *Esterilizar.*

fecundo Prolífico, feraz, fértil, rico, productivo, ubérrimo. — *Infecundo.*

fecha Día, data, momento, plazo, vencimiento, término.

fechar Datar, registrar, numerar, encabezar.

fechoría Trastada, felonía, faena, jugarreta, infamia, traición. — *Favor, ayuda.*

federación, Confederación, coalición, liga, mancomunidad, agrupación, sindicato, grupo. || Alianza, pacto, convenio, tratado.

federar Asociar, agrupar, coligar, mancomunar, unir, sindicar. — *Disgregar, separar.*

fehaciente Fidedigno, evidente, indiscutible, palmario, manifiesto. — *Dudoso.*

felicidad Dicha, bienestar, fortuna, ventura, bonanza, prosperidad. — *Desdicha.*

felicitación Congratulación, pláceme, enhorabuena, parabién, elogio. — *Crítica, pésame.*

felicitar Congratular, saludar, elogiar, cumplimentar, agasajar. — *Criticar, compadecer.*

feligrés Devoto, fiel, piadoso, congregante.

feliz Dichoso, propicio, venturoso, afortunado, satisfecho, risueño. — *Desdichado.*

felón V. desleal.

femenino Mujeril, delicado, suave, gracioso, débil, afeminado. — *Masculino, viril.*

fenecer V. fallecer.

fenomenal Descomunal, enorme, monstruoso, tremendo, extraordinario, estupendo. — *Minúsculo, desagradable.*

fenómeno Engendro, monstruo, aborto, espantajo, feo (v.), rareza, prodigio, maravilla, manifestación. — *Perfección.*

feo Antiestético, repulsivo, desagradable, deforme, fenómeno (v.), ridículo. — *Hermoso.* || Reprobable, vergonzoso, torpe. — *Elogiable.*

féretro Caja, ataúd, cajón, sarcófago.

feria Certamen, concurso, exposición, mercado. || Asueto, fiesta, festejo.

fermentar Agrietarse, alterarse, descomponerse, inquietarse.

feroz Cruel, brutal, salvaje, bárbaro, atroz, sádico, violento, inhumano. — *Humanitario, bondadoso.*

férreo Tenaz, resistente, duro, inflexible, implacable, feroz (v.). — *Benévolo.*

fértil Feraz, fructuoso, fecundo, fructífero, ubérrimo, rico, generoso. — *Infecundo.*

fertilizar Fecundar, engendrar, abonar, tratar, enriquecer. — *Esterilizar.*

ferviente Devoto, piadoso, apasionado, místico, impetuoso, ardoroso, arrebatado, fanático, acalorado. — *Indiferente, apático.*

fervor Devoción, piedad, v. ferviente.

festejar Homenajear, agasajar, lisonjear. — *Ofender.* || Cortejar, galantear, enamorar, rondar, camelar, requerir. — *Desdeñar.*

festín Festejo, convite, banquete, comilona, bacanal, hartazgo.

festival Festejo, función, velada, espectáculo, certamen, fiesta (v.).

festividad V. fiesta.

festivo Jovial, alegre, jocoso. — *Triste.* || Domingo, vacación, v. fiesta.

festón Ribete, orla, borde, bordado, orilla, franja, faja, tira, cenefa.

fetiche Amuleto, ídolo, estatuilla, talismán, tótem, efigie, deidad.

fétido Maloliente, pestilente, hediondo, apestoso, inmundo. — *Aromático.*

feto Embrión, aborto, germen, rudimento.

feudal Solariego, señorial, medieval, tiránico, dominante. — *Plebeyo, democrático.*

feudo Heredad, dominio, territorio, comarca. || Vasallaje, tributo, sujeción. — *Libertad.*

fianza Depósito, garantía, aval, prenda, precinto, resguardo, gravamen.

fiar Prestar, ceder, dejar, confiar, entregar. — *Quitar.* || **fiarse** Confiar, tener fe, tener confianza. — *Desconfiar.*

fibra Hebra, filamento, hilo, brizna, hilacha. || Vigor, energía, nervio. — *Debilidad.*

ficción V. fantasía.

ficticio Falso, fingido, engañoso, imaginado, quimérico. — *Auténtico, real.*

fidedigno Auténtico, cierto, verdadero, fehaciente, indiscutible. — *Incierto, inseguro, ficticio* (v.).

fidelidad Lealtad, constancia, honradez, nobleza, devoción, amistad. — *Deslealtad.*

fiebre Temperatura, calentura, destemplanza.

fiel Devoto, leal, apegado, noble, cumplidor, pun-

tual, exacto. — *Desleal.*
|| Creyente, feligrés, cristiano. — *Pagano, infiel.*

fiera Alimaña, bestia, bicho, rapaz. — *Animal doméstico.* || Bruto, salvaje, cruel, violento, bestial, inhumano. — *Bondadoso.*

fiero Feroz, inhumano, sañudo, salvaje, rudo, montaraz, agreste. — *Manso.*

fiesta Feria, festividad, vacación, asueto, celebración, gala, alegría, diversión, domingo. — *Jornada laboral.*

figura Imagen, silueta, estatua, efigie, modelo, aspecto, símbolo, estampa.

figurar Concurrir, estar, asistir, participar, hallarse. — *Ausentarse.* || **figurarse** Suponer, creer, imaginar, sospechar. — *Tener certeza.*

fijar Sujetar, asegurar, afianzar, afirmar, pegar, encolar, incrustar. — *Soltar, separar.* || Establecer, determinar, resolver, precisar, señalar. || **fijarse** Observar, atender, contemplar, notar. — *Omitir.* || Afincarse, establecerse, residir. — *Mudarse, marcharse.*

fijo Sujeto, v. fijar.

fila Línea, hilera, columna, serie, ristra, desfile, sucesión.

filántropo Benefactor, protector, magnánimo, altruista, caritativo. — *Egoísta.*

filete Tajada, solomillo, bisté, chuleta. || V. franja.

filial Agencia, sucursal, delegación, anexo, dependencia. — *Central.* || Familiar, consanguíneo, intenso, allegado, acendrado. — *Extraño.*

filibustero Pirata, bucanero, corsario, aventurero, contrabandista.

filigrana Adorno, decorado, exquisitez, sutileza, ribete, cenefa.

filípica Sermón, invectiva, catilinaria, reprimenda, regaño, amonestación. — *Elogio.*

filmar Fotografiar, captar, reproducir, tomar, impresionar.

filme Película, cinta, rollo.

filo Tajo, corte, borde, hoja, lámina.

filología Lexicología, lingüística, lenguaje.

filón Veta, mina, venero, masa, yacimiento. || Gaje, negocio, breva. — *Ruina.*

filosofar Discurrir, analizar, especular, meditar, razonar, rumiar.

filósofo Sabio, estudioso, psicólogo, filosófico, paciente, manso. — *Inconformista.*

filtrar Pasar, refinar, colar, purificar. || **filtrarse** Rezumar, exudar, transpirar.

filtro Colador, manga, pasador, tamiz.

fin Conclusión, término,

desenlace, remate, cese, solución, ocaso. — *Comienzo.* || Extremidad, punta, límite, orilla, margen. — *Principio, centro.*

finado V. difunto.

finalidad Objetivo, motivo, razón, propósito, intención, mira, plan.

finalista Contendiente, rival, participante, oponente, ganador. — *Perdedor.*

finalizar Terminar, concluir, rematar, cesar, solucionar, extinguir, cumplir, completar, prescribir, fallecer. — *Empezar, nacer.*

financiero Negociante, banquero, capitalista, especulador, potentado.

finca Inmueble, propiedad, heredad, posesión, hacienda. || Vivienda, casa, edificio, solar.

fineza Delicadeza, atención, cumplido, miramiento, exquisitez, suavidad. — *Grosería, tosquedad.*

fingido Simulado, supuesto, hipócrita, solapado, disfrazado, desleal, falseado. — *Auténtico, real.*

fino Delicado, refinado, sutil, exquisito, tenue, suave, gracioso. — *Tosco.* || Esbelto, delgado, estrecho, aguzado, ligero. — *Grueso.* || Amable, cortés, educado, servicial, atento, considerado. — *Grosero.*

finura Delicadeza, v. fino.

firma Rúbrica, nombre, apellido, autógrafo, signatura. || Compañía, empresa, sociedad, corporación, industria, entidad.

firmamento Cielo, espacio, cosmos, vacío, infinito, bóveda celeste.

firmar Rubricar, signar, escribir, estampar, aprobar, sancionar, certificar.

firme Resistente, fuerte, estable, consistente, duro, sólido, fijo. — *Inestable.* || Tieso, rígido, erguido, derecho. — *Torcido, fláccido.* || Imperturbable, sereno, inflexible. — *Bonachón.*

fiscalizar V. inspeccionar.

fisgar Curiosear, cotillear, husmear, indagar, espiar, entremeterse.

físico Concreto, real, material, corporal, orgánico. — *Psíquico, anímico.* || Cuerpo, apariencia, exterior, presencia, forma. — *Alma, mente.*

fisonomía Rostro, semblante, cara, faz, rasgos, facciones, expresión.

fláccido Lacio, flojo, laxo, decaído, relajado, blando, fofo. — *Tieso, rígido.*

flaco Delgado, enjuto, demacrado, consumido, chupado, larguirucho, endeble, esquelético. — *Rollizo.*

flagelo Látigo, azote, vergajo, vara, disciplinas, fusta. || Plaga, epidemia, peste, calamidad, catástrofe, tragedia. — *Bonanza, fortuna.*

flagrante Claro, evidente, manifiesto, actual.

flamante Fresco, nuevo, lozano, reciente, inmaculado, pulcro. — *Usado, ajado.*

flamear Ondear, flotar, tremolar.

flanco Extremo, costado, lado, borde, orilla, límite. — *Centro.* || Anca, grupa, cadera, cuadril.

flaquear Aflojar, debilitarse, ceder, claudicar, recular, desistir, cejar. — *Insistir, perseverar.*

flaqueza Debilidad, fragilidad, tentación, claudicación, desaliento. — *Energía.*

fleco Hilo, cordón, adorno, galoncillo, flequillo, trencilla.

flecha Saeta, dardo, venablo.

flema Pachorra, cachaza, parsimonia, cuajo, tranquilidad. — *Nerviosidad, excitación.* || Esputo, mucosidad, expectoración, escupitajo, gargajo.

flequillo Rizo, tupé, vellón, cerneja, guedeja, mechón.

flete Precio, suma, importe, costo, mercancía, cargamento.

flexible Elástico, cimbreante, dúctil, resistente, vibrante, movible. — *Rígido.* || Tolerante, benévolo, acomodaticio, com-

placiente. — *Severo, inflexible.*

flirtear Coquetear, cortejar, camelar, conquistar.

flojo Suelto, laxo, fláccido, blando, fofo. — *Firme.* || Desanimado, desalentado, apático, agotado. — *Animado.*

flor Capullo, pimpollo, brote, yema. || Piropo, requiebro, ternura, galantería.

florecer Abrirse, brotar, echar, romper. || Progresar, prosperar, aumentar, avanzar. — *Decaer.*

florero Jarrón, búcaro, vaso, vasija, cántaro, tiesto, maceta.

floresta V. fronda.

florido Floreciente, poblado, lucido, hermoso, profuso, adornado. — *Parco, sobrio.*

flota Escuadra, marina, armada, flotilla, convoy, expedición.

flotar Sobrenadar, emerger, sostenerse, navegar. — *Hundirse.* || V. flamear.

fluctuar Alternar, variar, cambiar, oscilar, dudar, titubear, mudar. — *Perseverar, inmovilizarse.*

fluido Gas, líquido, vapor, agente. || Gaseoso, líquido, natural, sencillo, fácil. — *Difícil, sólido.*

fluir Manar, circular, correr, salir, brotar, rezumar, gotear, chorrear. — *Estancarse.*

flujo Corriente, circulación, marea. || Excreción, evacuación, supuración.

fluorescente Luminiscente, luminoso, fosforescente, brillante, refulgente. — *Incandescente.*

fobia Aversión, antipatía, aborrecimiento, odio, repugnancia. — *Simpatía.*

foco V. farol. || Centro, núcleo, meollo, eje, fondo, base, medio. — *Extremo, periferia.*

fofo Blando, muelle, esponjoso, fláccido, inconsistente, obeso. — *Duro, delgado.*

fogata V. hoguera.

fogón Hogar, hornillo, cocinilla, cocina, horno, brasero, estufa, chimenea.

fogonazo Chispazo, llamarada, chisporroteo, resplandor, fulgor. — *Oscuridad.*

fogoso Ardiente, apasionado, acalorado, impetuoso, exaltado, efusivo. — *Apático.*

fogueado Curtido, acostumbrado, encallecido, ajetreado, avezado, veterano. — *Inexperto.*

folklórico Típico, tradicional, característico, popular, pintoresco, costumbrista. — *Cosmopolita.*

follaje Espesura, fronda, boscaje, ramaje, hojarasca, broza, selva. — *Claro, páramo.*

folletín Serial, drama, novela.

folleto Impreso, opúsculo, librillo, cuaderno, fascículo, panfleto, prospecto.

fomentar Proteger, respaldar, desarrollar, apoyar, impulsar, avivar, excitar. — *Descuidar, calmar.*

fomento Cataplasma, paño, sinapismo, emplasto.

fonda Posada, mesón, venta, bodegón, figón, albergue, hostal, hotel.

fondeadero Ensenada, cala, abra, rada, dársena.

fondo Base, apoyo, fundamento, extremo, asiento, raíz, término — *Superficie.*

fonógrafo Tocadiscos, gramófono, gramola.

forajido Malhechor, facineroso, bandido, bandolero, salteador, delincuente.

forastero Extranjero, extraño, foráneo, desconocido, inmigrante, naturalizado. — *Ciudadano, natural, indígena,*

forcejear Pugnar, bregar, luchar, debatirse, retorcerse, resistir. — *Someterse.*

forjar Fraguar, moldear, formar, percutir. || Crear, inventar, tramar, urdir.

forma Figura, imagen, silueta, perfil, efigie, conformación, aspecto. || Manera, modo, medio, sistema, método, proceder.

formal Juicioso, sensato, prudente, tranquilo, callado, severo. — *Informal, tarambana.*

formalidad Requisito, formulismo, exigencia, condición, obligación. || Sensatez, v. formal.

formalizar Concretar, determinar, señalar, precisar, establecer, fijar.

formar Plasmar, moldear, trabajar, modelar, labrar, configurar, crear. — *Destruir.* || Establecer, constituir, organizar, fundar. — *Disolver.* || Educar, adiestrar, iniciar, aleccionar, criar. — *Descarriar.*

formidable Enorme, imponente, descomunal, colosal, monstruoso. — *Minúsculo.* || Espantoso, temible, tremendo, pavoroso. — *Inofensivo.* || Magnífico, estupendo, admirable, pasmoso. — *Desagradable, corriente.*

fórmula Enunciado, ley, término, expresión, representación, norma, canon, modo, método.

fornicación Coito, cópula, ayuntamiento, concúbito, cohabitación. — *Abstinencia, castidad.*

fornido Membrudo, forzudo, robusto, fuerte, corpulento, hercúleo. — *Enclenque, débil.*

forro Funda, revestimiento, cubierta, tapizado, envoltura, protección.

fortalecer Vigorizar, robus-

tecer, tonificar, reanimar, vivificar, remozar. — *Debilitar.*

fortaleza Fortín, castillo, fuerte, torreón, fortificación, reducto, ciudadela, baluarte. || Vigor, poder, fuerza, robustez, pujanza, corpulencia, nervio, ánimo. — *Debilidad.*

fortificar Amurallar, proteger, reforzar, parapetar, defender, erigir. — *Debilitar.*

fortuito Casual, eventual, accidental, imprevisto, ocasional, esporádico. — *Premeditado.*

fortuna Azar, destino, sino, hado, estrella, vicisitud. || Suerte, chiripa, ventura, éxito, estrella. — *Desdicha.* || Riqueza, patrimonio, capital, bienes, fondos, heredad, dinero, valores. — *Pobreza.*

forzar Apremiar, obligar, mandar, imponer, dominar, invadir, asaltar. — *Suplicar, abandonar.* || Raptar, violar, desflorar, desvirgar, profanar, abusar. — *Respetar.*

forzoso Ineludible, obligatorio, inexcusable, obligado, imprescindible, necesario. — *Voluntario.*

forzudo Fornido, hercúleo, musculoso, robusto, macizo, membrudo. — *Débil.*

fosa Sepultura, tumba, sepulcro, túmulo, cripta. ||

Hoyo, hueco, cavidad, sima, excavación, pozo, socavón, barranco.

fosforescente Luminiscente, fluorescente, fulgurante, luminoso, reluciente, brillante. — *Oscuro.*

foso V. fosa.

fotografía Retrato, foto, efigie, imagen, instantánea, reproducción, clisé.

fracasar Fallar, frustrarse, malograrse, hundirse, acabarse, estropearse, arruinarse. — *Triunfar. vencer.*

fracción Quebrado, decimal, cociente, expresión. — *Entero.* || Fragmento, trozo, pieza, pedazo, parte. — *Conjunto.*

fracturar Fragmentar, quebrar, romper, partir, tronchar, destrozar. — *Soldar, rehabilitar.*

fragante Aromático, oloroso, perfumado, balsámico, agradable. — *Hediondo, maloliente.*

frágil Endeble, quebradizo, inconsistente, fino, sutil, tenue, enfermizo. — *Robusto.*

fragmento Trozo, pieza, parte, corte, pedazo, sección, fracción (v.). — *Totalidad.*

fragor Rumor, estrépito, estruendo, retumbo, sonoridad, clamor. — *Silencio.*

fragua Forja, horno, fogón, hornillo, brasero.

fraguar Planear, proyectar, urdir, tramar. || Forjar, formar, moldear, trabajar.

fraile Monje, religioso, hermano, cenobita, cartujo, ermitaño, asceta.

francachela Parranda, jarana, juerga, jolgorio, cuchipanda, banquete, bacanal.

franco Sincero, llano, veraz, abierto, leal, espontáneo, ingenuo, cándido. — *Hipócrita.*

franja Tira, faja, lista, banda, cinta, ribete. || Sector, zona, área, línea.

franquear Desembarazar, abrir, desatascar, limpiar. — *Atascar.* || **franquear*** Atravesar, cruzar, salvar, vadear, traspasar. — *Rodear.*

franqueza Sinceridad, v. franco.

frasco Botella, casco, envase, vasija, recipiente.

frase Expresión, locución, enunciado, párrafo, oración, parágrafo.

fraternidad Igualdad, hermandad, unión, solidaridad, armonía, adhesión. — *Enemistad.*

fraterno Amistoso, solidario, compenetrado, entrañable, cariñoso. — *Enemigo.*

fraude Estafa, timo, engaño, robo, dolo, escamoteo, desfalco, malversación, imitación.

frecuencia Asiduidad, v. frecuente.

frecuentar Asistir, concu-

rrir, acostumbrar, menu-
dear, relacionarse, alternar. — *Faltar.*

frecuente Asiduo, reiterado, repetido, periódico,
insistente, continuo, acostumbrado. — *Desusado.*

fregar Limpiar, enjabonar,
lavar, bañar, enjuagar. —
Ensuciar. || Restregar,
frotar, rozar, rascar, friccionar, raer, gastar.

freír Cocinar, cocer, dorar,
calentar, p a s a r, asar,
quemar.

frenar Detener, sujetar, parar, inmovilizar, domi-
nar, aquietar, estorbar.
— *Soltar, acelerar, fo-
mentar, ayudar,*

frenesí Exaltación, enarde-
cimiento, extravío, locu-
ra, apasionamiento, vio-
lencia, ímpetu, ardor, furia, arrebato. — *Calma,
serenidad.*

frenético Exaltado, v. frenesí.

freno Pedal, palanca, man-
do, mecanismo. || Suje-
ción, contención, modera-
ción, obstáculo, estorbo,
impedimento. — *Liber-
tad, acicate.*

frente Testa, testuz, bóve-
da, faz. || Delantera, an-
verso, fachada, faz, cara.
— *Trasera.* || Vanguar-
dia, avanzada, primera línea. — *Retaguardia.*

fresco Nuevo, flamante, reciente, puro, verde, lozano, moderno, joven. —
Marchito, viejo. || Sinver-

güenza, descarado, desfa-
chatado, atrevido. — *Tí-
mido, honrado.* || Frío,
helado, moderado, agra-
dable. — *Cálido.*

frescura Lozanía, pureza,
juventud. — *Vejez.* ||
Descaro, atrevimiento,
desfachatez, desvergüen-
za, insolencia, desenfado.
— *Timidez, respeto.*

fricción Friega, frote, fro-
tación, estregadura.

frigidez Impotencia, infe-
cundidad, agotamiento,
esterilidad, frialdad. —
Fogosidad, ardor.

frigorífico Cámara, nevera,
congeladora.

frío Frigidez, fresco, frialdad, frescura, congela-
ción, enfriamiento. —
Calor. || Congelado, hela-
do, gélido, glacial, crudo,
fresco. — *Caliente.* || Im-
pasible, apático, indife-
rente, desdeñoso. — *Interesado.*

friso Moldura, franja, faja,
banda, cornisamento, or-
la, ribete.

frito Fritanga, fritada, fri-
tura. || Dorado, cocina-
do, pasado, asado, guisa-
do. — *Crudo.*

frívolo Voluble, trivial, veleidoso, liviano, insustancial, baladí. — *Sensato,
serio.*

fronda Espesura, floresta,
ramaje, follaje, broza,
boscaje.

frondoso Denso, espeso,
impenetrable, selvático,

agreste, tupido, lujurian-
te. — *Ralo, desértico.*

frontera Borde, confín, límite, línea, linde, diviso-
ria, término.

frotar Restregar, friccionar, fregar, refregar, ma-
sajear, rozar, acariciar,
raspar, pulir.

fructífero Fructuoso, provechoso, fértil, fecundo,
productivo, feraz, exube-
rante. — *Infecundo.*

fructificar Madurar, producir, rendir, rentar, ofrecer.

frugal Sobrio, parco, moderado, sencillo, mesurado,
económico, modesto. —
Derrochador, glotón.

fruición Regodeo, deleite,
gozo, placer, delicia, satisfacción, gusto. — *Disgusto.*

frunce Arruga, pliegue, plisado.

fruslería Nimiedad, menudencia, bagatela, insignificancia, baratija, bicoca.

frustrar Malograr, fracasar, resentirse, desenga-
ñar, chasquear, dificul-
tar, desaprobar. — *Lo-
grar, vencer.*

fruto Fruta, producto, cosecha, recolección, artícu-
lo, pieza. || Provecho,
rendimiento, beneficio,
lucro, ganancia, interés,
renta. — *Pérdida.*

fuego Fogata, hoguera, pira, lumbre, quema, in-
cendio, llamarada. || Pa-

sión, ardor, delirio, ímpetu, vehemencia. — *Indi-
ferencia, apatía.*

fuente Manantial, honta-
nar, venero, oasis, caño,
surtidor, artesa, pila,
arroyo. || Origen, princi-
pio, base, germen, semi-
llero. || Bandeja, plato,
dulcera, patena, vasera.

fuera Externamente, super-
ficialmente, exteriormen-
te, frontalmente. — *Den-
tro, interiormente.*

fuero Privilegio, concesión,
prerrogativa, poder, ju-
risdicción, gobierno.

fuerte Fornido, robusto,
corpulento, membrudo,
hercúleo, vigoroso, recio.
— *Débil.* || Enérgico, ani-
moso, tenaz, varonil. —
Tímido.

fuerza Pujanza, energía, vitalidad, vigor, fortaleza,
potencia. — *Debilidad.* ||
Empuje, tirón, forcejeo,
pugna, lucha, brega, pre-
sión.

fuga Escapada, huida, marcha, evasión, desapari-
ción, retirada, deserción.
— *Regreso, permanencia.*
|| Escape, derrame, pér-
dida, salida, filtración.

fugaz Efímero, transitorio,
rápido, breve, pasajero,
fugitivo. — *Prolongado,
eterno.*

fugitivo Prófugo, desertor,
evadido, escapado, tráns-
fuga.

fulano Tipo, individuo, su-

jeto, prójimo. || Menga-
no, zutano, perengano.

fulgor Brillo, resplandor,
claridad, centelleo, fosforescencia, luz, destello.
— *Oscuridad.*

fulgurar Brillar, v. fulgor.

fulminante Súbito, repentino, drástico, radical, tajante, galopante. — *Len-
to.* || Detonante, explosi-
vo, carga.

fulminar Exterminar, eliminar, liquidar, aniqui-
lar, excomulgar. — *Ala-
bar, proteger.*

función Fiesta, gala, velada, espectáculo, represen-
tación, reunión. || Mi-
sión, puesto, cargo, ocu-
pación, actividad, come-
tido, empleo.

funcionar Trabajar, activar, mover, maniobrar,
actuar, realizar, ejecutar,
andar, desarrollar. — *Pararse.*

funcionario Empleado, burócrata, oficinista, ofi-
cial, agente, subalterno,
autoridad.

funda Cubierta, envoltura,
vaina, forro, capa, recu-
brimiento, estuche.

fundación Creación, v. fundar.

fundamental Principal, primordial, esencial, sustancial, básico. — *Secunda-
rio.*

fundamento Base, apoyo,
motivo, prueba, antece-
dente. || V. cimiento.

fundar Crear, establecer,
asentar, instalar, colocar,

erigir, instaurar. — *Quitar, derruir.*

fundir Licuar, derretir, fusionar, disolver, deshe-
lar. — *Solidificar, conge-
lar.* || Mezclar, reunir,
amalgamar, juntar. — *Se-
parar.*

fúnebre Tétrico, lúgubre,
mortuorio, triste, tene-
broso, a c i a g o, sepulcral, funesto (v.). — *Ale-
gre, divertido.* || Funera-
rio, mortuorio.

funerales Exequias, honras, homenaje, ceremo-
nia, sepelio, réquiem.

funesto Nefasto, aciago,
luctuoso, sombrío, triste,
desafortunado, fúnebre
(v.). — *Afortunado.*

furia Ira, cólera, furor, rabia, violencia, arrebato,
frenesí, berrinche. — *Serenidad, placidez.*

furioso Iracundo, v. furia.

furtivo Cauteloso, disimulado, sigiloso, huidizo,
taimado, solapado. —
Abierto, ostensible.

fusil Rifle, carabina, escopeta, máuser, mosquete,
trabuco, arcabuz.

fusilar Ejecutar, ajusticiar,
acribillar, ametrallar, dis-
parar, descerrajar.

fusión Licuación, derreti-
miento, liquidación, disolución. — *Solidificación.*
|| Unión, agrupación, uni-
ficación, combinación. —
Disgregación.

fusta Vara, látigo, vergajo,
tralla, correa, azote, flagelo, zurriago.

fustigar Azotar, flagelar, vapulear, sacudir. || Censurar, criticar, recriminar. — *Elogiar.*

futbolista Jugador, deportista, participante. profesional, componente de un equipo.

fútil Pueril, trivial, frívolo, nimio, superficial, insignificante. — *Trascendental, importante.*

futuro Porvenir, mañana, azar, destino, suerte, eventualidad. — *Pasado.* || Eventual, venidero, pendiente, en cierne. — *Pasado, antiguo.*

G

gabán Abrigo, sobretodo, trinchera, gabardina, capote, prenda.

gabinete Estancia, cuarto, alcoba, aposento, sala, camarín. || Gobierno, junta, administración, poder, cartera, ministerio.

gacela Antílope, venado, corzo, gamo, ciervo.

gaceta Boletín, diario, publicación, noticiero, rotativo, órgano.

gafas Lentes, anteojos, quevedos, espejuelos.

gafe Aguafiestas, mala sombra, cenizo, infortunado. — *Afortunado*.

gajes Haberes, sueldo, paga, salario. || Beneficio, lucro, provecho. — *Pérdida*.

gala Ceremonia, fiesta, velada, festejo, solemnidad. || galas Vestimenta, atavíos, ropaje, atuendo, adornos, aderezos.

galán Gallardo, apuesto, hermoso. — *Feo*. || Actor, estrella, intérprete, artista, personaje. || Pre-tendiente, novio, festejante, galante (v.).

galante Amable, cortés, educado, atento, considerado, urbano, caballeroso, fino. — *Grosero*. || Disoluta, frívola, liviana, sensual. — *Casta*.

galantear Festejar, cortejar, rondar, coquetear, castigar. || Piropear, requebrar, adular. — *Ofender, desairar*.

galantería Amabilidad, v. galante. || Piropo, requiebro, flor, arrumaco, arrullo. — *Ofensa, desaire*.

galardón Distinción, recompensa, premio, distinción, merced, medalla. — *Insulto*.

galeón Galera, carabela, bajel, nao, velero.

galeote Forzado, penado, condenado, encadenado.

galera V. galeón.

galería Pasillo, corredor, pasaje, crujía, arcada, pasadizo. || Exposición, muestra, museo.

galerna Borrasca, tromba,

tormenta, temporal, turbión, aguacero.

galimatías Jerigonza, fárrago, embrollo.

galo Francés, franco, gabacho.

galón Trencilla, alamar, cinta, entorchado, orla, bordado, insignia.

galopar Trotar, correr, cabalgar, volar.

gallardo Apuesto, donoso, bizarro, hermoso, brioso, airoso, gentil, arrogante, elegante, galán, esbelto, lucido. — *Desgarbado.* || Valiente, aguerrido, osado, audaz, noble. — *Mezquino.*

galleta Bizcocho, barquillo, golosina, bollo. || Bofetón, tortazo, cachete, sopapo.

gallina Volátil, ave, polla, pita. || Cobarde, miedoso, timorato, cagueta. — *Valiente.*

gallinero Corral, ponedero, nido, gallera, criadero.

gallo Gallinácea, volátil, pollo. || Gallito, fanfarrón, mandón, jactancioso. — *Tímido, apocado.* || Desafinación, destemple, nota falsa.

gama Escala, gradación, serie, progresión, grado.

gamba Langostino, camarón, quisquilla, crustáceo, marisco.

gamberrada Salvajada, barbaridad, necedad, gansada, torpeza, incultura.

gamo V. gacela.

gamuza Paño, bayeta, trapo.

gana Ansia, avidez, deseo, anhelo, afán, capricho, apetito, hambre, voracidad. — *Desgana.*

ganadero Hacendado, terrateniente, propietario, ranchero, criador.

ganado Rebaño, tropilla, manada, hato, vacada, reses, caballerías.

ganancia Lucro, beneficio, provecho, fruto, negocio, especulación, ganga, utilidad. — *Pérdida.*

ganar Cobrar, beneficiarse, lucrar, especular, enriquecerse, embolsar, obtener. — *Perder.* || Vencer, triunfar, conquistar, aventajar, adelantar, prosperar. — *Perder, retroceder.*

gancho Garfio, uña, punta, pincho, arpón. || Habilidad, don, gracia, atractivo.

gandul Holgazán, vago, haragán, poltrón, ocioso, indolente, perezoso, remolón. — *Trabajador, dinámico.*

ganga Breva, momio, ventaja, negocio, oportunidad, beneficio, ganancia. — *Pérdida.*

gangoso Nasal, defectuoso, ininteligible, confuso. — *Claro.*

gangster* Bandolero, atracador, malhechor, salteador, forajido, criminal, pandillero.

ganso Pato, ánade, oca, ánsar, palmípeda. || Necio, patoso, lerdo, bobo, memo. — *Gracioso, sensato.*

gañán Labriego, bracero, jornalero, labrador, rústico, paleto, cateto. — *Refinado.*

gañir Aullar, quejarse, bramar, mugir.

gañote Gaznate, v. garganta.

garabato Chafarrinón, borrón, trazo, dibujo, escarabajo, rasgo, palote.

garaje Cochera, nave, depósito, cobertizo.

garantía Fianza, depósito, aval, gravamen, carga, hipoteca, obligación.

garantizar Asegurar, probar, certificar, avalar, obligarse, comprometerse, responder. — *Desentenderse.*

garbo Donosura, donaire, bizarría, gentileza, arrogancia, galanura, desenvoltura, empaque, rumbo, gracia, salero, distinción. — *Desaliño, vulgaridad, fealdad.*

garfio V. gancho.

gargajo Esputo, escupitajo, expectoración, flema, salivazo, mucosidad.

garganta Gañote, gaznate, tragadero, cuello, faringe, laringe, pescuezo, gola. || Desfiladero, paso, angostura, quebrada, cañada, vaguada, barranco, precipicio. — *Llano.*

garita Casilla, caseta, torrecilla, cuartucho, refugio, barraca, choza.

garito Timba, antro, cubil, burdel.

garra Mano, zarpa, uñas, gancho, garfio.

garrafa Damajuana, bombona, botellón, redoma, castaña, recipiente, vasija.

garrafal Descomunal, disparatado, descabellado, colosal, tremendo. — *Mínimo.*

garrido V. garboso.

garrote Estaca, palo, tranca, bastón, vara, cayado, porra, cachiporra, macana.

gárrulo Charlatán, facundo, locuaz, parlanchín, cotorra, lenguaraz, indiscreto. — *Parco.*

gas Fluido, vapor, vaho, emanación, efluvio, éter, hálito.

gasa Tul, crespón, cendal, seda, velo, muselina. || Venda, apósito, hilas, compresa.

gasolina Carburante, combustible, bencina, nafta.

gastar Desembolsar, comprar, adquirir, pagar, abonar, sufragar, invertir, dar, entregar, derrochar, despilfarrar. — *Ahorrar.* || Desgastar, raer, rozar, ajar, usar, carcomer. || Ponerse, llevar, usar, vestir, utilizar.

gatear Arrastrarse, reptar, deslizarse, trepar.

gato Minino, micifuz, morrongo.

gaveta Cajón, compartimiento, estante, división.

gavilán Halcón, águila, ge-
rifalte, azor, ave de presa.

gavilla Haz, brazada, fajo,
manojo, atado. || Hatajo,
cuadrilla, caterva, tropel,
pandilla, grupo.

gazapo Conejo, cría. || Des-
liz, error, descuido, omisión, pifia. — *Acierto.*

gazmoño Santurrón, hipócrita, melindroso, cursi,
ñoño, mojigato. — *Fran-
co, abierto.*

gaznate V. garganta.

gelatina Jalea, mucílago,
jugo, sustancia.

gelatinoso Viscoso, blando,
mucilaginoso, pegajoso,
resbaladizo. — *Seco, ás-
pero.*

gélido Helado, frío, frígido,
glacial, fresco, yerto, congelado. — *Cálido.*

gema Piedra preciosa, pe-
drería, joya, alhaja.

gemebundo Plañidero, las-
timero, quejumbroso, ge-
midor, lloroso, quejica.
— *Valeroso, sufrido.*

gemelo Mellizo, hermano,
igual, par, equivalente. ||
gemelos Prismáticos, bi-
noculares, anteojos. || Bo-
tones, sujetadores, bro-
ches.

gemido Lamento, v. gemir.

gemir Lamentarse, sollozar, quejarse, llorar, gimotear, chillar, suspirar,
plañir. — *Alegrarse.*

genealogía Estirpe, linaje,
casta, alcurnia, prosapia,
cuna, dinastía.

generación Progenie, prole, v. genealogía.

general Corriente, usual,
ordinario, popular, total,
universal, vulgar. — *Particular, privado.*

generalizar Pluralizar, extender, popularizar, di-
vulgar, difundir. — *Par-
ticularizar.*

generar Procrear, engendrar, producir, propagar,
difundir, generalizar (v.).

género Especie, clase, grupo, orden, familia, varie-
dad, tipo. || Condición,
naturaleza, índole, clase,
manera. || Mercancías,
mercaderías, artículos,
productos. || Tela, paño,
trapo, tejido, lienzo.

generoso Espléndido, desinteresado, dadivoso, altruista, filantrópico, caritativo, humano, derro-
chador, noble. — *Avaro,
mezquino.*

génesis Origen, creación,
principio, base, funda-
mento, naturaleza. — *Fin,
término.*

genio Carácter, índole, disposición, talante, tempe-
ramento, naturaleza. ||
Sabio, lumbrera, fénix,
genial, talentoso, agudo,
eminente, descollante. —
Imbécil, torpe. || Ira, có-
lera, irritación, rabia. —
Mansedumbre.

gente Personas, individuos,
sujetos, muchedumbre,

multitud, aglomeración, turba, gentuza (v.).

gentil Apuesto, bizarro, gallardo, elegante, agradable. — *Desagradable.* || Idólatra, pagano, infiel, hereje. — *Creyente.* || **gentil*** Cortés, educado, atento, amable. — *Descortés.*

gentío V. gente.

gentuza Chusma, masa, vulgo, plebe, turba, caterva, gentío, gente (v.).

genuino Auténtico, natural, legítimo, innegable, acreditado, probado. — *Falso, espurio.*

gerente Director, administrador, jefe, responsable, gestor.

germen Embrión, feto, huevo, semilla. || Principio, origen, rudimento, raíz, fundamento, génesis. — *Final.*

germinar Brotar, nacer, florecer, formarse, gestarse, originarse, surgir. — *Marchitarse.*

gesta Hazaña, heroicidad, hombrada, acción, aventura, saga. — *Cobardía.*

gesticular Guiñar, accionar, bracear, agitar, expresar, señalar, hacer visajes, muecas.

gestión Trámite, encargo, diligencia, cometido, misión, servicio, tarea.

gesto Mueca, visaje, aspaviento, mímica, acción, mohín, guiño, tic, seña. || Aire, expresión, semblante, aspecto, apariencia.

gestor Administrador, apoderado, mandatario, representante, delegado, gerente, procurador.

giba Corcova, joroba, protuberancia, chepa, deformidad.

gigante Titán, cíclope, hércules, coloso, goliat, superhombre, gigantesco (v.). — *Enano.*

gigantesco Descomunal, desmesurado, formidable, monumental, titánico, gigante (v.). — *Minúsculo.*

gimnasia Deporte, atletismo, ejercicio, práctica, entrenamiento.

gimotear V. gemir.

gira Excursión, viaje, vuelta, expedición.

girar Oscilar, voltear, rodar, virar, menear, mover, agitar, circular.

giro Oscilación, movimiento, volteo, meneo, circulación. — *Inmovilidad.* || Cariz, matiz, aspecto, dirección, sentido. || Locución, modismo. || Letra, libranza, envío, remesa, pago.

gitano Calé, cañí, cíngaro, trashumante.

glacial Helado, gélido, frígido, congelado. — *Tropical, caliente.* || Indiferente, frío, imperturbable, apático, duro, cruel. — *Apasionado.*

global Total, completo, universal, general. — *Parcial.*

globo Esfera, bola, balón,

pelota. || Aeróstato, dirigible. || Orbe, planeta, mundo, Tierra, astro.

gloria Beatitud, bienaventuranza, salvación, dicha, paraíso, edén. — *Infierno.* || Fama, nombradía, popularidad, honor, aura, triunfo, majestad, deleite, gusto, satisfacción. — *Anonimato, vergüenza.*

glorioso Famoso, ilustre, eminente, honroso, célebre, insigne, victorioso, maravilloso, estupendo. — *Anónimo, vergonzoso.*

glosar Explicar, comentar, apostillar, aclarar.

glotón Voraz, hambrón, comilón, tragón, goloso, ávido, tragaldabas. — *Inapetente.*

gnomo V. duende.

gobernador Gobernante, dirigente, representante, mandatario, autoridad, superior, funcionario. — *Gobernado, súbdito.*

gobernar Dirigir, mandar, presidir, regir, representar, guiar, conducir. — *Obedecer.*

gobierno Dirección, administración, guía, regencia, tutela, mandato. || Estado, administración, gabinete. — *Anarquía.*

goce Placer, fruición, regodeo, deleite, gusto, satisfacción, solaz, agrado, sensualidad. — *Repugnancia, sufrimiento.* || Uso, usufructo, disfrute. — *Carencia.*

gol Punto, tanto, diana, centro, acierto.

golfo Pillo, truhán, pícaro, bribón, granuja. — *Honrado.* || Bahía, cala, ensenada, rada, refugio.

golosina Dulce, confite, caramelo, bombón, manjar, delicia, gollería, exquisitez. — *Bazofia, bodrio.*

goloso Voraz, delicado, laminero, glotón (v.).

golpe Porrazo, choque, caída, encontronazo, trompicón, topetazo, empujón. || Puñetazo, soplamocos, cachete, guantazo, tortazo. || Moretón, cardenal, señal, verdugón, contusión, magulladura. || Chiste, salida, ocurrencia, agudeza. — *Gansada.*

golpear Percutir, pegar, chocar, topar, tropezar, caer. || Apalear, castigar, tundir, zurrar, cascar, atizar, magullar, azotar.

goma Cola, adhesivo, pegamento, mucílago, engrudo, pasta, pez, gelatina. || Caucho, banda elástica.

gong Batintín, gongo, tantán, platillo.

gordo Obeso, rollizo, carnoso, grueso, corpulento, ceporro, pesado, voluminoso, rechoncho, abultado. — *Flaco.* || Manteca, grasa, tocino, sebo, gordura.

gorjear Trinar, modular, cantar, piar, silbar.

gorra Birrete, boina, chapelete.

gorrón Vividor, gorrista, parásito, sablista, pedigüeño, abusador. — *Honrado.*

gota Partícula, pizca, lágrima, chispa, migaja.

gotear Escurrir, destilar, chorrear, filtrarse, perder, fluir, salir, calar.

gourmet* Gastrónomo, catador, sibarita, entendido, conocedor, refinado. — *Glotón.*

gozar Disfrutar, deleitarse, regodearse, complacerse, solazarse, regocijarse. — *Sufrir, padecer.*

gozne Bisagra, juego, charnela, pernio, articulación.

gozo Júbilo, alborozo, contento, diversión, regocijo, animación, alegría, gusto. — *Sufrimiento, tristeza.*

grabado Ilustración, lámina, estampa, imagen, dibujo, pintura, cromo, santo.

grabar Tallar, esculpir, cortar, cincelar, rebajar, imprimir. || Inculcar, enseñar, aprender, evocar.

gracia Garbo, gallardía, donaire, apostura, elegancia, encanto, salero. — *Tosquedad.* || Merced, favor, don, beneficio, dádiva. — *Castigo.* || Indulto, perdón, amnistía, absolución, misericordia. — *Condena.* || Chiste, ocurrencia, pulla, agudeza.

— *Sosería.* || **gracias** Reconocimiento, agradecimiento, gratitud. — *Ingratitud.*

grácil Fino, gracioso, menudo, sutil, tenue, delicado, ligero. — *Pesado, voluminoso.*

gracioso Chistoso, saleroso, ocurrente, bromista, agudo, divertido, alegre. — *Soso, triste.* || Bonito, encantador, primoroso, elegante, grácil (v.). — *Desagradable.*

grada Tarima, estrado, podio, pedestal, peana, plataforma, tribuna, peldaño, escalón.

grado Graduación, rango, jerarquía, título, empleo. || Nivel, límite, margen, altura, punto.

gradual Paulatino, progresivo, escalonado, continuo, creciente. — *Brusco.*

graduar Regular, medir, nivelar, ajustar, acomodar, tantear, fragmentar. || **graduarse** Diplomarse, licenciarse, titularse, doctorarse.

gráfico Descriptivo, explícito, expresivo, manifiesto, claro, meridiano. — *Confuso.* || Esquema, plano, bosquejo, dibujo, estadística.

gragea Comprimido, píldora, pastilla, tableta, medicamento, oblea.

gramófono Fonógrafo, tocadiscos, gramola, aparato.

granada Proyectil, bomba, obús, bala, munición.

granate V. colorado.

grande Amplio, vasto, crecido, enorme, considerable, mayúsculo, espacioso, grandioso (v.), colosal, gigantesco. — *Pequeño, reducido, enano.* || Notable, egregio, insigne, excelso, sobresaliente. — *Anónimo, humilde.*

grandioso V. grande.

granero Pajar, silo, almacén, depósito, cobertizo.

granizo Pedrisco, piedra, tormenta, borrasca.

granja Finca, quinta, alquería, hacienda, cortijo, rancho, cultivo, huerto.

granjero Cultivador, labrador, agricultor, hacendado, colono.

grano Semilla, cereal, fruto. || Tumor, bulto, hinchazón, inflamación, forúnculo, flemón, divieso.

granuja Bribón, tunante, bellaco, pillo, golfo, perillán.

grasa Sebo, gordo, unto, tocino, manteca, lardo, gordura. || Obesidad, gordura, carnes, volumen. — *Delgadez.*

graso Seboso, aceitoso, untuoso, gordo, pringoso. — *Seco.*

gratificar Retribuir, recompensar, remunerar, premiar, indemnizar, regalar. — *Escatimar.*

gratis Gratuitamente, sin cargo, de balde, ventajoso. — *Caro.*

gratitud Agradecimiento, reconocimiento, premio, complacencia, recompensa, obligación. — *Ingratitud.*

grato Amable, placentero, agradable, atractivo, delicioso, simpático, bueno. — *Desagradable.*

gratuito Gratis, de balde, beneficioso, regalado, tirado. — *Caro.* || Infundado, arbitrario, injusto. — *Justo.*

grava Guijo, cascajo, balasto, piedrecillas.

gravamen Tributo, arbitrio, impuesto, carga, canon, derecho, obligación.

grave Importante, delicado, espinoso, difícil, penoso, peligroso. — *Nimio.* || Enfermo, delicado, malo, pachucho, débil. — *Sano.*

gravedad Enfermedad, dolencia, ataque, acceso, trastorno, recaída. — *Salud.* || Peligro, dificultad, obstáculo, amenaza, riesgo. — *Facilidad.* || Seriedad, formalidad, juicio, severidad, sensatez. — *Informalidad.*

gravitar Apoyarse, pesar, descansar, basarse, afectar.

gravoso Molesto, enfadoso, pesado, fastidioso. — *Grato.* || Caro, oneroso, costoso, excesivo. — *Barato.*

graznar Crascitar, chillar, gritar, vantar, chirriar.

greda Marga, arcilla, tierra, caliza.

gregario Impersonal, dócil, incoloro, adocenado. — *Personal.*

gremio Corporación, sindicato, asociación, agrupación, cofradía, junta, grupo.

greñudo Despeinado, melenudo, revuelto, encrespado. — *Pulcro.*

gresca Pelea, reyerta, riña, trifulca, pelotera, alboroto, tumulto. — *Calma paz.*

grey Hermandad, congregación, grupo, comunidad, rebaño, hato. — *Individuo.*

grieta Fisura, hendidura, raja, ranura, rendija, resquicio, intersticio.

grifo Espita, canilla, válvula, escape, llave.

grilletes Cadenas, grillos, esposas, hierros, cepo.

gringo Forastero, extranjero, extraño, bárbaro, yanqui. — *Nativo.*

gripe Catarro, influenza, resfriado, constipado, infección.

gris Plomizo, pardo, ceniciento. || Monótono, aburrido, anodino, triste, soso. — *Animado.*

gritar Chillar, vocear, bramar, ulular, vociferar, aullar, increpar, exclamar, alborotar. — *Callar.*

grito Chillido, voz, v. gritar.

grosería Tosquedad, descaro, incorrección, exabrupto, incultura, insolencia, ordinariez, rudeza. — *Atención, educación.*

grosero Tosco, descarado, v. grosería.

grosor Espesor, grueso, anchura, calibre, dimensión, densidad, consistencia, volumen, cuerpo.

grotesco Extravagante, ridículo, irrisorio, cómico, estrafalario, tosco. — *Elegante.*

grúa Cabria, cabrestante, torno, molinete, máquina, brazo, puntal, aguilón.

grueso V. gordo.

grumo Coágulo, cuajarón, apelotonamiento, masa, apelmazamiento, mazacote.

gruñir Mugir, gañir, rugir, bufar, roncar, berrear, murmurar, rezongar, chillar, protestar. — *Callar.*

grupa Anca, cuadril, pernil, flanco, cadera.

grupo Reunión, conjunto, masa, unión, asociación, congregación, agrupación, camarilla, clan, pandilla, caterva. — *Individuo.*

gruta Caverna, cueva, sima, galería, oquedad, fosa.

guano Estiércol, abono, fiemo, humus, excremento.

guantada Bofetón, tortazo, moquete, cachete, mamporro, trompada, chuleta, revés. — *Caricia.*

guante Manopla, mitón, manguito, funda.

guapo Apuesto, hermoso, gallardo, airoso, arrogante, bello, galán, lucido, perfecto, bonito, grato. — *Feo, desagradable.* || Valentón, fanfarrón, pendenciero, chulo, matasiete. — *Sensato, tímido.*

guarda Tutela, v. guardia. || Vigilante, guardia (v.), guardián, encargado, custodio, cuidador, conservador, escolta.

guardaespaldas Escolta, esbirro, sicario, acompañante.

guardapolvo Delantal, bata, mandil, prenda.

guardar Atesorar, almacenar, retener, ahorrar, meter, esconder, ocultar, custodiar, defender, cuidar. — *Extraer, exhibir, desamparar.* || Cumplir, respetar, acatar, obedecer, seguir. — *Omitir, infringir.* || **guardarse** Eludir, evitar, prevenirse, defenderse. — *Exponerse.*

guardarropa Armario, ropero, cómoda, mueble. || Vestuario, vestidos, guardarropía, atuendos.

guardería Parvulario, jardín de infantes.

guardia Vigilante, agente, policía, guarda (v.), urbano, número, guardián, defensor, escolta, cancerbero. || Vigilancia, escolta, defensa, resguardo, salvaguardia, amparo, asistencia. — *Desamparo.* || Patrulla, escolta, destacamento, atalaya, ronda, centinela.

guardián V. guardia.

guarecerse Cobijarse, protegerse, aislarse, defenderse, albergarse, resguardarse. — *Exponerse, arriesgarse.*

guarida Covacha, cueva, cubil, agujero, madriguera.

guarnecer Adornar, revestir, decorar, embellecer, amueblar. || Proveer, dotar, equipar, conceder, aprovisionar. — *Desposeer.*

guarnición Destacamento, tropa, cuartel, fuerte, avanzada. || Aderezo, defensa, adorno, empuñadura, arnés, apero, aparejo.

guarro Cerdo, cochino, marrano, puerco, lechón, sucio, desaseado, inmundo, vil. — *Aseado, decente.*

guasa Burla, chanza, zumba, befa, chacota, mofa, broma, cuchufleta. — *Seriedad.*

gubernativo Oficial, gubernamental, estatal, público, administrativo. — *Privado.*

guerra Contienda, lucha, conflicto, choque, combate, batalla, refriega, escaramuza, hostilidades, encuentro, campaña. — *Paz.* || Pugna, discordia, pleito, violencia, desavenencia, hostilidad, rivalidad. — *Concordia.*

guerrero Combatiente, soldado, militar, beligerante, caudillo, adalid. — *Civil.* || Belicoso, batallador, marcial, aguerrido, conquistador. — *Pacífico.*

guía Tutela, consejo, orientación, supervisión, enseñanza. — *Desasistencia.* || Consejero, director, tutor, maestro, mentor, asesor, monitor. || Práctico, conductor, batidor, rastreador, experto, piloto. || Rumbo, jalón, indicador, índice, mira, hito, derrotero. || Manual, breviario, prontuario, índice, callejero, folleto.

guiar Indicar, orientar, conducir, encaminar, encauzar, enviar. — *Desorientar.* || Educar, adiestrar, asesorar, entrenar, adiestrar. — *Descarriar.* || Pilotar, manejar, conducir, gobernar, llevar. || Dirigir, mandar, gobernar, regir, ordenar. — *Obedecer.*

guijarro Piedrecilla, canto, guija, peladilla, china, pedrusco, fragmento.

guillado V. chiflado.

guiñapo Jirón, harapo, andrajo, pingo, remiendo, piltrafa, colgajo, desgarrón.

guiño Gesto, visaje, seña, advertencia, contracción, expresión, aviso, ojeada.

guión Argumento, sinopsis, libreto, asunto, tema. || Raya, línea, signo, trazo. || V. bandera.

guirnalda Aureola, corona, diadema, tiara, festón, ribete.

guisado Estofado, cocido, guiso, potaje, olla, vianda.

guisar Estofar, cocinar, cocer, rehogar, aderezar, freír, preparar, adobar.

guiso V. guisado.

gula Glotonería, voracidad, ansia, hambre, avidez, desenfreno. — *Frugalidad.*

gusano Oruga, lombriz, verme, larva, gusarapo.

gustar Catar, probar, saborear, paladear, libar, tomar, comer, ingerir. || Agradar, deleitar, cautivar, atraer, entusiasmar. — *Desagradar.* || Desear, apetecer, ambicionar, codiciar. — *Desdeñar.*

gusto Sabor, gustillo, regusto, paladar, boca. || Delicadeza, finura, gracia, estilo, elegancia, distinción, sentido estético. — *Chabacanería.* || Deleite, placer, satisfacción, fruición, gozo. — *Disgusto.*

H

habano Puro, cigarro, veguero, tagarnina.

haber Poseer, tener, detentar, conservar, gozar, disponer, disfrutar, usufructar. — *Carecer.* || **haberes** Ingresos, honorarios, paga, emolumentos, salario. || Bienes, posesiones, fondos, recursos, capital, peculio, caudal, fortuna.

hábil Competente, experto, diestro, ducho, perito, entendido, fogueado, mañoso, competente. — *Inepto.* || Ladino, astuto, pillo, taimado. — *Ingenuo, tonto.*

habilidad Aptitud, capacidad, destreza, maestría, ingenio, maña. — *Incompetencia.* || Astucia, sagacidad, sutileza, diplomacia, tacto. — *Torpeza, necedad.*

habilitar Permitir, disponer, facultar, capacitar, licenciar, acreditar, autorizar. — *Cancelar, prohibir.*

habitación Cuarto, estancia, alcoba, recinto, pieza, cámara, aposento, salón, piso, apartamento.

habitante Poblador, residente, natural, vecino, ciudadano, nativo, compatriota, paisano.

habitar Vivir, residir, ocupar, estar, alojarse, aposentarse, avecindarse, establecerse. — *Mudarse.*

hábito Uso, usanza, costumbre, práctica, moda, conducta, rutina, manía, capricho. || Atavío, vestido, vestimenta, traje.

habitual Corriente, usual, común, ordinario, frecuente, familiar, vulgar, repetido, reiterado, incesante. — *Extraordinario, desusado.*

habituar Acostumbrar, familiarizar, aclimatar, curtir, amoldar, adiestrar. — *Descarriar.*

hablador Chismoso, parlanchín, cotilla, charlatán, locuaz, palabrero. — *Taciturno, silencioso.*

hablar Decir, comunicar, manifestar, explicar, declarar, expresar, discutir. — *Callar*.

hacendado Terrateniente, latifundista, g r a n j e r o, ranchero, agricultor, cultivador, plantador.

hacendoso Trabajador, diligente, laborioso, aplicado, activo, atento, afanoso. — *Haragán*.

hacer Crear, formar, engendrar, producir, originar, componer, organizar, innovar, a r m a r, construir, arreglar, actuar, obrar, causar. — *Deshacer*. || h a c e r s e Acostumbrarse, curtirse, habituarse, aclimatarse.

hacienda Propiedad, heredad, posesión, terreno, dominio, tierra, granja, campo. || Bienes, posesiones, fondos, caudales. || Erario, fisco, tesoro.

hacinar Amontonar, apilar, acumular, aglomerar, juntar, reunir, guardar. — *Despilfarrar, desperdigar*.

hada Maga, hechicera, encantadora.

hado Sino, azar, providencia, fatalidad, suerte, destino, albur, ventura, estrella.

halagar Adular, agasajar, loar, lisonjear, elogiar, mimar, engatusar. — *Desdeñar*.

halagüeño Propicio, satisfactorio, grato, prometedor. — *Desfavorable*.

hálito Soplo, aliento, resuello, respiración, emanación, aura, vaho.

halo Corona, cerco, aureola, nimbo, anillo, fulgor.

hall* Vestíbulo, salón, sala, recibimiento, zaguán. entrada, acceso.

hallar Descubrir, encontrar, topar, tropezar, sacar, acertar, atinar, imaginar, idear, observar. — *Perder*. || **hallarse** Estar, encontrarse, concurrir, coincidir, reunirse, acertar. — *Ausentarse*.

hallazgo Descubrimiento, encuentro, creación, invento, producto, obra, solución, respuesta. — *Pérdida*.

hamaca Catre, lona, red, coy.

hambre Apetito, apetencia, gana, ansia, avidez, necesidad, deseo, afán, codicia. — *Inapetencia, desinterés*.

hambriento Famélico, necesitado, ávido, ansioso, hambrón, tragón. — *Desganado, harto*.

hampa Chusma, hez, canalla, morralla, gentuza, delincuencia.

hangar Tinglado, cobertizo, barracón, almacén, nave, depósito.

haragán V. holgazán.

haraganería V. holgazanería.

harapiento Desarrapado, desaliñado, astroso, roto, andrajoso, haraposo. — *Atildado*.

harapo Guiñapo, andrajo, pingajo, jirón, piltrafa, pingo, descosido.

harén Serrallo, gineceo, encierro.

hartar Saciar, atiborrar, ahitar, estragar, empachar, saturar, empalagar, cebar. || Cansar, molestar, importunar, enojar, fastidiar. — *Agradar*.

harto Saciado, ahíto, atiborrado, estragado, empachado, repleto, saciado, satisfecho. — *Hambriento*. || Cansado, fastidiado, molesto, enojado. — *Contento*.

hartura Hartazgo, saciedad, saturación, empalago, empacho, exceso, hastío, enfado. — *Hambre, interés*.

hastiado V. harto.

hastiar V. hartar.

hastío Aburrimiento, fastidio, molestia, irritación, enfado, disgusto, empalago, hartura, aversión. — *Agrado, entretenimiento*.

hatajo Cúmulo, abundancia, masa, montón, horda, pandilla.

hato Hatillo, fardel, bulto, lío. || Manada, rebaño, tropel, ganado.

haz Fajo, brazada, manojo, atado.

hazaña Gesta, proeza, hombrada, faena, labor, aventura, valentía. — *Cobardía*.

hebilla Broche, pasador, fíbula, prendedor, imperdible.

hebra Filamento, hilo, fibra, brizna, hilacha.

hebreo Judío, israelita, semita, sionista.

hecatombe Cataclismo, desastre, catástrofe, siniestro, carnicería, sacrificio, inmolación.

hechicería Brujería, v. hechicero.

hechicero Brujo, encantador, nigromante, mago, agorero, ocultista, taumaturgo, adivino, médium.

hechizar Embrujar, encantar, ensalmar, subyugar. || Maravillar, fascinar, embelesar, seducir. — *Repeler*.

hechizo Embrujo, encantamiento, ensalmo, fascinación, maravilla, v. hechizar.

hecho Acto, acción, suceso, obra, incidente, aventura, faena, labor, peripecia. || Formado, maduro, avezado, habituado, ducho, experto, veterano. — *Inexperto*.

hechura Forma, conformación, configuración, disposición, distribución, imagen. || Confección, corte.

heder Apestar, atufar, emanar, expeler (mal olor).

hediondo Pestilente, pestífero, maloliente, fétido,

nauseabundo, repugnante. — *Perfumado, aromático.*

hedor Fetidez, pestilencia, tufo, emanación. — *Aroma, perfume.*

hegemonía Superioridad, supremacía, preponderancia, predominio, preferencia, potestad. — *Sometimiento.*

helar Congelar, enfriar, cuajar, escarchar, refrescar. || **helarse** Amoratarse, aterirse, inmovilizarse, solidificarse. — *Calentarse.*

hematoma V. moretón.

hembra Mujer, fémina, señora, dama, doncella, matrona.

hemorragia Hemoptisis, efusión, pérdida, flujo, salida, vómito de sangre.

henchir V. hinchar.

hendedura Rendija, grieta, abertura, resquicio, intersticio, fisura, surco, ranura.

hender Rajar, cortar, cascar, agrietar, cuartear, partir.

heno Hierba, pasto, forraje, paja, pienso, verde.

heraldo Mensajero, enviado, correo, embajador.

hercúleo Forzudo, fornido, musculoso, fuerte, titánico, corpulento, poderoso, vigoroso. — *Endeble.*

heredar Recibir, obtener, percibir, beneficiarse, disfrutar, suceder, entrar en posesión. || Parecerse, recibir, manifestar.

heredero Beneficiario, sucesor, legatario, primogénito, descendiente.

hereje Apóstata, cismático, renegado, disidente, impío, incrédulo, infiel, separado, heterodoxo, iconoclasta. — *Ortodoxo, creyente.*

herejía Apostasía, v. hereje.

herencia Legado, sucesión, transmisión. || Patrimonio, fortuna, bienes. || Atavismo, afinidad, inclinación, consanguinidad.

herida Lesión, traumatismo, contusión, equimosis, erosión, magulladura, golpe, corte.

hermanar Equiparar, igualar, armonizar, compenetrar, confraternizar. — *Diferenciar.*

hermandad Cofradía, comunidad, congregación, fraternidad, gremio, sociedad. || Armonía, amistad, compenetración, benevolencia, fraternidad. — *Discordia.*

hermético Impenetrable, estanco, impermeable, sellado, cerrado. — *Permeable.* || Callado, reservado, circunspecto, hosco. — *Parlanchín.*

hermoso Bello, apuesto, v. hermosura.

hermosura Belleza, apostura, beldad, lindura, preciosura, encanto, atractivo, perfección, guapura, galanura, gracia, gallardía. — *Fealdad.*

héroe Campeón, paladín, adalid, semidiós, titán, invicto, vencedor, ídolo, figura, heroico (v.). — *Cobarde.* || Protagonista, actor, estrella.

heroico Arrojado, audaz, valeroso, bravo, intrépido, osado, épico. — *Cobarde.*

herramienta Aparato, instrumento, utensilio, útil, artefacto, trasto, máquina.

herrería Fragua, forja, taller.

herrumbre Óxido, orín, moho, cardenillo, pátina, oxidación.

hervir Bullir, cocer, escaldar, borbotear, burbujear, fermentar. || Alborotarse, agitarse, encresparse, soliviantarse. — *Calmarse.*

heterodoxo V. hereje.

heterogéneo Variado, diverso, complejo, plural, híbrido, distinto, variopinto, múltiple, mezclado. — *Homogéneo, uniforme.*

hez Chusma, vulgo, plebe, gentuza, canalla, populacho. || Poso, sedimento, depósito.

híbrido Mixto, mestizo, impuro, combinado, mezclado, cruzado, heterogéneo. — *Puro.*

hidalgo Señor, noble, caballero, aristócrata, godo, prócer, linajudo. — *Plebeyo.*

hiel Bilis, humor, secreción, amargura, irritación, desabrimiento. — *Afecto, alegría.*

hierba Pasto, forraje, heno, verde, pación, pienso, paja. || Césped, prado, pastizal, campo.

higiene Sanidad, profilaxis, desinfección, limpieza, aseo, pureza, precaución. — *Suciedad, infección.*

higiénico Puro, sano, limpio, desinfectado. — *Antihigiénico, sucio.*

hijo Vástago, retoño, sucesor, heredero, descendiente, primogénito. || Originario, nacido, natural, oriundo, nativo.

hilarante Festivo, cómico, jocoso, gracioso. — *Triste.*

hilaridad Gracia, jarana, jocosidad, alegría, regocijo, jaleo, risotada, carcajada. — *Tristeza.*

hilera Línea, columna, fila, cola, orden, serie, formación, cadena, ristra.

hilo Hebra, filamento, fibra, hilacha, hilván. || Continuidad, secuencia, encadenamiento, trama.

hilvanar Coser, pespuntear, zurcir. || Bosquejar, idear, esbozar, pergeñar.

himno Canción, cántico, balada, poema, melodía, romanza, aire, marcha.

hincar Clavar, plantar, introducir, empotrar, enterrar. — *Extraer*. || hincarse Arrodillarse, prosternarse, venerar, homenajear. — *Incorporarse*.

hincha Odio, hostilidad, ojeriza, antipatía, tirria, encono. — *Simpatía*. || Partidario, fanático, seguidor, apasionado, exaltado. — *Neutral*.

hinchar Inflar, abultar, agrandar, congestionar, inflamarse. — *Deshinchar*. || **hincharse** Engreírse, envanecerse, ensoberbecerse. — *Humillarse*.

hinchazón Bulto, tumor, inflamación, grano (v.), chichón, absceso.

hindú Indio, oriental, indostánico.

hípico Ecuestre, caballar, equino.

hipnotizar Sugestionar, magnetizar, dormir, dominar, seducir, fascinar, hechizar.

hipocresía Simulación, falsedad, doblez, fingimiento, engaño, comedia, farsa, disfraz. — *Sinceridad*.

hipócrita Farsante, santurrón, simulador, falso, fariseo, artificioso, desleal, engañoso. — *Sincero*.

hipoteca Gravamen, carga, obligación, compromiso, fianza, deuda.

hipotecar Gravar, v. hipoteca.

hipótesis Conjetura, suposición, presunción, creencia, deducción, teoría. — *Certidumbre*.

hiriente Ofensivo, ultrajante, injurioso, vejatorio, sarcástico, cínico. — *Amable*.

hirsuto Enmarañado, erizado, despeinado, peludo, tieso, áspero, duro. — *Suave, fino*.

hirviente Efervescente, espumoso, burbujeante, agitado.

hispano Hispánico, peninsular, español, ibérico, godo.

histerismo Histeria, excitación, agitación, perturbación, convulsión, nerviosidad. — *Calma*.

historia Gesta, leyenda, crónica, epopeya, anales, memorias, relato, narración, cuento, reseña, novela, anécdota, episodio, suceso. || Patraña, chisme, cotilleo, hablilla, enredo, bulo, habladuría. — *Verdad*

historial Reseña, antecedentes, informes, referencias, datos, hoja de servicio.

histórico Fidedigno, real, verdadero, comprobado, auténtico, tradicional. — *Incierto*.

historieta Fábula, anécdota, chisme, v. historia.

histrión Bufón, cómico, comediante, pícaro.

hito Señal, mojón, jalón, marca, peldaño, objetivo.

hocico Morro, jeta, boca, labios, belfos, rostro.

hogar Morada, casa, domicilio, vivienda, techo, cobijo, albergue, lar. || Familia, parentela, prole, intimidad. || Chimenea, estufa, fogón, lumbre, fuego, llama, fogata.

hogareño Familiar, íntimo, casero, sencillo, doméstico, natural, llano. — *Artificial, protocolario.*

hogaza Pieza, libreta, barra, pan.

hoguera Lumbre, fuego, fogata, pira, llama.

hoja Página, papel, pliego, plana, folio, cuartilla, impreso. || Hojuela, pétalo, fronda, follaje. || Cuchilla, acero, hierro, filo, espada (v.). || Plancha, lámina, placa.

hojarasca Broza, maleza, zarza, espesura, matorral, fronda, follaje. — *Claro.*

hojear Repasar, revisar, observar, leer, examinar, mirar.

holgado Amplio, ancho, abierto, abundante, dilatado, espacioso, extenso. — *Estrecho, falto.*

holganza Ociosidad, indolencia, apatía, inactividad, gandulería, indiferencia, descanso, descuido. — *Actividad, dinamismo.*

holgazán Gandul, haragán, perezoso, vago, remolón, indolente, ocioso, apático. — *Trabajador.*

holgazanería V. holganza.

holgorio Regocijo, diversión, bullicio, algazara, jarana, juerga. — *Silencio, quietud.*

holgura Amplitud, anchura, espacio, extensión, desahogo, libertad. — *Estrechez.*

hollar Marcar, pisar, señalar, imprimir. || Manchar, mancillar, agraviar. — *Enaltecer.*

hombre Varón, macho, persona, individuo, criatura, mortal, semejante, sujeto, ser.

hombría Energía, fortaleza, valor, integridad, honor, decoro. — *Ruindad.*

homenaje Ofrenda, testimonio, demostración, dedicatoria, recompensa, estímulo. — *Olvido.* || Respeto, obediencia, sumisión. — *Enfrentamiento.*

homicida Asesino, criminal, culpable, reo, delincuente, bandido.

homogéneo Uniforme, parejo, suave, terso. — *Desparejo.* || Similar, semejante, parecido, equilibrado. — *Heterogéneo.*

homólogo Igual, análogo, equivalente, parecido, paralelo. — *Distinto.*

homosexual Invertido, pederasta, pervertido, marica, sodomita. || Tríbada, lesbiana.

hondo Profundo, insondable, abismal, inmenso, bajo. — *Superficial.* || Abismo, v. hondura.

hondonada Barranco, depresión, valle, quebrada, cañón, angostura, v. hondura.

hondura Profundidad, altura, amplitud, calado. || Abismo, sima, precipicio, pozo, hoya, fosa, cuenca, oquedad, hondonada (v.).

honestidad Decoro, pureza, decencia, virtud, pudor. — *Lujuria.* || Integridad, honradez, lealtad, moralidad, austeridad. — *Deshonestidad.*

honesto Decoroso, v. honestidad.

hongo Seta, champiñón.

honor Honra, dignidad, conciencia, prez, pundonor, estima. — *Deshonra.* || Pudor, recato, decoro, decencia, castidad, pudicia, honestidad. — *Indecencia.* || Fama, renombre, celebridad. — *Anonimato.* || **honores** Prerrogativa, distinción, homenaje, ofrenda, testimonio, premio, recompensa. — *Desaire.*

honorable V. honrado.

honorario Honorífico, simbólico, figurado, imaginario. — *Efectivo.* || **honorarios** Sueldo, emolumentos, paga, salario, remuneración, estipendio.

honra V. honor.

honrado Decente, íntregro, probo, digno, incorruptible, leal, virtuoso, desinteresado, justo. — *Corrompido, deshonesto.* || Venerado, respetado, ennoblecido, enaltecido, afamado, distinguido, honorable. — *Deshonrado, vilipendiado.*

honrar Respetar, ennoblecer, ensalzar, alabar, venerar, reverenciar. — *Deshonrar.*

honroso V. honrado.

hora Lapso, tiempo, momento, período, intervalo, transcurso.

horadar Taladrar, perforar, agujerear, atravesar, calar, excavar, ahondar. — *Rellenar.*

horario Guía, lista, programa, cuadro, itinerario.

horca Cadalso, patíbulo, dogal, soga, tablado, pena, ejecución.

horda Turba, tropel, caterva, cáfila, cuadrilla, tropa, pandilla, populacho, tribu.

horizontal Extendido, tendido, acostado, apaisado, plano, yacente, recto, dilatado. — *Vertical.*

horizonte Línea, límite, confín, lejanía, distancia.

horma Plantilla, molde, módulo, diseño.

hormigón Mortero, mezcla, argamasa, cascajo, cemento.

hormigueo Cosquilla, sensibilidad, prurito, picazón, comezón, picor, molestia.

hornillo Infiernillo, cocinilla, calentador, fogón, estufa, v. horno.

horno Cocina, cocinilla, hogar, chimenea, fogón, parrilla, v. hornillo.

horóscopo Predicción, pronóstico, augurio, adivinación, profecía, oráculo, vaticinio.

horrible Horroroso, horripilante, pavoroso, espantoso, apocalíptico, espeluznante, siniestro, terrible, feo, repulsivo. — *Agradable.*

horripilar Espantar, aterrar, espeluznar, estremecer, asustar, impresionar, repugnar. — *Agradar.*

horror Espanto, terror, susto, miedo, estremecimiento, angustia, repulsión, aprensión, alarma, pánico, odio, fobia. — *Simpatía, agrado.*

horrorizar V. horripilar.

horroroso V. horrible.

hortaliza Verdura, legumbre, vegetal, hierba, verde, hojas, planta.

hortelano Granjero, horticultor, agricultor, campesino, cultivador, labriego, plantador.

hosco Torvo, ceñudo, adusto, huraño, arisco, áspero, antipático, intratable, seco. — *Tratable, simpático.*

hospedaje Alojamiento, v. hotel.

hospedar Alojar, albergar, cobijar, asilar, recibir. || **hospedarse** Guarecerse, pernoctar, parar, refugiarse, pasar la noche.

hospiciano Expósito, inclusero, asilado, huérfano, desamparado, abandonado.

hospicio Asilo, refugio, cobijo, albergue, orfanato, inclusa, casa cuna.

hospital Clínica, policlínico, sanatorio, dispensario, enfermería, ambulatorio, lazareto.

hospitalario Acogedor, generoso, espléndido, caritativo, protector. — *Inhumano.*

hospitalidad Amparo, asilo, acogida, protección, alojamiento, cobijo, generosidad, acogida, bienvenida. — *Crueldad, egoísmo.*

hosquedad Antipatía, aspereza, rudeza, grosería, seriedad, desabrimiento. — *Simpatía.*

hostal V. hotel.

hostería V. hotel.

hostia Sagrada Forma, Sacramento, Forma, Pan Eucarístico, Cuerpo de Cristo.

hostigar Acosar, atosigar, vejar, molestar, importunar, fustigar, hostilizar (v.), acorralar. — *Ayudar.*

hostil Adverso, contrario, desfavorable, discrepante, adversario, enemigo, antagonista, incompatible. — *Amistoso, propicio.*

hostilizar Mortificar, hostigar (v.), agobiar, acosar, perseguir, agredir. — *Ayudar.*

hotel Hospedaje, hostería, alojamiento, albergue,

posada, hostal, fonda, parador, mesón, figón, refugio, techo, aposento.

hotelero Hospedero, anfitrión, hospedador, aposentador, propietario, posadero.

hoy Actualmente, ahora, hogaño, en la actualidad, en estos tiempos. — *Ayer, mañana.*

hoyo Agujero, depresión, concavidad, excavación, socavón, hueco (v.), foso, zanja, pozo, cavidad, sima. || Sepultura, fosa, tumba, cripta, túmulo.

hoz Segur, falce, segadera, hoja, guadaña.

hucha Alcancía, caja, arca, receptáculo, cofre.

hueco Hoyo (v.), oquedad, depresión, abertura, entrada, vano, hendedura. || Ahuecado, hundido, cóncavo, vacío, abultado, socavado, agujereado. — *Relleno.* || Pomposo, vanidoso, rimbombante. — *Sencillo.*

huelga Paro, alto, suspensión, interrupción, detención, cese (de actividades).

huella Marca, señal, paso, pisada, impresión, rastro. || Recuerdo, memoria, reminiscencia.

huérfano Solo, abandonado, desamparado, expósito, inclusero. || Carente, falto, privado, desprovisto. — *Provisto.*

huerta Cultivo, regadío, tierra, campo, granja, plantación, prado, vega, vergel, sembrado, plantío, parcela, huerto. — *Páramo, desierto.*

huésped Invitado, visita, convidado, visitante, comensal, pupilo, pensionista. — *Anfitrión.*

hueste Banda, grupo, partida, horda, tropel, tribu, turba, cáfila, tropa.

huesudo Esquelético, flaco, enjuto, escuálido, descarnado, demacrado, delgado. — *Rollizo.*

huevo Óvulo, germen, embrión, célula, bola.

huir Escapar, evadirse, fugarse, desaparecer, salir, marcharse, eclipsarse, evaporarse, escabullirse, abandonar. — *Permanecer, afrontar.*

humanidad Bondad, compasión, caridad, piedad, sensibilidad, misericordia. — *Crueldad.* || Género humano, sociedad, razas, individuos, seres, semejantes. || Corpulencia, cuerpo, organismo, mole.

humanitario Bondadoso, caritativo, sensible, compasivo, benigno, misericordioso. — *Cruel.*

humano V. humanitario. || Terrenal, perecedero, mortal, efímero. — *Celestial.* || V. hombre.

humareda V. humo.

humedad Vapor, rocío, agua, sereno, relente, vaho, impregnación, remojo. — *Sequedad.*

humedecer Mojar, impreg-

nar, rociar, empapar, ba-
ñar, chorrear, pringar,
regar, embeber. — *Secar.*

humilde Modesto, sencillo,
manso, dulce, obediente,
fiel, tímido, dócil. — *Engreído, vanidoso.*

humillación Vergüenza, v.
humillar.

humillar Avergonzar, ofender, deshonrar, afrentar,
mortificar, insultar, he-
rir. — *Ensalzar.*

humo Humareda, nube,
vaho, vapor, niebla, gas,
tufo, bocanada. || **humos**
Soberbia, vanidad, alta-
nería, arrogancia. — *Sencillez, modestia.*

humor Gracia, ingenio, gra-
cejo, agudeza, humoris-
mo, chispa, ocurrencia,
chiste, salero. — *Sosería.*

humorístico Gracioso, v.
humor.

hundir Caer, derrumbar,
desmoronar, enterrar,
desplomar, destruir,
aplastar. — *Levantar.* ||

hundirse Naufragar, zozobrar, tragar, desapare-
cer, irse a pique. — *Flotar.*

huracán Ciclón, tornado,
tromba, tifón, borrasca,
tormenta, vendaval. —
Calma, bonanza.

huraño V. hosco.

hurgar Escarbar, revolver,
menear, cavar, rascar,
arañar, manosear, sobar.

hurtadillas (a) Sigilosa-
mente, secretamente, fur-
tivamente, a escondidas.
— *Abiertamente.*

hurtar Robar, quitar, sisar,
sustraer, limpiar, despo-
jar, saquear. — *Devolver,
restituir.*

hurto Robo, latrocinio, ratería, despojo, sustrac-
ción, sisa, saqueo. — *Devolución, restitución.*

husmear Fisgonear, curiosear, escudriñar, indagar.
|| Olfatear, oler, percibir,
rastrear, sospechar, ba-
rruntar, presentir.

I

ibérico Ibero, celtíbero, hispano, hispánico, godo, visigodo, peninsular, latino, europeo.

iberoamericano Hispanoamericano, sudamericano, hispánico.

iceberg Témpano, hielo, banco, masa flotante.

ida Marcha, viaje, desplazamiento, traslado, visita, asistencia. — *Venida, llegada.*

idea Representación, imagen, percepción, pensamiento, juicio, concepto, noción, reflexión, fantasía, quimera. || Plan, proyecto, esbozo, bosquejo.

ideal Modelo, prototipo, molde, patrón, tipo, dechado, ejemplo. || Único, perfecto, ejemplar, inimitable, insuperable. — *Corriente.* || Imaginario, irreal, inmaterial, fantástico. — *Material.* || Ilusión, aspiración, esperanza, anhelo, ambición, sueño. — *Realidad.*

idealista Altruista, noble, espiritual, elevado, desin-teresado, puro, generoso. — *Materialista.*

idear Representar, v. idea.

idéntico Igual, exacto, gemelo, homónimo, análogo, similar, equivalente. — *Diferente, distinto.*

identificar Reconocer, establecer, determinar, detallar, describir. — *Ignorar.* || Asemejar, igualar, hermanar, equiparar. — *Diferenciar.*

ideología Ideal, creencia, convicción, doctrina, fe, credo, partido.

idilio Noviazgo, amorío, devaneo, festejo, galanteo, relaciones, coqueteo, flirteo.

idioma Lengua, habla, lenguaje, dialecto, variedad, jerga, germanía.

idiota Retrasado, imbécil, anormal, subnormal, deficiente. || Necio, tonto, lelo, bobo, zoquete, mentecato, majadero, papanatas. — *Inteligente, listo.*

idolatría Fetichismo, paganismo, superstición, adoración, politeísmo. — *Cristianismo, monoteísmo*. || Veneración, amor, adoración. — *Repulsión*.

ídolo Fetiche, efigie, tótem, amuleto, símbolo, deidad, reliquia, tabú.

idóneo Apropiado, adecuado, conforme, útil, conveniente. — *Inadecuado*. || Competente, hábil, capacitado, diestro. — *Incompetente*.

iglesia Templo, parroquia, catedral, oratorio, capilla, ermita, abadía, convento, monasterio, cenobio, cartuja. || Congregación, comunidad, grey, culto.

ígneo Ardiente, llameante, fulgurante, incandescente, inflamado, luminoso. — *Oscuro, apagado*.

ignominia Abyección, deshonor, deshonra, ultraje, infamia, mancilla. — *Honra*.

ignorado Desconocido, incógnito, ignoto, anónimo, secreto, inexplorado, lejano. — *Conocido*.

ignorancia Atraso, incultura, analfabetismo, barbarie. — *Cultura*. || Omisión, olvido, duda, inexperiencia. — *Conocimiento*.

ignorar Desconocer, no saber, no comprender. — *Conocer*. || Repudiar, desconocer, desdeñar, desentenderse, rechazar. — *Reconocer*.

igual Idéntico, exacto, mismo, gemelo, equivalente, análogo, homónimo. — *Diferente*. || Liso, parejo, uniforme, terso, llano. — *Abrupto, desigual*.

igualar Allanar, nivelar, aplanar, explanar, emparejar, rellenar, igualar. — *Desigualar*. || Equiparar, hermanar, empatar, unificar, asimilar, asemejar. — *Diferenciar*.

igualdad Identidad, equivalencia, similitud, analogía, parecido, exactitud, proporción. — *Desigualdad*. || Justicia, equidad, ecuanimidad, imparcialidad, integridad, objetividad. — *Injusticia*.

ilegal Injusto, parcial, ilícito, ilegítimo (v.), clandestino, prohibido, delictivo. — *Legal, lícito*.

ilegible Incomprensible, indescifrable, confuso, oscuro, embrollado. — *Legible, claro*.

ilegítimo Bastardo, natural, adulterino. — *Legítimo*. || V. ilegal.

ileso Incólume, indemne, intacto, seguro, saludable, entero, íntegro. — *Lesionado*.

ilícito V. ilegal.

ilimitado V. infinito.

ilógico Absurdo, disparatado, desatinado, descabellado, irracional, incongruente. — *Lógico*.

iluminar Alumbrar, encender, aclarar, relucir, esplender. — *Oscurecer*. || Esclarecer, ilustrar, acla-

rar, detallar, — *Embro-
llar.*

ilusión Esperanza, anhelo,
afán, aliento, confianza,
deseo, capricho. — *Desin-
terés.* || Imaginación, es-
pejismo, quimera, fanta-
sía, mito, ficción. — *Realidad.*

ilusionar Animar, entusiasmar, esperanzar, conven-
cer. — *Desanimar.* || **ilu-
sionarse** Creer, esperar,
confiar, soñar, anhelar,
desear. — *Desanimarse.*

ilusionista Prestidigitador,
mago, animador, artista,
escamoteador.

iluso Idealista, visionario,
soñador, ingenuo, cando-
roso, crédulo. — *Realista.*

ilustrado Erudito, culto,
instruido, sabio, educado,
documentado. — *Igno-
rante.*

ilustrar Educar, instruir,
enseñar, preparar, culti-
var, guiar. — *Descarriar.*
|| Explicar, aclarar, vul-
garizar, informar. — *Em-
brollar.* || Dibujar, pin-
tar, grabar.

ilustre Insigne, glorioso,
egregio, famoso, renom-
brado, afamado, eminen-
te. — *Oscuro, desconoci-
do.*

imagen Representación, fi-
guración, noción, concep-
to. || Figura, efigie, sím-
bolo, emblema, modelo.
|| Lámina, dibujo, graba-
do, figura.

imaginación Intuición, clarividencia, agudeza, ta-

lento. — *Cortedad, tor-
peza.* || Idea, sensación,
representación, ilusión,
ficción. — *Realidad.*

imaginar Idear, enjuiciar,
comprender, sentir, figu-
rarse. || Proyectar, inven-
tar, esbozar, calcular, ha-
llar, descubrir.

imaginario Utópico, supuesto, ficticio, fantástico, fabuloso, quimérico,
ideal. — *Real.*

imbécil Idiota, retrasado,
deficiente, anormal. —
Genio. || Zoquete, necio,
memo, majadero, mente-
cato, torpe. — *Listo, avispado.*

imborrable Imperecedero,
indestructible, permanen-
te, fijo, maravilloso. —
Perecedero.

imbuir Inculcar, inspirar,
infiltrar, contagiar.

imitación Copia, reproducción, simulacro, duplica-
do, parodia, remedo. —
Original.

imitador Émulo, rival,
competidor, falsificador,
adulterador. — *Mimo,
cómico, bufón.*

imitar Emular, v. imitador.

impaciencia Ansiedad, inquietud, ansia, nerviosi-
dad, prisa, expectación.
— *Indiferencia.*

impaciente Ansioso, v. impacientar.

impacto Choque, golpe,
percusión, proyección,
colisión, encontronazo,
impresión.

impalpable Sutil, fino, intangible, imperceptible, etéreo. — *Material*.

impar Non, desigual, dispar, excepcional, único, maravilloso. — *Par, común*.

imparcial Ecuánime, justo, equitativo, recto, neutral, objetivo. — *Parcial, injusto*.

impasible Imperturbable, inalterable, impávido, flemático, apático. — *Sensible, nervioso*.

impecable Irreprochable, intachable, perfecto, pulcro, correcto. — *Defectuoso, desaliñado*.

impedido Defectuoso, baldado, lisiado, paralítico, inválido, tullido, inútil, atrofiado. — *Normal*.

impedimento Estorbo obstáculo, freno, escollo, tropiezo, veto. — *Facilidad*.

impedir Obstaculizar, estorbar, frenar, interrumpir, entorpecer, negar, prohibir, retrasar. — *Facilitar*.

impenetrable Fuerte, duro, recio, pétreo. — *Blando*. || Hermético, reservado, insoluble. — *Evidente*.

impenitente Recalcitrante, terco, obstinado. — *Razonable*.

impensado Inesperado, inadvertido, imprevisto, repentino, súbito. — *Previsto, imaginado*.

imperar Dominar, reinar,

mandar, descollar, sobresalir, vencer. — *Obedecer*.

imperativo Obligado, categórico, necesario, indispensable. — *Prescindible*. || Exigencia, necesidad, obligación. — *Libertad*.

imperceptible Microscópico, minúsculo, impalpable, gradual, insensible, paulatino. — *Tangible, brusco*.

imperdible Broche, prendedor, hebilla, aguja, alfiler.

imperdonable Injustificable, inexcusable, inaceptable, enorme, garrafal. — *Excusable, nimio*.

imperecedero Inmortal, perpetuo, eterno, perdurable, fijo, inmutable. — *Perecedero, efímero*.

imperfección Defecto, deformidad, fealdad, deficiencia, deterioro, daño, anomalía. — *Perfección*.

imperfecto Defectuoso, v. imperfección.

imperial Real, soberano, regio, palaciego, fastuoso, majestuoso, poderoso, pomposo. — *Humilde*.

imperialismo Yugo, dominación, colonización, despotismo, abuso. — *Libertad, democracia*.

impericia V. incompetencia.

imperio Reino, monarquía, potencia, estado, liga. || Dominio, autoridad, despotismo, poderío. — *De-*

bilidad. || Soberbia, altanería, altivez, orgullo. — *Humildad.*

imperioso Dominante, autoritario, altanero, soberbio, dominador, despótico. — *Humilde.*

impermeable Impenetrable, estanco, aislado, seco, hermético, encerado, alquitranado. — *Permeable.* || Trinchera, gabardina, chubasquero, gabán.

impersonal Indefinido, impreciso, ambiguo, corriente. — *Personal.*

impertinente Descarado, insolente, fresco, sarcástico, desfachatado, molesto. — *Educado, cortés.*

imperturbable Impávido, inalterable, impasible, inmutable, sereno, frío, flemático. — *Inquieto, nervioso.*

ímpetu Energía, fuerza, impulso, arranque, vehemencia, brusquedad, violencia. — *Calma.*

impetuoso Enérgico, v. ímpetu.

impío Incrédulo, descreído, irreverente, ateo, hereje, apóstata, pagano. — *Devoto, creyente.*

implacable Inexorable, intolerante, tiránico, brutal, cruel, despótico. — *Razonable, benévolo.*

implantar Instituir, fundar, establecer, crear. — *Abolir.* || Insertar, colocar, incrustar. — *Quitar.*

implicar Complicar, comprometer, enzarzar, liar.

— *Eludir.* || Significar, contener, figurar.

implícito Tácito, manifiesto, expreso, sobreentendido, virtual. — *Explícito, evidente.*

implorar Suplicar, clamar, rogar, lamentarse, llorar, apelar, solicitar. — *Exigir.*

imponderable Inestimable, perfecto, excelente, impar. — *Común, defectuoso.* || Contingencia, azar, imprevisto, riesgo, eventualidad. — *Previsión.*

imponente Sobrecogedor, impresionante, formidable, temible, descomunal, espantoso. — *Insignificante, corriente.*

impopular Desagradable, desprestigiado, antipático, enojoso, odiado. — *Popular, querido.*

importación Introducción, transacción, intercambio, negocio, compra. — *Exportación.*

importancia Trascendencia, magnitud, alcance, valor, significación, categoría, interés, poder. — *Intrascendencia.* || Vanidad, fatuidad, orgullo. — *Sencillez.*

importante Fundamental, principal, trascendental, poderoso, valioso, esencial, famoso, influyente, destacado. — *Insignificante, desconocido.*

importar Atañer, interesar, concernir, afectar, competer. — *Desinteresar.*

importe Cuantía, precio, monto, total, cuenta, valor, coste.

importunar Fastidiar, incomodar, molestar, cargar, irritar, acosar, insistir. — *Ayudar, agradar.*

importuno Fastidioso, **v.** importunar.

imposibilitado V. impedido.

imposibilitar V. impedir.

imposible Irrealizable, impracticable, inaccesible, difícil, quimérico, inútil, absurdo, ficticio, utópico, improbable. — *Factible, fácil.*

imposición Obligación, orden, mandato, coacción, exigencia. — *Libertad, albedrío.* || V. impuesto.

impostor Embaucador, farsante, simulador, tramposo, falsario, comediante, charlatán. — *Auténtico, honrado.*

impotente Estéril, incapaz, infecundo, debilitado, agotado. — *Potente, fecundo, enérgico.* || Inerme, débil, incapaz, desvalido, inútil. — *Poderoso.*

imprecación Anatema, maldición, condenación, juramento, insulto, invectiva, denuesto. — *Alabanza, bendición.*

impreciso Vago, confuso, indefinido, incierto, ambiguo, inseguro, embrollado. — *Preciso, claro.*

impregnar Humedecer, empapar, embeber, saturar, rociar, remojar, bañar. — *Secar.*

imprescindible Ineludible, esencial, indispensable, forzoso, obligatorio, vital. — *Innecesario.*

impresión Sensación, emoción, reminiscencia, recuerdo. — *Insensibilidad.* || Marca, huella, rastro, señal, vestigio. || Edición, tirada, reimpresión, estampación.

impresionable Sensible, excitable, emotivo, tierno, delicado. — *Insensible.*

impresionante Emocionante, **v.** impresionar.

impresionar Emocionar, conmover, enternecer, interesar, maravillar, inquietar, asustar, sobrecoger, aterrar. — *Desinteresar.*

impreso Folleto, panfleto, fascículo, volante, hoja, cuartilla, pasquín.

imprevisión Descuido, omisión, inadvertencia, despreocupación, distracción. — *Previsión.*

imprevisto Inesperado, repentino, inadvertido, sorprendente, súbito. — *Previsto.*

imprimir Estampar, grabar, marcar, fijar, editar, publicar, tirar.

improbable Incierto, impracticable, dudoso, inverosímil, imposible. — *Probable, realizable.*

ímprobo Abrumador, pesado, fatigoso, agotador, difícil, rudo, ingrato. — *Fácil.*

improductivo V. infecundo.

improperio Injuria, insulto, invectiva, grosería, afrenta, dicterio. — *Alabanza.*

impropio Inadecuado, indebido, improcedente, chocante, inoportuno. — *Adecuado, propio.*

improrrogable V. inaplazable.

improvisado Repentino, imprevisto, natural, espontáneo. — *Previsto.*

improvisar Crear, acelerar, inventar, organizar, reformar, innovar. — *Madurar, elaborar.*

imprudente Arriesgado, temerario, precipitado, alocado, despreocupado, incauto. — *Prudente.*

impúdico Libertino, deshonesto, obsceno, inmundo, licencioso, lujurioso, indecente. — *Pudoroso.*

impuesto Gravamen, tributo, arbitrio, carga, derechos, contribución. — *Liberación.*

impugnar Oponerse, rechazar, combatir, refutar, contradecir. — *Aprobar, respaldar.*

impulsar Empujar, propulsar, rechazar, forzar, arrastrar, deslizar. — *Inmovilizar.* || Fomentar, desarrollar, organizar. — *Descuidar.*

impulsivo Vehemente, impetuoso, brusco, fogoso, atolondrado, precipitado, arrebatado. — *Sereno.*

impulso Empujón, v. impulsar.

impunidad Indemnidad, inmunidad, privilegio, favoritismo, arbitrariedad, injusticia. — *Justicia, castigo.*

impureza Mancha, mezcla, residuo, sedimento, adulteración. — *Pureza.* || Indecencia, deshonestidad. — *Castidad.*

impuro Manchado, turbio, adulterado, mezclado, bastardo, mixto, impúdico, desvergonzado, vicioso. — *Puro, casto.*

imputar Achacar, cargar, atribuir, tachar, inculpar. — *Disculpar.*

inacabable V. interminable.

inaccesible Escarpado, áspero, escabroso, fragoso, abrupto, quebrado, solitario, aislado. — *Comunicado.* || Ininteligible, difícil, imposible. — *Comprensible.*

inaceptable Inadmisible, rebatible, ilógico, injusto, reprobable. — *Admisible.*

inactivo Inmóvil, quieto, inerte, parado, interrumpido, detenido, inútil, aletargado. — *Activo, dinámico.* || Cesante, parado, jubilado. || Holgazán, perezoso, vago. — *Trabajador.*

inadecuado Impropio, inconveniente, indebido, incorrecto, inoportuno, anacrónico. — *Apropia-do.*

inadmisible V. inadecuado, v. inaceptable.

inadvertido Inesperado, impensado, descuidado, negligente. — *Atento, alerta.* || Ignorado, omitido, oculto, anónimo, olvidado. — *Notorio.*

inagotable Interminable, inacabable, eterno, perpetuo, infinito, abundante, rico. — *Pobre, breve.*

inaguantable Intolerable, insufrible, cargante, pelmazo, latoso, impertinente. — *Tolerable, grato.*

inalcanzable Impracticable, imposible, inaccesible (v.).

inalterable V. invariable.

inanición Desfallecimiento, debilidad, extenuación. — *Energía.*

inapelable V. inevitable, v. indiscutible.

inapetente Desganado, hastiado, indiferente, asqueado. — *Hambriento.*

inaplazable Impostergable, improrrogable, fijo, ineludible, señalado, perentorio, urgente. — *Prorrogable.*

inapreciable Trivial, insignificante, mínimo, minúsculo, superficial. — *Importante.* || Valioso, precioso, inestimable, insustituible. — *Desdeñable.*

inasequible V. inalcanzable.

inaudito Insólito, increíble, inconcebible, atroz, raro, sorprendente, inverosímil. — *Común, corriente.*

inaugurar Estrenar, iniciar, abrir, principiar, lanzar, promover, abrir, fundar. — *Clausurar.*

incalculable Innumerable, considerable, infinito, incontable. — *Exiguo, corto.* || Incierto, imprevisto, sorpresivo, repentino. — *Previsto.*

incalificable Vituperable, reprobable, vergonzoso, indigno, condenable, tremendo, monstruoso. — *Loable.*

incandescente ígneo, inflamado, candente, encendido, llameante, fulgurante, brillante. — *Apagado.*

incansable V. infatigable.

incapacitar Inhabilitar, exonerar, descalificar, invalidar, retirar, prohibir. — *Habilitar.*

incapaz Torpe, inepto, nulo, inhábil, inexperto. — *Competente.*

incautarse Confiscar, decomisar, requisar, despojar. — *Devolver.*

incauto Ingenuo, simple, crédulo, cándido, memo. — *Suspicaz, prudente.*

incendiar Inflamar, quemar, encender, achicharrar, abrasar, carbonizar, prender, incinerar (v.). — *Apagar.*

incendio Fuego, quema, abrasamiento, calcinación. || Desastre, percance, siniestro, accidente, daño.

incentivo Aliciente, acicate, estímulo, ánimo, señuelo. — *Desánimo.*

incertidumbre V. inseguridad.

incesante Persistente, eterno, continuo, interminable, inacabable, perpetuo, repetido, perenne. — *Breve.*

incidente Trance, suceso, acaecimiento, hecho, discusión, riña, percance, peripecia.

incierto Inseguro, dudoso, confuso, mudable, vago, impreciso, variable, fortuito. — *Seguro.*

incinerar Calcinar, consumir, abrasar, incendiar (v.). — *Apagar.*

incipiente Primitivo, rudimentario, naciente, inicial. — *Desarrollado.*

incisión Tajo, corte, hendidura, sección, cuchillada, herida.

incitar Estimular, excitar, tentar, interesar, instigar, inducir, provocar, azuzar. — *Desanimar, disuadir.*

incivil Descortés, inculto, rudo, incorrecto, gamberro, salvaje, irresponsable. — *Cortés, culto.*

inclemencia Rigor, frío, aspereza, destemplanza, crudeza, dureza. — *Benignidad.* || V. crueldad.

inclinación Caída, sesgo, ángulo, oblicuidad, desplome, desvío, ladeo, pendiente, torcimiento, cuesta, declive. — *Horizonta-*

lidad. || Predisposición, propensión, tendencia, predilección, afecto. — *Repulsión.* || Saludo, además, reverencia, señal.

inclinar Desviar, torcer, doblar, bajar, ladear, tumbar, acostar, sesgar. — *Enderezar, nivelar.* || **inclinarse** Agacharse, doblarse, arrodillarse, reverenciar, saludar, homenajear. — *Enderezarse.*

incluir Comprender, englobar, contener, abarcar, meter, acompañar, encerrar. — *Apartar, separar.*

inclusero Expósito, huérfano, hospiciano, asilado, desamparado, abandonado.

inclusión Colocación, introducción, instalación, añadido, agregado. — *Omisión, separación.*

incógnita Misterio, enigma, secreto, ocultación, encubrimiento, rompecabezas. — *Revelación.*

incógnito Misterio, v. incógnita.

incoherente Inconexo, incomprensible, ilógico, confuso, absurdo, raro, ininteligible, embrollado. — *Coherente, lógico.*

incoloro Desteñido, apagado, descolorido, desvaído, claro, blanco, deslucido. — *Coloreado, multicolor.*

incólume V. ileso.

incomible Desabrido, incomestible, repugnante, insípido, indigesto. — *Sabroso, comestible.*

incómodo Molesto, desagradable, estrecho, duro, fatigoso, irritante, enojoso, pesado, difícil. — *Cómodo, confortable.*

incomparable V. insuperable.

incompatible Opuesto, discordante, contrario, discrepante, inconciliable, diferente. — *Compatible, similar.*

incompetente V. inepto.

incompleto Imperfecto, insuficiente, falto, carente, fragmentario, defectuoso, escaso. — *Completo, acabado.*

incomprensible Ininteligible, indescifrable, embrollado, nebuloso, oscuro, impenetrable, difícil, enigmático. — *Comprensible, claro.*

incomprensión Indiferencia, ruindad, egoísmo, mezquindad, desinterés, desunión. — *Comprensión, interés.*

incomunicar Separar, aislar, apartar, excluir, relegar, encerrar. — *Unir, relacionar.*

inconcebible V. inexplicable.

inconcluso Inacabado, incompleto, fragmentario. — *Completo.*

incondicional Adicto, leal, seguidor, partidario, fanático, adepto, devoto. — *Adversario.*

inconexo V. incomprensible.

inconfundible Característico, peculiar, distintivo, típico, específico, singular, diferente. — *Genérico.*

incongruente V. incoherente.

inconmovible V. impasible.

inconquistable V. inexpugnable.

inconsciente Irresponsable, atolondrado, aturdido, irreflexivo, ligero, ingenuo, necio. — *Sensato.* || Maquinal, involuntario, automático, mecánico, espontáneo. — *Deliberado.* || Desmayado, desvanecido, insensible, desfallecido. — *Consciente.*

inconsiderado V. desconsiderado.

inconsistente Frágil, flojo, blando, débil, endeble, ligero, sutil. — *Fuerte.*

inconsolable Apenado, afligido, desconsolado, acongojado, dolorido. — *Contento.*

inconstante Voluble, frívolo, inestable, veleidoso, informal, caprichoso, variable. — *Estable, firme.*

incontable V. innumerable.

incontenible V. irresistible.

inconveniente Molestia, problema, trastorno, obstáculo, dificultad. — *Facilidad.* || Perjudicial, incómodo, molesto, inoportuno. — *Apropiado.*

incorporar Añadir, agregar, asociar, unir, juntar, mezclar. — *Separar.* || **incorporarse** Levantarse, enderezarse, erguirse, alzarse. — *Acostarse, agacharse.*

incorrecto Inexacto, errado, equivocado, defectuoso, desatinado. — *Correcto, acertado.* || Grosero, descortés, descarado, insolente, inoportuno. — *Educado, cortés.*

incorregible Recalcitrante, impenitente, contumaz, testarudo, terco. — *Razonable, dócil.*

incrédulo Suspicaz, desconfiado, malicioso, receloso, escéptico. — *Confiado, crédulo.* || Impío, irreligioso, ateo, infiel, pagano. — *Piadoso, creyente.*

increíble V. inaudito.

incrementar Aumentar, intensificar, añadir, agrandar, reforzar, extender. — *Disminuir.*

increpar Amonestar, sermonear, reprender, reñir, corregir. — *Alabar.*

incrustar Embutir, encajar, empotrar, enchufar, meter, acoplar. — *Extraer.*

incubar Empollar, enclocar. || Desarrollarse, extenderse, prepararse, fomentarse. — *Concluir.*

inculcar Infundir, imbuir, persuadir, inspirar, aleccionar. — *Disuadir, desanimar.*

inculto Ignorante, analfabeto, iletrado, inepto, tosco, zafio. — *Culto, educado.*

incultura Ignorancia, atraso, analfabetismo, tosquedad, rusticidad, ineducación. — *Cultura, progreso.*

incumbir Atañer, competer, concernir, pertenecer, interesar. — *Desinteresar.*

incumplir Infringir, quebrantar, descuidar, contravenir, vulnerar, desobedecer, omitir. — *Cumplir.*

incurable Irremediable, desahuciado, gravísimo, desesperado, condenado. — *Curable.*

incuria Negligencia, descuido, desidia, desaliño, apatía, indiferencia. — *Interés, cuidado.*

incurrir Incidir, cometer, pecar, infringir, caer, tropezar. — *Salvar, esquivar.*

incursión Invasión, correría, irrupción, ataque, penetración, ocupación. — *Huida.*

indagar Investigar, buscar, explorar, escudriñar, rastrear, preguntar, sondear.

indebido V. ilegal.

indecente Impúdico, deshonesto, sucio, obsceno, incorrecto, indigno. — *Decoroso.*

indecisión Vacilación, titubeo, incertidumbre, duda, inseguridad. — *Seguridad.*

indeciso Vacilante, v. indecisión.

indecoroso V. indecente.

indefenso Desvalido, desamparado, impotente, débil, abandonado. — *Protegido.*

indefinido V. indeterminado.

indemne Intacto, ileso, incólume, inmune, íntegro, entero. — *Herido, afectado.*

indemnizar Retribuir, compensar, reparar, resarcir, satisfacer. — *Dañar.*

independiente Imparcial, neutral, autónomo, libre, justo, íntegro, emancipado. — *Sometido.*

independencia Emancipación, liberación, autonomía, neutralidad, libertad. — *Sometimiento.*

indescifrable V. incomprensible.

indescriptible Inenarrable, maravilloso, fabuloso, extraordinario, colosal. — *Corriente.*

indeseable Maleante, truhán, tunante, villano, golfo, pícaro. — *Honrado, honesto.*

indestructible Inalterable, invulnerable, inmune, inquebrantable, eterno. — *Perecedero.*

indeterminado Incierto, impreciso, dudoso, confuso, aproximado, indefinido, desconcertante. — *Definido.*

indicación Advertencia, v. indicar.

indicar Advertir, aconsejar, señalar, avisar, exhortar, sugerir, insinuar, guiar. — *Omitir.*

índice Catálogo, relación, lista, tabla, inventario, registro, guía.

indicio Signo, muestra, manifestación, prueba, señal, vestigio, marca, rastro, pista, pisada.

indiferencia Despreocupación, v. indiferente.

indiferente Despreocupado, desinteresado, displicente, insensible, abandonado, frío, escéptico, neutral. — *Apasionado, vehemente.*

indígena Originario, natural, nativo, autóctono, vernáculo, aborigen. — *Extranjero.* || Salvaje, nativo, aborigen, antropófago.

indigencia Penuria, pobreza, hambre, miseria, necesidad, estrechez. — *Opulencia.*

indigestión Empacho, hartura, saciedad, asco, estragamiento. — *Apetito.*

indigesto Incomible, pesado, empalagoso, nocivo. — *Digestivo.*

indignación Irritación, v. indignar.

indignante Enfadoso, enojoso, irritante, ultrajante, injusto, ofensivo. — *Satisfactorio.*

indignar Irritar, enfadar,

encolerizar, enfurecer, enojar, ofender, excitar. — *Agradar, calmar.*

indignidad Ruindad, vileza, ultraje, bajeza, abyección, ofensa, infamia. — *Honra, favor.*

indigno Abyecto, ruin, vil, ultrajante, mezquino, inicuo, oprobioso. — *Honroso.*

indio Indígena, aborigen, nativo, salvaje, antropófago, primitivo. || Hindú.

indirecta Alusión, eufemismo, insinuación, evasiva, reticencia, ambigüedad. — *Exabrupto, verdad.*

indirecto Desviado, separado, apartado, alejado, secundario, ambiguo, disimulado. — *Recto, directo.*

indisciplina Desobediencia, rebeldía, subversión, desorden, alboroto, caos, resistencia, desafío. — *Disciplina, orden.*

indiscreto Imprudente, curioso, cotilla, entrometido, fisgón, hablador, impertinente, necio. — *Reservado.*

indiscutible Indudable, evidente, incuestionable, innegable, irrebatible, cierto. — *Dudoso.*

indisoluble Fijo, firme, estable, perdurable, sólido, invariable. — *Inestable.*

indispensable V. imprescindible.

indisponer Enemistar, desunir, enzarzar, liar, azuzar. — *Amigar.* || **indis-**

ponerse Enfermarse, padecer, sufrir, contraer, desmejorar. — *Curar.*

indisposición Achaque, dolencia, padecimiento, afección, trastorno, enfermedad. — *Curación.*

indispuesto Enfermo, malo, doliente, afectado, desmejorado, achacoso. — *Sano.*

indistinto Equivalente, parecido, similar. — *Diferente.* || Confuso, borroso, imperceptible. — *Claro.*

individual Personal, particular, propio, característico, singular, privado. — *General.*

individuo Sujeto, tipo, persona, fulano, prójimo.

indócil Indómito.

índole Condición, naturaleza, carácter, propensión, personalidad, temperamento, genio.

indolente Flojo, negligente, apático, desidioso, perezoso, desganado. — *Dinámico, activo.*

indomable V. indómito.

indómito Indomable, rebelde, indisciplinado, reacio, terco, indócil, fiero, bravo, cerril, arisco. — *Manso, obediente.*

inducir Instigar, azuzar, alentar, animar, incitar, empujar, estimular, enzarzar. — *Desanimar, disuadir.*

indudable V. indiscutible.

indulgente Tolerante, benévolo, paciente, transigente, clemente, bonachón. — *Severo, inflexible.*

indulto Perdón, gracia, merced, absolución, conmutación, amnistía, libertad. — *Condena.*

indumentaria Atavío, vestimenta, ropaje, vestidura, prenda, traje, vestuario.

industria Elaboración, manufactura, fabricación, explotación, montaje, técnica, confección. || Fábrica, empresa, taller, factoría, firma, sociedad. || Habilidad, maña, destreza, pericia, picardía. — *Incapacidad.*

inédito Original, desconocido, flamante, ignorado, nuevo, reciente. — *Conocido, antiguo.*

ineficaz Inservible, insuficiente, inútil, estéril, incompetente, inepto (v.). — *Eficaz, útil.*

ineludible V. inevitable.

inepto Incompetente, ineficaz (v.), incapaz, inexperto, torpe, nulo, inoperante, desmañado, improductivo, ignorante. — *Competente.*

inequívoco V. indiscutible.

inercia Desidia, indolencia, pereza, letargo, flema, pasividad. — *Actividad.*

inesperado Insospechado, impensado, súbito, repentino, inadvertido, espontáneo. — *Previsto, esperado.*

inestable Desequilibrado, inseguro, precario, inconstante, mudable, frágil, voluble. — *Fijo, estable.*

inestimable V. inapreciable.

inevitable Irremediable, ineludible, obligatorio, forzoso, inexcusable (v.), infalible. — *Remediable, inseguro.*

inexacto Incorrecto, erróneo, desacertado, disparatado, defectuoso, imperfecto. — *Correcto, exacto.*

inexcusable Imperdonable, inaceptable, indebido, inadmisible, inevitable (v.). — *Admisible.*

inexistente Ficticio, aparente, ilusorio, imaginario, quimérico, engañoso. — *Real, verdadero.*

inexorable V. inflexible, v. infalible.

inexperiencia Impericia, ignorancia, novatada, incompetencia, ineptitud. — *Experiencia, aptitud.*

inexperto Bisoño, novato, neófito, principiante, torpe, aprendiz. — *Experimentado, ducho.*

inexplicable Inconcebible, incomprensible, increíble, extraño, misterioso. — *Lógico, explicable.*

inexplorado Ignoto, lejano, remoto, desconocido, deshabitado, aislado, solitario. — *Explorado, conocido.*

inexpresivo Inmutable, imperturbable, frío, flemático, indiferente, seco. — *Comunicativo.*

inexpugnable Inconquistable, inabordable, invulnerable, fuerte, invicto. — *Débil.*

inextinguible Inacabable, insaciable, inagotable, prolongado, eterno. — *Breve.*

infalible Seguro, inexorable, firme, cierto, forzoso, clarividente, acertado, matemático. — *Inseguro.*

infamar Deshonrar, injuriar, calumniar, afrentar, manchar, ultrajar. — *Alabar.*

infame Maligno, vil, perverso, ruin, siniestro, maldito, depravado. — *Bondadoso, honorable.*

infamia Iniquidad, ofensa, estigma, monstruosidad, traición, vilipendio. — *Honra.*

infancia Niñez, inocencia, pequeñez, minoría, nacimiento. — *Vejez, senilidad.*

infantil Candoroso, pueril, impúber, necio. — *Senil.*

infatigable Inagotable, incansable, incesante, vigoroso, firme, dinámico. — *Débil, haragán.*

infausto V. infortunado.

infección Contagio, contaminación, inoculación, peste, propagación. — *Desinfección.*

infecundo Improductivo, agotado, árido, desolado,

impotente, agotado, castrado. — *Fértil.*

infelicidad Desdicha, desventura, tristeza, tribulación, ruina, cuita, aflicción. — *Dicha.*

infeliz Desdichado, v. infelicidad.

inferior Peor, malo, defectuoso, irregular, menor. — *Mejor.* || Subalterno, auxiliar, dependiente, sometido, subordinado. — *Superior.*

infernal Satánico, demoníaco, diabólico, mefistofélico, maléfico, maligno. — *Celestial, genérico.*

infidelidad Ingratitud, indignidad, deslealtad, vileza, engaño, doblez. — *Lealtad, fidelidad.* || Adulterio, amancebamiento, lío, traición. — *Castidad, fidelidad.*

infiel Impío, ateo, descreído, pagano, hereje, idólatra, irreligioso. — *Religioso, fiel.* || Ingrato, adúltero, v. infidelidad.

infierno Averno, tártaro, abismo, perdición, tormento, condenación, hoguera, pira. — *Cielo, edén.*

infiltrar Impregnar, embeber, penetrar, escurrirse, escabullirse. — *Estancar.*

ínfimo Mínimo, bajo, último, peor, insignificante, ruin. — *Máximo, noble.*

infinito Inmenso, ilimitado, inagotable, inacabable, extenso, vasto, eterno. — *Breve, limitado.*

inflamar Incendiar, quemar, arder, encender, abrasar, incinerar. — *Apagar, sofocar.* ‖ Excitar, enardecer, irritar, entusiasmar. — *Calmar.* ‖ **inflamarse** Hincharse, congestionarse, infectarse, enrojecerse. — *Deshincharse.*

inflar V. hinchar.

inflexible Rígido, tenaz, duro, firme, inexorable, impasible, implacable, cruel. — *Tolerante, débil.*

infligir Imponer, aplicar, causar, originar, producir, ocasionar. — *Perdonar, cesar.*

influencia Influjo, autoridad, poder, predominio, peso, efecto, prestigio. — *Descrédito.* ‖ Confianza, valimiento, favor, mano, amistad. — *Enemistad.*

influir Ejercer, actuar, afectar, obrar, contribuir, ayudar, respaldar. — *Abstenerse, desamparar.*

influyente Poderoso, prestigioso, respetado, importante, acreditado, activo. — *Humilde, insignificante.*

información Averiguación, revelación, v. informar.

informal Irresponsable, inconstante, tornadizo, negligente, descuidado. — *Cumplidor.*

informar Averiguar, investigar, indagar, buscar, sondear. ‖ Declarar, manifestar, reseñar, detallar, testimoniar, comunicar, anunciar, notificar. — *Callar, omitir.*

informe Averiguación, declaración, v. informar.

infortunado Desdichado, desventurado, infeliz, mísero, desgraciado. — *Dichoso.*

infracción Transgresión, violación, incumplimiento, falta, culpa, delito. — *Cumplimiento.*

infranqueable Insalvable, intransitable, escarpado, quebrado, imposible, abrupto. — *Practicable, expedito.*

infrecuente Desusado, insólito, raro, expecional, extraño, sorprendente. — *Habitual.*

infringir Transgredir, atentar, quebrantar, vulnerar, delinquir. — *Cumplir, obedecer.*

infructuoso Inútil, improductivo, ineficaz, estéril, nulo, negativo. — *Eficaz, positivo.*

infundado Injustificado, inaceptable, ilógico, absurdo, insostenible. — *Fundado, real.*

infundio Engaño, patraña, calumnia, embuste, falsedad, mentira. — *Verdad.*

infundir Inculcar, inspirar, causar, originar, infiltrar, suscitar. — *Anular, librar.*

infusión Tisana, brebaje, cocción, bebida, extracto.

ingenio Inteligencia, sensatez, agudeza, cacumen, discernimiento, entendederas, lucidez, imaginación, intelecto. — *Estupidez, torpeza.* || Artefacto, máquina, aparato, artilugio.

ingenuo Cándido, inocente, crédulo, simple, sencillo, candoroso, necio. — *Desconfiado, astuto.*

ingerir V. tragar.

ingrato Desagradecido, infiel, insensible, desleal, apático, egoísta. — *Agradecido.*

ingrediente Componente, constituyente, sustancia, elemento, materia, compuesto.

ingresar Asociarse, afiliarse, entrar, incorporarse, adherirse, inscribirse. — *Renunciar.*

inhabilitar V. incapacitar.

inhabitable Destartalado, ruinoso, inhóspito, insano, desolado, incómodo. — *Grato, habitable.*

inhalar V. aspirar.

inhibirse V. abstenerse.

inhóspito Yermo, frío, áspero, rudo, agreste, desértico, desolado, salvaje, deshabitado. — *Grato, acogedor.*

inhumano Feroz, inclemente, salvaje, bárbaro, duro, brutal, cruel, perverso. — *Benigno, humanitario.*

inhumar Enterrar, sepultar, dejar. — *Exhumar.*

iniciar Empezar, comenzar, principiar, emprender, inaugurar, surgir, originar. — *Terminar.* || Catequizar, enseñar, educar, aleccionar. — *Descuidar.*

iniciativa Diligencia, aptitud, decisión, actividad, dinamismo, capacidad. — *Cortedad, pereza.*

inicuo Ignominioso, vil, malo, perverso, injusto, inaudito, ultrajante, infame. — *Noble, bueno.*

inimitable V. inconfundible.

ininteligible V. incomprensible.

iniquidad Ignominia, v. inicuo.

injerencia Entrometimiento, indiscreción, intrusión, mangoneo, curiosidad, intervención. — *Abstención.*

injerirse Entrometerse, intervenir, mezclarse, mangonear, mediar. — *Abstenerse.*

injertar Aplicar, meter, introducir, agregar.

injerto Brote, yema, agregado, postizo.

injuria Insulto, ofensa, ultraje, vejación, agravio, vilipendio, improperio. — *Alabanza.*

injusticia Abuso, arbitrariedad, sinrazón, ilegalidad, improcedencia, atropello. — *Justicia.*

injusto Arbitrario, ilegal, ilícito, abusivo, improcedente, inmoral, caprichoso, odioso. — *Justo, lícito.*

inmaculado V. limpio.

inmaduro Tierno, incipiente, precoz, verde, prematuro, bisoño. — *Maduro.*

inmaterial Irreal, incorpóreo, intangible, abstracto, etéreo, ideal, aparente. — *Material, real.*

inmediaciones Proximidades, cercanías, alrededores, vecindad, aledaños. — *Lejanía.*

inmediato Inminente, urgente, rápido, raudo, presto. — *Lento.* || Vecino, cercano, próximo. — *Alejado.*

inmejorable V. insuperable.

inmenso Infinito, enorme, vasto, extenso, grandioso, monstruoso, descomunal. — *Minúsculo.*

inmerecido V. injusto.

inmersión Zambullida, descenso, buceo, bajada, mojadura. — *Salida, ascenso.*

inmigración Afluencia, llegada, migración, traslado, éxodo, desplazamiento. — *Emigración.*

inminente Próximo, cercano, vecino, pronto, contiguo, urgente, apremiante. — *Lejano.*

inmiscuirse V. injerirse.

inmoderado V. desenfrenado.

inmodesto Engreído, fatuo, vano, altanero, petulante, presuntuoso, arrogante, altivo. — *Modesto.*

inmolar Sacrificar, degollar, ofrecer, matar, eliminar, ofrendar. — *Perdonar.*

inmoral Indecoroso, indecente, impúdico, escandaloso, perdido, desvergonzado. — *Casto.*

inmortal Perpetuo, perenne, eterno, sempiterno, perdurable, constante, renovado. — *Mortal, efímero.*

inmóvil Quieto, inerte, inactivo, invariable, fijo, firme, estático, pasivo. — *Movible.*

inmovilizar Detener, parar, sujetar, retener, obstaculizar, dominar. — *Mover, empujar.*

inmundo Puerco, mugriento, asqueroso, repugnante, libertino, lascivo. — *Decente, limpio.*

inmunidad Invulnerabilidad, resistencia, fortaleza, vigor. — *Debilidad.* || Privilegio, exención, prerrogativa. — *Igualdad.*

inmutable V. invariable.

innato Congénito, personal, individual, peculiar, característico, propio, natural. — *Adquirido.*

innecesario Fútil, superfluo, inútil, infundado, excesivo. — *Útil, necesario.*

innegable V. indiscutible.

innoble Despreciable, abyecto, ruin, infame, bajo, vil, indigno, rastrero. — *Noble, magnánimo.*

innovación Creación, descubrimiento, idea, invento, transformación, cambio. — *Mantener, conservar.*

innumerable Incalculable, ilimitado, incontable, numeroso, copioso, inmenso, enorme. — *Escaso.*

inocente Ingenuo, candoroso, inofensivo (v.), honesto, honrado, cándido. — *Astuto, desconfiado.* || Exento, indultado, rehabilitado. — *Culpable.*

inocular Inmunizar, inyectar, transmitir, comunicar, infectar, contaminar.

inofensivo Inerme, desarmado, inocente (v.). — *Peligroso.*

inolvidable Imborrable, persistente, eterno, indeleble, permanente, famoso, inmortal. — *Pasajero.*

inoperante V. ineficaz.

inoportuno Inesperado, intempestivo, imprevisto, inadecuado, incorrecto, tardío, temprano, incómodo, improcedente. — *Oportuno, adecuado.*

inquebrantable V. invariable.

inquietar Amenazar, estremecer, alarmar, preocupar, molestar, atormentar. — *Tranquilizar.*

inquietud Intranquilidad, impaciencia, nerviosidad, angustia, preocupación, desvelo, ansiedad, ambición, dinamismo, actividad. — *Tranquilidad, pereza.*

inquilino Ocupante, arrendatario, vecino, habitante.

inquina Aversión, ojeriza, odio, tirria, enemistad, aborrecimiento, antipatía. — *Simpatía.*

inquirir V. indagar.

insaciable Inagotable, inextinguible, constante, prolongado. — *Breve.* || Ávido, ansioso, insatisfecho, avaro, hambriento, glotón. — *Generoso, satisfecho.*

insalubre Malsano, dañino, nocivo, perjudicial, pernicioso, enfermizo, malo. — *Saludable.*

insano V. loco.

insatisfecho V. descontento.

inscribir Apuntar, anotar, escribir, grabar, trazar, registrar. || Delimitar, circunscribir, limitar, ajustar, ceñir. — *Extender.* || **inscribirse** Alistarse, afiliarse, apuntarse, asociarse, agremiarse. — *Renunciar.*

inscripción Cartel, rótulo, letrero, leyenda, nota. || Asociación, agremiación, afiliación. — *Renuncia.*

inseguridad Incertidumbre, desequilibrio, alternativa, inestabilidad, altibajo, vacilación, titubeo, peligro, riesgo. — *Firmeza, estabilidad.*

insensato Disparatado, desatinado, descabellado.

— *Lógico.* || Necio, zoquete, loco, majadero. — *Cuerdo.*

insensible Inanimado, inconsciente, inerte, exánime, yerto, embotado, entorpecido. — *Sensible.* || Cruel, empedernido, encallecido, riguroso, brutal. — *Piadoso.*

inseparable Ligado, junto, indivisible, unido, fiel, entrañable, íntimo. — *Separado, desunido.*

insertar Implantar, introducir, engastar, embutir, encajar, meter, fijar, publicar, anunciar. — *Extraer.*

inservible Inútil, infructífero, ineficaz, estropeado, deteriorado, descompuesto, averiado. — *Útil, arreglado.*

insidia Intriga, perfidia, traición, estratagema, engaño, maquinación. — *Franqueza.*

insigne V. ilustre.

insignia Distintivo, emblema, divisa, escudo, lema, imagen, enseña, bandera (v.).

insignificante Minúsculo, irrisorio, baladí, exiguo, corto, escaso, pequeño, pueril, trivial. — *Trascendental, importante.*

insinuar Sugerir, aludir, mencionar, referirse, esbozar, indicar. — *Ordenar.*

insípido Desabrido, insulso, soso, insustancial, frío, inexpresivo. — *Sabroso, expresivo.*

insistir Repetir, reiterar, perseverar, solicitar, machacar, porfiar, reincidir. — *Abstenerse.*

insociable Intratable, huraño, misántropo, retraído, esquivo, huidizo, hosco. — *Sociable, comunicativo.*

insolente Atrevido, descarado, desfachatado, irreverente, ofensivo, altanero, insultante. — *Respetuoso.*

insólito Desusado, desacostumbrado, inaudito, inusitado, extraordinario, asombroso. — *Común, normal.*

insomnio Desvelo, vigilia, vela, preocupación. — *Sueño.*

insoportable V. inaguantable.

insostenible V. ilógico.

inspeccionar Vigilar, verificar, examinar, investigar, observar, revisar, controlar, comprobar. — *Descuidar, omitir.*

inspector Vigilante, v. inspeccionar.

inspiración Idea, sugerencia, sugestión, arrebato, intuición, entusiasmo. — *Frialdad.* || Aspiración, respiración, inhalación. — *Espiración, exhalación.*

instalar Montar, colocar,

situar, alzar, erigir, poner, establecer, disponer,
localizar. — *Desmontar.*

instantáneo Súbito, momentáneo, rápido, repen-
tino, precipitado, fugaz,
imprevisto. — *Lento.*

instante Segundo, momento, santiamén, periquete,
minuto, relámpago, tris.
— *Eternidad.*

instigar Incitar, provocar,
hostigar, animar, impul-
sar, inspirar, aguijonear.
— *Frenar, contener, de-
sanimar.*

instintivo Inconsciente, v.
instinto.

instinto Inconsciencia, intuición, inspiración, atavismo, automatismo, na-
turaleza, reflejo. — *Re-
flexión.*

institución Establecimiento, fundación, patrona-
to, organismo, centro,
corporación, v. instituto.

instituto Colegio, escuela,
academia, liceo, facultad,
conservatorio, v. institución.

institutriz Monitora, maes-
tra, preceptora, tutora,
g u í a , instructora. —
Alumna.

instrucción Enseñanza, v.
instruir.

instructor Monitor, v. institutriz.

instruido Culto, ilustrado,
erudito, educado, cultivado, capacitado, prepara-
do. — *Inculto.*

instruir Enseñar, divulgar,

educar, adiestrar, culti-
var, iniciar, vulgarizar,
aleccionar, difundir. —
Descarriar, descuidar.

instrumento Aparato, utensilio, herramienta, arte-
facto, útil, trasto, enser,
bártulo.

insubordinarse Rebelarse,
desafiar, desobedecer, sublevarse, resistir, amoti-
narse. — *Obedecer, ren-
dirse.*

insubstancial V. insípido.

insuficiente Carente, escaso, privado, falto, vacío,
defectuoso, raro, defi-
ciente. — *Suficiente.*

insufrible V. inaguantable.

insulso V. insípido.

insultar Ofender, injuriar,
afrentar, ultrajar, humi-
llar, vilipendiar, escarnecer, herir, enfrentarse,
insolentarse. — *Honrar,
alabar.*

insuperable Insalvable, invencible, infranqueable,
difícil, imposible, arduo,
incómodo. — *Fácil.* ||
Magnífico, soberbio, es-
pléndido, inmejorable. —
Pésimo.

insurrección Sublevación,
sedición, rebeldía, insu-
bordinación, motín, amo-
tinamiento, tumulto, dis-
turbio, revolución. —
Calma, paz.

insurrecto Sublevado, sedi-
cioso, v. insurrección.

insustituible V. imprescindible.

intacto Entero, completo,

íntegro, indemne, incólume, ileso, sano, salvo. — *Falto, dañado.*

intachable V. irreprochable.

intangible V. inmaterial.

integrante Constituyente componente, parte, pieza, ingrediente.

integrar Componer, constituir, completar, formar, totalizar, añadir, incluir. — *Separar.*

íntegro Honrado, cabal, recto, probo, irreprochable, decente, virtuoso. — *Deshonesto, truhán.* || Total, completo, sano, salvo. — *Incompleto, afectado.*

intelectual Erudito, estudioso, ilustrado, instruido. — *Ignorante, inculto.* || Mental, espiritual, psicológico, cerebral. — *Material, corporal.*

intelecto V. inteligencia.

inteligencia Talento, perspicacia, intelecto, penetración, lucidez, capacidad, ingenio, sagacidad, clarividencia. — *Torpeza, idiotez.*

inteligible V. comprensible.

intemperante V. desenfrenado.

intempestivo V. imprevisto.

intención Propósito, determinación, designio, mira, idea, resolución. — *Renuncia, abstención.*

intencional Premeditado, deliberado, pensado, pre-

concebido, voluntario, adrede. — *Involuntario.*

intensidad Fuerza, v. intenso.

intenso Fuerte, enérgico, vigoroso, vehemente, poderoso, potente, firme, persistente. — *Débil, corto, endeble.*

intentar Ensayar, probar, proyectar, tantear, emprender, sondear, experimentar. — *Renunciar.*

intercalar Interponer, insertar, introducir, alternar, superponer, agregar. — *Quitar, extraer.*

interceder Mediar, intervenir, defender, abogar, respaldar, rogar. — *Culpar, abandonar.*

interceptar Detener, interrumpir, aislar, cortar, entorpecer. — *Facilitar, despejar.*

intercesión Mediación, v. interceder.

interés Propensión, afecto, inclinación, curiosidad, apego. — *Desinterés.* || Encanto, atractivo, aliciente, fascinación. — *Repulsión.* || Beneficio, ganancia, lucro, producto, dividendo. — *Pérdida.*

interesado Egoísta, ambicioso, materialista. — *Generoso.*

interesar Cautivar, atraer, fascinar, encantar, maravillar, seducir, llamar. — *Aburrir.* || Concernir, atañer, competer, corresponder. — *Abandonar.*

interferir V. interceptar.

interino Provisorio, suplente, accidental. — *Efectivo, titular.*

interior Interno, íntimo, central, profundo, céntrico, anímico, mental, espiritual. — *Exterior, corporal.*

interjección Grito, exclamación, imprecación.

intermediario Mediador, intercesor, tercero, comerciante, comisionista, delegado.

intermedio Entreacto, descanso, intervalo, pausa, interludio. — *Acto.*

interminable Inacabable, inagotable, continuo, perpetuo, eterno, lento, largo, tedioso. — *Limitado, breve.*

intermitente Irregular, discontinuo, interrumpido, alterno, esporádico. — *Regular, seguido, continuo.*

internacional Universal, mundial, abigarrado, cosmopolita, general. — *Local, nacional.*

internado Pensionado, pupilaje, escuela, colegio, seminario.

internar Encerrar, aislar, recluir, apartar, aprisionar. — *Liberar.* || internarse Introducirse, adentrarse, penetrar, aventurarse. — *Salir.*

interno V. interior. || Pensionista, alumno, educando, pupilo, colegial, becario. — *Externo.*

interpelar Demandar, requerir, preguntar, solicitar, exigir, exhortar, interrogar. — *Omitir.*

interplanetario Celeste, cósmico, universal, galáctico, espacial, sideral, interestelar. — *Terrenal.*

interponer V. intercalar.

interpretar Explicar, analizar, deducir, describir, demostrar, descifrar, glosar. — *Ignorar.* || Actuar, representar, declamar.

intérprete Guía, traductor, cicerone, lingüista. || Comentarista, demostrador, glosador. || Músico, ejecutante, solista, cantante.

interrogar Inquirir, preguntar, indagar, investigar, averiguar, informarse, solicitar. — *Responder.*

interrumpir Atajar, suspender, romper, obstaculizar, impedir, estorbar, romper, frenar, complicar, evitar, entorpecer. — *Continuar.*

intersección Cruce, encrucijada, empalme, unión, reunión. — *Separación, bifurcación.*

intersticio Grieta, rendija, raja, resquicio, fisura, muesca, surco, corte.

intervalo Lapso, espacio, distancia, medida, tiempo, duración, ínterin, extensión. || Intermedio, descanso, pausa, tregua.

intervención Mediación, v. intervenir.

intervenir Mediar, entrometerse, interponerse, actuar, maniobrar, inspeccionar. — *Abstenerse.*

intimidar Atemorizar, asustar, amenazar, retar, desafiar. — *Envalentonar, animar.*

íntimo Interior, recóndito, familiar, personal, espiritual, subjetivo. — *Público, general, externo.*

intolerable Inadmisible, injusto, abusivo, ilegal, insufrible, inaceptable. — *Apropiado, justo.*

intolerancia V. intransigencia.

intoxicar Envenenar, emponzoñar, ingerir, pervertir, enviciar, corromper. — *Desintoxicar.*

intranquilizar Angustiar, atormentar, inquietar, excitar, impacientar, desasosegar, mortificar, perturbar, conmocionar. — *Serenar, calmar.*

intranquilo Angustiado, v. intranquilizar.

intransigencia Intolerancia, oposición, obstinación, terquedad, obcecación, ceguera, fanatismo. — *Tolerancia.*

intratable V. insociable.

intrépido Temerario, osado, audaz, valiente, resuelto, denodado, atrevido. — *Cobarde, prudente.*

intriga Trampa, enredo, maniobra, maquinación, traición, complot, confabulación. || Interés, incertidumbre, misterio. — *Desinterés.*

intrincado Enredado, embrollado, difícil, complicado, enmarañado, arduo, espinoso. — *Sencillo.*

introducción Inserción, colocación, penetración, inclusión, implantación, sujeción. — *Extracción.* || Preámbulo, prólogo, introito, preliminar, prefacio, preludio. — *Epílogo.*

introducir Meter, insertar, colocar, entrar, incluir, encajar, embutir, clavar. — *Extraer.*

intruso Entrometido, fisgón, indiscreto, curioso, cotilla. — *Discreto.* || Advenedizo, forastero, impostor, charlatán, competidor. — *Conocedor, competente.*

intuición Clarividencia, discernimiento, penetración, perspicacia, visión. — *Ceguera.*

inundación Desbordamiento, anegamiento, diluvio, crecida, subida, torrente, riada, corriente. — *Sequía.* || Abundancia, plétora, exceso. — *Falta.*

inútil Lisiado, tullido, inválido, imposibilitado, impedido. — *Apto, útil.* || Incompetente, inexperto, inepto, torpe. — *Competente.* || V. inservible.

inutilizar Anular, incapacitar, invalidar, estropear, descomponer. — *Arreglar.* || Lisiar, v. inútil.

invadir Conquistar, irrumpir, penetrar, ocupar,

acometer, apresar, capturar. — *Abandonar, defender.*

inválido V. inútil.

invariable Inalterable, inmutable, constante, estable, indestructible, permanente, eterno. — *Variable, inconstante.*

invasión Conquista, v. invadir.

invasor Conquistador, atacante, dominador, usurpador, saqueador, ocupante. — *Defensor.*

invencible V. invicto.

inventar Descubrir, crear, hallar, perfeccionar, innovar, combinar, ensayar, proyectar, idear. — *Plagiar, copiar.* || Urdir, fingir, engañar, mentir, tramar, improvisar. — *Revelar, descubrir.*

inventor Descubridor, innovador, creador, proyectista, autor, genio.

invernal Riguroso, duro, helado, frío, crudo, frígido, desapacible, inclemente. — *Templado.*

inverosímil Increíble, dudoso, improbable, extraño, imposible, absurdo, sorprendente. — *Verosímil, probable.*

inversión Transformación, v. invertir.

invertido V. homosexual.

invertir Cambiar transformar, alterar, trastornar, mudar, transponer, variar, trocar. — *Mantener, restablecer.* || Financiar, colocar, gastar, des-

tinar, negociar, especular. — *Ahorrar, escatimar.*

investigación Averiguación, v. investigar.

investigar Averiguar, indagar, preguntar, escudriñar, examinar, explorar, estudiar, vigilar, supervisar, ensayar. — *Encontrar.*

invicto Victorioso, triunfante, campeón, glorioso, vencedor, invencible. — *Vencido.*

inviolable V. invulnerable.

invisible Inapreciable, imperceptible, impalpable, microscópico, inmaterial, minúsculo, incorpóreo, oculto. — *Visible, aparente.*

invitar Convidar, agasajar, homenajear, reunir, ofrecer, hospedar, rogar. — *Desdeñar.*

invocar Impetrar, rogar, solicitar, suplicar, rezar, pedir, conjurar, implorar. — *Maldecir.*

involucrar V. injerir.

involuntario Instintivo, maquinal, automático, inconsciente, espontáneo, reflejo. — *Consciente, voluntario.*

invulnerable Inviolable, invencible, resistente, indestructible, inexpugnable. — *Endeble.*

inyectar Aplicar, administrar, poner, pinchar, dosificar, introducir. — *Extraer.*

ir Encaminarse, dirigirse,

marchar, partir, trasladarse, desplazarse, salir, recorrer, acudir. — *Venir.*

ira Furia, cólera, enojo, irritación, arrebato, rabia, frenesí, rabieta. — *Serenidad, calma.*

ironía Sarcasmo, v. irónico.

irónico Sarcástico, mordaz, cínico, satírico, cáustico, socarrón, chancero, zumbón. — *Bondadoso, sincero.*

irradiar Difundir, emitir, proyectar, despedir, emanar, fulgurar.

irreal Engañoso, ilusorio, inexistente, aparente, artificial, ficticio, fantástico. — *Verdadero.*

irrealizable V. imposible.

irreemplazable V. imprescindible.

irreflexivo Precipitado atolondrado, ofuscado, aturdido, irresponsable. — *Sensato, juicioso.* || Inconsciente, impensado, involuntario, automático. — *Pensado.*

irregular Desusado, anormal, desacostumbrado, raro, especial, arbitrario, desigual, variable, ilógico. — *Común, normal, regular.*

irregularidad Anormalidad, anomalía, paradoja, excepción, ilegalidad, rareza, capricho. — *Normalidad, regularidad.*

irreligioso Descreído, ateo,

irreverente, hereje, anticlerical, impío, escéptico. — *Creyente.*

irremediable Irremisible, irreparable, insalvable, imposible, inexorable, indefectible, fatal. — *Reparable, posible.*

irreparable V. irremediable.

irreprochable Intachable, incorruptible, perfecto, inmaculado, impecable. — *Criticable, imperfecto.*

irresistible Invicto, invencible, poderoso, dominante, inexorable. — *Débil.*

irresoluto Indeciso, vacilante, inseguro, titubeante. — *Resuelto, decidido.*

irrespetuoso Desconsiderado, desatento, descarado, atrevido, desvergonzado, audaz. — *Respetuoso, cortés.*

irresponsable V. inepto.

irreverente Sacrílego, blasfemo, irrespetuoso (v.). — *Respetuoso.*

irrevocable V. irremediable.

irrisorio Risible, ridículo, grostesco, absurdo, insignificante. — *Serio, importante.*

irritación Cólera, ira, violencia, excitación, enojo, furia, rabia, enfado, furor. — *Serenidad, tranquilidad.* || Picazón, comezón, picor, hinchazón, congestión, prurito, sarpullido. — *Mitigación.*

irritar Indignar, enfurecer, exasperar, encolerizar, encorajinar, enojar, enfadar, alterar. — *Calmar, serenar*.

irrompible Resistente, fuerte, robusto, duro, inquebrantable, indestructible. — *Endeble*.

irrumpir Penetrar, entrar, introducirse, asaltar, invadir, violentar, meterse. — *Salir, huir*.

itinerario Camino, recorrido, trayecto, ruta, marcha, dirección, tránsito.

izar Alzar, subir, elevar, levantar, enarbolar. — *Arriar, bajar*.

izquierdo Siniestro, zurdo, torcido. — *Diestro, derecho*.

J

jabalina Venablo, lanza, alabarda, pica, arma arrojadiza.

jaca Yegua, caballo, potro, corcel, montura.

jactancia Fanfarronería, presunción, ostentación, vanidad, petulancia, orgullo, pedantería, altanería. — *Humildad.*

jadear Resollar, ahogarse, bufar, sofocarse, fatigarse.

jalea Gelatina, emulsión, sustancia.

jaleo Bullicio, bulla, algazara, juerga, jarana, algarabía, desorden. — *Silencio, orden.*

jamelgo Penco, jaco, matalón, caballería.

jarana V. jaleo.

jardín Parque, prado, vergel, parterre, huerto, fronda.

jarra Vasija, recipiente, jarro, jarrón, vaso, taza, cacharro, cántaro, florero, búcaro.

jarrón V. jarra.

jauja Abundancia, riqueza, opulencia, ganga, momio. — *Pobreza.*

jefe Director, dirigente, gobernante, guía, gobernador, dominador, autoridad, superior. — *Subordinado.*

jerarquía Rango, grado, orden, escalafón, graduación. — *Subordinación.*

jerga Jerigonza, germanía, dialecto, habla, *argot*, galimatías.

jeroglífico Signo, grafía, representación, charada, acertijo, rompecabezas, pasatiempo.

Jesucristo Cristo, Jesús, Mesías, Nazareno, Redentor, Crucificado, Señor, Eccehomo.

jinete Caballista, caballero, centauro, vaquero, yóquey.

jira Excursión, viaje, vuelta, ronda, paseo, merienda, diversión, juerga.

jirón Harapo, guiñapo, andrajo, pingo, remiendo, piltrafa, colgajo, desgarrón.

jockey* Yóquey, jinete (v.).

jocoso Humorístico, festivo, gracioso, jovial, cómico, divertido. — Triste, trágico.

jolgorio V. juerga.

jornada Día, lapso, fecha, tiempo. || Camino, viaje, recorrido, marcha, trayecto.

jornal Salario, sueldo, paga, pago, estipendio, retribución, remuneración.

jornalero Obrero, menestral, peón, operario, artesano, asalariado, labriego.

joroba Corcova, giba, chepa, gibosidad, deformidad.

jorobar V. irritar.

joven Mozo, muchacho, adolescente, chico, jovenzuelo, pollo, efebo, mozalbete, zagal, mancebo. — Viejo. || Novato, imberbe, inexperto, novicio, bisoño. — Experimentado, ducho.

jovial Alegre, divertido, bromista, jaranero, bullicioso, jocundo, ufano, animado, risueño. — Triste.

joya Alhaja, aderezo, presea, gema, perifollo.

jubilado Retirado, pensionado, subvencionado, licenciado, pensionista, pasivo, arrinconado. — Activo.

jubilar Retirar, v. jubilado.

júbilo Alegría, v. jovial.

jubiloso V. jovial.

judía Habichuela, alubia, fréjol, legumbre.

judío Hebreo, israelita, israelí, semita, sionista, mosaico.

juego Diversión, distracción, entretenimiento, esparcimiento, pasatiempo, solaz, deporte, recreo, chanza, travesura. — Aburrimiento. || Colección, surtido, serie, repertorio, equipo. — Unidad. || Articulación, coyuntura, gozne, junta.

juerga Jarana, diversión, parranda, escándalo, bullicio, jolgorio, francachela, cuchipanda, orgía, bacanal. — Tristeza.

juez Magistrado, togado, consejero, árbitro, mediador.

jugada Tirada, lance, mano, tanda, turno, pasada. || Trastada, jugarreta (v.).

jugar Divertirse, v. juego.

jugarreta Trastada, bribonada, travesura, truhanería, picardía, vileza, artimaña. — Seriedad.

jugo Sustancia, caldo, zumo, extracto, néctar, líquido, esencia.

juguetón Travieso, retozón, inquieto, bullicioso, revoltoso, enredador, alocado. — Tranquilo, quieto.

juicio Proceso, pleito, litigio, caso, querella. — Avenencia. || Sensatez, prudencia, discreción, sentido, tino, cordura. —

Insensatez. || Inteligencia, comprensión, razonamiento, razón. — *Torpeza.* || Dictamen, opinión, parecer, veredicto.

juicioso Sensato, v. juicio.

junta Asamblea, reunión, comité, congreso, comisión, consejo, asociación, peña, sesión, mitin, tertulia.

juntar Aproximar, acoplar, enlazar, unir, ligar, empalmar, pegar, atar, hermanar emparejar, fusionar, combinar, añadir, agrupar. — *Separar.*

junto Aproximado, acoplado, v. juntar.

juntura Articulación, gozne, coyuntura, enlace, acoplamiento, unión, empalme, juego, enchufe.

jura V. juramento.

jurado Cuerpo, junta, tribunal, grupo, comité, comisión.

juramentarse Confabularse, conspirar, maquinar, complotar, tramar, rebelarse. — *Desligarse.*

juramento Promesa, compromiso, palabra, fe, voto, testimonio. — *Excusa.* || Denuesto, imprecación, taco, voto, blasfemia, reniego, insulto, maldición. — *Bendición.*

jurar Prometer, v. juramento. || Denostar, insultar, v. juramento.

jurisdicción Distrito, cir-

cunscripción, partido, territorio, término, comarca, demarcación, zona.

justa Torneo, combate, competencia, desafío, certamen, pugna. — *Paz, acuerdo.*

justicia Derecho, ley, razón, igualdad, imparcialidad, equidad, neutralidad, ecuanimidad. — *Injusticia, parcialidad.*

justificación Testimonio, comprobación, defensa, excusa, coartada, prueba, argumento, motivo, razón, demostración, alegato.

justificante Comprobante, recibo, documento, resguardo, talón, cupón.

justificar Testimoniar, v. justificación.

justo Imparcial, recto, neutral, ecuánime, objetivo, íntegro, insobornable. — *Parcial, injusto.*

juvenil V. joven.

juventud Adolescencia, mocedad, pubertad, lozanía, abriles, inexperiencia. — *Senectud, vejez.*

juzgado Magistratura, tribunal, audiencia, sala, corte.

juzgar Sentenciar, fallar, dictaminar, enjuiciar, resolver, decretar, condenar. — *Abstenerse.* || Conceptuar, opinar, considerar, creer, sugerir, calificar, criticar, reputar. — *Abstenerse.*

K

kermesse* Verbena, feria, fiesta, tómbola, beneficio, velada.

kilométrico Interminable, quilométrico, inacabable, enorme, eterno, extenso, larguísimo. — *Breve, corto.*

kimono* Bata, quimono, delantal, b a t í n, camisón.

kindergarten* Parvulario, jardín de infantes, escuela de párvulos, guardería.

kiosco Quiosco, casilla, puesto, tenderete, cabina, caseta, barraca.

L

laberinto Dédalo, maraña, embrollo, caos, lío, dificultad. — *Sencillez, simplicidad.*

labia Verbosidad, verborrea, facundia, elocuencia, oratoria, palique. — *Circunspección, taciturnidad.*

labor Tarea, faena, trabajo, actividad, cometido, misión, función, ocupación, quehacer, trajín. — *Ocio.* || Cosido, costura, calado, bordado, encaje, adorno, artesanía.

laborable Hábil, no festivo, lectivo.

laborioso Trabajador, activo, afanoso, hacendoso, diligente, dinámico. — *Haragán.* || Difícil, complicado, arduo, espinoso, peliagudo. — *Fácil.*

labrador Labriego, campesino, agricultor, cultivador, paisano, granjero, rústico.

labrar Arar, cultivar, plantar, sembrar, faenar, trabajar, cavar. || Grabar, repujar, esculpir, cincelar, tallar.

labriego V. labrador.

lacayo Criado, sirviente, doméstico, servidor, paje, mayordomo.

lacerar Magullar, lesionar, herir, lastimar, traumatizar, excoriar, golpear, desollar, llagar, rozar, arañar. — *Curar, suavizar, mitigar.*

lacio Marchito, ajado, mustio, decaído, laxo, suelto, flojo, liso. — *Vivaz, flamante.*

lacónico Escueto, sucinto, breve, resumido, sumario, conciso, abreviado. — *Detallado, prolijo.* || Taciturno, callado, silencioso, reservado. — *Parlanchín, locuaz.*

lacra Vicio, defecto, mancha, deficiencia, borrón, perjuicio. — *Cualidad, perfección.*

ladear Torcer, terciar, sesgar, inclinar, esquinar, desplazar, cambiar. — *Enderezar.*

ladera Falda, vertiente, talud, rampa, desnivel, inclinación, cuesta, declive, depresión. — *Llano, cumbre.*

ladino Taimado, astuto, marrullero, pillo, malicioso, artero, pérfido. — *Sincero, noble.*

lado Costado, borde, flanco, cara, ala, banda, margen, extremo, canto, arista. — *Centro.* || Sitio, lugar, parte, medio, situación, punto, posición.

ladrar Aullar, gruñir, gañir, rugir, gritar, alborotar, amenazar, avisar. — *Enmudecer, callar.*

ladrillo Briqueta, resilla, baldosín, azulejo, teja, pieza.

ladrón Ratero, carterista, caco, descuidero, cortabolsas, timador, desvalijador, salteador, cuatrero, bandido, bandolero, atracador, delincuente, cleptómano. — *Bienhechor, policía.* || Abusador, especulador, usurero, estafador. — *Honrado.*

lago Estanque, laguna, pantano, marisma, depósito, embalse, charca, albufera.

lágrimas Sollozo, llanto, lloro, lloriqueo, gimoteo, lamento, queja, gotas, humor. — *Risa, alegría.*

laguna V. lago. || Olvido, lapso, omisión, hueco, falta, defecto. — *Recuerdo.*

laico Lego, seglar, secular, civil, temporal, terrenal, mundano, profano, separado. — *Clerical, religioso.*

lamentable Penoso, calamitoso, lastimoso, triste, deplorable, angustioso, terrible. — *Elogiable, gozoso.*

lamentación V. lamento.

lamentar Arrepentirse, deplorar, afligirse, sentir, retractarse, añorar, extrañar. — *Persistir, reincidir.* || **lamentarse** Gemir, quejarse, dolerse, llorar, plañir, sollozar, gimotear, suplicar. — *Alegrarse, reír.*

lamento Queja, gemido, quejido, lamentación, lloro, plañido, sollozo, suspiro, gimoteo, súplica — *Risa.*

lamer Lengüetear, relamer, chupar.

lámina Estampa, ilustración, grabado, dibujo, efigie, imagen, figura, pintura. || Placa, plancha, chapa, película, hoja, capa, hojilla, tajada, loncha.

lámpara Foco, farol, candil, fanal, linterna, luz, quinqué, araña, bombilla, lamparilla.

lampiño Imberbe, barbilampiño, impúber, adolescente. — *Barbudo.*

lance Suceso, hecho, incidente, episodio, aventura, caso, asunto, trance, suerte.

lancha Bote, barca, chinchorro, canoa, piragua, falúa, barcaza, chalupa, esquife, motora, embarcación.

lánguido Decaído, extenuado, debilitado, abatido, desanimado, postrado, afectado, amanerado. — *Activo, enérgico.*

lanza Venablo, pica, alabarda, rejón, chuzo, palo, pértiga, vara, asta.

lanzar Despedir, arrojar, tirar, proyectar, impeler, precipitar, echar, disparar, empujar. — *Atraer, retener.* || Desahuciar, desalojar, expulsar. — *Consentir, perdonar.*

lápida Losa, piedra, mármol, inscripción, tumba.

lapso Error, falta, descuido, desliz, traspié, errata, gazapo. — *Corrección.* || Tiempo, espacio, intervalo, período, momento, etapa.

largar V. soltar. || **largarse** Irse, marcharse, desaparecer, partir, abandonar. — *Volver.*

largo Prolongado, extenso, alargado, amplio, dilatado, interminable, gigantesco, apaisado, espacioso, grande, continuo, abundante. — *Corto, pequeño.* || Longitud, extensión, amplitud, medida, largura, envergadura. — *Ancho, espesor.* || Lento, interminable, inacabable, eterno, infinito, fastidioso, aburrido. — *Breve, entretenido.*

lascivo V. lujurioso.

lástima Piedad, compasión, misericordia, caridad, enternecimiento, pena, sensibilidad. — *Crueldad, insensibilidad.*

lastimar Lesionar, herir, dañar, magullar, deslomar, golpear, contusionar. — *Curar.* || Ofender, ultrajar, humillar, escarnecer, perjudicar. — *Elogiar*.

lastimoso V. lamentable.

lastre Contrapeso, peso, sobrecarga, rémora, obstáculo, impedimento, estorbo, freno. — *Facilidad*.

lata Chapa, hojalata, lámina, plancha, bote, tarro, envase, recipiente. || Tabarra, monserga, pesadez, rollo, fastidio. — *Entretenimiento*.

latente Potencial, dormido, encubierto, disimulado, solapado, silencioso, furtivo, velado. — *Manifiesto*.

lateral Limítrofe, adyacente, contiguo, pegado, anexo, confinante, secundario. — *Central, medio*.

latido Palpitación, v. palpitar.

látigo Tralla, fusta, azote, vergajo, flagelo, zurriago, correa, cinto, vara.

latir Palpitar, pulsar, percutir, golpear, dilatarse, contraerse, funcionar. — *Cesar, detenerse*.

latoso Pesado, cargante, fastidioso, molesto, tedioso, aburrido. — *Entretenido*. || Pelma, chinche. — *Divertido*.

lavar Limpiar, fregar, bañar, higienizar, purificar, enjuagar, aclarar, duchar, baldear, mojar, humedecer, regar, empapar. — *Secar, manchar*.

laxante Purgante, depurativo, purga. — *Astringente*.

laxo Flojo, distendido, relajado, desmadejado, inmoral. — *Rígido, inflexible*.

lazo Cuerda, cordón, traílla, lazada, vuelta, nudo, ligadura. || Trampa, emboscada, ardid, celada, ratonera, estratagema. || Vínculo, amistad, parentesco, unión, alianza. — *Alejamiento, desunión*.

leal Recto, honrado, fiel, veraz, franco, sincero, seguro, devoto, noble. — *Traidor*.

lección Clase, conferencia, disertación, lectura, instrucción, enseñanza, explicación, iniciación. — *Ignorancia*. || Escarmiento, ejemplo, advertencia, aviso, amonestación, experiencia.

lecho Cama, tálamo, catre, camastro, litera, yacija, jergón. || Cauce, álveo, madre, conducto, cuenca.

lechuza Mochuelo, búho, ave rapaz.

leer Estudiar, examinar, repasar, descifrar, hojear, contar, explicar. || Interpretar, adivinar, penetrar, observar, comprender. — *Ignorar, confundir*.

legado V. herencia.

legal Reglamentario, lícito, constitucional, legítimo, permitido, autorizado, admitido, exacto, verídico, legislativo. — *Ilegal, ilegítimo.*

legalizar Legitimar, sancionar, promulgar, certificar, firmar, autenticar, visar. — *Desautorizar.*

légamo V. lodo.

legar Ceder, donar, testar, dejar, transmitir, transferir, traspasar, dar. — *Quitar, desheredar.*

legendario Fabuloso, quimérico, fantástico, utópico, proverbial, maravilloso. — *Real, sencillo, común.*

legible Claro, explícito, descifrable, comprensible, fácil. — *Ilegible.*

legión Falange, cohorte, ejército, cuerpo, tropa, batallón. || Muchedumbre, caterva, tropel, multitud, profusión, cáfila, cantidad, exceso. — *Carencia, falta.*

legislar Reglamentar, estatuir, decretar, codificar, ordenar, dictar, regular, promulgar.

legítimo V. legal.

lego Seglar, laico, secular, civil. — *Clerical, regular.* || Inculto, iletrado, ignorante, profano, analfabeto. — *Culto.*

legumbre Hortaliza, verdura, planta, vegetal, fruto.

lejano Distante, alejado, apartado, separado, remoto, solitario, pasado. — *Cercano.*

lelo V. necio.

lema Divisa, mote, título, consigna, contraseña, frase.

lengua Idioma, lenguaje, habla, dialecto, expresión, jerga, caló, jerigonza.

lente Cristal, vidrio, ocular, objetivo, lupa, menisco. || **lentes** Anteojos, gafas, quevedos, antiparras, impertinentes.

lento Moroso, tardo, pesado, calmoso, torpe, premioso, cachazudo, pausado, parsimonioso, reacio, despacioso, indolente, perezoso. — *Rápido, activo.*

leño Madero, tronco, tabla, tablón, palo, poste, tarugo listón, traviesa.

lesbiana Homosexual, tríbada, sáfica.

lesión Herida, daño, magulladura, golpe, erosión, desolladura, traumatismo, equimosis, contusión.

letanía Sarta, retahíla, recua, ristra, serie, súplica, invocación.

letargo Modorra, torpeza, entorpecimiento, entumecimiento, pesadez, sopor, sueño. — *Desvelo, actividad.*

letra Signo, símbolo, grafía, carácter, tipo, rasgo, garabato. || Composición, argumento, verso, poema. || Giro, documento, pagaré.

letrero Rótulo, anuncio, cartel, aviso, inscripción, pancarta, leyenda.

letrina Retrete, excusado, servicio, baño.

levantamiento V. revolución.

levantar Elevar, alzar, subir, izar, aupar, encaramar, empinar, destacar, enarbolar. — *Bajar.* || Arrancar, quitar, despegar, desprender. — *Pegar, adherir.* || Construir, alzar, edificar, erigir, asentar, fundar. — *Derruir.* || Sublevar, rebelar, revolucionar, amotinar, soliviantar, perturbar, agitar, alborotar. — *Aplacar, reprimir.*

levante Oriente, este, naciente. — *Poniente, Occidente.*

leve Ligero, liviano, tenue, sutil, suave, fino, vaporoso, etéreo. — *Pesado, tosco.* || Intrascendente, venial, insignificante, irrisorio. — *Grave, importante.*

levita Frac, casaca, chaqueta.

léxico Vocabulario, terminología, glosario, repertorio, voces, giros.

ley Decreto, reglamento, estatuto, precepto, mandato, disposición, bando, orden, edicto, carta. || Derecho, justicia, legislación, orden, magistratura, tribunales. — *Caos, anarquía.*

leyenda Gesta, epopeya, mito, historia, tradición, relato, narración, quimera, invención. — *Realidad.* || Rótulo, inscripción, lema, epígrafe, letrero (v.).

liar V. ligar. || Embaucar, enredar, embrollar, confundir, engatusar. — *Aconsejar, explicar.*

libar Probar, catar, saborear, sorber, probar, chupar.

liberal Demócrata, demócrático, socialista, progresista. — *Conservador.* || V. generoso.

liberar Libertar, librar, salvar, soltar, redimir, rescatar, emancipar, independizar, manumitir. — *Condenar, encarcelar.* || Descargar, dispensar, relevar, eximir, diculpar. — *Cargar, culpar, comprometer.*

libertad Independencia, autonomía, emancipación, rescate, salvación, redención, remisión. — *Tiranía, condena.* || Permiso, privilegio, licencia, poder, facultad. — *Prohibición.* || Descaro, familiaridad, confianza, desenfreno, libertinaje, caos. — *Respeto, orden.*

libertador Protector, salvador, emancipador, redentor, campeón, paladín. — *Opresor, tirano.*

libertino Inmoral, desvergonzado, impúdico, indecente, licencioso, depravado, sensual, lujurioso, disipado, lúbrico, lascivo, vicioso. — *Casto.*

libre Independiente, emancipado, autónomo, soberano, autárquico, liberto, liberado, suelto, separado, rescatado, evadido, huido, fugado, escapado. — *Prisionero, dependiente, sojuzgado.* || Desocupado, vacante, disponible, vacío. — *Ocupado.* || V. libertino.

librería Estante, biblioteca, estantería, armario, repisa, anaquel. || Tienda, local, editorial, imprenta, impresores.

libreta Cuaderno, librillo, cartilla, bloque. || Pan, pieza, hogaza, barra.

libretista Guionista, autor, escritor, argumentista, comediógrafo.

libro Volumen, tomo, ejemplar, obra, texto, tratado, cuerpo, manual, compendio, vademécum.

licencia Permiso, autorización, aprobación, venia, asentimiento, concesión. — *Prohibición.* || Patente, título, documento, privilegio, derecho, cédula, diploma, certificado, pase, poder.

licenciado Graduado, titulado, diplomado, universitario, abogado, doctor.

licenciar Aprobar, autorizar, permitir, consentir, facultar, titular, graduar, diplomar. — *Prohibir, suspender.* || Excluir, despachar, descargar, relevar, eximir. — *Admitir, reclutar.*

licencioso V. libertino.

liceo Ateneo, asociación, sociedad, casino, círculo, centro, agrupación. || Escuela, colegio, instituto, gimnasio, academia.

lícito V. legal.

licor Bebida, brebaje, poción, agua, elixir, extracto, néctar, zumo.

licuar Desleír, disolver, fundir, derretir, diluir, deshacer. — *Solidificar.*

lid V. lucha.

líder Jefe, caudillo, guía, cabeza, ganador. — *Perdedor.*

lidia V. lucha. || Corrida, novillada, becerrada, capeo, tienta, encierro.

lidiar V. luchar.

lienzo Paño, tela, trapo, tejido, pañuelo, sábana.

liga Asociación, alianza, federación, coalición, confederación, pacto, convenio. — *Secesión, separación, enemistad.* || Aleación, mezcla, combinación, unión, ligazón. — *Separación.*

ligadura Atadura, v. ligar.

ligar Atar, anudar, amarrar, sujetar, trabar, unir, aprisionar, inmovilizar. — *Desatar, soltar.*

ligero Rápido, pronto, presuroso, veloz, raudo, vivaz, activo, ágil. — *Lento.* || Liviano, leve, etéreo, grácil, tenue, ingrávido, sutil, delgado, manejable. — *Pesado.* || Frívolo, trivial, fútil, impúdico. — *Sensato.*

lijar V. limar.

limar Raspar, rascar, raer, alisar, pulir, suavizar, limar, igualar, esmerilar, frotar, rallar, desgastar. || Corregir, retocar, mejorar, completar, perfeccionar.

limitar Restringir, localizar, acotar, deslindar, obstaculizar, demarcar, circunscribir, condicionar, trabar, prohibir, definir, ceñir. — *Extender, ampliar.* || V. lindar.

límite Frontera, borde, línea, confín, separación, orilla, meta, fin, término. — *Origen, comienzo, centro.*

limo V. lodo.

limosna Caridad, socorro, donativo, dádiva, ayuda, óbolo, auxilio, regalo, beneficencia. — *Ahorro, tacañería, crueldad.*

limpiar Lavar, fregar, bañar, asear, higienizar, mojar, barrer, lustrar, frotar, purificar. — *Ensuciar.* || Eliminar, suprimir, expulsar. — *Consentir.*

limpieza Aseo, higiene, pulcritud, lavado, cuidado, fregado, barrido, cepillado, ablución, baño, ducha, riego, purificación, enjuague, jabonado. — *Suciedad.* || Exactitud, precisión, habilidad, perfección. — *Torpeza.*

limpio Aseado, v. limpieza.

linaje Estirpe, casta, familia, abolengo, genealogía, cepa, prosapia, alcurnia, nobleza. — *Plebeyez.*

lindar Limitar, confinar, tocarse.

linde V. límite.

lindo Hermoso, bonito, gracioso, bello, delicado, mono, atractivo, fino, primoroso. — *Feo.*

línea Raya, trazo, lista, rasgo, surco, tilde, marca, guión. || V. límite. || Horizontal, vertical, paralela, perpendicular, diagonal, eje.

linterna V. lámpara.

lío Desorden, confusión, enredo, maraña, dificultad, complicación, embrollo, caos, tumulto, jaleo. — *Orden, paz.* || Mentira, trapisonda, embuste, cuento, chisme, enredo. — *Verdad.* || Amancebamiento, concubinato, apaño, amontonamiento. — *Casamiento, legitimidad.*

lioso Desordenado, v. lío. || Mentiroso, v. lío.

liquidar Destruir, anular, extirpar, suprimir, eliminar, exterminar, aniquilar, matar, rematar. — *Conservar, perdonar.* || Rebajar, saldar, vender, realizar, abaratar, vender. — *Encarecer.* || Pagar, saldar, ajustar, abonar, arreglar, cumplir. — *Deber.*

líquido Fluido, humor, licor, acuosidad, zumo,

néctar, caldo, bebida. — Sólido, gas.

lírico Poético, elegíaco, idílico, bucólico, épico, romántico. — Prosaico.

lisiar Tullir, baldar, impedir, paralizar, estropear, mutilar, inutilizar, lesionar. — Rehabilitar.

liso Terso, fino, suave, parejo, igual, llano, plano, raso, romo, chato, recto, uniforme. — Áspero, desparejo, escabroso.

lisonja Adulación, elogio, zalamería, coba, requiebro, loa, piropo, aplauso, halago, alabanza, exaltación. — Insulto, crítica.

lisonjero Adulador, v. lisonja. || Halagüeño, satisfactorio, grato, favorable. — Ingrato, desagradable.

lista Franja, banda, faja, raya, tira, zona, sector, ribete, cinta. || Índice, relación, catálogo, repertorio, tabla, cuadro, detalle, registro, inventario.

listo Despabilado, perspicaz, despierto, agudo, astuto, sagaz, avispado, inteligente, dinámico. — Tonto, lento. || Dispuesto, preparado, atento, alerta, maduro. — Desprevenido.

listón V. madero.

lisura Tersura, v. liso.

litera Hamaca, camastro, cama, catre. || Palanquín, angarillas, andas, camilla, parihuelas, silla de mano.

literal Textual, exacto, fiel, preciso, calcado, recto. — Literario, impreciso.

literario Retórico, poético, intelectual, culto, rebuscado, afectado. — Inculto, literal.

literato Autor, escritor, novelista, dramaturgo, ensayista, poeta, comediógrafo, prosista, estilista.

literatura Letras, lenguaje, humanidades, escritos, obras, textos. — Analfabetismo.

litigio Pleito, querella, juicio, denuncia, demanda, procedimiento, proceso, actuación, causa, caso, sumario. — Avenencia, acuerdo.

litoral Ribera, costa, margen, orilla, playa, riba. — Interior, mediterráneo, continental.

liviano V. ligero.

lívido Amoratado, azulado, congestionado, violáceo. — Pálido. || lívido* Pálido, descolorido, cadavérico, blanquecino. — Violáceo.

liza V. lucha.

loar Elogiar, aplaudir, alabar, glorificar, exaltar, enaltecer, aclamar. — Criticar.

lóbrego V. lúgubre.

local Sala, recinto, nave, espacio, aposento, tienda, comercio. || Regional, comarcal, departamen-

tal, municipal, particu-
lar, territorial, limitado.
— *Nacional, general.*

localidad Butaca, asiento,
puesto, entrada, sitio,
plaza, billete. || Comar-
ca, región, lugar, paraje,
punto, sitio, municipio,
departamento, territorio.

localizar Situar, ubicar, colocar, emplazar, insta-
lar, disponer, orientar. ||
Circunscribir, limitar,
encerrar, confinar, res-
tringir, ceñir. — *Ampliar,
extender.*

loco Demente, insano, enajenado, delirante, chiflado, maniático, orate,
chalado, insensato, per-
turbado, psicópata, luná-
tico. — *Cuerdo.* || Atur-
dido, irreflexivo, insen-
sato, absurdo, ridículo,
disparatado. — *Sensato.*

locuaz Charlatán, facundo,
gárrulo, verboso, pala-
brero, parlero, hablador,
parlanchín. — *Callado,
huraño.*

locura Demencia, v. loco.

lodazal Cenagal, barrizal,
fangal, charca, pantano.

lodo Cieno, barro, fango,
légamo, limo.

lógico Evidente, natural,
indudable, indiscutible,
natural, sensato, correc-
to. — *Absurdo.*

lograr Conseguir, alcanzar,
obtener, recibir, sacar,
ganar, adjudicarse, con-
quistar, apoderarse, be-
neficiarse. — *Perder, ceder.*

loma Cerro, colina, eminencia, cuesta, altura, altozano, collado. — *Llano.*

lombriz Gusano, oruga,
larva, gusarapo, bicho.

lomo Espinazo, dorso, espalda, respaldo, joroba,
bulto, caderas.

lona Tela, lienzo, toldo, saco, cubierta.

loncha Tajada, lonja, hoja,
corte, raja, rebanada, rodaja.

longevidad Supervivencia,
duración, conservación,
vitalidad, perennidad. —
Mortalidad, extinción.

longitud Largo, amplitud,
extensión, espacio, en-
vergadura, distancia. —
Anchura.

lonja V. loncha.

loro Papagayo, cacatúa, cotorra, guacamayo.

losa Lápida, piedra, placa,
plancha, estela, mármol,
tumba, sepulcro.

lote Parte, porción, serie,
grupo, conjunto, terreno,
solar.

lotería Rifa, juego, tómbola, azar.

loza Porcelana, cerámica,
mayólica, caolín, terracota.

lozano Vivaz, fresco, vigoroso, sano, joven, nuevo,
flamante, frondoso, ver-
de. — *Marchito, viejo.*

lúbrico V. lujurioso.

lúcido Sagaz, sutil, penetrante, clarividente, perspicaz, claro, inteligente.
— *Torpe, negado.*

lucido V. lozano.

Lucifer V. diablo.

lucir Exhibir, mostrar, ostentar, enseñar, desplegar, revelar. — *Esconder*. || Brillar, relucir, fulgurar, resplandecer. — *Apagarse*. || **lucirse** Pavonearse, alardear, presumir, descollar, sobresalir, triunfar. — *Esconderse*.

lucro Beneficio, provecho, ganancia, utilidad, usura, negocio, especulación, ventaja. — *Pérdida*.

lucha Batalla, combate, pelea, competición, riña, disputa, lidia, rivalidad, contienda. — *Paz, concordia*. || Brega, trabajo, tenacidad, afán, perseverancia. — *Pereza*.

luchador Rival, oponente, contendiente, antagonista, adversario, contrario, combatiente, púgil, atleta. — *Amigo*. || Trabajador, perseverante, tenaz, emprendedor, batallador, enérgico. — *Desidioso, débil*.

luchar Batallar, v. lucha.

lugar Parte, punto, sitio, puesto, espacio, zona, situación, comarca, paraje, terreno, localidad (v.). || Pueblo, aldea, villa, distrito, ciudad, población.

lúgubre Tétrico, sombrío, triste, funesto, tenebroso, fúnebre, luctuoso, aciago. — *Alegre*.

lujo Ostentación, aparato, suntuosidad, pompa, esplendor, opulencia, fastuosidad, fasto, boato, esplendidez, magnificencia, ostentación, alarde. — *Humildad, mezquindad, pobreza*.

lujoso Ostentoso, v. lujo.

lujuria Lascivia, v. lujurioso.

lujurioso Lascivo, sensual, voluptuoso, erótico, concupiscente, impúdico, libidinoso, obsceno, desvergonzado, vicioso. — *Casto*.

lumbre Fogata, fuego, hoguera, ascua, rescoldo, llama, claridad, fulgor, luz (v.). — *Oscuridad*.

lumbrera Claraboya, tragaluz, lucerna, ventanal. || Genio, eminencia, sabio, notabilidad. — *Bruto, analfabeto*.

luminoso Fulgurante, resplandeciente, refulgente, llameante, brillante, radiante, centelleante, lumínico. — *Oscuro, opaco*.

lunar Mancha, verruga, carnosidad, tumorcillo, peca. || Defecto, tacha, lacra, falla, borrón. — *Perfección*.

lunático V. loco.

lustrar Pulir, frotar, abrillantar, restregar, limpiar, acicalar, sacar brillo. — *Deslucir, empañar*.

lustroso Brillante, liso, suave, fulgurante, terso, resplandeciente, pulido, luminoso (v.). — *Opaco, mate.*

luto Duelo, pena, aflicción, dolor, tristeza, oscuridad. — *Alegría.*

luz Resplandor, claridad, fulgor, luminosidad, esplendor, destello, refulgencia, iluminación, día, aureola, fosforescencia. — *Tinieblas.* || Bombilla. farol, foco, faro, candil, vela, fuego, lumbre (v.).

LL

llaga Pústula, grieta, úlcera, herida, postilla, fístula, chancro, supuración, lesión. — Cicatriz.

llama Llamarada, lumbre, fuego, brasa, ascua, chispa, fogata, hogar, fogonazo, chispazo, fulgor, luz (v.), resplandor. — Oscuridad. || Ardor, pasión, vehemencia, entusiasmo, fogosidad. — Indiferencia.

llamar Gritar, vocear, clamar, vociferar, nombrar, señalar, exclamar. — Callar, guardar silencio. || Designar, nombrar, calificar, distinguir, titular, apodar. — Desdeñar, omitir. || Golpear, tocar, picar, percutir, aporrear, pulsar.

llamarada V. llama.

llamativo Chillón, recargado, exagerado, barroco, charro, sobrecargado, estridente, vulgar. — Sobrio. || Atrayente, interesante, sugestivo, desusado, raro, original, espectacular. — Insignificante.

llamear Arder, incendiarse, inflamarse, chispear, abrasar, centellear, relucir. — Apagarse, extinguirse.

llano Plano, liso, raso, uniforme, parejo, suave, igual, recto, chato. — Escarpado, sinuoso. || V. llanura. || Campechano, sencillo, familiar, sincero, franco, natural, espontáneo, tratable. — Protocolario, afectado.

llanto Lloro, lloriqueo, plañido, sollozo, gemido, gimoteo, lágrimas, rabieta, lamento, queja, aflicción, pena, dolor. — Risa, alegría.

llanura Llano, planicie, altiplano, explanada, meseta, estepa, sabana, páramo, erial, vastedad, pradera, landa. — Sierra, monte.

llegada Venida, v. llegar.

llegar Venir, aparecer, arribar, presentarse, comparecer, asistir, mostrarse, acceder, ir, volver, alcanzar, conseguir, aproximarse. — *Partir, salir, fracasar.*

lleno Colmado, atiborrado, atestado, ocupado, completo, abarrotado, saturado, cargado, henchido, tapado, obstruido. — *Vacío.* || Harto, ahíto, satisfecho. — *Hambriento.*

llevar Trasladar, transportar, guiar, conducir, acarrear, enviar, mandar, despachar, acompañar. — *Traer.* || **llevarse** Apoderarse, apropiarse, robar, lograr, obtener. — *Devolver.*

llorar Gimotear, plañir, sollozar, gemir, lamentarse, suspirar, implorar, dolerse, lagrimear.

— *Reír, alegrarse.* || Lamentar, añorar, sentir, deplorar. — *Alegrarse, olvidar.*

lloro V. llanto.

llorón Quejica, plañidero, sollozante, gemebundo, cobarde, caprichoso. — *Alegre.*

llover Gotear, diluviar, descargar, caer, abrirse, lloviznar, mojar, calar. — *Escampar, despejar.*

lluvia Chubasco, chaparrón, aguacero, temporal, borrasca, tromba, diluvio, tormenta, llovizna, rocío. — *Sequía.* || Abundancia, profusión, plaga. — *Escasez.*

lluvioso Tormentoso, encapotado, oscuro, borrascoso, inclemente, triste, gris. — *Despejado.*

M

macabro Tétrico, lóbrego, lúgubre, fúnebre, espectral, mortuorio, espeluznante, horrendo. — *Alegre, grato.*

macerar Machacar, aplastar, ablandar, extrujar. — *Endurecer.*

maceta Tiesto, receptáculo, recipiente, vasija, pote, jarrón.

macizo Robusto, sólido, denso, compacto, recio, pesado, duro, tupido, apretado, resistente, relleno, tenaz. — *Hueco, endeble.*

mácula V. mancha.

macuto Morral, mochila, zurrón, bolsa.

machacar Estrujar, triturar, moler, desmenuzar, quebrantar, aplastar, desintegrar, pulverizar, partir. — *Apelmazar.* || Insistir, porfiar, repetir, reiterar. — *Ceder.*

machacón Insistente, pesado, tozudo, latoso, cargante, reiterativo. — *Comedido.*

machete Cuchillo, charrasca, hoja, bayoneta.

macho Varón, hombre, semental, padrote, garañón, verraco. — *Hembra.* || Viril, varonil, masculino, robusto, valiente, enérgico. — *Afeminado.*

madeja Ovillo, rollo, vuelta, carrete, bobina.

madera Leña, astillas, v. madero.

madero Tabla, tablón, puntal, viga, tronco, leño, palo, percha, poste, tirante, durmiente, traviesa, tarugo, listón, astilla, leña.

madre Progenitora, ascendiente, mamá, matrona, señora, dama, hembra, mujer. — *Padre.* || Monja, religiosa, hermana, sor, superiora. — *Cura.* || Cauce, lecho, cuenca, curso.

madriguera Cubil, guarida, cueva, covacha, huronera, ratonera, refugio, escondrijo.

madrugada Aurora, amanecer, alba, amanecida, mañana, temprano, pronto. — *Atardecer, ocaso.*

madrugar Anticiparse, prever, adelantarse, despertar, amanecer, trabajar. — *Remolonear, dormirse.*

madurar Florecer, fructificar, sazonar, medrar, desarrollarse, colorearse. — *Verdear.* || Curtirse, endurecerse, avezarse, encallecerse, experimentar. — *Empeorar.* || Reflexionar, meditar, pensar. — *Desdeñar, omitir, despreocuparse.*

maduro Desarrollado, formado, pletórico, lleno, rico, henchido, floreciente. — *Verde.* || Prudente, sensato, juicioso, veterano, avezado, curtido. — *Imprudente, novato.*

maestría V. maña.

maestro Profesor, educador, preceptor, tutor, ayo, mentor, pedagogo, catedrático. — *Alumno.* || Diestro, experto, hábil, ducho, curtido. — *Inexperto.* || Músico, ejecutante, compositor, intérprete.

maga V. mago.

magia Brujería, hechicería, sortilegio, cábala, ocultismo, ensalmo, encantamiento, maleficio, adivinación, hechizo. — *Exorcismo.*

mágico Maléfico, misterioso, oculto, cabalístico, embrujado, encantado, sobrenatural, ultraterreno. — *Normal, natural, benéfico.* || Maravilloso, asombroso, sorprendente, pasmoso, fantástico, milagroso. — *Corriente, normal.*

magistrado Juez, togado, consejero, censor, tribuno, justicia, funcionario.

magistral Sobresaliente, notable, colosal, magnífico (v.). — *Pésimo, deficiente.*

magnánimo Noble, grande, generoso, liberal, espléndido, magnífico. — *Mezquino, ruin.*

magnífico Soberbio, estupendo, espléndido, maravilloso, colosal, admirable, esplendoroso, vistoso, brillante, suntuoso, regio, magistral. — *Lamentable, pobre, insignificante.*

magnitud Medida, dimensión, tamaño, extensión, capacidad. || Alcance, trascendencia, importancia, influencia. — *Inoperancia.*

magno V. magnífico.

mago Brujo, hechicero, nigromante, adivino, encantador, médium, taumaturgo, vidente.

magro Enjuto, delgado, nervudo, flaco, descarnado, seco, consumido. — *Rollizo.*

magulladura Moretón, cardenal, contusión, verdugón, equimosis, golpe, lesión.

magullar Lastimar, señalar, amoratar, marcar, moler, aporrear, zurrar, herir. — *Curar.*

mahometano V. musulmán.

majadero V. necio.

majestad Grandeza, esplendor, señorío, solemnidad, pompa, majestuosidad. — *Vulgaridad, sencillez.*

majestuoso Esplendoroso, v. majestad.

majo Bonito, lindo, guapo, hermoso, agradable, vistoso, adornado. — *Feo.* || Curro, chulo, valentón, chulapo, fanfarrón. — *Modesto, cobarde.*

mal Daño, perjuicio, ofensa, deterioro, destrucción, ruina, pérdida. — *Beneficio.* || Enfermedad, achaque, dolencia, padecimiento, trastorno, molestia. — *Salud.* || Desolación, aflicción, dolor, amargura, tristeza. — *Alegría.*

malabarista Prestidigitador, ilusionista, funámbulo.

malcarado Torvo, repulsivo, desagradable, hosco, feo. — *Bello.*

malcriado Consentido, mimado, caprichoso, descortés, grosero, incorrecto. — *Educado.*

maldad Villanía, perversidad, crueldad, ruindad, malignidad, vileza, inmoralidad, perfidia, daño, iniquidad, maleficio. — *Bondad.*

maldecir Blasfemar, renegar, jurar, abominar, execrar, imprecar. — *Bendecir.* || Denigrar, calumniar, ofender. — *Alabar.*

maldición Blasfemia, v. maldecir. || V. maleficio.

maldito Condenado, réprobo, excomulgado, endemoniado, maligno, perverso, embrujado. — *Bendito.*

maleante V. malhechor.

maledicencia V. murmuración.

maleficio Hechizo, encantamiento, magia, sortilegio, embrujo, ensalmo, maldición, brujería, nigromancia, agüero. — *Bendición, exorcismo.*

maléfico Maligno, perjudicial, dañino, maldito, embrujado, perverso, hechizado. — *Benéfico.*

malentendido Confusión, equivocación, tergiversación, error, mala interpretación. — *Razón, acierto, certeza.*

malestar Inquietud, desasosiego, pesadumbre, ansiedad, angustia, intranquilidad, irritación. — *Bienestar.*

maleta Valija, maletín, bulto, bártulo, bolso.

maleza Hojarasca, fronda, espesura, zarzal, matorral, escabrosidad, broza. — *Claro, calvero.*

malgastar Derrochar, despilfarrar, disipar, dilapidar, tirar. — *Ahorrar, escatimar.*

malhablado V. deslenguado.

malhadado V. infortunado.

malhechor Maleante, forajido, bandolero, delin-
cuente, facineroso, sal-
teador, criminal. — *Policía, bienhechor.*

malhumor Enojo, enfado,
irritación, desazón, mo-
lestia, impaciencia, has-
tío. — *Contento.*

malicia Astucia, picardía,
hipocresía, socarronería,
desconfianza, recelo, zo-
rrería, disimulo, perfidia,
sospecha. — *Confianza.*

malicioso Astuto, v. malicia.

maligno V. malo.

malo Malvado, maligno,
malévolo, vil, perverso,
pérfido, inicuo, detesta-
ble, depravado, maldi-
to (v.), diabólico, cruel.
— *Bondadoso.* || Peligro-
so, aciago, nocivo, perjudicial, dañino, nefasto,
difícil. — *Bueno.* || En-
fermo, indispuesto, do-
liente, aquejado, delica-
do, afectado, abatido,
paciente. — *Sano.* || Tra-
vieso, revoltoso, in-
quieto, enredador, mal-
criado. — *Educado, sose-
gado.*

malograr Frustrar, fallar,
fracasar, deslucir, estropear, desairar, perder. —
Ganar, aprovechar.

maloliente Fétido, hediondo, pestilente, nausea-

bundo, mefítico, enrare-
cido, repugnante. — *Aro-
mático.*

malsano Insalubre, insano,
nocivo, pernicioso, infecto, contagioso. — *Saludable.*

maltratar Castigar, malograr, estropear, pegar,
zurrar, deteriorar, de-
rrengar, moler, tundir. —
Curar, proteger. || Ofen-
der, agraviar, vejar, in-
juriar. — *Alabar.*

maltrecho Dañado, perjudicado, estropeado, zu-
rrado, deslomado, vícti-
ma. — *Sano, indemne.*

malvado V. malo.

malversación V. fraude.

malla Red, tejido, cota,
elástico, punto.

mama Seno, pecho, busto,
teta, glándula, ubre, pe-
zón.

mamá V. madre.

mamar Chupar, succionar,
sorber, chupetear, len-
güetear, lamer, ingerir.
— *Devolver, vomitar.*

mamarracho Espantajo, esperpento, adefesio, bi-
rria, hazmerreír. — *Ga-
lán, elegante.* || Ridículo,
grotesco, raro, extrava-
gante, estrafalario, es-
trambótico. — *Elegante,
apuesto.*

mamporro Bofetón, bofetada, golpe, puñetazo,
guantazo. — *Caricia.*

manada Rebaño, hato, tropa, vacada, piara, hacien-

da. || Caterva, cáfila, cuadrilla, hatajo, banda.

manantial Fuente, hontanar, fontana, chorro, surtidor. || Origen, nacimiento, comienzo. — *Final.*

manar Fluir, gotear, chorrear, brotar, rezumar, nacer. — *Estancarse.*

mancebo Mozo, muchacho, joven, efebo, adolescente, zagal, imberbe, chico, pollo. — *Anciano, adulto.*

mancilla Deshonra, v. mancillar.

mancillar Deshonrar, ultrajar, afrentar, agraviar, ofender, manchar, infamar. — *Enaltecer, honrar.*

mancha Pringue, borrón, sombra, tizne, churrete, lámpara, marca, huella, señal, suciedad, pinta, lunar. — *Limpieza.* || Deshonra, v. mancillar.

manchar Ensuciar, tiznar, señalar, pintar, marcar, churretear, pringar, emborronar, emporcar, enlodar, salpicar, engrasar. — *Limpiar.* || Deshonrar, v. mancillar.

mandamiento Precepto, ordenanza, decreto, prescripción, consejo, orden, mandato, regla, instrucción, ley. — *Licencia, inmunidad.*

mandar Ordenar, disponer, dictar, imponer, obligar, decretar, intimar, encomendar. — *Obedecer.* || Enviar, remitir, expedir,

despachar, dirigir, facturar. — *Recibir.* || Gobernar, conducir, dirigir, administrar, presidir, guiar, encabezar, acaudillar. — *Seguir, obedecer.*

mandato V. mandamiento.

mandíbula Quijada, maxilar, hueso.

mando Orden, v. mandar. || Envío, v. mandar. || Gobierno, v. mandar.

mandón Imperioso, despótico, autoritario, dominante, a b u s ó n, amo, mangoneador, cabecilla. — *Obediente.*

manejar Emplear, operar, manipular, tocar, empuñar, coger, utilizar, usar, asir, blandir, esgrimir. — *Soltar.* || Maniobrar, gobernar, guiar, conducir, mangonear, dominar. — *Obedecer.*

manejo Empleo, v. manejar.

manera Forma, modo, procedimiento, método, medio, proceder, estilo, actitud, costumbre, técnica.

mango Empuñadura, asa, puño, asidero, manija, tirador, agarradero, astil, manubrio.

mangonear Mandar, maniobrar, gobernar, entremeterse, obligar, disponer, dictar, fiscalizar. — *Obedecer.*

manguera Tubo, manga, goma, conducto.

manía Rareza, extravagancia, capricho, antojo, chifladura, guilladura, ridiculez. — *Cordura, normalidad.*

maniatar Ligar, aferrar, atar, inmovilizar, trabar, asegurar, aherrojar. — *Soltar.*

maniático Chiflado, guillado, tocado, raro, extravagante, ido, maníaco, lunático, enajenado, perturbado. — *Cuerdo.*

manifestar Revelar, expresar, exponer, declarar, divulgar, decir, afirmar, asegurar, opinar. — *Callar.*

manifiesto Evidente, claro, indudable, palmario, notorio. — *Dudoso, oscuro.* || Proclama, declaración, convocatoria, documento.

manija V. mango.

maniobra Evolución, operación, ejercicio, marcha, instrucción, entrenamiento, adiestramiento. || Manejo, uso, empleo, operación, procedimiento, tarea, labor, proceso. || Treta, artimaña, añagaza, ardid, trampa. — *Ayuda.*

manipular Manejar, operar, usar, emplear, proceder, utilizar, manosear. — *Abandonar.* || V. mangonear.

manivela Manubrio, manija, empuñadura, eje.

manjar Exquisitez, golosina, delicia, delicadeza, gollería, pitanza, vianda, sustento.

mano Extremidad, miembro. || Lado, banda, costado, ala, dirección. || Baño, capa, recubrimiento, pintura. || Poder, influencia, confianza, amistad. || Juego, lance, tirada, jugada, turno.

manojo Fajo, haz, atado, gavilla, puñado, brazada, hatajo, ramo, ramillete.

manosear Sobar, tocar, palpar, tentar, manipular, acariciar, usar, ajar, deslucir. — *Evitar, eludir.*

mansedumbre Docilidad, v. manso.

mansión Residencia, morada, edificio, palacio, casa, hogar, vivienda, palacete, caserón. — *Choza.*

manso Dócil, apacible, suave, dulce, bondadoso, sumiso, obediente, tranquilo. — *Rebelde, indomable.* || Doméstico, amaestrado, desbravado, domado, mansurrón. — *Cerril, salvaje.*

manta Frazada, cobertor, edredón, colcha, cubrecama.

manteca Grasa, sebo, tocino, gordo, mantequilla, margarina, adiposidad, gordura.

mantener Alimentar, nutrir, proteger, cuidar, proveer. — *Abandonar.* || Apoyar, sustentar, sostener, apuntalar. — *Derribar.* || Conservar, resistir, defender, prolongar, alargar, vigilar. — *Ceder, abandonar.*

mantilla Velo, rebozo, man-

to (v.), toca, pañuelo,
mantón.

manto Túnica, clámide,
veste, toga, hábito, capa,
bata, mantilla (v.), chal,
rebozo abrigo.

manual Compendio, su-
mario, resumen, texto,
breviario, prontuario,
apuntes. — *Tratado.* || Ar-
tesano, artístico, obrero,
casero. — *Mecánico, en
serie.*

manufactura Fabricación,
elaboración, confección,
construcción, montaje,
hechura, ejecución. ||
Fábrica, taller, industria,
factoría, empresa.

manuscrito Documento,
códice, pergamino, es-
crito, original, apunte.
— *Copia, reproduc-
ción.*

manutención Alimento, v.
mantener.

maña Habilidad, pericia,
maestría, destreza, arte,
aptitud, práctica, expe-
riencia. — *Torpeza.* || As-
tucia, marrullería, picardía, vicio, capricho. —
Nobleza.

mañana Alba, aurora, madrugada, amanecida,
amanecer. — *Tarde.* || Al
día siguiente, después,
más tarde, temprano,
pronto, en lo futuro. —
Ayer, antes.

mañoso Hábil, v. maña.

mapa Plano, carta, planis-
ferio, dibujo.

maquillar Hermosear, pin-

tar, retocar, embellecer,
caracterizarse. — *Afear.*

máquina Aparato, artificio,
mecanismo, artefacto, ar-
tilugio, utensilio, instrumento, armatoste, herra-
mienta.

maquinación Confabulación, conspiración, com-
plot, conjura, maniobra,
treta, engaño, ardid. —
Ayuda.

maquinal Involuntario, automático, instintivo, re-
flejo, espontáneo, natu-
ral, inconsciente. — *Deliberado, consciente.*

maquinista Operario, técnico, mecánico, perito.

mar Océano, piélago, vastedad, abismo, charco,
inmensidad, sima.

maraña Maleza, broza, breña, espesura, zarzal, ho-
jarasca, matorral. — *Cla-
ro, calvero.* || Embrollo,
lío, confusión, enredo,
caos, desorden. — *Orden.*

maravilla Portento, prodigio, asombro, pasmo,
grandeza, milagro, fenó-
meno, magia. — *Espanto,
esperpento.*

marca Lema, nombre, rú-
brica, vitola, etiqueta, ró-
tulo, timbre, firma. || Se-
ñal, huella, rastro, cicatriz, lunar, mancha, tra-
za, pisada.

marcar Señalar, trazar, imprimir, estampar, acu-
ñar, precintar, rotular,
denominar. — *Borrar.*

marcial Militar, bélico, cas-

trense, guerrero, solda-
desco, aguerrido, varonil,
apuesto. — *Pacífico*.

marco Cuadro, recuadro,
moldura, cerco, guarni-
ción.

marcha Paso, andadura,
avance, tren, movimien-
to, camino, jornada, tras-
lación, tránsito, recorri-
do. — *Inmovilidad*. || Sa-
lida, partida, abandono,
despedida, huida, eva-
cuación, éxodo, traslado.
— *Venida, llegada*.

marchar Moverse, recorrer, avanzar, pasear, caminar, andar, desplazar-
se, transitar, ir, venir. — *De-
tenerse*. || Partir, salir,
abandonar, fugarse, tras-
ladarse, emigrar. — *Ve-
nir, llegar*.

marchito Agostado, ajado,
seco, deslucido, mustio,
apergaminado, viejo, con-
sumido, arrugado, gasta-
do. — *Lozano, nuevo*.

marear Importunar, insistir, irritar, agobiar, fastidiar, hostigar. — *Ale-
grar*. || marearse Indis-
ponerse, afectarse, atur-
dirse, desfallecer. — *Reponerse*.

mareo Vértigo, vahído, desmayo, desfallecimiento,
ataque, síncope. — *Res-
tablecimiento*.

margen Borde, canto, lado,
orilla, filo, arista, costado, extremo, esquina. —
Centro. || Ganancia, be-
neficio, rendimiento, di-

videndo. — *Pérdida*. ||
Diferencia, permiso, to-
lerancia.

marica Afeminado, mari-
quita, amanerado. — *Va-
ronil*. || V. homosexual.

marido Cónyuge, esposo,
consorte, compañero, no-
vio, contrayente. — *Es-
posa*.

marina Armada, flota, escuadra, unidad, flotilla,
buques, navíos. || Nave-
gación, náutica, ciencia.

marino Tripulante, navegante, marinero, piloto,
oficial, lobo de mar. || V.
marítimo.

marioneta Títere, fantoche,
muñeco, pelele, monigo-
te, polichinela.

marisco Molusco, crustáceo.

marisma Ciénaga, pantano,
marjal, charca, laguna.

marítimo Náutico, naval,
marino, marinero, oceá-
nico, litoral, costero, ribereño. — *Continental,
interior*.

marmita Pote, puchero,
olla, cacerola, cazo, tartera, perol, recipiente.

maroma Cuerda, cabo, cordel, c a b l e, calabrote,
amarra, cordón.

marrano Puerco, tocino,
cebón, lechón, guarro,
cochino, sucio, desasea-
do. — *Limpio*.

marrón Castaño, pardo, rojizo, cobrizo.

marrullero Tramposo, astuto, ladino, pícaro, tru-
hán. — *Sincero, noble*.

martillo Mazo, maza, macillo, porra, herramienta.

mártir Víctima, sacrificado, inmolado, caído, abnegado, santificado. — *Renegado, apóstata.*

martirio Suplicio, tortura, padecimiento, tormento, sacrificio, sufrimiento. — *Apostasía.* || Agobio, molestia, angustia, irritación, fatiga, pena. — *Placer.*

masa Volumen, materia, compuesto, cuerpo, principio. || Pasta, mezcla, papilla, mazacote.

masacre* Matanza, degollina, exterminio, carnicería, escabechina, aniquilación. — *Perdón.*

masaje Fricción, friega, frote, amasamiento.

mascar V. masticar.

máscara Antifaz, careta, carátula, mascarón, mascarilla, disfraz, disimulo.

mascota Fetiche, amuleto, talismán, idolillo, figura.

masculino Varonil, viril, macho, fuerte, hombruno, vigoroso. — *Femenino.*

mascullar V. murmurar.

masticar Mascar, rumiar, triturar, desmenuzar, comer, roer, tascar, morder, mordisquear.

mástil Palo, asta, arboladura, percha, vara, verga, poste, pértiga.

masturbación Onanismo, vicio, placer solitario.

mata Arbusto, matojo, seto, espino, maleza, matorral, zarza, planta.

matafuego Extintor, artefacto, aparato contra incendios.

matanza Degollina, carnicería, *masacre* (v.).

matar Eliminar, suprimir, inmolar, liquidar, despachar, destruir, asesinar, exterminar, ejecutar. — *Revivir, resucitar, salvar.*

mate Apagado, opaco, deslucido, borroso, atenuado, empañado, pálido. — *Vivo, brillante.*

matemáticas Cálculo, cómputo, cuenta, operación, ciencias exactas.

matemático Preciso, riguroso, exacto, detallado, puntual, cronométrico. — *Informal, aproximado.*

materia Sustancia, elemento, principio, substrato, ingrediente, componente, material, masa, cuerpo, parte. || Asunto, motivo, sujeto, tema, causa, razón. || Asignatura, disciplina, curso, campo, estudio, tratado.

material Elemento, v. materia. || **materiales** Instrumentos, herramientas, implementos, enseres, instrumental, equipo. || Palpable, corpóreo, tangible, físico, orgánico. — *Inmaterial.* || V. materialista.

materialista Práctico, utilitario, egoísta, ávido, codicioso, prosaico. — *Idealista.*

maternal Materno, solícito, afectuoso, cuidadoso. — *Paterno, filial.*

matinal Matutino, temprano, mañanero, adelantado, tempranero. — *Vespertino.*

matiz Tinte, tono, gradación, juego, viso, tornasol, tonalidad, gama, escala.

matizar Graduar, variar, diversificar, combinar, regular. — *Uniformar.*

matón Bravucón, fanfarrón, valentón, matasiete, jactancioso, curro, perdonavidas. — *Humilde, modesto.*

matorral V. maraña.

matrícula Registro, padrón, censo, relación, lista, estadística. || Documento, patente, permiso, licencia, privilegio. || Inscripción, registro, alistamiento, enrolamiento. — *Baja.*

matrimonial Marital, conyugal, nupcial, hogareño, familiar, íntimo.

matrimonio Boda, casamiento, unión, enlace, nupcias, alianza, esponsales. — *Divorcio.*

matriz Molde, cuño, troquel, punzón. || Útero, víscera, órgano.

matrona Dama, señora, ama, mujer, madre, madraza. || Comadrona, partera.

matutino V. matinal.

mausoleo Sepulcro, túmulo, tumba, panteón, monumento, sepultura, cenotafio.

máxima Aforismo, sentencia, refrán, dicho, proverbio, adagio.

máximo Mayúsculo, colosal, inmenso, grande, enorme. — *Mínimo.* || Extremo, tope, límite, fin. — *Principio.*

mayor Grande, vasto, extenso, desmesurado, descomunal, enorme, superior, importante, principal, esencial. — *Menor, insignificante.* || Viejo, anciano, añoso, longevo, veterano, maduro. — *Menor, joven.*

mayoría Generalidad, totalidad, colectividad, multiplicidad. — *Minoría.* || Ventaja, superioridad, diferencia. — *Desventaja.*

mayúsculo Considerable, morrocotudo, enorme, intenso, colosal. — *Minúsculo, mínimo.*

maza Porra, clava, cachiporra, garrote, mazo (v.).

mazacote Pegote, masa, pasta, potingue. || Esperpento, chapucería, pesadez.

mazmorra Calabozo, ergástula, chirona, celda, trena, prisión, cárcel.

mazo Martillo, mallo, martinete, maza (v.).

mazorca Panocha, panoja, panícula, espiga.

mear Orinar, evacuar, excretar, hacer aguas menores.

mecánico Maquinal, automático, instintivo, inconsciente, involuntario. — *Consciente.* || Operario, obrero, técnico, experto.

mecanismo Aparato, dispositivo, maquinaria, artefacto, engranaje, artificio.

mecanógrafa Dactilógrafa, auxiliar, secretaria, oficinista, taquimecanógrafa.

mecenas Filántropo, protector, tutor, defensor, bienhechor, patrocinador, patrono, benefactor. — *Bárbaro.*

mecer Acunar, balancear, oscilar, mover, columpiar, agitar. — *Parar, detener.*

mechero Encendedor, chisquero.

mechón Guedeja, bucle, mecha, greña, cerneja, rizo, tirabuzón, flequillo, vellón.

medalla Moneda, placa, medallón, ficha, emblema, distintivo, insignia, joya colgante. || Condecoración, cruz, distinción, honor, galardón, premio.

médano Montículo, duna, arenal, colina.

media Calcetín, escarpín, calceta, prenda.

mediador Árbitro, v. mediar.

mediano Intermedio, moderado, limitado, mediocre, módico, regular, vulgar, pasable, equilibrado. — *Superior, inferior.*

mediar Arbitrar, interceder, conciliar, negociar, componer, participar, reconciliar. — *Enzarzar.*

medicina Medicamento, remedio, específico, fármaco, droga, preparado, ingrediente, potingue, mejunje, elixir, brebaje, pócima.

médico Doctor, facultativo, galeno, clínico, especialista, cirujano. — *Curandero.*

medida Dimensión, extensión, longitud, anchura, grosor, tamaño, volumen, calibre, capacidad, magnitud, envergadura. || Disposición, decisión, orden, resolución. — *Abstención.* || Mesura, moderación, cordura, prudencia, sensatez. — *Exceso.*

medio Mitad, centro, núcleo, médula, corazón, interior. — *Periferia, borde.* || Método, manera, procedimiento, técnica, recurso, expediente. || Ambiente, ámbito, espacio, zona, nivel.

mediocre Mediano, ramplón, vulgar, regular, escaso, deficiente, limitado. — *Superior.*

medios Hacienda, caudal, posibilidades, ahorros, recursos, capital, patrimonio. — *Carencia, pobreza, indigencia.*

medir Calcular, calibrar, marcar, evaluar, apreciar, determinar, comprobar, comparar.

meditabundo Abstraído,

pensativo, absorto, cavilante, ensimismado, enfrascado. — *Distraído, activo.*

meditar Cavilar, pensar, rumiar, discurrir, reflexionar, madurar, abstraerse, enfrascarse. — *Omitir.*

medroso V. miedoso.

médula Meollo, substancia, centro, base, esencia, caña, tuétano, pulpa. — *Complemento.*

mejilla Moflete, carrillo, cachete, pómulo, cara.

mejor Superior, excelente, supremo, alto, sumo, principal, preeminente, perfecto. — *Peor.*

mejora Progreso, v. mejorar.

mejorar Progresar, adelantar, perfeccionar, desarrollar, crecer, prosperar, florecer, ampliar. — *Empeorar.* || Despejar, aclarar, escampar, abonanzar. — *Nublarse, empeorar.* || **mejorarse** Sanarse, aliviarse, curarse, restablecerse, recuperarse. — *Empeorar.*

mejoría Progreso, v. mejorar. || Alivio, v. mejorar.

mejunje V. potingue.

melancolía Tristeza, pesadumbre, cuita, aflicción, nostalgia, añoranza, pena, decaimiento. — *Vivacidad, alegría.*

melena Cabellera, pelambrera, mechas, guedejas, cabello, pelo. — *Calva.*

melindre Remilgo, escrú-

pulo, ñoñez, cursilería, amaneramiento, ridiculez. — *Madurez, seriedad.*

melodía Armonía, cadencia, ritmo, musicalidad, dulzura, suavidad. — *Discordancia.*

melodrama Tragicomedia, tragedia, drama, farsa, sainete, pantomima, bufonada. — *Realidad.*

meloso Empalagoso, remilgado, v. melindre.

mellado Hendido, dentado, deteriorado, desgastado, romo, embotado, chato, desafilado. — *Afilado, puntiagudo.*

mellizo Gemelo, hermano, equivalente, semejante, común. — *Desigual.*

membrana Túnica, tegumento, capa, cápsula, telilla, piel, película, pellejo.

membrete Rótulo, encabezamiento, nombre, título, sello, epígrafe.

memo Estúpido, sandio, lelo, tonto, bobo, mentecato, necio (v.).

memorable Renombrado, famoso, ilustre, destacado, celebrado, inolvidable. — *Oscuro, insignificante.*

memorándum Nota, comunicación, memoria (v.), circular, aviso, parte, despacho.

memoria Recuerdo, reminiscencia, evocación, rememoración. — *Olvido* || Retentiva, capacidad, aptitud. || Escrito, relación, estudio, memorándum (v.).

mencionar Aludir, citar, referirse, recordar, insinuar, indicar, evocar, nombrar. — *Omitir*.

mendigar Suplicar, pedir, solicitar, requerir, dolerse, pordiosear. — *Dar*.

mendigo Pobre, pordiosero, mendicante, necesitado, mísero, indigente, menesteroso, mangante. — *Potentado*.

mendrugo Pedazo, cacho, trozo de pan.

menear Agitar, sacudir, mover, accionar, revolver, batir, blandir, oscilar, balancear. — *Inmovilizar*.

meneo Agitación, v. menear.

menester Carencia, falta, carestía, escasez, necesidad. — *Sobra*. || Tarea, trabajo, función, ejercicio, desempeño, ocupación, cargo.

menesteroso V. mendigo.

mengano Fulano, zutano, perengano, cualquiera.

menguar Disminuir, decrecer, mermar, acortarse, aminorar, achicar, empequeñecer, reducir, bajar, contraerse, debilitarse. — *Aumentar*.

menor Reducido, exiguo, pequeño, mínimo, menos, ruin, menudo, corto, escaso, minúsculo. — *Mayor*. || Criatura, niño, pequeño, impúber, adolescente. — *Adulto*.

menos Falta, escasez, carencia, ausencia, baja, descenso. — *Más, abundancia*.

menosprecio Desaire, desprecio, desdén, humillación, ultraje, ofensa (v.). — *Aprecio, rehabilitación*.

mensaje Misiva, recado, aviso, nota, comunicación, encargo, anuncio, escrito.

mensajero Enviado, correo, recadero, heraldo.

menstruación Período, regla, mes, menstruo.

mensual Periódico, regular, fijo. — *Irregular*.

mensualidad Salario, honorarios, haberes, pago, sueldo, emolumentos.

mental Intelectual, imaginativo, especulativo, espiritual. — *Corporal*.

mente Inteligencia, imaginación, cerebro, cabeza, intelecto, instinto. — *Cuerpo*.

mentecato Majadero, simple, necio, estúpido, idiota, sandio, memo, bobo. — *Inteligente, listo*.

mentir Falsear, engañar, aparentar, fingir, exagerar, desvirtuar, calumniar. — *Confesar, decir verdad*.

mentira Engaño, embuste, falsedad, disimulo, artificio, chisme, lío, trola, bola, fábula, exageración, embrollo, infundio, calumnia, cuento. — *Verdad.*

mentiroso Engañoso, embustero, v. mentira.

mentón Barbilla, perilla, barba.

menú Carta, lista, minuta.

menudencia Minucia, insignificancia, bagatela, pequeñez, nadería. — *Enormidad.*

menudo Chico, minúsculo, pequeño, diminuto, baladí, despreciable. — *Enorme.*

meollo Sustancia, base, núcleo, centro, fundamento. — *Exterior.* || Entendimiento, caletre, juicio. — *Torpeza.*

mequetrefe Chiquilicuatro, zascandil, tarambana. — *Aplomado, cabal.*

mercader Comerciante, negociante, traficante, especulador, vendedor, mercachifle.

mercado Feria, plaza, zoco, lonja, emporio.

merced Gracia, concesión, dádiva, favor, privilegio, beneficio, regalo, misericordia. — *Injusticia.*

merecer Lograr, obtener, ganar, cosechar, beneficiarse. — *Desmerecer.*

merecido Justo, meritorio, debido, apropiado. — *Indebido, inmerecido.*

meretriz V. prostituta.

meridional Austral, antártico, del sur, latino. — *Septentrional, del norte, ártico.*

merienda Piscolabis, refrigerio, tentempié, merendola, comida ligera.

mérito Provecho, interés, incentivo, utilidad, atractivo. — *Perjuicio.* || Alabanza, loa, reconocimiento, derecho. — *Descrédito.*

meritorio Loable, encomiable, plausible, elogiable. — *Criticable, inútil.*

merma Disminución, pérdida, desgaste, quebranto, reducción, deterioro. — *Incremento.*

mermelada Compota, confitura, dulce, jalea.

merodear Vagar, deambular, recorrer, vigilar, escrutar, acechar. — *Alejarse.*

mes Mensualidad, período, lapso, plazo. || Menstruación, menstruo, período, regla.

mesa Consola, ménsula, mesilla, escritorio, mueble.

meseta Altiplanicie, altiplano, llano, llanura, estepa. — *Serranía.*

mesón Posada, fonda, figón, hostal, hospedaje, albergue, parador, venta, taberna.

mestizo Híbrido, cruzado, mezclado, bastardo. — *Puro.*

mesura Moderación, v. mesurado.

mesurado Moderado, circunspecto, comedido, sensato, prudente, juicioso, cuerdo. — *Tarambana, imprudente.*

meta Fin, final, término, objetivo, remate, culminación. — *Principio*.

metáfora Alegoría, imagen, figura, símbolo, representación. — *Realidad*.

metamorfosis Alteración, transformación, cambio, modificación, reforma. — *Persistencia*.

meteorito Bólido, aerolito, astrolito, estrella fugaz.

meter Introducir, insertar, penetrar, empotrar, encajar, embutir, poner, ensartar, clavar, envasar. — *Extraer, sacar, arrancar*.

meticuloso Minucioso, detallista, escrupuloso, puntilloso, quisquilloso, metódico (v.). — *Despreocupado, desordenado*.

metódico Ordenado, esmerado, minucioso, meticuloso (v.). — *Desordenado*.

método Modo, forma, uso, hábito, práctica, usanza, maña, procedimiento, sistema, régimen, manera. || Orden, esmero, cuidado, prolijidad. — *Desorden*.

metrópoli Urbe, ciudad, capital, población. — *Aldea*.

metropolitano Urbano, v. metrópoli.

mezcla Combinación, unión, amalgama, composición, mixtura, mejunje, aleación, amasijo,

mezcolanza (v.). — *Separación*.

mezcolanza Amasijo, revoltijo, frangollo, miscelánea, fárrago, potingue, mezcla (v.). — *Separación*.

mezquino Ruin, sórdido, miserable, cicatero, roñoso, ahorrativo, avaro. — *Desprendido, derrochador*.

microbio Bacteria, protozoario, germen, virus, microorganismo.

microscópico Minúsculo, diminuto, invisible, pequeñísimo. — *Gigantesco*.

miedo Pavor, temor, susto, alarma, horror, terror, aprensión, cobardía. — *Valor*.

miedoso Medroso, pusilánime, cobarde, temeroso, asustadizo, aterrado. — *Valiente*.

miembro Órgano, parte, extremidad, porción, componente, sección. — *Totalidad*. || Asociado, socio, afiliado, adepto, colega. — *Extraño*. || Falo, pene, verga, méntula, pudendo. — *Vulva*.

mierda Defecación, excremento, deyección, deposición, evacuación, detrito, cagada.

mies Cereal, grano, espiga, trigo, siega, cosecha, recolección.

miga Migaja, sobra, resto,

desecho, menudencia. —
Hogaza, pan. || Sustan-
cia, entidad, gravedad,
meollo. — *Superficiali-
dad.*

milagro Prodigio, portento,
fenómeno, pasmo, mara-
villa, fascinación. — *Realidad.*

milicia Tropa, hueste, ejército, guardia, banda.

militar Guerrero, combatiente, soldado, merce-
nario. — *Civil.* || Marcial,
castrense, belicoso, sol-
dadesco. — *Civil, pacifi-
co.*

millonario Potentado, creso, acaudalado, opulento,
magnate, poderoso. — *In-
digente, pobre.*

mimar Malcriar, consentir,
viciar, condescender, acariciar, halagar. — *Disci-
plinar, educar.*

mímica Gesto, expresión,
ademán, remedo, panto-
mima, caricatura.

mimo Carantoña, caricia,
arrumaco, halago, ternu-
ra, demostración. — *Des-
dén, brusquedad.*

mimoso Malcriado, consentido, viciado, melin-
droso, delicado. — *Ingrato, indiferente.*

mina Túnel, excavación,
galería, yacimiento, vena,
perforación, explotación.

minar Horadar, perforar,
excavar. — *Rellenar.* ||
Debilitar, desgastar, consumir, agotar. — *Refor-
zar.*

miniatura Menudencia, pequeñez, reducción, meda-
llón. — *Enormidad.*

mínimo V. minúsculo.

ministerio Departamento,
cartera, dirección, gabi-
nete, servicio. || Función,
cargo, ocupación, activi-
dad.

ministro Consejero, secretario, funcionario, gober-
nante. || Agente, emba-
jador, enviado, delegado

minucia V. menudencia.

minucioso Nimio, meticuloso, escrupuloso, exage-
rado, quisquilloso, puntilloso, detallista. — *Despreocupado.*

minúsculo Diminuto, microscópico, pequeñísimo,
ínfimo, imperceptible,
menudo. — *Gigantesco.*

minuta Nota, relación, factura, extracto, lista.

minutero Manecilla, aguja,
saeta.

miope Cegato, corto de
vista. — *Lince, agudo.*

mirada Ojeada, vistazo, visión, atisbo, contempla-
ción, visual.

mirador Balcón, galería,
corredor, balconada, cristalera, terraza.

miramiento Consideración,
atención, cuidado, respe-
to, cortesía. — *Desconsideración.*

mirar Observar, escrutar,
ver, contemplar, ojear,
vislumbrar, advertir, di-
visar, examinar. — *Omi-
tir.*

mirón Fisgón, curioso, cotilla, espectador. — *Recatado.*

misántropo Retraído, misógino, insociable, ascético. — *Expansivo, sociable.*

miscelánea Revoltillo, mezcla, combinación, amasijo, variedad. — *Homogeneidad.*

miserable V. tacaño. || Ruin, vil, malvado, perverso, abyecto, canalla, granuja, rufián, infame. — *Bondadoso, ejemplar.* || Indigente, v. miseria.

miseria Indigencia, necesidad, escasez, pobreza, infortunio, desdicha, desnudez, carencia. — *Opulencia, riqueza.* || V. tacañería.

misericordia Humanidad, compasión, piedad, ternura, sensibilidad, lástima, caridad, altruismo. — *Crueldad.*

misericordioso Humanitario, v. misericordia.

mísero Indigente, v. miseria. || V. tacaño.

misión Cometido, gestión, encargo, trabajo, tarea. || Embajada, comisión, delegación.

misionero Predicador, divulgador, evangelizador.

misiva Nota, carta, billete, esquela, mensaje.

mismo Idéntico, semejante, igual, equivalente. — *Distinto, otro.*

misterio Igcógnita, enigma, secreto, v. misterioso.

misterioso Incógnito, enigmático, secreto, reservado, sigiloso, recóndito, oculto. — *Claro, sincero, evidente.*

místico Espiritual, contemplativo, religioso, piadoso, devoto. — *Prosaico.*

mitad Medio, parte, fragmento, porción. — *Todo.* || Centro, medio, promedio. — *Lado.*

mítico Legendario, v. mito.

mitigar Dulcificar, suavizar, moderar, disminuir, calmar, sedar, aplacar. — *Exacerbar.*

mitin Asamblea, reunión, junta, conferencia, congreso.

mito Leyenda, fábula, quimera, tradición, relato, ficción. — *Realidad.*

mixto Misceláneo, combinado, heterogéneo, híbrido. — *Simple.*

mobiliario Moblaje, enseres, bártulos, ajuar.

mocedad Juventud, v. mozo.

mochila Morral, zurrón, macuto, saco, bolsa.

moda Boga, uso, costumbre, novedad, estilo, hábito, actualidad. — *Antigüedad.*

modales Educación, maneras, crianza, conducta, ademanes, gestos, acciones.

modalidad Característica, peculiaridad, modo, forma, manera, tipo, clase.

modelar Crear, formar, tallar, esculpir, cincelar, ajustar, educar. — *Destruir*.

modelo Prototipo, tipo, ejemplar, dechado, ejemplo, muestra, espécimen, molde. — *Reproducción, copia*.

moderación Mesura, sobriedad, templanza, frugalidad, cordura, sensatez, tolerancia, discreción, virtud, dulzura. — *Exageración, exceso*.

moderar Calmar, refrenar, tranquilizar, mitigar, frenar, aplacar, suavizar, corregir. — *Exacerbar, exagerar*.

moderno Actual, renovado, nuevo, flamante, remozado, fresco, juvenil. — *Antiguo*.

modesto Sencillo, humilde, recatado, reservado, comedido, tímido. — *Altivo*.

modificar Transformar, reformar, cambiar, rectificar, renovar, variar, revolucionar, limitar. — *Mantener, conservar*.

modismo Locución, giro, expresión, dicho, modo.

modista Costurera, modistilla, diseñadora, sastra.

modo Manera, forma, guisa, método, procedimiento, proceder, uso, práctica, género, técnica, fórmula, carácter, orden, regla.

modorra Letargo, soñolencia, torpeza, pesadez, sopor, insensibilidad. — *Vigilia, actividad*.

modoso Educado, cortés, mirado, amable, atento, considerado, fino. — *Grosero*.

mofarse Burlarse, agraviar, ofender, escarnecer, guasearse, chunguearse. — *Considerar, respetar*.

moflete Carrillo, mejilla, cachete, pómulo.

mohín Gesto, mueca, monería, ademán, aspaviento, visaje.

mohíno Triste, disgustado, descontento, cabizbajo, sombrío, enfadado. — *Alegre*.

moho Hongo, descomposición. || Herrumbre, orín, verdín, cardenillo.

mohoso Oxidado, herrumbroso, roñoso, rancio, descompuesto. — *Fresco, perfecto, flamante*.

mojar Humedecer, calar, empapar, remojar, duchar, chapuzar, bañar, impregnar, salpicar, regar. — *Secar*.

mojigato V. gazmoño.

mojón Hito, poste, jalón, marca, indicación.

molde Matriz, troquel, horma, cuño. || Tipo, muestra, ejemplo, base, modelo.

mole Bulto, forma, masa, cuerpo, volumen, mazacote, montón, corpulencia. — *Pequeñez*.

moler Triturar, desmenuzar, machacar, aplastar, pulverizar, romper, picar, cascar. — *Comprimir.* || Derrengar, maltratar, tundir. — *Curar.*

molestar Fastidiar, irritar, incomodar, disgustar, insistir, marear, agobiar, aburrir, mortificar, amargar. — *Alegrar, divertir.*

momentáneo Rápido, efímero, transitorio, fugaz, breve, pasajero, provisorio. — *Prolongado, eterno.*

momento Instante, minuto, segundo, santiamén, tris, soplo, tiempo, plazo, período. — *Eternidad.* || Circunstancia, ocasión, oportunidad.

monada V. monería.

monarca Soberano, rey, emperador, príncipe, señor, majestad. — *Súbdito.*

monasterio Convento, cenobio, claustro, abadía, cartuja, priorato, noviciado, iglesia (v.).

mondar Pelar, descortezar, descascarar, despellejar, limpiar, podar, quitar.

moneda Numerario, dinero, caudal, metálico, divisas, cuartos, efectivo, cambio. || Pieza, disco, sello.

monigote Pelele, fantoche, muñeco, títere, polichinela, marioneta, bufón, tímido, calzonazos. — *Enérgico.*

monitor Celador, guardián, instructor, cuidador, custodio, tutor. — *Educando.*

monja Religiosa, hermana, sor, profesa, madre, superiora, priora, novicia.

monje V. fraile.

mono Simio, macaco, mico, cuadrumano, antropoide, primate, chimpancé, orangután, gorila. || Bonito, lindo, primoroso, bello, fino, airoso, proporcionado, delicado. — *Feo.*

monólogo Soliloquio, razonamiento. — *Conversación, coloquio.*

monomanía V. manía.

monopolio Consorcio, sindicato, grupo, exclusiva, privilegio, agrupación, *trust.* — *Comercio libre.*

monótono Uniforme, regular, insistente, invariable, continuo, fastidioso, aburrido. — *Variado.*

monstruo Engendro, feto, aborto, espantajo, fenómeno, prodigio. || Anormalidad, monstruosidad, deformidad. — *Perfección, belleza.*

monstruoso Deforme, anómalo, aberrante, irregular, gigantesco, grotesco, contrahecho. — *Perfecto, bello.* || Cruel, infame, inhumano, perverso. — *Humanitario.*

montaje Acoplamiento, ensamblaje, v. montar.

montaña Monte, cordillera, sierra, cerro, pico, macizo, serranía, loma, altura, cumbre, cresta, cima, volcán, ladera, falda. — *Llano.*

montañero Alpinista, excursionista, explorador, deportista.

montañés Lugareño, rústico, nativo, natural. — *Llanero.*

montañoso Escarpado, accidentado, empinado, áspero, abrupto, escabroso, fragoso. — *Llano, uniforme.*

montar Cabalgar, jinetear, subirse, ascender, auparse, encaramarse. — *Descabalgar, descender.* || Acoplar, ensamblar, armar, ajustar, empalmar, erigir, construir, engastar. — *Derribar, quitar.*

monte V. montaña. || Fronda, soto, zarzal, espesura, bosque, boscosidad. — *Calvero, claro, desierto.*

montepío Cooperativa, mutualidad, entidad, asociación, agrupación, organismo.

montículo Altozano, otero, eminencia, elevación, cerro, altura, loma, v. montaña. — *Llano.*

montón Pila, cúmulo, rimero, acumulación, aglomeración, masa, exceso, tropel, legión. — *Escasez.*

montura Cabalgadura, corcel, animal, cuadrúpedo, bruto, bestia, caballería. || Arnés, silla, arreos, aperos, guarniciones, bridas.

monumental Grandioso, colosal, enorme, gigantesco, fenomenal, ciclópeo, estatuario. — *Insignificante, minúsculo.*

monumento Monolito, estatua, obra, construcción.

moño Rodete, rosca, penacho, adorno, tocado, peinado.

morada Vivienda, residencia, habitación, casa, domicilio, hogar, mansión, finca, techo, albergue.

morado Violáceo, cárdeno, violeta, amoratado, purpúreo, azulado.

morador Habitante, residente, domiciliado, poblador, vecino, inquilino. — *Transeúnte.*

moral Espiritual, ético, anímico, decente, decoroso, pudoroso, honorable. — *Inmoral.* || Deontología, ética, escrúpulo, delicadeza, reparo. — *Inmoralidad.*

moraleja Enseñanza, lección, máxima, consejo, prueba, demostración.

moralidad Espiritualidad, v. moral.

morar Habitar, v. morada.

mórbido Suave, blando, fláccido, fofo, muelle, flojo, maleable, laxo. — *Duro, macizo.*

morboso Malsano, insalubre, nocivo. — *Saludable.* || Retorcido, torvo, perverso, enfermizo. — *Puro.*

mordaz Irónico, cáustico,

virulento, ácido, burlón, satírico, cínico, incisivo. — *Franco, directo.*

mordedura Mordisco, bocado, dentellada, tarascada, señal, lesión, mordida.

morder Dentellear, masticar, mordisquear, roer, apresar, lacerar, desgarrar, triturar.

moreno Trigueño, bronceado, tostado, quemado, atezado, cetrino, cobrizo, oliváceo, terroso, oscuro, aceitunado, pardo. — *Rubio, claro.*

moretón Cardenal, magulladura, moradura, equimosis, contusión, verdugón, mancha.

moribundo Agónico, agonizante, expirante, semidifunto, desahuciado, incurable. — *Resucitado, sano.*

morir Fenecer, expirar, fallecer, perecer, extinguirse, finar, agonizar, sucumbir, matarse, diñarla, palmar. — *Resucitar, nacer, revivir.*

morisqueta V. mueca.

moro Marroquí, mauritano, rifeño, muslime, sarraceno, mahometano, musulmán, agareno, morisco. — *Cristiano.*

moroso Lento, premioso, remiso, atrasado, retrasado. — *Activo.* ‖ Deudor, informal. — *Pagador, cumplidor.*

morral V. mochila.

morrión Casco, yelmo, al-

mete, casquete, capacete, celada, chacó, gorro.

morro Jeta, hocico, boca, belfos, labios.

mortaja Sudario, lienzo.

mortal Hombre, humano, ser, terrenal, terreno, mundanal, persona, individuo, ente. — *Deidad.* ‖ Efímero, perecedero, frágil, breve, transitorio, temporal. — *Inmortal.* ‖ Funesto, v. mortífero.

mortecino Apagado, tenue, débil, amortiguado, vacilante, borroso. — *Intenso.*

mortífero Mortal, funesto, peligroso, letal, deletéreo, exterminador, tóxico. — *Saludable.*

mortificar Atormentar, torturar, dañar, herir, ultrajar, ofender, irritar, vejar. — *Halagar, complacer.*

mosaico Baldosín, azulejo, mayólica, baldosa, cerámica, ladrillo, alicatado.

mosquearse Escamarse, picarse, amostazarse, ofenderse, resentirse, recelar, desconfiar. — *Confiar.*

mosquete Mosquetón, espingarda, trabuco, rifle, fusil, carabina.

mosto Jugo, zumo, extracto, néctar, concentrado, caldo.

mostrar Exhibir, enseñar, exponer, presentar, sacar, abrir, desenvolver, descubrir, extender, destapar, extraer. — *Ocultar.* ‖ Señalar, indicar, advertir, encaminar, explicar, apuntar, marcar.

mota Pelusa, partícula, pizca, pinta, hilacha.

mote Alias, sobrenombre, apodo, seudónimo. — *Lema, emblema, divisa.*

motejar Tildar, tachar, censurar, criticar, desaprobar. — *Alabar.*

motín Sublevación, insurrección, rebelión, levantamiento, algarada, insubordinación. — *Disciplina, orden.*

motivo Causa, fundamento, razón, móvil, impulso, fondo, raíz, génesis, principio. — *Consecuencia.* || Asunto, materia, tema, cuestión, argumento, trama.

motor Máquina, mecanismo, aparato, maquinaria, dispositivo, artefacto.

mover Desplazar, correr, deslizar, cambiar, trasladar, transportar, apartar, quitar, empujar. — *Parar, inmovilizar.* || Menear, agitar, sacudir, zarandear, blandir, estremecer. — *Parar.* || **moverse** Andar, caminar, marchar, afanarse. — *Detenerse.*

móvil Movedizo, movible, portátil. — *Inmóvil.* || Motivo, causa, razón, impulso, precedente, pretexto. — *Efecto.*

movilizar Reclutar, llamar, reunir, congregar, levantar, armar, militarizar.

— *Desmovilizar, licenciar.*

movimiento Desplazamiento, actividad, meneo, velocidad, traslación, marcha, evolución, ritmo, temblor, conmoción. — *Inmovilidad.* || Revolución, levantamiento, insurrección, motín (v.). — *Tranquilidad.*

moza Doncella, v. mozo.

mozo Joven, chico, muchacho, chiquillo, mozuelo, zagal, mancebo, efebo, adolescente. — *Núbil, casto, adulto.* || Criado, camarero, doméstico, sirviente. — *Amo.* || Recluta, quinto, soldado. || Costalero, cargador, estibador, peón.

muchacha Doncella, v. moza.

muchacho Niño, v. mozo.

muchedumbre Gentío, multitud, gente, horda, turba, pandilla, aglomeración, abundancia. — *Escasez, individuo.*

mucho Demasiado, bastante, exceso, profusión, cantidad, demasía, raudal, plétora. — *Poco.*

muda Cambio, v. mudar.

mudar Cambiar, transformar, reformar, enmendar, corregir, invertir, variar, modificar. — *Mantener, conservar.* || **mudarse** Trasladarse, cambiarse, marcharse, salir, irse, instalarse. — *Permanecer.*

mudo Silencioso, afónico, ronco, sordomudo, incapacitado. || Callado, reservado, sigiloso, taciturno, hosco. — *Parlanchín.*

mueble Enser, mobiliario, bártulo, cachivache, chisme, trasto.

mueca Visaje, gesto, contorsión, aspaviento, guiño, ademán, arrumaco.

muelle Resorte, ballesta, fleje, espiral, suspensión. || Embarcadero, dique, malecón, rompeolas, andén. || Mórbido, blando, delicado, cómodo. — *Rudo.*

muerte Fallecimiento, defunción, fin, extinción, expiración, fenecimiento, agonía, tránsito, óbito, partida, trance. — *Resurrección.* || Parca, hado, sino, destino. || Asesinato, homicidio, crimen, matanza, liquidación, degollina. || Destrucción, ruina, estrago, desolación. — *Reconstrucción.*

muerto Finado, difunto, cadáver, fallecido, interfecto, occiso, víctima, restos, despojos, fiambre. — *Vivo, resucitado.* || Desolado, arruinado, deshabitado, marchito, apagado. — *Vivo, activo, nuevo.*

muesca Escotadura, corte, mella, incisión, rebajo, hendedura, rendija, surco, ranura. — *Relleno.*

muestra Ejemplar, modelo, prototipo, ejemplo. — *Copia.* || Prueba, señal, evidencia, testimonio, demostración, indicio.

muestrario Repertorio, catálogo, colección, selección, surtido, serie.

mugir Bramar, berrear, rugir, gruñir, aullar, bufar, gritar. — *Callar.*

mugre Suciedad, roña, grasa, pringue, inmundicia, porquería, guarrería, cochambre. — *Higiene, limpieza.*

mugriento Sucio, v. mugre.

mujer Hembra, señora, dama, dueña, matrona, ama, señorita, doncella, Eva, moza, joven. — *Varón.* || V. criada. || Esposa, compañera, consorte, cónyuge, pareja, desposada, casada, novia, costilla. — *Soltera.*

mujeriego Faldero, tenorio, donjuán, conquistador, calavera, libertino. — *Casto, misógino.* || Femenino. — *Masculino.*

mula V. mulo.

mulato Mestizo, híbrido, cruzado, mezclado, impuro, moreno, oscuro. — *Puro.*

mulero Arriero, yegüero, acemilero, chalán, carretero.

muletilla Estribillo, repetición, tranquillo, insistencia.

mulo Burdégano, mula, cuadrúpedo, acémila,

caballería, montura, bestia de carga.

multa Sanción, pena, castigo, punición, recargo, gravamen, correctivo. — *Indulto, perdón.*

multicolor Policromo, coloreado, cromático, matizado, irisado, variado, abigarrado. — *Pardo, monocolor.*

multiforme Variado, polimorfo, heterogéneo, desigual, disímil, diverso. — *Uniforme.*

multimillonario Potentado, creso, magnate, acaudalado, pudiente, riquísimo. — *Mísero, pobre.*

múltiple Variado, diverso, compuesto, combinado, mezclado, numeroso, heterogéneo. — *Solo, único.*

multiplicar Contar, operar, reproducir, propagar, difundir, proliferar. — *Dividir, disminuir.*

multitud Gentío, muchedumbre, horda, turba, masa, bandada, tropel, enjambre. — *Individuo, unidad.*

mullido Blando, fofo, muelle, suave, cómodo, esponjoso, ahuecado, elástico, mórbido. — *Duro.*

mundano Fogueado, experimentado, cosmopolita, galante, elegante, frívolo. — *Inexperto.*

mundial Universal, internacional, general, global, común. — *Local, nacional.*

mundo Tierra, orbe, planeta, globo, astro, humanidad, género humano.

munición Balas, proyectiles, carga, metralla. || Pertrechos, provisiones, vituallas.

municipal Edificio, consistorial, corporativo, comunal, administrativo.

municipio Municipalidad, ayuntamiento, concejo, cabildo, mancomunidad, consistorio.

muñeco Muñeca, figurilla, monigote, juguete, títere, fantoche, pelele, maniquí.

muralla Pared, muro (v.), murallón, defensa, paramento, parapeto, baluarte, barrera, tapia, fortificación.

murga Banda, comparsa, charanga, orquestina. — *Orquesta.* || Lata, tabarra, fastidio. — *Entretenimiento*

murmuración Cotilleo, v. murmurar.

murmurar Susurrar, rumorear, bisbisear, balbucear, musitar, cuchichear, farfullar. || Cotillear, chismorrear, comadrear, intrigar, calumniar, criticar. — *Alabar.*

muro Tapia, tabique, medianera, lienzo, pared, paredón, contrafuerte, valla, muralla (v.).

musa Inspiración, numen, poesía, soplo, estímulo.

musculoso Fornido, robusto, membrudo, vigoroso,

corpulento, atlético, recio. — *Enclenque, débil.*

museo Galería, exposición, pinacoteca, colección, salón, muestra, exhibición.

música Armonía, melodía, ritmo, modulación, canto, cadencia, arte, sonido. — *Estridencia.* || Composición, obra, pieza, partitura, concierto.

músico Compositor, musicólogo, maestro, autor, ejecutante, artista, intérprete, concertista, solista.

musitar V. murmurar.

muslo Anca, pata, pernil, pierna, zanca, jamón.

mustio V. marchito.

musulmán Mahometano, muslime, moro, sarraceno, islámico, agareno, morisco, rifeño, beréber, mogrebí, berberisco. — *Cristiano.*

mutación Transformación, cambio, muda, vaivén, variación, perturbación, metamorfosis. — *Persistencia.*

mutilado Lisiado, tullido, incapacitado, impedido, inválido, disminuido, minusválido. — *Indemne.*

mutismo Silencio, pausa, reserva, mutis, discreción, reserva, sigilo, mudez, sequedad. — *Charlatanería.*

mutualidad Cooperativa, mutua, montepío, asociación, entidad, agrupación.

mutuo Recíproco, correlativo, solidario, bilateral, alterno, equitativo. — *Unilateral.*

muy Mucho, bastante, harto, demasiado, abundante, excesivo. — *Poco.*

N

nacarado Irisado, tornasolado, brillante, liso. — *Opaco.*

nacer Salir, originarse, surgir, empezar, brotar, aparecer, germinar, venir al mundo. — *Morir.*

nación País, pueblo, patria, territorio, estado, reino, tierra, región, comarca. || Raza, pueblo, familia, clan, tribu, ciudadanos.

nacional Patrio, territorial, regional, local, peculiar. — *Foráneo, internacional.* || Estatal, oficial, gubernativo, administrativo, público. — *Local.*

nacionalidad Ciudadanía, origen, procedencia, nacionalización, raza, país, patria, estirpe, cuna.

nacionalismo Patriotismo, tradicionalismo. || Patriotería, fanatismo, xenofobia.

nacionalizar Confiscar, incautarse, apropiarse. — *Liberalizar.* || **nacionalizarse** V. naturalizarse.

nada Carencia, ausencia, cero, falta, nulo, poco, mínimo, nadie. — *Todo.*

nadar Flotar, bracear, bucear, zambullirse, sobrenadar, avanzar. — *Hundirse, sumergirse.*

naipes Cartas, barajas, juego.

nalgas Trasero, posaderas, asentaderas, culo, posterior, cachas, pompis, asiento.

narcótico Estupefaciente, soporífero, hipnótico, dormitivo, droga, somnífero, sedante. — *Estimulante.*

nariz Naso, narices, napias, apéndice nasal, protuberancia, morro.

narración Cuento, relato, descripción, historia, relación, reseña, pormenor, detalle, referencia, informe, novela, leyenda.

narrar Contar, v. narración.

natalicio Cumpleaños, nacimiento, aniversario, natal, celebración, fiesta, festejo.

nativo Natural, oriundo, originario, propio, hijo,

habitante, aborigen, indígena. — *Extranjero.* || Salvaje, indígena, aborigen. — *Civilizado.*

natural V. nativo. || Normal, corriente, común, frecuente, habitual, ordinario, regular, vulgar. — *Desusado.* || Puro, auténtico, original, legítimo, verdadero. — *Falsificado.* || Sincero, sencillo, espontáneo, llano, abierto. — *Artificioso.* || Carácter, v. naturaleza.

naturaleza Temperamento, genio, índole, condición, humor, temple, fondo, dotes, personalidad. || Principio, cualidad, propiedad, materia. || Universo, creación, cosmos, elementos.

naturalidad Sencillez, sinceridad, espontaneidad, llaneza, pureza, familiaridad. — *Afectación.*

naturalizarse Nacionalizarse, establecerse, asentarse, aclimatarse.

naufragar Zozobrar, hundirse, desaparecer, sumergirse, irse a pique. — *Salir a flote.*

naufragio Hundimiento, desastre, siniestro.

náusea Arcada, basca, ansia, vómito, vértigo, vahído, espasmo, asco.

nauseabundo Repugnante, asqueroso, inmundo, repulsivo, fétido. — *Agradable.*

náutico Marítimo, naval, oceánico, transatlántico, marinero. — *Terrestre.*

navaja Cuchillo, cuchilla, hoja, faca, cortaplumas, daga, arma blanca.

navajazo Tajo, corte, cuchillada, herida, puñalada.

naval V. náutico.

nave V. navío. || Salón, crujía, recinto, espacio, tinglado, almacén, pabellón.

navegar Surcar, hender, viajar, pilotar, cruzar, atravesar, conducir. — *Anclar, fondear.*

navío Buque, barco, embarcación, bajel, nao, carabela, galeón, transatlántico, lancha, barca (v.).

neblina V. niebla.

nebuloso Nublado, brumoso, caliginoso, neblinoso. — *Despejado.* || Vago, impreciso, borroso, confuso, oscuro, incomprensible. — *Comprensible.*

necedad Majadería, disparate, desatino, dislate, absurdo, sandez, idiotez. — *Razón.*

necesario Esencial, indispensable, imperioso, forzoso, obligatorio, ineludible, fatal, primordial, importante, útil, provechoso. — *Inútil.*

necesidad Obligación, exigencia, menester, precisión, requisito, condición. — *Libertad.* || Falta, penuria, carencia, pobreza, déficit, indigencia,

aprieto. — *Abundancia.*
|| **necesidades** Evacuación, excreción, deposición, defecación, deyección.

necesitar Precisar, carecer, faltar, escasear. — *Sobrar.*

necio Tonto, bobo, majadero, mentecato, estúpido, torpe, zoquete, simple, ganso, memo, asno, botarate, obtuso, pasmado. — *Sensato, listo.*

néctar Elixir, licor, zumo, jugo, líquido.

nefasto Funesto, aciago, fatídico, luctuoso, ominoso, sombrío, triste, catastrófico. — *Benéfico.*

negar Desmentir, impugnar, oponerse, contradecir, rebatir, refutar, rechazar, rehusar, discutir. — *Afirmar.* || Privar, prohibir, impedir, obstaculizar, condenar, evitar. — *Conceder.*

negativo Nocivo, perjudicial, dañino, pernicioso, desventajoso, maligno, lesivo, pesimista. — *Positivo.* || Placa, imagen, película.

negligencia Indolencia, desidia, descuido, despreocupación, distracción, olvido, desliz. — *Atención.*

negociar Comerciar, traficar, intercambiar, comprar, vender, especular, regatear, mercar, financiar. || Pactar, convenir, tratar, firmar, concertar,

acordar, comprometerse. — *Romper.*

negro Oscuro, atezado, moreno, endrino, azabache, quemado, retinto, renegrido. — *Blanco.* || Africano, moreno, indígena, nativo, mulato. — *Blanco.* || Aciago, infausto, desventurado. — *Dichoso, alegre.*

nene V. niño.

neófito V. novato.

nervio Energía, ímpetu, vigor, dinamismo, empuje, arranque, brío. — *Indolencia.*

nervioso Agitado, excitado, inquieto, exaltado, angustiado, frenético, alterado, intranquilo, histérico, perturbado, irritable. — *Tranquilo, sereno.*

neto Puro, limpio, terso, claro, sano, nítido. — *Sucio, borroso.* || Líquido, deducido, exacto, saldo. — *Bruto.*

neumático Cámara, llanta, goma, rueda, cubierta.

neurastenia Neurosis, manía, perturbación, histeria, excitación, depresión, rareza, nerviosidad, trastorno. — *Equilibrio.*

neurosis V. neurastenia.

neutral Equitativo, imparcial, justo, ecuánime, indiferente, frío, objetivo, pacifista. — *Parcial, beligerante.*

neutralizar Contrarrestar, compensar, equilibrar, igualar, anular, contener. — *Fomentar.*

neutro Ambiguo, indefinido, impreciso, indeterminado, indistinto, neutral (v.) — *Definido*.

nevera Frigorífico, refrigerador, congeladora, fresquera.

nexo Vínculo, lazo, relación, enlace, afinidad, parentesco, familiaridad. — *Desvinculación*.

nicho Hornacina, cavidad, bóveda, hueco, celda, sepultura, cripta.

nido Hueco, agujero, guarida, celdilla, madriguera. || Hogar, morada, cobijo, techo.

niebla Bruma, neblina, celaje, vaho, vapor, nube, oscuridad, sombra, cerrazón. — *Claro*.

nieve Nevada, temporal, tormenta.

nigromante Brujo, mago, hechicero, adivino, taumaturgo, agorero, augur, médium.

nimbo Corona, halo, aureola, cerco, resplandor, fulgor, diadema.

nimio Insignificante, pequeño, menudo, frívolo, minucioso, detallista, baladí. — *Importante*.

ninfa Nereida, náyade, sirena, ondina, deidad.

niña V. niño.

niñera Nodriza, ama, aya, chacha, nana, criada, doncella, institutriz.

niño Nene, pequeño, criatura, rorro, infante, párvulo, crío, mocoso, arrapiezo. — *Adulto*.

nítido V. neto.

nivel Línea, cota, elevación, altura, raya, marca, señal, horizonte, valor, cantidad. — *Desnivel*.

nivelar Compensar, equiparar, igualar, contrarrestar, emparejar. — *Diferenciar*. || Allanar, alisar, explanar, rellenar. — *Desnivelar*.

níveo Claro, blanco, impoluto, inmaculado, puro, cano. — *Oscuro, negro*.

no Quia, ca, nones, nunca, jamás, de ningún modo, ni mucho menos. — *Sí*.

noble Ilustre, preclaro, aristocrático, linajudo, distinguido, señorial, encopetado, godo, gótico, patricio, esclarecido, aristócrata, caballero, hidalgo, señor. — *Plebeyo, villano*. || Magnánimo, generoso, altruista, desinteresado, elevado, sincero, abierto, grande. — *Mezquino, perverso*.

noción Idea, rudimento, fundamento, conocimiento, barniz. — *Ignorancia*.

nocivo Perjudicial, pernicioso, dañino, lesivo, desfavorable, desventajoso, tóxico. — *Favorable*.

noche Oscuridad, tinieblas, sombras, vigilia, anochecer, crepúsculo, anochecida. — *Día*.

nodriza. V. niñera.

nómada Ambulante, errante, trashumante, vagabundo, ambulante, trotamundos. — *Estable*.

nombrar Mencionar, aludir, designar, calificar, especificar, motejar, apodar, bautizar. — *Omitir, ignorar.* || Elegir, ascender, designar, investir, proclamar, escoger. — *Destituir.*

nombre Patronímico, denominación, apellido, apelativo, designación, apodo, alias, mote, sobrenombre, seudónimo, título.

nómina Plantilla, lista, relación, registro, enumeración, detalle.

non Impar, desigual, dispar, desparejo. — *Par.*

nórdico Septentrional, ártico, boreal hiperbóreo, escandinavo. — *Meridional.*

norma Patrón, medida, regla, pauta, modelo, guía, principio, sistema. — *Caos, irregularidad.*

normal Común, corriente, habitual, frecuente, vulgar, ordinario, conocido, acostumbrado, usual, regular, continuo. — *Desusado.* || Equilibrado, sensato, juicioso, cuerdo, cabal. — *Desequilibrado.*

normalidad Tranquilidad, equilibrio, calma, paz, regularidad, cordura. — *Anormalidad.*

norte Septentrión, ártico, boreal. — *Sur.* || Meta, objetivo, rumbo, propósito. — *Indecisión.*

norteamericano Yanqui, americano, gringo, estadounidense. — *Sudamericano.*

norteño V. nórdico.

nostalgia Melancolía, tristeza, pesadumbre, cuita, aflicción, recuerdo, añoranza, pena, evocación. — *Indiferencia, olvido.*

nota Anotación, apunte, registro, acotación, aclaración, asiento, glosa, minuta, comentario. || Aviso, anuncio, noticia, advertencia. || Calificación, evaluación, valoración, estima.

notabilidad Personalidad, personaje, figura, lumbrera, genio, eminencia, héroe. — *Nulidad.* || Fama, v. notoriedad.

notable Extraordinario, importante, sobresaliente, trascendental, trascendente, capital, cardinal. — *Insignificante.* || Personaje, v. notabilidad.

notar Apreciar, advertir, reparar, comprobar, percibir, distinguir, observar, ver, señalar, establecer. — *Omitir, ignorar.*

notario Escribano, actuario, funcionario.

noticia Reseña, parte, nueva, informe, aviso, comunicación, acaecimiento, rumor, chisme, bulo, hablilla.

notificar Reseñar, informar, avisar, declarar, ordenar, revelar, comunicar, aconsejar. — *Omitir.*

notoriedad Fama, reputación, celebridad, nombradía, prestigio. — Os-curidad.

notorio Conocido, manifiesto, público, famoso, palpable, comprobado. — Desconocido.

novato Novel, novicio, principiante, aprendiz, neófito, iniciado, bisoño. — Curtido, veterano, experto.

novedad Reseña, v. noticia. || Primicia, creación, invención, innovación, perfeccionamiento, mejora. — Antigüedad. || Modificación, cambio, alteración, variación, trueque. — Uniformidad, persistencia.

novel V. novato.

novela Narración, relato, cuento, folletín, descripción, fábula, romance, leyenda, gesta. || Mentira, farsa, comedia, cuento, fábula. — Verdad.

novelesco Fabuloso, sorprendente, folletinesco, fantástico. — Corriente, vulgar, real.

novelista Literato, escritor, autor, cuentista.

noviazgo Idilio, amorío, flirteo, devaneo, festejo, relaciones, cortejo. — Separación, rompimiento.

novicio V. novato.

novillo Becerro, torillo, eral, vaquilla, vacuno.

novio Prometido, pretendiente, festejante, enamorado, cortejador, futuro, comprometido, es-posado, desposado, recién casado. — Separado.

nube Celaje, velo, capa, vapor, nubarrón, nublado, humo, niebla (v.). — Claro.

nublado Cerrado, cubierto, encapotado, oscuro, nebuloso, velado, plomizo, gris — Despejado.

nuca Cerviz, cogote, testuz, cuello, morrillo.

núcleo Centro, foco, meollo, corazón, masa, interior, médula, miga. — Periferia.

nudo Atadura, lazo, vínculo, unión, ligadura, trabazón, lazada.

nueva V. noticia.

nuevo Reciente, fresco, inédito, moderno, flamante, actual, lozano, virgen. — Usado, antiguo. || Desconocido, ignorado, distinto, extraño. — Conocido.

nulo Inepto, inútil, torpe, incapaz, ignorante, inservible. — Competente. || Anulado, revocado, cancelado, abolido, suprimido. — Confirmado.

numerar Contar, ordenar, marcar, enumerar, inscribir, disponer, clasificar. — Confundir.

número Guarismo, cifra, símbolo, signo, expresión, representación, notación. || Cantidad, conjunto, cuantía, total, proporción, cuota. — Unidad, carencia, falta.

numeroso Abundante, innumerable, múltiple, inagotable, infinito, nutrido, rico, excesivo. — *Escaso*.

nunca Jamás, no, en la vida, de ningún modo, alguna vez. — *Siempre*.

nupcial Conyugal, matrimonial, marital, íntimo, esponsalicio, casamentero.

nupcias V. matrimonio.

nutrir Alimentar, sostener, mantener, sustentar, suministrar, rellenar, atestar, robustecer, sobrealimentar. — *Debilitar, escatimar*.

nutritivo Sustancioso, suculento, alimenticio, fortificante, apetitoso, vigorizante, completo, reconstituyente. — *Debilitante*.

Ñ

ñoñería Remilgo, v. ñoño.

ñoño Remilgado, melindroso, tonto, cursi, afectado, escrupuloso, puntilloso, apocado, insustancial, soso, delicado, necio. — *Cabal, sensato*.

O

obcecado Tozudo, terco, testarudo, ofuscado, obstinado, emperrado. — *Comprensivo.*

obedecer Acatar, subordinarse, ceder, transigir, someterse, observar, adherirse. — *Desobedecer.*

obediente Sumiso, dócil, disciplinado, manso, suave, manejable, servil, pasivo. — *Desobediente.*

obeso Rollizo, corpulento, grueso, adiposo, carnoso, abultado, rechoncho, pesado. — *Flaco.*

óbice Inconveniente, obstáculo, rémora, dificultad, entorpecimiento. — *Facilidad.*

obispo Prelado, arzobispo, patriarca.

objeción Reparo, observación, pero, censura, crítica, dificultad, tacha. — *Aprobación.*

objetar Reparar, censurar, v. objeción.

objetivo Meta, fin, objeto, finalidad, mira, designio, aspiración. || Imparcial, desapasionado, neutral, desinteresado, recto, justo. — *Apasionado.*

objeto Cosa, ente, entidad, sujeto, elemento, factor, masa, sustancia. || Asunto, tema, materia, cuestión. || Finalidad, objetivo (v.).

oblicuo Sesgado, diagonal, torcido, inclinado, desviado, desnivelado, caído, transversal. — *Recto, perpendicular.*

obligación Deber, imposición, carga, responsabilidad, cometido, exigencia, necesidad. — *Facultad.* || Convenio, contrato, título, deuda, documento.

obligar Apremiar, imponer, forzar, violentar, exigir, abrumar, sujetar, estipular, coaccionar. — *Consentir.*

obligatorio Forzoso, necesario, imprescindible, violento, apremiante, comprometido, obligado, preciso, ineludible. — *Voluntario.*

óbolo Donativo, dádiva, limosna, ayuda.

obra Tarea, trabajo, labor, faena, misión, ocupación, trajín. — *Ocio.* || Producto, resultado, producción, fruto, creación, obtención. || Libro, tratado, texto, escrito, volumen, tomo. || Edificación, edificio, construcción, cimentación.

obrar Actuar, ejecutar, ejercer, proceder, hacer, realizar, operar, maniobrar. — *Abstenerse, parar.* || Defecar, deponer, evacuar, cagar, hacer de cuerpo. — *Estreñir.*

obrero Artesano, operario, productor, menestral, trabajador, asalariado, proletario, peón. — *Intelectual.*

obsceno Deshonesto, indecente, libertino, lujurioso, lascivo, pornográfico, sensual. — *Casto.*

obscuridad Tinieblas, sombras, negrura, noche, tenebrosidad, lobreguez. — *Claridad.* || Confusión, ambigüedad, embrollo, incertidumbre, lío. — *Precisión, claridad.*

obscuro Tenebroso, sombrío, negro (v.), gris, renegrido, cetrino, cerrado, nublado, encapotado. — *Claro, despejado.* || Ininteligible, incomprensible, confuso, incierto, dudoso, indescifrable, difícil. — *Claro, fácil.* || Humilde, modesto, sencillo, insignificante. — *Ilustre, destacado, pomposo.*

obsequio Regalo, donativo, dádiva, ofrenda, legado, donación, entrega, cesión, gratificación, subvención, concesión, propina.

obsequioso Amable, servicial, cortés, complaciente, adulador, servil, zalamero. — *Grosero, descortés.*

observación Opinión, indicación, advertencia, consejo, aclaración, amonestación, regañina. || Examen, investigación, vigilancia, comparación, inspección, escrutinio, análisis. — *Omisión, descuido.*

observador Espectador, asistente, presente. || Curioso, minucioso, agudo. — *Torpe.* || Enviado, delegado, consejero, representante.

observar Indicar, opinar, v. observación. || Examinar, investigar, v. observación.

observatorio Mirador, galería, balcón, cristalera, dependencia, laboratorio.

obsesión Ofuscación, perturbación, prejuicio, manía, obstinación, preocupación, neurosis. — *Despreocupación.*

obstáculo Barrera, escollo, atasco, freno, traba, molestia, complicación. — *Facilidad.*

obstinación Tozudez, terquedad, pertinacia, porfía, obcecación, insistencia, empeño. — *Comprensión, docilidad.*

obstruir Atascar, taponar, tapar, ocluir, trabar, atrancar, cerrar, impedir. — *Destapar, liberar.*

obtener Conseguir, lograr, alcanzar, llegar, agenciar, ganar, conquistar. — *Perder, ceder.*

obús Cañón, mortero, bombarda. || **obús*** Proyectil, bala, granada.

obvio Evidente, claro, innegable, palmario, aparente, elemental. — *Inexplicable.*

ocasión Oportunidad, coyuntura, lance, circunstancia, casualidad, situación. || Ganga, breva, momio, oportunidad, ventaja, provecho. — *Perjuicio.*

ocasionar Provocar, originar, producir, motivar, causar, determinar, influir. — *Impedir.*

ocaso Crepúsculo, oscurecer, anochecer, atardecer, puesta. — *Alba, amanecer.*

oceánico Marítimo, náutico, marino, abisal, naval.

océano Mar, inmensidad, piélago, abismo, vastedad.

ocio Inactividad, asueto, holganza, desocupación, descanso, apatía, pereza. — *Actividad.*

ocioso Perezoso, gandul, desocupado, indolente, apático, vago, holgazán, inactivo. — *Trabajador.*

ocultar Esconder, disimular, encubrir, guardar, tapar, disfrazar, cubrir, omitir. — *Mostrar, descubrir.*

ocultismo Espiritismo, hechicería, magia.

oculto Escondido, v. ocultar.

ocupación Tarea, labor, trabajo, quehacer, actividad, función, obligación, deber, cometido. — *Desempleo.*

ocupado Atareado, agobiado, activo, abrumado, trabajador. — *Desocupado.* || Completo, lleno, rebosante, conquistado, tomado, vencido. — *Vacío, abandonado.*

ocupar Adueñarse, apoderarse, tomar, apropiarse, invadir, asaltar, vencer. — *Ceder, abandonar.* || Instalarse, acomodarse, situarse, estorbar. — *Abandonar, dejar.* || **ocuparse** Ejercer, ejercitar, desarrollar, cultivar, dedicarse. — *Abandonar.*

ocurrencia Gracia, agudeza, chiste, ingenio, sutileza, salero, salida, chispa. — *Necedad.*

ocurrir Suceder, acontecer, sobrevenir, pasar, producirse, verificarse. — *Fallar.*

oda Cántico, verso, poema, loa, glorificación, apología, panegírico. — *Crítica.*

odiar Abominar, detestar, aborrecer, execrar, desdeñar, condenar. — *Querer, amar.*

odio Aborrecimiento, antipatía, desprecio, repugnancia, resentimiento, tirria, desafecto, repugnancia, encono. — *Simpatía, amor.*

odioso Aborrecible, v. odio.

odisea Gesta, hazaña, aventura, riesgo, drama, tragedia, sacrificio, éxodo, fuga. — *Dicha, paz.*

ofender Agraviar, afrentar, injuriar, burlarse, escarnecer, ultrajar, despreciar, insultar. — *Alabar.*

ofensiva Ataque, embestida, arremetida, avance, asalto, combate, empuje. — *Retirada, fuga.*

oferta Proposición, propuesta, ofrecimiento, promesa, sugerencia. — *Negativa, petición.*

oficial Gubernativo, estatal, gubernamental, nacional, público, administrativo. — *Privado.* || Militar, jefe, superior, comandante. — *Soldado, tropa.* || Funcionario, empleado, secretario.

oficiar Celebrar, actuar, ejercer, terciar, arbitrar, intervenir. — *Abstenerse.*

oficina Despacho, bufete, estudio, escritorio, notaría, delegación, negociado.

oficinista Empleado, escribiente, funcionario, burócrata, oficial, auxiliar.

oficio Profesión, cargo, ocupación, actividad, empleo, menester, plaza, faena, arte. — *Desocupación.* || Documento, escrito, instancia, nota, expediente.

ofrecer Ofrendar, prometer, proponer, dedicar, presentar. — *Pedir, retractarse.* || Dar, entregar, donar. — *Pedir.*

ofrenda Promesa, v. ofrecer.

ofuscado Obstinado, obsesionado, terco, ciego, confundido, equivocado, tozudo. — *Razonable.*

ogro Monstruo, gigante, coco, espantajo, bárbaro, irascible. — *Bondadoso.*

oído Oreja, sentido, percepción, audición, escucha, atención. — *Sordera.*

oír Escuchar, percibir, notar, sentir, advertir, atender, obedecer, enterarse. — *Desoír, ignorar.*

ojeada Vistazo, mirada, atisbo, repaso.

ojeriza V. odio.

ojo Agujero, abertura, boca, orificio, ojete.

ola Onda, v. oleaje.

oleaje Marejada, oleada, rompiente, cabrilleo, resaca, ondulación. — *Calma.*

oler Husmear, olfatear, oliscar, percibir, notar, advertir.

olfatear V. oler.

olor Fragancia, aroma, efluvio, perfume, emanación, tufo, vaho, fetidez, pestilencia.

olvidadizo Distraído, desmemoriado, despistado, aturdido, atolondrado, descuidado. — *Atento, cuidadoso.*

olvidar Omitir, descuidar, desatender, negar, postergar, relegar. — *Recordar, considerar.*

olvido Pérdida, omisión, descuido, v. olvidar.

olla Pote, cazo, tartera, puchero, perol, marmita, cazuela. ‖ Guiso, cocido, vianda.

omitir Abandonar, excluir, relegar, saltar, pasar, olvidar, dejar. — *Considerar, recordar.*

ómnibus Autobús, camioneta, carruaje, vehículo.

omnipotente V. todopoderoso.

onanismo Masturbación, vicio solitario.

onda Tirabuzón, bucle, rizo, sortija. ‖ V. ola.

ondear Ondular, flamear, tremolar, flotar, oscilar, mecerse, agitarse. — *Pender.*

ondulado Rizado, ensortijado, encrespado, ondeado. — *Lacio, liso.*

opaco Mate, velado, oscuro, sombrío, gris, nebuloso, turbio, lúgubre. — *Brillante, transparente.*

operación Ejecución, realización, manipulación, negocio, contrato, maniobra, ejercicio. ‖ Intervención quirúrgica, extirpación.

operar Ejecutar, realizar, v. operación. ‖ Intervenir, extirpar, rajar, cortar, disecar, erradicar, amputar, curar.

operario Obrero, trabajador, artesano, productor, mecánico, asalariado, menestral. — *Intelectual.*

opinar Suponer, creer, valorar, estimar, juzgar, pensar, declarar, manifestar, revelar. — *Callar.*

opinión Parecer, juicio, creencia, manifestación, declaración, pensamiento, dictamen.

opíparo Abundante, suculento, espléndido, sustancioso, copioso, apetitoso. — *Repugnante.*

oponente Contrincante, rival, competidor, émulo, contendiente, antagonista. — *Partidario.*

oponer Enfrentar, encarar, resistir, obstruir, rechazar, objetar. — *Facilitar, favorecer.*

oportunidad Ocasión, conveniencia, conformidad, casualidad, eventualidad. — *Inconveniencia.* ‖ Ganga, breva, momio, provecho. — *Pérdida.*

oportunista Aprovechado, sagaz, astuto, especulador, positivista, práctico. — *Ingenuo.*

oportuno Adecuado, apropiado, conveniente, propio, conforme, exacto, debido. — *Inoportuno.*

oposición Antagonismo, antítesis, contrariedad, disparidad, disconformidad, competencia. — *Acuerdo*.

opresión Dominio, despotismo, absolutismo, autocracia, intolerancia, tiranía, abuso. — *Libertad*. || Asfixia, angustia, ahogo, sofocación. — *Alivio*.

oprimir Dominar, tiranizar, esclavizar, abusar, humillar, vejar, imperar, sojuzgar, subyugar, avasallar. — *Liberar*.

oprobio Afrenta, deshonra, ignominia, humillación, deshonor, baldón, degradación, infamia. — *Honra*.

optar Seleccionar, escoger, elegir, preferir, decidir. — *Rechazar*.

optimismo Ánimo, esperanza, confianza, brío, entusiasmo, aliento, fe, ilusión. — *Pesimismo*.

optimista Animoso, v. optimismo.

óptimo V. perfecto.

opuesto Contrario, divergente, adverso, antagónico, enemigo, adversario. — *Coincidente*.

opulento Abundante, profuso, pródigo, desbordante, exuberante, pletórico, generoso. — *Escaso*. || Adinerado, rico, acaudalado. — *Pobre, mísero*.

oquedad Hueco, depresión, hoyo, concavidad, seno, agujero, orificio, cavidad.

oración Rezo, súplica, plegaria, preces, invocación, ruego, rogativa. — *Im-precación*. || Frase, locución, expresión, enunciado, proposición.

oráculo Predicción, pronóstico, profecía, augurio, auspicio, agüero, vaticinio, adivinación.

orador Conferenciante, tribuno, disertador, disertante, charlatán.

orar Rezar, implorar, suplicar, rogar, pedir, invocar, impetrar. — *Renegar, execrar*.

orate V. loco.

oratoria Dialéctica, retórica, elocuencia, facundia, verborrea, razón, persuasión, convicción, labia, prédica, discurso.

orbe Esfera, mundo, globo, tierra, planeta, universo, creación.

órbita Curva, trayectoria, recorrido, elipse, circunferencia. || Cuenca, concavidad, hueco. || Ámbito, área, zona, esfera.

orden Exigencia, mandato, obligación, imposición, precepto, decreto, ley. — *Libertad, albedrío*. || Colocación, distribución, disposición, arreglo, situación, alineación. — *Descolocación*. || Paz, armonía, tranquilidad, disciplina, método. — *Desorden, indisciplina*. || Cofradía, institución, comunidad, hermandad.

ordenar Exigir, v. orden. || colocar, v. orden.

ordinario Común, corriente, usual, habitual, acostumbrado, frecuente, conocido, regular. — *Desusado.* || Tosco, basto, vulgar, grosero, zafio, ramplón, soez. — *Elegante, fino.*

orfanato Asilo, hospicio, inclusa, hogar.

orfeón Coro, coral, ronda, conjunto, grupo, masa coral. — *Solista.*

organismo Ser, criatura, espécimen, ente, individuo, cuerpo, animal. || Sociedad, v. organización.

organización Ordenación, disposición, colocación, distribución, estructura. — *Desorden.* || Sociedad, organismo, entidad, institución, establecimiento.

organizar Ordenar, v. organización.

órgano Víscera, entraña, parte, porción. — *Conjunto, totalidad, cuerpo.*

orgasmo Clímax, eyaculación, polución, espasmo. — *Impotencia.*

orgía Bacanal, saturnal, juerga, festín, jolgorio, desenfreno, escándalo. — *Recato, castidad.*

orgullo Soberbia, vanidad, arrogancia, altivez, engreimiento, impertinencia, jactancia. — *Humildad.* || Honor, dignidad, honra, prez, satisfacción, contento. — *Deshonor.*

orientar Disponer, colocar, situar, poner, emplazar, acomodar, dirigir. — *Descolocar.* || Encaminar, guiar, aconsejar, dirigir,

instruir, informar. — *Desorientar.*

oriente Levante, este, naciente, orto. — *Poniente.*

orificio Agujero, boquete, ojo, abertura, boca, hoyo, hueco, brecha. — *Cierre, tapón.*

origen Comienzo, principio, nacimiento, fuente, germen, derivación, génesis, raíz, causa. — *Término, fin.*

original Insólito, desusado, infrecuente, nuevo, singular, extraño, curioso, peculiar. — *Corriente.* || Inicial, primitivo, nuevo, inédito, básico. — *Derivado.* || Manuscrito, folio, hoja, apunte. — *Copia.*

originar Provocar, producir, engendrar, causar, motivar, ocasionar, determinar. — *Impedir.* || Iniciar, empezar, comenzar. — *Concluir.*

orilla Litoral, costa, márgenes, ribera, riba, playa, ribazo. — *Interior.* || Borde, canto, orla (v.), esquina, límite, término, franja, costado. — *Centro.*

orines Orina, excreción, evacuación, meados, pis, necesidad, aguas menores.

oriundo Originario, procedente, nativo. — *Extranjero.*

orla Borde, ribete, filete, franja, faja, contorno, cenefa, tira.

ornamento Adorno, decoración, aderezo, gala, atavío, ornato, decorado. — *Esperpento.*

orondo V. satisfecho.

orquesta Agrupación, conjunto, grupo musical. — *Solista.*

ortodoxo Acertado, adecuado, dogmático, fiel, conforme, leal, íntegro. — *Heterodoxo.*

oruga Larva, gusano, lombriz, bicho.

osadía Atrevimiento, intrepidez, audacia, ánimo, brío, coraje, imprudencia. — *Temor, timidez.*

osar Atreverse, arriesgarse, animarse, decidirse, lanzarse, aventurarse. — *Vacilar, temer.*

oscilar Balancearse, fluctuar, mecerse, columpiarse, bambolearse, flamear. — *Fijarse, inmovilizarse.*

oscurecer Atardecer, anochecer, ensombrecer, nublar, ocultar, encapotarse, eclipsarse, entenebrecerse, sombrear, teñir, ennegrecer. — *Aclarar, despejar.*

oscuridad Sombras, tinieblas, noche, negrura, lobreguez, cerrazón. — *Claridad.*

oscuro Sombrío, tenebroso, negro, lóbrego, cerrado, velado, borroso, opaco. — *Claro.*

ostentación Boato, fausto, fasto, pompa, suntuosidad, lujo, magnificencia. — *Sencillez.*

ostentar Exhibir, mostrar, enseñar, manifestar, revelar. — *Esconder, ocultar.* || Alardear, blasonar, cacarear, lucir, pavonearse. — *Recatarse.*

ostentoso Aparatoso, suntuoso, fastuoso, magnífico, espectacular, grandioso. — *Humilde.*

otear Avizorar, columbrar, percibir, vislumbrar, distinguir, descubrir.

otero Cerro, loma, altozano, colina, eminencia, altura, collado. — *Llano, cordillera.*

otorgar Conceder, entregar, conferir, condescender, permitir, consentir, dar, ofrecer. — *Impedir, recibir.*

otro Diferente, diverso, distinto, nuevo, tercero.

ovación Aclamación, aplauso, vítor, loa, vivas, palmoteo, delirio, alabanza, homenaje. — *Pita, abucheo.*

oveja Ovino, cordero, borrego, carnero.

ovillo Rollo, lío, bola, madeja, vuelta, bobina.

oxidar Enmohecer, herrumbrar, estropear, inutilizar, dañar. — *Limpiar, acondicionar.*

óxido Orín, verdín, herrumbre, cardenillo, moho.

P

pabellón V. bandera. || Nave, edificio, cobertizo, ala, local, tinglado.

pacer Pastar, tascar, ramonear, rumiar, apacentar, alimentarse.

paciencia Conformidad, tolerancia, aguante, resignación, docilidad, transigencia, condescendencia, pasividad. — *Impaciencia.*

paciente Tolerante, resignado, v. paciencia. || Enfermo, convaleciente, afectado. — *Sano.*

pacificar Apaciguar, tranquilizar, aquietar, reconciliar, calmar, sosegar. — *Soliviantar.*

pacífico Tranquilo, sosegado, plácido, manso, reposado, dócil, afable. — *Irritable, belicoso.*

pacto Convenio, avenencia, compromiso, acuerdo, alianza, unión, entendimiento, tratado. — *Desacuerdo.*

padecer Aguantar, tolerar, sufrir, resistir, sobrellevar, resignarse. — *Rebelarse.* || Sentir, experimentar, notar, pasar. — *Ignorar.*

padecimiento Sufrimiento, dolencia, enfermedad, angustia, daño, pena. — *Alegría, gozo.*

padre Progenitor, papá, ascendiente, cabeza, procreador, autor de los días. — *Madre.*

paga Haberes, honorarios, sueldo, remuneración, mensualidad, gratificación, salario, jornal. — *Exacción.*

pagano Incrédulo, infiel, gentil, idólatra, fetichista, escéptico, supersticioso. — *Creyente, cristiano.*

pagar Desembolsar, abonar, remunerar, entregar, retribuir, saldar, satisfacer, cancelar, cubrir, liquidar, recompensar. — *Cobrar.*

página Carilla, anverso, reverso, hoja, folio, plana.

pago Desembolso, v. pagar.

país Comarca, territorio,

zona, región, lugar, contorno, tierra, jurisdicción, demarcación, pueblo, g e n t e, provincia, reino.

paisaje Panorama, espectáculo, vista, campiña, cuadro, pintura, dibujo.

paisano Coterráneo, compatriota, conciudadano. — *Extranjero.* || Aldeano, campesino, lugareño, paleto. — *Ciudadano.* || Civil, no militar. — *Militar, castrense.*

paja Brizna, hierba, forraje, rastrojo, desecho, broza, inutilidad.

pájaro Ave, volátil.

palabra Vocablo, voz, término, expresión, dicho, representación, locución, vocabulario, terminología, léxico. || Promesa, juramento, ofrecimiento, compromiso, obligación, pacto. — *Incumplimiento.*

palabrería Cháchara, verborrea, charla, palique, labia, locuacidad. — *Mutismo.*

palabrota Blasfemia, insulto, grosería, barbaridad, juramento, maldición, reniego. — *Terneza.*

palacio Mansión, caserón, heredad, residencia, castillo, edificio. — *Choza.*

paladear Saborear, gustar, catar, probar, relamerse. — *Rechazar, repugnar.*

paladín Caballero, defensor, héroe, guerrero,

adalid, campeón. — *Difamador, atacante.*

palafrén Corcel, cabalgadura, caballo, montura, bridón, trotón, jaca. — *Jamelgo.*

palanca Barra, alzaprima, barrote, eje, tranca, varilla, pértiga, palo, viga.

palangana Lavamanos, jofaina, aguamanil, lavabo, recipiente, cubeta.

palanquín Litera, andas, angarillas, parihuelas, camilla, silla de manos.

palco División, compartimiento, localidad, sector, sección.

palestra Liza, coso, arena, campo, lucha, duelo, lidia, combate.

paleto Cateto, palurdo, aldeano, rústico, lugareño, pueblerino, tosco. — *Ciudadano, mundano.*

paliar Mitigar, suavizar, calmar, moderar, aliviar, dulcificar, aminorar. — *Excitar, exacerbar.*

pálido Descolorido, blanquecino, incoloro, desvaído, amarillento, macilento. — *Coloreado.* || Desencajado, alterado, turbado, angustiado. — *Sereno.*

paliza Soba, tunda, vapuleo, zurra, castigo, azotaina, somanta. — *Caricias.*

palmas Aplausos, palmadas, vítores, ovación, aclamación. — *Abucheo.*

palo Estaca, poste, madero, vara, cayado, bastón, báculo, porra, barra, viga. || Golpe, trancazo, estacazo, garrotazo. — *Caricia.*

paloma Pichón, tórtola, torcaz, zurita.

palpable Evidente, tangible, real, material, concreto, perceptible, manifiesto, sensible. — *Inmaterial.*

palpar Tocar, sobar, tentar, tantear, manosear, acariciar, frotar.

palpitación Latido, pulsación, contracción, dilatación, estremecimiento, angustia, ahogo.

palurdo V. paleto.

pamplina Melindre, remilgo, tontería, necedad, capricho, futilidad. — *Cordura.*

pan Pieza, hogaza, libreta, barra, panecillo, bollo, chusco, bodigo.

panegírico Loa, exaltación, encomio, elogio, glorificación, apología, homenaje. — *Diatriba, ofensa.*

pánico Horror, pavor, espanto, miedo, susto, terror, estremecimiento. — *Valor.*

panorama V. paisaje.

pantano Ciénaga, fangal, tremedal, marisma, lodazal, estero, marjal, laguna.

panteón Mausoleo, sepulcro, tumba, túmulo, monumento, cripta, sepultura.

pantomima Gesto, mímica, remedo, expresión, ademán, imitación, representación.

pantufla Chinela, chancleta, babucha, zapatilla, sandalia, calzado.

panza Barriga, vientre, tripa, abdomen, mondongo, baúl, estómago, grasa, abultamiento.

paño Lienzo, tela, género, casimir, tejido.

papa Sumo Pontífice, Santo Padre, Vicario de Cristo, Obispo de Roma. — *Antipapa.*

papá V. padre.

papagayo V. loro.

papanatas Mentecato, bobo, memo, simple, ingenuo, tontaina, bobalicón. — *Listo, despierto.*

papel Pliego, hoja, cuartilla, octavilla, impreso, folleto, documento, escrito. || Trabajo, labor, actuación, personaje, representación.

papeleta Talón, cupón, recibo, cédula, comprobante, resguardo, tarjeta, ficha. || Engorro, obstáculo, dificultad, brete. — *Facilidad.*

paquete Bulto, envoltorio, atado, lío, fardo, bala, paca, saco, envío.

par Pareja, yunta, duplo, dos, ambo. — *Impar.*

parabién Pláceme, felicitación, enhorabuena, cumplido, elogio, congratulación. — *Injuria.*

parábola Metáfora, alegoría, moraleja, narración, enseñanza, fábula.

parachoques Resguardo, defensa, protección, tope.

parada Detención, a l t o, conclusión, fin, descanso, interrupción, pausa, cese. — *Continuación.*

paradero Destino, localización, situación, lugar, término, refugio, escondite.

parado Detenido, inmóvil, estacionado, aparcado, suspendido, quieto, estático. — *Móvil.* || Desocupado, cesante, ocioso. — *Activo.* || Tímido, timorato, corto, indeciso, corito. — *Osado.*

paradoja Contradicción, contrasentido, singularidad, absurdo, rareza. — *Lógica.*

paraíso Edén, cielo, empíreo, gloria, elíseo, bienaventuranza. — *Infierno.*

paraje Lugar, sitio, punto, parte, espacio, zona, situación, territorio, comarca, región.

paralelo Equidistante, semejante. correspondiente, comparable, afín. — *Diferente.* || Analogía, semejanza, similitud, comparación. — *Diferencia.*

parálisis Inmovilización, agarrotamiento, atrofia, embotamiento, entorpecimiento. — *Movimiento.*

paralítico Lisiado, tullido,

inmovilizado, atrofiado, anquilosado. — *Ágil.*

paralizar Lisiar, v. paralítico. || Detener, obstaculizar, suspender, inmovilizar, cesar, parar. — *Continuar, favorecer.*

páramo Erial, landa, estepa, desierto, sabana, altiplano, pedregal, meseta. — *Vergel.*

parapeto Protección, resguardo, barrera, trinchera, defensa, muro, barricada. || Baranda, antepecho, balaustrada, pretil, brocal.

parar Frenar, detener, atajar, contener, impedir, obstaculizar, interrumpir, estorbar. — *Facilitar.* || Cesar, demorar, retrasar, concluir, terminar. — *Reanudar.*

parcela Terreno, solar, tierra, propiedad, zona, lote, superficie.

parcial Fragmentario, incompleto, falto, segmentario, residual, escaso, fraccionario. — *Total.* || Injusto, arbitrario, partidario, apasionado. — *Justo.*

parco Frugal, sobrio, moderado, sencillo, escueto. — *Exagerado.* || Serio, reservado, circunspecto, taciturno. — *Parlanchín.*

parche Remiendo, trozo, pieza, emplasto, pegote.

pardo Grisáceo, terroso, sombrío, ceniciento, oscuro, plomizo, sucio. — *Vivaz, claro.*

parecer Opinión, dictamen, consejo, sugerencia, juicio, afirmación, concepto. || Creer, considerar, pensar, intuir. — *Ignorar.* || **parecerse** Semejarse, parangonarse, equipararse, igualarse, recordar a. — *Diferenciarse, distinguirse.*

parecido Similitud, semejanza, aire, parentesco, analogía, relación, identidad. — *Diferencia.* || Similar, semejante, análogo, idéntico, afín, aproximado, comparable, homólogo, paralelo. — *Diferente.*

pared Tapia, muro, tabique, medianera, muralla, parapeto, obra, paredón.

pareja Par, yunta, duplo, doble, dúo, anexo, apareamiento. — *Unidad.* || Compañero, compañía, acompañamiento, amigo. — *Rival.*

parejo V. llano.

parentela Parientes, familia, hogar, casa, allegados, deudos, v. pariente. — *Extraños.*

parentesco Afinidad, familiaridad, vinculación, herencia, consanguinidad, atavismo, conexión, relación, apellido. — *Diferencia.*

pariente Allegado, familiar, consanguíneo, deudo, ascendiente, descendiente, heredero. — *Extraño.*

parir Alumbrar, engendrar, procrear, dar a luz, traer al mundo. — *Abortar.*

parlamentar Dialogar, conferenciar, pactar, concertar, estipular, consultar, debatir, negociar. — *Discrepar.*

parlamento Congreso, legislación, senado, asamblea, cámara, diputación, cortes.

parlanchín Locuaz, facundo, hablador, lenguaraz, cotorra, parlero, palabrero. — *Silencioso, taciturno.*

paro Detención, suspensión, freno, interrupción, atasco, dificultad, complicación. — *Continuación.*

parodia Remedo, imitación, simulacro, caricatura, fingimiento, copia, repetición. — *Realidad.*

parque Jardín, vergel, campo, arboleda, coto, vedado, fronda, edén, dehesa. — *Erial.*

parquedad Frugalidad, v. parco.

párrafo Parágrafo, división, pasaje, frase, oración, enunciado, apartado.

parranda Juerga, jarana, jaleo, jolgorio, festín, diversión, francachela, bacanal.

parroquia Feligresía, congregación, demarcación, fieles, iglesia. || Clientela, público, consumidores, compradores.

parsimonia Pachorra, lentitud, calma, cachaza, tranquilidad, cuajo. — *Dinamismo.* || Frugalidad, moderación, templanza, circunspección. — *Exceso.*

parte Fragmento, trozo, porción, partícula, miga-ja, cacho, corte, segmento, sección, parcela, lote, ración, división, resto, cantidad. — *Totalidad, todo.* || Lugar, sitio, paraje, p u n t o , emplazamiento, zona. || Noticia, aviso, despacho, comunicado.

partera Matrona, comadrona, especialista.

partición V. reparto.

participar Colaborar, cooperar, asociarse, solidarizarse, concurrir, contribuir, intervenir, competir. — *Abstenerse.* || Informar, notificar, avisar. — *Callar.*

partícula Pizca, triza, átomo, molécula, corpúsculo, parte (v.). — *Cantidad, totalidad.*

particular Peculiar, característico, propio, especial, personal, típico, original, distinto, único. — *General, habitual.*

partida Salida, marcha, retirada, traslado, ida, viaje, alejamiento, despedi-da. — *Llegada, vuelta.* || Pandilla, cuadrilla, facción, horda, banda. || Remesa, envío, expedición, artículos. || Juego, mano, partido, competición, jugada, pugna.

partidario Adepto, adicto, seguidor, incondicional, esbirro, prosélito. — *Rival, enemigo.*

partido Agrupación, asociación, secta, grupo, liga, camarilla, bando. || Juego, partida, competición, jugada, desafío, pugna, liza, porfía. || V. roto. || Beneficio, provecho, ventaja, utilidad, lucro, fruto. — *Pérdida.* || Distrito, jurisdicción, término, zona.

partir Cortar, romper, dividir, fragmentar, quebrar, fracturar, separar, abrir. — *Juntar, unir.* || Marcharse, irse, salir, ausentarse, alejarse, largarse. — *Volver, venir.*

parto Alumbramiento, nacimiento, salida, expulsión. — *Aborto.*

párvulo Niño, chiquillo, nene, pequeño, bebé, infante, criatura, crío, mocoso. — *Adulto.*

pasadero Aceptable, tolerable, mediano, llevadero, soportable. — *Insoportable.*

pasadizo V. pasaje.

pasado Remoto, antiguo, pretérito, lejano. — *Actual.* || Antigüedad, tra-

dición, leyenda, historia.
— *Presente*. || Rancio,
maduro, ajado, estropea-
do. — *Sano, en sazón.*

pasador V. pestillo.

pasaje Pasadizo, paso, calleja, pasillo, corredor,
subterráneo.

pasajero Viajero, turista,
excursionista, emigrante,
transeúnte. || Fugaz, efí-
mero, breve, momentá-
neo. — *Duradero.*

pasamano Barandilla, barandal, listón, balaustrada, asidero.

pasaporte Permiso, salvoconducto, pase, licencia,
visado, documento.

pasar Acontecer, ocurrir,
suceder, sobrevenir, acaecer, verificarse. — *Fal-
tar.* || Transitar, reco-
rrer, desfilar, cruzar. —
Detenerse. || Llevar, con-
ducir, transportar, car-
gar. — *Dejar.* || Rebasar,
superar, exceder, aventa-
jar. — *Perder.* || Colar,
filtrar, refinar, tamizar.
|| Aprobar, admitir, disi-
mular, tolerar, callar. —
Rechazar. || pasarse Ex-
cederse, extralimitarse,
exagerar. — *Comedirse.*
|| Pudrirse, marchitarse,
estropearse, ajarse, ma-
durar.

pasarela Planchada, puente, escala, tabla.

pasatiempo Diversión, distracción, entretenimien-
to, esparcimiento, juego.
— *Aburrimiento.*

pase Salvoconducto, v. pasaporte.

pasear Caminar, callejear,
errar, deambular, andar,
recorrer, rondar, salir.
— *Encerrarse.*

paseo Caminata, salida, ca-
llejeo, excursión, itinera-
rio, viaje. || Avenida,
ronda, calle, vía, alame-
da, camino. — *Calleja.*

pasillo V. pasaje.

pasión Emoción, frenesí,
ímpetu, fiebre, vehemen-
cia, amor, delirio, entu-
siasmo. — *Indiferencia.*

pasivo Indiferente, inactivo, insensible, neutral,
inerte, inmóvil. — *Acti-
vo.*

pasmado V. papanatas.

pasmar Asombrar, embelesar, suspender, exta-
siar, atontar, embobar,
alelar. — *Repugnar.*

pasmo Asombro, v. pasmar.

pasmoso Prodigioso, sorprendente, maravilloso,
admirable, estupendo. —
Corriente, común.

paso Tranco, zancada, mo-
vimiento, marcha. || Pi-
sada, huella, marca, se-
ñal. || Vereda, senda, ca-
mino, desfiladero. || Sa-
lida, acceso, entrada, comunicación, abertura. —
Interrupción, obstáculo.

pasta Masa, mezcla, mazacote, crema.

pastar Pacer, ramonear,
apacentar, tascar, ru-
miar.

pastel Dulce, golosina, masa, bollo, pasta, torta, empanada.

pastilla Gragea, tableta, píldora, comprimido, medicamento, oblea, golosina.

pasto Hierba, forraje, pación, campo, prado, campiña, pastizal.

pastor Cabrero, ovejero, cabrerizo, apacentador.

pastoso Viscoso, espeso, denso, grumoso, cremoso, blando. — *Líquido, sólido.*

pata Pierna, miembro, remo, zanca, extremidad, cuartos, apoyo.

patada Puntapié, golpe, coz, coceadura, sacudida, pateo, pataleo. — *Caricia.*

patán V. paleto. || Zafio, tosco, burdo, rudo, rústico, pueblerino. — *Refinado.*

patatús V. soponcio.

patear Cocear, golpear, sacudir, pegar, patalear, aporrear, agredir.

patente Licencia, cédula, registro, título, invento, certificado, documento, permiso, concesión. || Visible, evidente, notorio, palpable, claro. — *Oculto.*

paternal Afectuoso, solícito, cuidadoso, familiar, indulgente, benévolo. — *Severo.*

patético Dramático, conmovedor, enternecedor, impresionante, trágico,

tierno. — *Alegre, gozoso.*

patíbulo Cadalso, tablado, estrado, plataforma, suplicio, condena. — *Indulto.*

patinar Deslizarse, escurrirse, resbalar, evolucionar, esquiar. || Equivocarse, colarse, errar. — *Acertar.*

patio Cercado, vallado, huerto, corral, claustro, exedra, impluvio.

pato Ganso, palmípeda, ánade, ánsar, oca, cisne, ave.

patraña Embuste, mentira, infundio, engaño, enredo, calumnia, falacia, bulo. — *Verdad.*

patria Nación, país, cuna, pueblo, nacionalidad, origen, procedencia.

patriarca Jefe, cabeza, anciano, sabio. || Venerable, honrado, respetado, patriarcal.

patricio Prócer, aristócrata, noble, personaje, personalidad. — *Plebeyo.*

patrimonio Bienes, hacienda, fortuna, capital, riqueza, herencia, sucesión. — *Indigencia.*

patrio Nacional, propio, autóctono, oriundo, fervoroso, v. patriota.

patriota Leal, fiel, nacionalista, tradicionalista, patriotero, xenófobo.

patrocinar Proteger, defender, amparar, auspiciar, respaldar. — *Desamparar.*

patrón Amo, v. patrono. ||

Molde, horma, muestra, modelo, original. — *Copia, reproducción.*

patrono Patrón, amo, dueño, señor, empleador, jefe, director, administrador, v. patrón.

patrulla Destacamento, partida, cuadrilla, pelotón, piquete, ronda.

paulatino Gradual, progresivo, acompasado, lento, cachazudo, lerdo, despacioso. — *Raído, irregular.*

pausa Interrupción, alto, detención, intervalo, tregua, espera, cese. — *Continuación.*

pausado V. paulatino.

pauta V. patrón.

pavimento Piso, suelo, asfalto, firme, adoquinado, enladrillado, empedrado, calzada.

pavonearse Jactarse, ufanarse, blasonar, cacarear, presumir, fanfarronear. — *Menospreciarse.*

pavor Terror, miedo, espanto, horror, pánico, susto, alarma, canguelo. — *Valentía, ánimo.*

payaso Bufón, caricato, mimo, cómico. || Ganso, mamarracho, necio, ridículo. — *Austero.*

paz Concordia, amistad, neutralidad, pacifismo, armonía, avenencia, acuerdo. — *Guerra.* || Calma, sosiego, tranquilidad, silencio, descanso. — *Agitación.*

peatón Transeúnte, caminante, paseante, viandante, andarín. — *Automovilista.*

pecado Culpa, falta, caída, tentación, vicio, desliz, infracción. — *Penitencia, virtud.*

pecador Culpable, infractor, violador, miserable, penitente, condenado. — *Virtuoso.*

pecar Caer, errar, faltar, tropezar, corromperse, degradarse. — *Arrepentirse, expiar.*

peculiar Característico, especial, propio, distintivo, típico, singular. — *General, corriente.*

pecho Torso, tórax, busto, caja torácica. — *Espalda.* || **pechos** Tetas, mamas, senos, ubres, busto, escote.

pedagogo V. profesor.

pedante Fatuo, encopetado, engolado, enfático, afectado, vano, cargante. — *Sencillo.*

pedazo Fragmento, trozo, porción, parte, pizca, gajo, gota, cacho, añico. — *Totalidad, todo.*

pedestal Base, peana, zócalo, cimiento, soporte, plataforma, pie. — *Cornisa, capitel.*

pedido Ruego, v. pedir.

pedigüeño Sablista, gorrón, sacadineros, parásito, vividor, mangante. — *Serio, pundonoroso.*

pedir Rogar, solicitar, requerir, sugerir, instar, suplicar, insistir, rezar, orar, obligar, exigir, ordenar, mendigar, mangar. — *Dar, ofrecer.*

pedrusco Canto, china, piedra, guijarro.

pega V. dificultad.

pegajoso Viscoso, gelatinoso, adherente, untuoso, pringoso, grasiento, aceitoso. — *Limpio, terso.* || Pegadizo, insistente, gorrón, cargante. — *Despreocupado.*

pegamento Cola, goma, adhesivo, mucílago, engrudo.

pegar Encolar, engomar, adherir, fijar, ligar, sujetar, soldar, unir, juntar. — *Despegar, separar.* || Castigar, maltratar, aporrear, zurrar, dar, apalear, deslomar, reñir, luchar. — *Acariciar.* || Contagiar, transmitir, infectar.

peinar Atusar, alisar, desenredar, cardar, acicalar. — *Despeinar.*

pelado Calvo, mondo, lirondo, liso, pelón, lampiño. — *Peludo.* || Árido, desértico, desnudo, yermo. — *Frondoso.*

pelaje V. pelo.

pelar Rapar, cortar, afeitar, trasquilar, tonsurar, arrancar. || Mondar, descascarar, descortezar, desplumar, despojar, robar.

pelea Lucha, combate, contienda, disputa, batalla, pugna, rivalidad, enfrentamiento, guerra. — *Paz,*

concordia. || Desavenencia, indisposición, disgusto, enemistad, enfado. — *Amistad.*

pelele V. monigote.

peligro Riesgo, amenaza, aventura, alarma, compromiso, sacrificio, contingencia. — *Seguridad.*

pelo Cabello, vello, bozo, peluca, crin, hebra, cerda, melena, pelambrera, mechón, pelaje. — *Calva.*

pelota Bola, esfera, balón, ovillo, esférico. — *Cubo.* || Adulador, pelotillero, cobista. — *Íntegro, sincero.*

pelotilla Coba, adulación, lisonja, alabanza, jabón, camelo. — *Sinceridad.*

pelotón V. patrulla.

peluca Bisoñé, peluquín, postizo, añadido. — *Cabellera.*

peludo Velludo, lanudo, velloso, piloso, hirsuto, espeso, enmarañado. — *Calvo, lampiño.*

pelusa Vello, bozo, pelillo, hebra, pelo (v.).

pellejo V. piel.

pena Tristeza, aflicción, nostalgia, dolor, congoja, pesadumbre, sufrimiento, angustia. — *Alegría.* || Condena, sanción, castigo, correctivo, inhabilitación. — *Indulto.* || Agobio, trajín, tarea, fatiga. — *Alivio.*

penacho Cimera, copete, airón, plumero.

penalty* Pena, falta, sanción, castigo (máximo).

penar Entristecerse, v. pena.

pendencia V. pelea.

pender Colgar, suspender, bajar, caer, oscilar. — *Subir.*

pendiente Arete, colgante, pinjante, arracada, zarcillo, joya. || Diferido, aplazado, prorrogado, suspenso. — *En curso.* || Colgante, v. pender. || Cuesta, declive, rampa, subida, bajada, desnivel, caída, ladera. — *Llano.*

pendón V. bandera.

pene Miembro, falo, verga, méntula, órgano viril, órgano genital. — *Vulva.*

penetrante Agudo, alto, fuerte, elevado, ensordecedor, hondo, intenso, profundo. — *Débil.*

penetrar Entrar, pasar, ingresar, introducirse, insertarse, embutirse, empotrarse. — *Salir, sacar.*

penitencia Mortificación, disciplina, expiación, pesar, arrepentimiento. — *Alivio.*

penitenciaría V. prisión.

penoso Duro, trabajoso, difícil, laborioso, doloroso, lamentable, triste. — *Fácil, alegre.*

pensar Reflexionar, razonar, meditar, cavilar, especular, preocuparse, rumiar, imaginar, idear. — *Ofuscarse.* || Creer, sospechar, recelar, maliciar, imaginar, figurarse. — *Confirmar.*

pensión Renta, retiro, subsidio, subvención, compensación, jubilación. || Fonda, hospedaje, alojamiento, albergue.

pensionado Internado, colegio, instituto, escuela, pupilaje, seminario. — *Externado.*

penumbra Sombra, crepúsculo, media luz.

penuria Falta, carencia, ausencia, escasez. — *Abundancia.* || Pobreza, indigencia, estrechez, miseria, desdicha. — *Riqueza.*

peña Roca, piedra, risco, peñasco, escollo. || Tertulia, grupo, casino, círculo, centro.

peón Jornalero, bracero, trabajador, asalariado, menestral, obrero. — *Especialista, intelectual.*

peonza Perinola, trompo, peón, juguete.

peor Malo, inferior, desdeñable, deficiente, vil, bajo. — *Mejor.*

pequeñez V. pamplina.

pequeño Diminuto, minúsculo, menudo, corto, limitado, enano, pigmeo, liliputiense, ruin, escaso, reducido, exiguo, insuficiente. || V. niño.

percance Contratiempo, daño, perjuicio, accidente, avería, incidente. — *Solución, alivio.*

percatarse V. percibir.

percibir Percatarse, notar, observar, apreciar, ver, divisar. — *Omitir.* || Entender, comprender, pe-

netrar, intuir. — *Igno-*
rar.

percusión Golpe, sacudida, choque, porrazo, topetazo, golpeteo.

percha Colgador, perchero, gancho, tendedero, madera, estaca, pértiga.

perder Olvidar, dejar, extraviar, abandonar, omitir, descuidar, desperdiciar, fracasar. — *Encontrar, ganar.* || **perderse** Descarriarse, desviarse, desorientarse, corromperse. — *Enmendarse, encarrilarse.*

perdición Ruina, caída, desgracia, descarrío, infortunio. — *Enmienda.*

perdido Olvidado, v. perder. || Descarriado, corrompido, perdulario, vicioso, depravado, tarambana. — *Juicioso.*

perdón Absolución, indulto, amnistía, gracia, clemencia, merced, indulgencia, benignidad, compasión, generosidad, tolerancia. — *Crueldad, condena.*

perdurar Continuar, subsistir, seguir, mantenerse, renovarse, perpetuarse. — *Terminar.*

perecer Morir, fallecer, fenecer, sucumbir, expirar, extinguirse, terminar, desaparecer. — *Nacer, empezar.*

peregrinación Viaje, excursión, romería, penitencia, éxodo, odisea, trayecto.

peregrino Penitente, romero, viajero, caminante, aventurero, errante.

perenne Perpetuo, perdurable, persistente, permanente. — *Efímero.*

perentorio Terminante, tajante, obligatorio, urgente, ineludible. — *Lento.*

pereza Haraganería, v. perezoso.

perezoso Haragán, holgazán, ocioso, gandul, vago, zángano, indolente, remolón. — *Trabajador.*

perfección Corrección, v. perfecto.

perfeccionar Mejorar, desarrollar, corregir, ampliar, completar, beneficiar. — *Estancar.*

perfecto Correcto, puro, superior, excelente, sublime, exquisito, insuperable. — *Imperfecto.* || Completo, acabado, único, ideal. — *Defectuoso.*

pérfido Alevoso, traidor, infiel, desleal, insidioso, engañoso, falso, astuto. — *Sincero, leal.*

perfil Silueta, figura, contorno, sombra, trazo, rasgo, adorno, raya.

perforar Taladrar, agujerear, penetrar, cavar, horadar, extraer. — *Obturar.*

perfume Fragancia, bálsamo, a r o m a, efluvio, esencia, olor, emanación. — *Hedor.*

pérgola Emparrado, glorieta, galería, cenador.

pericia Destreza, aptitud, arte, habilidad, maestría,

práctica, capacidad. — *Ineptitud.*

periferia Borde, perímetro (v.), contorno, ámbito, aledaños, afueras. — *Centro.*

perífrasis Circunloquio, rodeo, giro, ambigüedad, digresión. — *Exabrupto.*

perímetro Exterior, contorno, periferia (v.), límite, borde, circunferencia, medida. — *Centro.*

periódico Gaceta, diario, boletín, noticiero, rotativo, publicación, órgano. || Habitual, regular, asiduo, reiterado, fijo, repetido. — *Irregular.*

periodista Reportero, redactor, gacetillero, corresponsal, cronista, informador.

período Lapso, ciclo, fase, etapa, plazo, espacio, duración, tiempo, época. || Menstruo, menstruación, regla, mes, menorragia.

peripecia Incidente, caso, ocurrencia, suceso, lance, trance, drama.

perito Experto, técnico, práctico, hábil, diestro, competente. — *Inexperto.*

perjudicar Dañar, averiar, arruinar, afectar, deteriorar, molestar, impedir. — *Beneficiar.*

perjudicial Nocivo, dañino, peligroso, nefasto, pernicioso, malo. — *Beneficioso.*

perjuicio Daño, v. perjudicar.

permanecer Persistir, perseverar, durar, perpetuarse, fijarse, establecerse, afirmarse, resistir, aguantar, conservarse. — *Desaparecer.*

permiso Aprobación, autorización, concesión, tolerancia, gracia, consentimiento. — *Prohibición.*

permutar Cambiar, canjear, intercambiar, trocar, negociar. — *Conservar.*

pernicioso V. perjudicial.

pernoctar Hospedarse, alojarse, parar, detenerse, retirarse. — *Viajar.*

pero No obstante, sino, aunque, a pesar, sin embargo.

perpendicular Normal, vertical, derecho, recto, en ángulo recto. — *Oblicuo.*

perpetuo V. perenne.

perplejo Desorientado, vacilante, dudoso, desconcertado, extrañado, indeciso. — *Resuelto, seguro.*

perro Can, chucho, gozque, cachorro, dogo, sabueso.

perseguir Acosar, acechar, rastrear, seguir, hostigar, alcanzar, buscar, molestar. — *Abandonar.*

perseverante Tenaz, asiduo, constante, firme, insistente, empeñoso, tesonero. — *Veleidoso, inconstante.*

perseverar Insistir, continuar, proseguir, seguir, reanudar, prolongar, persistir (v.), mantener, perpetuar. — *Abandonar.*

persistir V. perdurar, v. perseverar.

persona Ser, individuo, hombre, mujer, prójimo, sujeto, tipo, personaje. — *Animal.*

personaje Personalidad, notabilidad, figura, lumbrera, eminencia, dignatario. — *Infeliz.* || Actor, protagonista, estrella, galán, intérprete, figura.

personal Propio, característico, peculiar, individual, íntimo, privado. — *General, público.*

personalidad Carácter, temperamento, temple, índole, sello, energía. — *Apocamiento.* || V. personaje.

perspectiva Aspecto, apariencia, fase, matiz, traza, circunstancia, faceta.

perspicaz Sutil, penetrante, agudo, lúcido, sagaz, inteligente. — *Torpe, necio.*

persuadir Convencer, sugerir, seducir, inspirar, sugestionar, atraer, obligar, incitar impresionar. — *Disuadir, fracasar.*

pertenecer Atañer, corresponder, concernir, afectar, competer, incumbir, referirse. — *Desligarse.* || Ser de, depender, supeditarse. — *Librarse.*

pertenencia V. propiedad.

pértiga V. palo.

pertinaz Tozudo, tenaz, insistente, terco, contumaz, obstinado, testarudo. — *Razonable.*

pertinente Oportuno, adecuado, propio, apto, conforme, debido. — *Inoportuno.*

pertrechar Proveer, avituallar, abastecer, suministrar, aprovisionar, proporcionar. — *Desatender.*

pertrechos Provisiones, v. pertrechar.

perturbador Inquietante, alarmante, amenazador, angustioso, impresionante. — *Tranquilizador.*

perturbar Alarmar, inquietar, agitar, alborotar, transtornar. — *Tranquilizar.*

perversión Depravación, vicio, corrupción, desenfreno, degeneración, maldad. — *Virtud.*

perverso Depravado, v. perversión.

pesadilla Ensueño, delirio, alucinación, desvarío, visión, espejismo.

pesado Macizo, cargado, bruto, gravoso, plúmbeo, grave. — *Liviano.* || Cargante, fastidioso, latoso, insoportable. — *Ameno.* || Tardo, calmoso, cachazudo, lento, lerdo. — *Ligero.* || Gordo, v. obeso.

pesadumbre V. pesar.

pésame Condolencia, sentimiento, duelo, compasión, simpatía, adhesión. — *Felicitación.*

pesar Aflicción, dolor, pesadumbre, pena, remordimiento, arrepentimiento. — *Alegría.* || Afligir, doler, remorder. — *Alegrar*. || Comprobar, determinar, precisar, establecer, averiguar (el peso). || Cargar, gravitar, lastrar, sobrecargar. || Influir, ejercer, intervenir, actuar, obrar.

pescar Capturar, sacar, extraer, atrapar, apresar, coger, arponear.

pescuezo Cogote, cuello, garganta, cerviz.

pesimismo Melancolía, abatimiento, desesperanza, consternación, desilusión, desánimo. — *Optimismo*.

pésimo Malísimo, rematado, atroz, inconcebible, lo peor. — *Magnífico*.

peso Gravedad, gravitación, pesadez, carga, tara, lastre, masa, contrapeso, sobrecarga. — *Ligereza*. || Influencia, trascendencia, fuerza. — *Intrascendencia*.

pesquisa Investigación, indagación, búsqueda, examen, rastreo, exploración. — *Abandono*.

peste Plaga, azote, flagelo, epidemia, morbo, calamidad, contagio. — *Salubridad*. || V. pestilencia.

pestilencia Fetidez, peste, hedor, tufo, cochambre, vaho, emanación. — *Aroma*.

pestilente Fétido, hediondo, maloliente, pestífero, nauseabundo, apestoso. — *Aromático*.

pestillo Cerrojo, pasador, barra, fiador, falleba, picaporte, pieza, tranca.

petaca Cigarrera, pitillera, estuche.

petardo Cohete, volador, buscapiés, triquitraque.

petición V. pedido.

petimetre Figurín, coqueto, elegante, pollo, amanerado, acicalado, pisaverde, lechuguino. — *Desastrado*.

pétreo Granítico, duro, roqueño, diamantino, inquebrantable, recio. — *Blando*.

petulante V. pedante.

piadoso Misericordioso, caritativo, compasivo, bondadoso, benigno, humano. — *Cruel*. || Religioso, devoto, ferviente, fiel, beato. — *Impío, descreído*.

pianista Concertista, solista, ejecutante, intérprete, artista, músico.

piar Cantar, llamar, trinar, emitir, cacarear.

picante Ácido, cáustico, acre, agrio, avinagrado, intenso, excitante, penetrante, fuerte. — *Suave, dulce*. || Condimentado, sazonado, fuerte. — *Soso, insípido*. || Picaresco, satírico, verde, obsceno. — *Recatado*.

picar V. pinchar. || Desmenuzar, machacar, dividir, cortar, partir. — *Unir*. || Incitar, espolear, estimular, aguijonear. — *Disua-*

dir. || **picarse** Ofenderse, mosquearse, enfadarse. — *Alegrarse.*

picardía Travesura, v. pícaro.

pícaro Travieso, pillo, tunante, bribón, granuja, canalla, ruin, bellaco. — *Caballero.*

pico Picacho, cumbre, cresta, cima, remate, cúspide, monte. — *Falda, ladera.* || Boca, punta, extremidad. || Piqueta, piocha, zapapico, herramienta.

picor Comezón, prurito, picazón, escozor, molestia, desazón, urticaria, hormigueo. — *Alivio.*

pichón Cría, pollo, palomo, palomino.

pie Extremidad, extremo, mano, pata, casco, pezuña. || Base, fundamento, motivo.

piedad Misericordia, compasión, lástima, humanidad, clemencia, religiosidad, virtud, devoción. — *Crueldad, irreligiosidad.*

piedra Roca, peña, peñasco, risco, sillar, pedrusco, china, canto, guijarro, lápida. || Mineral, granito, pedernal, sílice, roca.

piel Epidermis, dermis, pellejo, tegumento, cutis, cutícula, cuero, badana, pelaje.

pienso Forraje, pación, heno, paja, pasto, verde, herbaje, grano.

pierna Extremidad, pata, remo, zanca, muslo, pernil, anca, jamón.

pieza V. pedazo. || Habitación, cuarto, aposento, estancia, sala, alcoba, dormitorio, recinto. || Moneda, disco, ficha, chapa. || Repuesto, recambio.

pifia Plancha, chasco, error fallo, equivocación, desatino, fiasco. — *Acierto.*

pigmeo V. enano.

pila Fuente, pilón, lavabo, artesa, lavadero, bebedero. || Montón, cúmulo, acumulación, acopio, caterva. || Acumulador, generador, batería.

pilar Columna, pilastra, sostén, poste, refuerzo, contrafuerte, base, cimiento.

píldora V. pastilla.

pilotar Conducir, mandar, guiar, dirigir, gobernar, navegar, timonear, tripular.

piloto Conductor, chófer, guía, director. || Marino, oficial, navegante, timonel, tripulante, aviador.

pillaje Saqueo, rapiña, desvalijamiento, robo, despojo, presa, captura.

pillar Saquear, v. pillaje. || Apresar, agarrar, sorprender, prender, coger, capturar. — *Soltar.*

pillo V. pícaro.

pináculo Ápice, apogeo, término, colmo, objetivo, máximo. — *Mínimo.*

pinchar Picar, punzar, aguijonear, acribillar, en-

sartar, clavar, atravesar.
|| Hostigar, molestar, in-
citar, atosigar. — *Agra-
dar.*

pincho Punta, pico, aguja,
púa, aguijón, punzón,
clavo, espina.

pingajo Harapo, andrajo,
piltrafa, roto, pingo, guiñapo, colgajo, descosido.

pingüe Copioso, fértil,
abundante, provechoso,
ventajoso. — *Inconve-
niente.*

pinta Mota, peca, mancha,
tacha, señal, mácula. ||
Catadura, aspecto, apa-
riencia, facha.

pintar Dibujar, trazar, representar, colorear, teñir,
decorar. — *Borrar.* ||
Describir, narrar, expli-
car.

pintor Artista, retratista,
paisajista, maestro, deco-
rador, creador.

pintoresco Expresivo, vivo,
animado, atractivo, típi-
co, característico. — *Aburrido.*

pintura Cuadro, lienzo, lámina, tela, fresco, paisaje, representación, boce-
to. || Color, tinte, tono,
matiz.

pío V. piadoso.

pionero Precursor, colonizador, adelantado, explo-
rador, fundador, colono.

pira V. hoguera.

piragua Lancha, canoa, bote, esquife, chalupa, chinchorro, *kayak.*

pirata Filibustero, corsario, bucanero, corso,
aventurero, contrabandis-
ta, forajido.

piropo Requiebro, adulación, alabanza, flor, li-
sonja, terneza, galante-
ría. — *Insulto.*

pirueta Voltereta, cabriola,
salto, brinco, bote, rebote, gambeta, vuelta, giro.

pisada Huella, señal, paso,
marcha, rastro, vestigio,
pista, patada, taconazo.

pisar Hollar, andar, pasar,
pisotear, calcar, taco-
near, marcar, aplastar,
apisonar.

piscolabis Refrigerio, tentempié, colación, bocadi-
llo, aperitivo. — *Banquete.*

piso Pavimento, suelo, firme, asfalto, tierra, ado-
quinado. || Habitación,
cuarto, domicilio, depar-
tamento, apartamento,
vivienda.

pisotear Pisar, hollar, apisonar, taconear, aplas-
tar. || Humillar, atrope-
llar, mancillar, agraviar,
ofender. — *Enaltecer.*

pista Huella, señal, rastro,
indicio, signo, traza, marca, pisada.

pistolero Atracador, bandido, asaltante, malhe-
chor, forajido. — *Policía.*

pita Rechifla, silba, abucheo, protesta, alboroto.
— *Ovación.*

pitorreo Guasa, chunga,
chacota, b u r l a, befa,
chanza, chasco, cuchufle-
ta.

pizca V. partícula.

placa Plancha, lámina, película, chapa, hoja, disco, insignia, distintivo.

placer Satisfacción, agrado, atractivo, delicia, deleite, voluptuosidad. — *Desagrado.*

plácido Sosegado, tranquilo, sereno, quieto, calmado, pacífico. — *Agitado.*

plaga V. peste.

plagio Imitación, copia, remedo, calco, hurto, robo, reproducción. — *Original.*

plan Idea, proyecto, objetivo, programa, esquema, esbozo, conjura, maquinación. — *Realización.*

plana V. página.

plancha Lámina, chapa, placa, recubrimiento, tablilla, hoja. || Chasco, yerro, pifia, error, desacierto, coladura, equivocación. — *Acierto.*

planchar Alisar, allanar, estirar, aplastar, prensar, acicalar. — *Arrugar.*

planear Idear, v. plan.

planeta Astro, mundo, satélite, cuerpo celeste.

planicie Llano, llanura, estepa, sabana, meseta, explanada, páramo, descampado. — *Serranía.*

plano Liso, llano, parejo, uniforme, igual, raso. — *Abrupto, desigual.* || Cara, superficie, lado, extensión, área. || Mapa, carta, dibujo, croquis, boceto.

planta Vegetal, mata, arbusto, árbol, hortaliza, verdura, legumbre.

plantar Cultivar, sembrar, poblar, cavar, trabajar. — *Arrancar, recolectar.* || Hincar, introducir, meter, encajar, fijar, enterrar. — *Extraer, sacar.* || Desairar, abandonar, postergar, chasquear, burlar. — *Acompañar, acudir.* || **plantarse** Encararse, detenerse, pararse, rebelarse. — *Soportar.*

plantear Exponer, sugerir, demostrar, proponer. — *Reservarse.* || V. planear.

plañido Queja, lamento, lloro, sollozo, súplica, gemido, grito. — *Risa.*

plasmar Crear, formar, forjar, modelar. — *Destruir.*

plataforma Estrado, tablado, tarima, peana, pedestal, entarimado, grada.

plateado Argentino, reluciente, brillante, bruñido, blanco. — *Opaco, dorado.*

plática V. charla.

plato Escudilla, cuenco, fuente, bandeja. || Comida, manjar, alimento, vianda.

playa Arenal, costa, ribera, dunas, litoral, orilla, borde, riba. — *Interior, rompiente.*

plaza Glorieta, plazoleta, explanada, ágora, extensión. || Mercado, feria, zoco, lonja, emporio. || Población, ciudad, lugar, sitio. || Asiento, puesto, lugar.

plazo Período, tiempo, término, intervalo, lapso,

tregua. || Cuota, venci-
miento, pago, mensuali-
dad, parte, cantidad. —
Contado.

plebeyo Villano, siervo, vasallo, advenedizo. — No-
ble. || Vulgar, grosero,
innoble, humilde, soez. —
Aristocrático.

plegar Doblar, desmontar,
desarmar, cerrar, envol-
ver, fruncir, arrugar. —
Desplegar.

plegaria Rezo, súplica, oración, invocación, preces,
voto, rogativa, ruego,
adoración. — Impreca-
ción.

pleito Litigio, juicio, demanda, proceso, causa,
debate. — Avenencia.

pleno Lleno, completo, colmado, atestado, total, ín-
tegro. — Escaso. || Reu-
nión, junta, comité.

pliegue Doblez, alforza, dobladillo, frunce, arruga.

población Ciudad, metró-
poli, urbe, capital, villa,
localidad, municipio, al-
dea, pueblo. — Campo. ||
Habitantes, residentes,
ciudadanos, vecinos, cen-
so, registro, demografía.

poblador Habitante, mora-
dor, ciudadano, vecino.

poblar Habitar, morar, co-
l o n i z a r, establecerse,
asentarse, urbanizar, crecer. — Despoblar.

pobre Menesteroso, indi-
gente, pordiosero, mendi-
go, desvalido, paria. —
Adinerado. || Escaso, ca-
rente, mezquino, bajo,

mísero, infortunado, ári-
do. — Abundante.

pobreza Menester, indigencia, estrechez, miseria,
penuria, hambre, cares-
tía, necesidad, falta, carencia, escasez. — Rique-
za, abundancia.

poco Escaso, corto, exiguo,
falto, irrisorio, limitado,
raro, reducido, insufi-
ciente. — Mucho, abun-
dante.

podar Cortar, talar, lim-
piar, cercenar.

poder Mando, poderío, au-
toridad, dominio, supre-
macía, riquezas. — Obe-
diencia, subordinación. ||
Fuerza, vigor, potencia,
energía. — Debilidad. ||
Documento, autorización,
licencia, pase, certificado, privilegio. — Prohi-
bición. || Lograr, conse-
guir, obtener, disfrutar.
— Fallar.

poderoso Vigoroso, enérgico, pujante, potente, re-
cio, eficaz, valiente, in-
tenso. — Débil. || Rico,
opulento, adinerado, po-
tentado, importante, ex-
celente, pudiente. — Hu-
milde.

podrido Corrompido, alte-
rado, putrefacto, des-
compuesto, fétido, infec-
tado. — Fresco, inco-
rrupto.

poesía Balada, poema, verso, oda, trova, copla, estrofa, composición poé-
tica. — Prosa.

poeta Bardo, vate, rapsoda, juglar, trovador, lírico.

polémica Controversia, debate, porfía, argumento, disputa, litigio. — *Acuerdo.*

policía Autoridad, orden, vigilancia, fuerza pública, seguridad, organismo. — *Caos.* || Agente, guardia, vigilante, investigador, autoridad, número. — *Delincuente.*

política Gobierno, dirección, mandato, representación, guía. || Astucia, habilidad, diplomacia. — *Rudeza.*

político Gobernante, dirigente, estadista, mandatario. || Astuto, hábil, diplomático. — *Rudo.* || Estatal, gubernativo, oficial, administrativo, público. — *Privado.*

polución Contaminación, corrupción, degradación, suciedad. — *Pureza.*

pomada Unto, ungüento, potingue, crema, bálsamo.

pompa Fastuosidad, esplendor, boato, fasto, ostentación, lujo, aparato, alarde. — *Humildad.*

ponderación Sensatez, cordura, mesura, equilibrio. — *Desenfreno.* || Elogio, halago, loa, encomio, alabanza, enaltecimiento. — *Crítica.*

ponderado Sensato, elogiado, v. ponderación.

poner Colocar, situar, ubicar, acomodar, depositar, dejar, meter, plantar. — *Quitar.* || **ponerse** Ataviarse, vestirse, colocarse, vestir, enfundarse. — *Quitarse.*

pontífice V. papa.

ponzoña V. veneno.

popular Público, general, difundido, divulgado, habitual, extendido, vulgar. — *Individual, selecto.* || Admirado, querido, respetado, famoso, renombrado, acreditado. — *Odiado, desconocido.*

popularidad Estima, fama, respeto, admiración, renombre, boga. — *Impopularidad, oscuridad.*

porción V. parte.

porche Soportal, atrio, entrada, columnata, zaguán, vestíbulo, pórtico, portal.

pordiosero V. pobre.

porfiado Obstinado, obcecado, empecinado, ofuscado, importuno, terco, tenaz, testarudo, pesado, emperrado, tozudo. — *Razonable.*

pormenor Detalle, relación, particularidad, reseña, enumeración, nimiedad.

pornográfico Sicalíptico, obsceno, desvergonzado, escabroso, verde, inmoral. — *Casto, decente.*

poroso Permeable, esponjoso, absorbente, perforado, ligero. — *Impermeable, denso.*

porqué Razón, fundamento, motivo, causa, origen, base. — *Absurdo.*

porquería Suciedad, mugre, inmundicia, roña, cochambre, desperdicios, desechos, excrementos. — *Magnificencia.* || Trastada, faena, perrería, bribonada, judiada. — *Favor, atención.*

porra Clava, maza, cachiporra, garrote, estaca, tranca, cayado, mazo, bastón.

porrazo Golpe, trastazo, topetazo, costalada, caída, batacazo, culada.

portada Frontispicio, fachada, exterior, frente, cara, primera plana.

portal V. pórtico.

portarse Actuar, obrar, proceder, comportarse, gobernarse, conducirse.

portátil Móvil, manejable, transportable, ligero, desarmable, cómodo. — *Estable, fijo.*

portavoz Delegado, representante, vocero, agente, emisario, cabecilla.

porte Aspecto, presencia, apariencia, exterior, modales, modos, actitud. || Transporte, acarreo, traslado, pago, suma.

portento Prodigio, maravilla, asombro, milagro, fenómeno, pasmo, esplendor. — *Insignificancia.*

portero Conserje, cuidador, bedel, guardián, ujier, ordenanza. || Guardameta, cancerbero, defensor.

pórtico Entrada, soportal, atrio, acceso, vestíbulo, columnata, claustro, peristilo, portal.

porvenir Futuro, destino, mañana, suerte, hado, azar, fortuna. — *Pasado, presente.*

posada Parador, mesón, figón, hostal, hospedería, pensión, albergue, hotel.

posaderas Asentaderas, culo, nalgas, trasero, nalgatorio, posterior, ancas.

posar Depositar, dejar, soltar, colocar. — *Levantar.* || **posarse** Descansar, detenerse, apoyarse, reposar, descender. — *Remontarse.*

pose* Posición, postura, actitud, apariencia, afectación, fingimiento.

poseedor Propietario, dueño, amo, titular, beneficiario, comprador. — *Necesitado, desprovisto.*

poseer Tener, disfrutar, gozar, obtener, detentar, usufructuar. — *Necesitar, carecer.*

poseído Poseso, endemoniado, embrujado, hechizado, satánico, maligno. — *Exorcizado.*

posesión Disfrute, tenencia, goce, usufructo, poder. — *Carencia.* || **posesiones** Hacienda, bienes, heredad, tierras, propiedades. || Colonias, territorios, dominios.

poseso V. poseído.

posible Verosímil, probable, practicable, admisible, factible, eventual, realizable, concebible, visible. — *Imposible, inadmisible.*

posición Postura, situación, colocación, disposición, actitud, sitio, punto, lugar. || Categoría, nivel, clase, casta, esfera.

positivo Cierto, efectivo, verdadero, real, concreto, objetivo, firme. — *Negativo, falso.*

poste Palo, madero, columna, mástil, estaca, tronco, pilar, asta, señal, aviso.

postergar Aplazar, prorrogar, suspender, retardar, demorar. — *Adelantar.* || Arrinconar, olvidar, desdeñar, despreciar. — *Considerar, apreciar.*

posteridad V. futuro.

posterior Trasero, último, zaguero, extremo, postrero, dorsal, siguiente, sucesivo. — *Anterior.*

postigo Contraventana, contrapuerta, portezuela, portillo, cuarterón, trampilla.

postín Lujo, boato, ostentación, pisto, farol, alarde, jactancia. — *Sencillez.*

postizo Falso, imitado, fingido, añadido, engañoso. — *Real, verdadero.* || V. peluca.

postrarse Arrodillarse, hincarse, venerar, humillarse. — *Erguirse.* || Debilitarse, abatirse, desfallecer, languidecer. — *Vigorizarse.*

postrero V. posterior.

postulante Solicitante, demandante, pretendiente, suplicante, candidato, aspirante.

postura V. posición.

potaje Guiso, guisado, olla, plato, mezcolanza, revoltijo.

pote Tarro, bote, lata, vasija, recipiente, envase, frasco, tiesto, maceta.

potencia Vigor, v. potente.

potentado Magnate, personaje, millonario, acaudalado, poderoso, opulento, hacendado. — *Mísero.*

potente Vigoroso, robusto, fuerte, enérgico, recio, brioso, pujante. — *Endeble.*

potingue Pócima, brebaje, bebida, poción, mejunje, mezcolanza, revoltijo. — *Manjar.*

potro Potrillo, jaco, jaca, corcel, montura.

pozo Hoyo, excavación, depresión, hueco, sima, bache, agujero, foso.

práctica Costumbre, rutina, experiencia, uso, ejercicio, hábito, habilidad, pericia. — *Ineptitud, inexperiencia.*

práctico Útil, cómodo, funcional, provechoso, beneficioso, positivo. — *Inútil.* || Experimentado, diestro, avezado, versado, experto, ducho. — *Inexperto.*

pradera Prado, campo, pastizal, campiña, terreno, pasto, latifundio. — *Erial.*

preámbulo Prefacio, preludio, prólogo, introito, introducción, entrada, comienzo, exordio, preparación. — *Epílogo.*

precario Inseguro, inestable, deficiente, efímero, incierto, frágil. — *Firme, estable, duradero.*

precaución Cautela, prevención, atención, desconfianza, reserva, prudencia, moderación, cordura, sensatez, tacto. — *Imprudencia, imprevisión.*

precaver V. prever.

precavido Cauteloso, v. precaución.

preceder Anteceder, anticipar, adelantar, anteponer, encabezar, presidir. — *Seguir.*

precepto Norma, reglamento, regla, orden, sistema, obligación, mandato, ley. — *Irregularidad.*

preceptor V. profesor.

preces V. oración.

preciado Querido, estimado, estimable, valioso, predilecto, preferido. — *Desdeñado, aborrecido.*

precinto Cierre, sello, lacre, fleje, marchamo, marbete.

precio Valor, tasación, valía, evaluación, estimación, costo, importe, suma, monto, total.

precioso Hermoso, primoroso, bello, lindo, maravilloso, perfecto, rico, raro, exquisito. — *Repugnante.*

precipicio Despeñadero, talud, barranco, abismo, sima, fosa, altura, acantilado.

precipitación Rapidez, prisa, apresuramiento, premura, celeridad, prontitud, atolondramiento, arrebato, brusquedad. — *Serenidad.*

precipitar Arrojar, lanzar, empujar, tirar, despeñar, derribar. — *Sujetar, retener.* || **precipitarse** Apresurarse, atolondrarse, aturdirse, adelantarse, correr, abalanzarse, arrojarse. — *Calmarse, contenerse.*

precisar Necesitar, faltar, carecer, requerir, demandar, exigir. — *Sobrar.* || Determinar, establecer, estipular, fijar, concretar, detallar. — *Indeterminar.*

preciso Exacto, puntual, justo, riguroso, acertado, fiel, regular. — *Impreciso.* || Indispensable, necesario, conveniente, obligatorio. — *Innecesario.*

precoz Temprano, prematuro, verde, tierno, inexperto, prometedor, adelantado, prodigio. — *Retrasado.*

precursor V. predecesor, v. pionero.

predecesor Antepasado, ascendiente, precursor, antecesor, mayor, progenitor. — *Descendiente.*

predecir Pronosticar, vaticinar, profetizar, presagiar, presentir, adivinar, revelar, adelantarse, augurar, anunciar, conjeturar, intuir, prever. — *Equivocar*.

predestinado Elegido, destinado, nacido, señalado, consagrado, escogido.

predicar Evangelizar, instruir, catequizar, adiestrar, disertar, perorar. — *Descarriar*. || Reprender, amonestar, sermonear. — *Alabar*.

predicción Pronóstico, v. predecir.

predilección Preferencia, inclinación, cariño, protección, predisposición (v.), favoritismo. — *Repulsión*.

predilecto Preferido, favorito, protegido, privilegiado, mimado. — *Relegado*.

predisposición Inclinación, predilección (v.), tendencia, cariño, interés. — *Aversión*.

predominar Preponderar, prevalecer, dominar, superar, influir, sobresalir, aventajar. — *Depender*.

prefacio V. preámbulo.

preferencia Ventaja, superioridad, preeminencia, supremacía, preponderancia. — *Inferioridad*. || Inclinación, propensión, predilección (v.). || Butacas, platea, patio.

preferido Protegido, favorito, distinguido, mimado, predilecto, querido. — *Odiado, relegado*.

preferir Proteger, v. preferido.

pregonar Anunciar, proclamar, avisar, notificar, publicar, vocear, propagar, cotillear. — *Callar*.

preguntar Interrogar, demandar, interpelar, averiguar, inquirir, solicitar, consultar, examinar, interesarse. — *Responder*.

prejuicio Aprensión, error, manía, obcecación, prevención, recelo. — *Imparcialidad*.

preliminar Inicial, preparatorio. — *Final*. || **preliminares** Introducción, preámbulo, proemio, comienzos, inicios, principios. — *Fin, epílogo*.

preludio Prólogo, preámbulo, introducción, comienzo, principio. — *Final*.

prematuro V. precoz.

premeditado Planeado, deliberado, pensado, preparado, madurado, urdido. — *Improvisado*.

premiar Galardonar, v. premio.

premio Galardón, recompensa, gratificación, concesión, retribución, pago, distinción. — *Pena, castigo*.

premioso Lento, tardo, moroso, parsimonioso, molesto, aburrido. — *Rápido, ligero*.

premura V. prisa.

prenda Virtud, cualidad, facultad, capacidad, dote. — *Defecto*. || Garantía, rehén, vale, aval, resguardo, señal. || Vestido, ropa, atavío, traje.

prendarse Enamorarse, aficionarse, pirrarse, chiflarse, chalarse. — *Aborrecer.*

prender Sujetar, agarrar, coger, apresar, detener, encarcelar. — *Soltar.* || Fijar, clavar, adherir, pegar. — *Separar, arrancar.* || Encender, incendiar, inflamar, quemar, arder. — *Apagar.* || Arraigar, agarrar, prosperar, echar raíces. — *Decaer.*

prensa Compresora, estampadora, apisonadora, troquel, máquina, impresora, imprenta. || Periódicos, publicaciones, órganos.

prensar Comprimir, estampar, estrujar, aplastar, apelmazar, concentrar, imprimir. — *Esponjar, expandir.*

preñada Encinta, fecundada, grávida, embarazada, gestante, gruesa. — *Infecunda.*

preocupar Intranquilizar, desvelar, inquietar, desasosegar, turbar, excitar, obsesionar, mortificar, afligir, angustiar. — *Despreocupar, alegrar.*

preparar Disponer, aprestar, prevenir, organizar, intentar, ensayar, comenzar, ordenar, elaborar, hacer, combinar, urdir. — *Omitir, improvisar.*

preparativos Preliminares, medidas, proyectos, ensayos, comienzos, trámites, disposiciones. — *Improvisaciones.*

preponderar V. predominar.

prerrogativa V. privilegio.

presa Botín, captura, trofeo, despojo, caza, pillaje, rapiña.

presagio Presentimiento, augurio, agüero, predicción, profecía, conjetura, adivinación. — *Equivocación.*

prescindir Excluir, dejar, desechar, repudiar, relegar, ignorar, descartar. — *Considerar, incluir.*

presencia Asistencia, aparición, presentación, contemplación. — *Ausencia.* || Aspecto, aire, figura, talante, traza, apariencia.

presenciar Asistir, v. presencia.

presentar Exhibir, ostentar, mostrar, exponer, enseñar, lucir. — *Ocultar, esconder.* || Introducir, relacionar, saludar, vincular, reunir. || presentarse Comparecer, asistir, aparecer, acudir, exhibirse, salir, llegar. — *Marcharse.* || Saludar, conocer, introducirse, vincularse. — *Desvincularse.*

presente Regalo, obsequio, ofrenda, donativo, dádiva, cumplido. — *Exacción.* || Contemporáneo, actual, moderno, reciente, vigente. — *Antiguo,* *pasado*. || Actualidad, vigencia, hoy, ahora. — *Pasado.* || **presentes** Asistentes, espectadores, circunstantes, testigos, público, auditorio. — *Ausentes.*

presentimiento V. presagio.

presentir Presagiar, v. presagio.

preservar Conservar, mantener, defender, amparar, resguardar, cuidar. — *Abandonar.*

presidente Gobernador, jefe, guía, directivo, gobernante, decano, superior, rector, cabeza, principal, administrador. — *Subordinado, gobernado.*

presidiario V. preso.

presidio V. prisión.

presidir Gobernar, dirigir, encabezar, regir, mandar, guiar, orientar. — *Obedecer.*

presionar Comprimir, apretar, estrujar, empujar, estrechar, forzar, aplastar, apelmazar. — *Soltar, relajar.* || Forzar, imponer. — *Sugerir.*

prestamista V. usurero.

préstamo Empréstito, anticipo, adelanto, ayuda, prestación, garantía. — *Deuda.*

prestancia Elegancia, porte, distinción, gusto, garbo, atractivo. — *Facha.*

prestar Facilitar, fiar, ayudar, anticipar, favorecer, ofrecer, entregar. — *Negar, adeudar.*

presteza V. rapidez.

prestigio Reputación, fama, ascendiente, crédito, renombre, popularidad, respeto. — *Descrédito.*

presto V. pronto.

presumido Engreído, v. presumir.

presumir Engreírse, jactarse, ufanarse, envanecerse, fanfarronear. — *Humillarse.*

presunción Engreimiento, v. presumir.

presuntuoso V. presumir.

presuroso Apresurado, rápido, raudo, febril, activo, vertiginoso, ocupado. — *Lento, calmoso.*

pretender Ambicionar, anhelar, querer, desear, ansiar, procurar, solicitar, reclamar. — *Desentenderse, abandonar.*

pretendiente Galán, galanteador, comprometido, enamorado, festejante, novio. || Candidato, interesado, aspirante, postulante, solicitante. — *Titular.*

pretensión Ambición, v. pretender.

pretérito V. pasado.

pretexto Disculpa, excusa, argumento, alegato, coartada, motivo, razón, evasiva. — *Realidad.*

prevalecer V. predominar.

prevención V. recelo.

prevenir Avisar, apercibir, advertir, informar, alertar, notificar. — *Callar.* || Aprestar, preparar, disponer, anticipar, pre-

ver, predecir. — *Ignorar.*
|| Evitar, impedir, eludir.
— *Favorecer.*

prever Anticipar, predecir,
adivinar, presagiar, pro-
fetizar, pronosticar, vaticinar. — *Errar.*

previo V. preliminar.

previsión Prudencia, cautela, cuidado, prevención,
reserva, atención, pre-
caución. — *Imprevisión.*

previsor Prudente, v. previsión.

previsto Anticipado, v. prever.

prima V. premio.

primacía Predominio, superioridad, preponderan-
cia, supremacía, ventaja.
— *Desventaja, inferiori-
dad.*

primario V. primero.

primaveral Fresco, floreci-
do, flamante, juvenil, lozano, renacido. — *Oto-
ñal, viejo.*

primero Inicial, inaugural,
precedente, anterior, pre-
vio, primario. || Primiti-
vo, antiguo, primario,
viejo, anticuado, tosco.
— *Moderno.* || Antes, al
principio, al comienzo.
— *Después.*

primicia V. privilegio.

primitivo V. primero.

primogénito Heredero, ma-
yorazgo, sucesor, bene-
ficiario, hijo mayor. —
Segundogénito.

primor Finura, perfección,
belleza, exquisitez, gra-
cia, pulcritud. — *Imper-
fección.*

primordial V. principal, v.
primero.

primoroso Fino, v. primor.

principal Fundamental, vital, cardinal, trascendental, esencial, preferente,
sustancial, capital. —
Secundario. || Noble, ilus-
tre, distinguido, esclarecido, aristocrático. —
Plebeyo.

principiante Novato, neófito, novicio, inexperto,
aprendiz, bisoño. — *Du-
cho, experto.*

principio Comienzo, inicio,
inauguración, estreno, introducción, origen, par-
tida, preámbulo, base,
génesis, tesis. — *Final.*

pringar Untar, ensuciar,
tiznar, engrasar, man-
char, denigrar. — *Lim-
piar.*

prioridad V. preferencia.

prisa Urgencia, rapidez, celeridad, prontitud, velo-
cidad, premura, apre-
mio. — *Calma.*

prisión Cárcel, presidio,
calabozo, correccional,
reformatorio, penal, en-
cierro, celda. — *Libertad.*
|| Pena, cautiverio, con-
dena, arresto, detención,
cautividad. — *Liberación.*

prisionero Cautivo, deteni-
do, preso, arrestado, en-
carcelado, recluido, penado, presidiario, recluso,
rehén, galeote. — *Libre.*

prismáticos Binoculares,
gemelos, anteojos, larga-
vistas.

privación Falta, carencia,

penuria, necesidad, ausencia, escasez. — *Abundancia.* || Despojo, usurpación, desposeimiento, prohibición. — *Devolución, permiso.*

privado V. personal.

privar Despojar, quitar, desposeer, usurpar, confiscar, impedir, prohibir. — *Devolver, permitir.*

privilegiado Favorecido, predilecto, escogido, excepcional, afortunado, único. — *Desdichado.*

privilegio Ventaja, favor, prerrogativa, derecho, dispensa, gracia, concesión. — *Prohibición.*

probable Posible, verosímil, factible, viable, contingente, hipotético. — *Infalible.*

probar Ensayar, comprobar, experimentar, intentar, tantear. — *Abstenerse.* || Demostrar, evidenciar, justificar, convencer. — *Fallar.* || Catar, gustar, saborear, paladear, libar, gozar.

problema Dilema, dificultad, conflicto, contrariedad, alternativa, enigma, inconveniente, rompecabezas, duda, asunto. — *Facilidad, solución.*

procedencia Fuente, origen, fundamento, principio, cuna, génesis. — *Destino, fin.*

proceder Derivar, originarse, dimanar, provenir, salir, arrancar. — *Destinarse.* || Actuación, conducta, hábito, comportamiento. — *Abstención.* || Comportarse, a c t u a r, conducirse, realizar. — *Abstenerse.*

procedimiento Método, sistema, forma, manera, fórmula, práctica, actuación. — *Abstención.*

procesar Acusar, inculpar, encausar, enjuiciar, condenar, incriminar. — *Indultar.*

procesión Comitiva, desfile, séquito, acompañamiento, fila, columna.

proceso Juicio, pleito, causa, vista, sumario, procedimiento. — *Avenencia.* || Desarrollo, paso, sucesión, evolución, marcha. — *Estancamiento.*

proclama Pregón, publicación, divulgación, aviso, arenga, bando, anuncio. — *Silencio.*

proclamar Pregonar, v. proclama. || Nombrar, elegir, aclamar, coronar, destacar. — *Rechazar.*

procrear Engendrar, fecundar, propagar, producir, criar, multiplicar, generar. — *Esterilizar, limitar.*

procurar Intentar, tantear, ensayar, afanarse, pretender, probar, tratar. — *Abstenerse.* || Gestionar, diligenciar, negociar, tramitar. — *Obstaculizar.*

prodigar Derrochar, v. pródigo.

prodigio Portento, milagro, maravilla, asombro,

fenómeno, pasmo, excelencia. — *Vulgaridad.*

pródigo Derrochador, despilfarrador, disipador, dadivoso, generoso. — *Avaro.* || Abundante, copioso, profuso, rico. — *Escaso.*

producir Elaborar, fabricar, manufacturar, hacer, multiplicar, crear, originar, causar. — *Evitar.*

productivo Provechoso, beneficioso, fecundo, fértil, fructífero, feraz. — *Infecundo.*

producto Rendimiento, beneficio, resultado, utilidad, lucro. — *Pérdida.* || Artículo, género, fruto, obra, elaboración.

proeza Heroicidad, hazaña, gesta, valentía, osadía, empresa, hombrada. — *Cobardía.*

profanación Violación, deshonra, degradación, sacrilegio, envilecimiento, irreverencia. — *Veneración.*

profanar Violar, v. profanación.

profano Sacrílego, irreverente, deshonesto, libertino. — *Respetuoso, religioso.* || Mundano, temporal, terrenal, seglar, laico, lego. — *Clerical.* || Inexperto, incompetente, indocto, lego. — *Competente, entendido.*

profecía Predicción, presagio, augurio, presenti-

miento, vaticinio, adivinación, pronóstico. — *Error.*

proferir Pronunciar, decir, articular, prorrumpir, exclamar, gritar. — *Callar.*

profesar Practicar, desempeñar, ejercer, cultivar, ocuparse, actuar. — *Abstenerse.* || Confesar, seguir, creer, reconocer. — *Renegar.*

profesión Carrera, ocupación, oficio, actividad, trabajo, quehacer, puesto, ejercicio, función, labor, cargo, cometido, empleo. — *Desocupación.* || Fe, confesión, religión, idea, inclinación. — *Abstención.*

profesor Maestro, educador, preceptor, instructor, catedrático, pedagogo. — *Alumno.*

profeta Enviado, inspirado, vaticinador, adivino, elegido.

profetizar V. predecir.

prófugo Fugitivo, desertor, evadido, escapado, huido, fugado. — *Perseguidor.*

profundidad Abismo, sima, hondura, depresión, principio, barranco, pozo. — *Superficialidad.*

profundo Insondable, hondo, inmenso, abismal, bajo. — *Superficial.* || Intenso, fuerte, penetrante, acentuado, vivo. — *Débil.* || V. inteligente.

profusión Abundancia, exceso, riqueza, exuberancia, colmo, plétora, raudal. — *Escasez.*

progresar Mejorar, v. progreso.

progreso Mejora, adelanto, prosperidad, evolución, perfección, avance, desarrollo, florecimiento, auge, incremento, cultura. — *Retroceso.*

prohibir Negar, impedir, denegar, privar, quitar, limitar, evitar. — *Consentir, autorizar.*

prójimo Semejante, hermano, pariente, vecino, persona, individuo.

prole Descendencia, familia, cría, progenie, retoños. — *Ascendencia.*

proliferar Abundar, difundirse, pulular, extenderse. — *Escasear.*

prolijo Minucioso, escrupuloso, esmerado. — *Descuidado.* || Latoso, farragoso, cargante, detallado. — *Somero.*

prólogo V. preámbulo.

prolongar Extender, alargar, estirar, desarrollar, ampliar, ensanchar, expandir. — *Detener, estrechar.* || Aplazar, retrasar, diferir, postergar, demorar. — *Continuar.*

prometer Ofrecer, proponer, obligarse, comprometerse, pactar, convenir, jurar. — *Eludir.*

prometido V. pretendiente.

prominente Saliente, protuberante, abombado, jorobado, convexo, saltón, abultado. — *Liso, cóncavo.*

promover Impulsar, fomentar, desarrollar, proteger. — *Estancar.*

promulgar V. proclamar.

pronosticar V. predecir.

prontitud Celeridad, rapidez, velocidad, urgencia, presteza, diligencia, prisa. — *Lentitud.*

pronto Rápido, veloz, acelerado, listo, ágil. — *Lento.* || Dispuesto, preparado, alerta, vigilante. — *Desprevenido.* || Rápidamente, velozmente, en seguida. — *Tarde.*

pronunciamiento V. revolución.

pronunciar Modular, articular, enunciar, deletrear. — *Callar.*

propagar Anunciar, divulgar, difundir, publicar, avisar, generalizar, extender. — *Ocultar, callar.*

propasarse Excederse, abusar, extralimitarse. — *Contenerse.*

propensión Inclinación, afición, atracción, apego, proclividad, tendencia, vocación. — *Repulsión.*

propicio Conforme, dispuesto, inclinado, favorable, adecuado, útil, oportuno. — *Inadecuado.*

propiedad Posesión, pertenencia, dominio, usufructo, goce, bienes. — *Carencia.* || Hacienda, tierra, finca, predio, campo, edificio, inmueble. || Cualidad, característica,

atributo, rasgo, esencia.
|| Exactitud, rigor, aptitud, oportunidad, conveniencia. — *Impropiedad.*

propietario Dueño, amo, hacendado, titular, poseedor, terrateniente, casero, latifundista, empresario. — *Inquilino.*

propina Gratificación, recompensa, óbolo, compensación, premio.

propio Conveniente, adecuado, oportuno, apto, justo. — *Inadecuado.* || Característico, peculiar, personal, exclusivo, especial. — *General.*

proponer Sugerir, exponer, plantear, insinuar. — *Callar.* || proponerse Intentar, ensayar, aspirar, procurar. — *Abandonar.*

proporción Armonía, equilibrio, simetría, relación. — *Desproporción.*

proporcionar Entregar, suministrar, proveer, dar. — *Quitar.*

proposición Oferta, propuesta, ofrecimiento, invitación, palabra, insinuación. — *Negativa.*

propósito Idea, intención, proyecto, voluntad, resolución, mira, fin, aspiración. — *Pasividad.*

prorrogar Aplazar, retrasar, demorar, prolongar, retardar, dilatar. — *Continuar, suspender.*

prosaico Práctico, materialista, utilitario, egoísta,

tosco, chabacano. — *Espiritual.*

prosapia Abolengo, linaje, alcurnia, estirpe, casta, ascendencia. — *Plebeyez.*

proscrito Expulsado, desterrado, condenado, expatriado, delincuente. — *Honrado.*

proseguir Continuar, seguir, insistir, prolongar, perpetuar, persistir, reanudar. — *Interrumpir.*

prosélito V. partidario.

prosperidad V. progreso.

próspero Adelantado, desarrollado, incrementado, floreciente, rico, fértil. — *Pobre, atrasado.*

prostíbulo Burdel, lupanar, mancebía, casa pública.

prostituta Ramera, cortesana, puta, zorra, fulana, meretriz, hetera, buscona. — *Casta, honesta.*

protagonista Personaje, intérprete, actor, estrella, figura principal, galán, héroe. — *Comparsa.*

protección Amparo, v. proteger.

proteger Amparar, defender, auxiliar, abrigar, sostener, cuidar, favorecer, apoyar, atender, asilar, socorrer, acoger. — *Perseguir.*

protestar Quejarse, reclamar, censurar, acusar, suplicar, reprochar, criticar. — *Aguantar.*

protocolo Ceremonia, etiqueta, aparato, pompa, rito, formulismo. — *Sencillez.*

prototipo Modelo, dechado, ejemplo, muestra, tipo, espejo, ideal, patrón.

provecho Beneficio, utilidad, ventaja, fruto, ganancia, conveniencia, lucro, renta. — *Pérdida, perjuicio.*

proveer Abastecer, suministrar, aprovisionar, dotar, avituallar, facilitar. — *Negar, quitar.*

provenir Derivar, descender, proceder, emanar, surgir, resultar. — *Llegar.*

proverbio Adagio, sentencia, máxima, refrán, dicho, moraleja, aforismo.

providencia Hado, destino, sino, suerte, azar, fatalidad, ventura, albur.

provincia Demarcación, departamento, término, comarca, localidad, distrito.

provisión Abastecimiento, v. proveer.

provisional Interino, accidental, provisorio, pasajero, transitorio, efímero. — *Definitivo, eterno.*

provocador Fanfarrón, flamenco, chulo, agresivo, matón, bravucón. — *Sensato.*

provocar Retar, desafiar, enfrentarse, hostigar, excitar, molestar. — *Calmar.* || Originar, causar, suscitar, crear, ocasionar. — *Impedir.*

próximo Cercano, vecino, inmediato, contiguo, lindante, fronterizo. — *Lejano.*

proyectar Idear, planear, esbozar, bosquejar, maquinar, inventar. — *Impedir.* || Arrojar, lanzar, despedir, tirar, dirigir. — *Atraer, retener.*

proyectil Bala, munición, perdigón, tiro, metralla, granada, cohete, dardo, venablo, saeta.

proyecto Idea, v. proyectar.

prudente Sensato, moderado, juicioso, cuerdo, mesurado, equilibrado, serio, formal. — *Imprudente.*

prueba Experimento, ensayo, investigación, comprobación, tanteo, examen, sondeo. || Testimonio, argumento, evidencia, indicio, muestra, confirmación. — *Duda.*

púa Pincho, espina, pico, aguijón, punta, aguja, puya, uña, diente.

publicar Difundir, divulgar, propagar, transmitir, revelar, proclamar. — *Ocultar.* || Editar, imprimir, lanzar, distribuir.

publicidad Propaganda, difusión, divulgación, aviso, anuncio, pregón. — — *Silencio, secreto.*

público Difundido, conocido, famoso, popular, divulgado, sonado, sabido. — *Ignorado, secreto.* || Estatal, oficial, administrativo, nacional, gubernativo. — *Privado.* || Espectadores, asistentes, presentes, concurrentes, auditorio, asistencia, multitud. — *Ausentes.*

puchero Marmita, olla, cacerola, cazuela, pote, cazo, vasija, tartera, perol.

púdico Recatado, v. pudor.

pudiente Opulento, acomodado, rico, próspero, acaudalado. — *Necesitado.*

pudor Recato, honestidad, modestia, decencia, castidad, mojigatería, ñoñería. — *Descoco, indecencia.*

pudrirse Corromperse, alterarse, descomponerse, estropearse, picarse. — *Conservarse.*

pueblerino Aldeano, provinciano, rústico, tosco, paleto, ordinario. — *Refinado.*

pueblo Poblado, villorrio, villa, aldea, lugar, caserío. — *Urbe, ciudad.* || País, nación, estado, patria, reino. || Raza, tribu, clan, casta, familia, linaje, ascendencia.

puente Pasarela, planchada, paso, pontón, viaducto, acueducto, plataforma. — *Vado.*

puerco Cerdo, cochino, tocino, lechón, cebón, guarro, marrano, mugriento, asqueroso, desaseado, desaliñado. — *Limpio, pulcro.*

pueril V. trivial.

puerta Portón, abertura, cancela, entrada, acceso,

ingreso, poterna, postigo, portón, portal.

puerto Desembarcadero, fondeadero, dársena, bahía, refugio, amparo. || Desfiladero, paso, garganta, quebrada, angostura.

puesto Lugar, sitio, punto, situación, paraje, terreno, posición, parte. || Tenderete, quiosco, barraca. || Cargo, función, empleo, destino, plaza, colocación, profesión, posición. — *Desocupación.*

púgil Boxeador, rival, adversario, atleta, profesional, luchador.

pugna Porfía, desafío, competencia, oposición, rivalidad, lucha, enfrentamiento. — *Acuerdo, concordia.*

pujante V. potente.

pulcro Esmerado, cuidadoso, escrupuloso, prolijo, aseado, limpio, atildado. — *Desastrado, sucio.*

pulido Bruñido, alisado, liso, terso, lustroso, fino, parejo, suave. — *Áspero.* || Educado, cortés, amable, atento, fino. — *Descortés.*

pulir Pulimentar, alisar, bruñir, lustrar, suavizar, limar, abrillantar. — *Estriar.*

pulpa Médula, carne, tuétano, masa, pasta, papilla, mazacote.

pulsera Brazalete, argolla, ajorca, aro, manilla, anillo.

pulso Palpitación, latido, pulsación, movimiento.

pulular Multiplicarse, proliferar, abundar, hormiguear, bullir. — *Escasear*.

pulverizar Rociar, desmenuzar, desintegrar, fraccionar, esparcir, triturar, atomizar, moler. — *Concentrar*.

pulla Befa, mofa, chunga, chanza, guasa, escarnio, afrenta, burla. — *Respeto*.

pundonor Decoro, dignidad, vergüenza, orgullo, conciencia, h o n o r. — *Desvergüenza*.

punible Condenable, reprobable, censurable, vituperable, criticable, indigno. — *Elogiable*.

punta Extremidad, extremo, vértice, remate, pico, púa, pincho, aguijón, espolón, clavo, diente, uña, espina. || Cabo, promontorio, cima, cumbre. — *Falda, ladera*.

puntapié Patada, coz, porrazo, pataleo, golpe.

puntería Tino, vista, pulso, acierto, habilidad, ojo, mano, suerte. — *Torpeza*.

puntiagudo Afilado, aguzado, agudo, fino, delgado, punzante, penetrante, picudo. — *Romo, liso*.

punto Señal, marca, trazo. || Lugar, puesto, sitio, paraje, localidad, zona, territorio. || Asunto, cuestión, materia, tema, argumento.

puntual Preciso, matemático, exacto, regular, formal, asiduo, estricto, metódico. — *Informal*.

punzante Doloroso, lacerante, agudo, hondo, intenso, fuerte, picante, mordaz. — *Grato*.

punzón Buril, estilo, pincho, clavo, punta, aguja, herramienta, instrumento.

puñado Porción, conjunto, cantidad, abundancia.

puñal Daga, estilete, navaja, cuchillo, machete, faca, arma blanca.

puñetazo Golpe, guantada, mamporro, bofetón, torta, trompada. — *Caricia*.

puño Empuñadura, mango, asidero, manubrio, pomo, guarnición, cacha.

pupilo Interno, alumno, residente, pensionista, huésped. — *Externo*.

puré Papilla, plasta, gacha, pasta, crema.

pureza Castidad, v. puro.

purga Depurativo, laxante, medicamento, catártico.

purgar Administrar, laxar, medicinar, purificar, depurar. || Expiar, pagar, satisfacer, padecer. — *Gozar*. || Eliminar, destituir, exonerar. — *Nombrar*.

purificar Refinar, filtrar, limpiar, purgar, clarificar, perfeccionar. — *Ensuciar, mezclar*.

puritano Austero, severo, ascético, penitente, mojigato, ñoño. — *Depravado.*

puro Casto, virgen, virtuoso, decoroso, pudoroso, abstinente. — *Depravado.* || Limpio, perfecto, sano, correcto, natural, simple, sencillo. — *Impuro.* || Habano, cigarro, veguero, tagarnina.

púrpura Escarlata, granate, grana, rojo, rubí, carmesí, colorado, tinte, color, colorante.

pus Humor, supuración, purulencia.

pusilánime Apocado, encogido, corto, tímido, corito, timorato, medroso. — *Enérgico, valiente.*

puta V. ramera.

putrefacción Podredumbre, corrupción, descomposición, alteración, fermentación, carroña. — *Lozanía.*

putrefacto Podrido, corrompido, alterado, descompuesto, hediondo, alterado, rancio, mohoso, purulento, fermentado, inmundo. — *Lozano, fresco.*

puya Pica, púa, punta, pértiga, garrocha, vara, lanza, asta, rejón.

Q

quebrada Desfiladero, paso, puerto, garganta, angostura, cañón, cañada, barranco, despeñadero. — *Llano.*

quebradizo Frágil, endeble, débil, caduco, delicado. — *Resistente.*

quebrado Escabroso, montañoso, abrupto, áspero, escarpado, fragoso. — *Llano.* || Roto, v. quebrar.

quebrantar Infringir, vulnerar, transgredir, violar, contravenir. — *Cumplir.* || V. quebrar.

quebrar Romper, fragmentar, tronchar, cortar, rajar, cascar, hender, dividir, destruir. — *Componer, unir.* || Arruinarse, hundirse, fracasar. — *Prosperar.*

quedar Acordar, convenir, pactar, decidir, citarse. — *Discrepar.* || **quedarse** Permanecer, mantenerse, persistir, resistir, aguantar, continuar. — *Irse.* || Residir, instalarse, establecerse, arraigar. — *Mu-*darse. || Abandonar, cesar, retrasarse. — *Adelantar.*

quehacer V. ocupación.

queja Lamento, gemido, plañido, gimoteo, llanto, sollozo. — *Risa.* || Protesta, demanda, reclamación, reproche, censura, descontento. — *Elogio.*

quemar Incendiar, inflamar, arder, llamear, chamuscar, abrasar, carbonizar, incinerar, achicharrar, consumir, encender. — *Apagar.*

querella Pleito, litigio, denuncia, demanda, juicio, recurso, procedimiento, actuación. — *Avenencia.* || Riña, pelea, disputa, reyerta, altercado. — *Reconciliación.*

querer Anhelar, desear, ansiar, apetecer, ambicionar, esperar, pretender. — *Abandonar, rechazar.* || Acceder, consentir, dignarse, aceptar. — *Negar.* || Amar, idolatrar, venerar, adorar, enamorarse, reverenciar, respetar, estimar. — *Odiar.* || Amor, idolatría, veneración, respeto, adoración. — *Odio.*

querida Amante, manceba, concubina, barragana, coima, amiga, mantenida. — *Esposa.*

quiebra Bancarrota, ruina, hundimiento, fracaso, desastre, pérdida, suspensión de pagos. — *Prosperidad.* || Rotura, grieta, fractura, tajo. — *Arreglo, compostura.*

quieto Inmóvil, detenido, inerte, parado, paralizado, estático, inactivo, inanimado, firme, fijo, tieso, muerto. — *Móvil, movedizo.* || Sosegado, apacible, tranquilo, silencioso. — *Bullicioso.*

quietud Sosiego, tranquilidad, silencio, paz, placidez, descanso, sopor. — *Actividad, bullicio.*

quimera Fantasía, delirio, ilusión, fábula, ficción, mito, leyenda. — *Realidad.*

quiosco Tenderete, puesto, barraca, tiendecilla, templete, cenador, pabellón.

quisquilloso Chinche, susceptible, puntilloso, meticuloso, cascarrabias, detallista. — *Descuidado.*

quiste Bulto, tumor, protuberancia, grano, hinchazón, dureza, nódulo.

quitar Despojar, privar, arrebatar, robar, usurpar. — *Devolver, entregar.* || Retirar, extraer, separar, extirpar, anular, suprimir, sacar, apartar, alzar, eliminar. — *Poner.* || Derrocar, destituir, eliminar. — *Entronizar.*

quizá Tal vez, acaso, a lo mejor, quién sabe. — *Ciertamente, indudablemente.*

R

rabia Enfado, furor, furia, rabieta (v.), irritación, exasperación, violencia, ira, cólera, berrinche. — *Serenidad, calma.* || Hidrofobia.

rabieta Berrinche, perra, pataleo, v. rabia.

rabioso Enfadado, v. rabia. || Hidrófobo, contaminado. — *Sano.*

rabo Cola, apéndice, extremidad, pedúnculo.

racimo Manojo, ramillete, ristra, grupo, conjunto. — *Unidad.*

raciocinio Razonamiento, razón, juicio, deducción, juicio, lógica, pensamiento. — *Absurdo.*

ración Porción, parte, lote, escote, cuota, medida, racionamiento, cupo. — *Totalidad.*

racional Lógico, coherente, sensato, correcto. — *Ilógico.* || Humano, inteligente, superior. — *Irracional.*

racionar Tasar, medir, limitar, repartir, distribuir, proveer.

racha Etapa, época, lapso, período, momento. || Ráfaga, viento (v.).

rada Bahía, ensenada, golfo, fondeadero, puerto, cala, abra, caleta.

radiante Dichoso, alegre, feliz, gozoso, jubiloso. — *Triste.* || Luminoso, claro, brillante, resplandeciente, rutilante, fulgurante. — *Oscuro, encapotado.*

radiar Emitir, transmitir, informar, difundir, divulgar, comunicar. — *Callar, omitir.*

radical Drástico, violento, tajante, absoluto, excesivo, enérgico, rápido. — *Suave.*

ráfaga Vendaval, racha, torbellino, soplo, ventolera, ramalazo. — *Céfiro.*

raid* Incursión, ataque, irrupción, expedición, batida, vuelo. — *Retirada.*

raído Gastado, ajado, rozado, usado, viejo, deslucido, marchito, deteriorado. — *Flamante.*

raigambre Arraigo, base,

consistencia, raíz, solera, prosapia, estabilidad. — *Desarraigo.*

raíz Cepa, radícula, raigón, rizoma, tubérculo. — *Tallo.* || Base, fundamento, principio, origen, motivo, causa. — *Consecuencia.*

raja Grieta, hendedura, abertura, resquebrajadura, resquicio. — *Unión, soldadura.*

rajar Agrietar, v. raja.

ralea Estofa, laya, pelaje, calaña, casta, clase, nivel, condición.

ralo Gastado, espaciado, tenue, raído (v.), sobado, deteriorado. — *Tupido.*

rallar Frotar, restregar, lijar, desmenuzar, triturar, pulverizar, rascar.

rama Vara, vástago, ramo, sarmiento, tallo, gajo. — *Tronco.* || Ramal, desviación, bifurcación.

ramaje Enramada, fronda, follaje, espesura, frondosidad, boscaje, broza, hojarasca. — *Erial.*

ramera V. prostituta.

ramificarse Bifurcarse, dividirse, diverger, alejarse, separarse, retoñar. — *Reunirse.*

ramo Ramillete, brazada, manojo, brazada, atado. || Departamento, sección, actividad.

rampa Cuesta, pendiente, desnivel, repecho, ladera, talud, escarpa. — *Llano.*

ramplón Vulgar, rudo, ordinario, tosco, zafio, cha-

bacano, grosero. — *Fino, distinguido.*

rancio Antiguo, vetusto, añejo, arcaico, tradicional. — *Nuevo.* || Pasado, podrido (v.). — *Fresco.*

rancho Hacienda, granja, propiedad, ganadería, terreno, plantación.

rango Nivel, categoría, importancia, clase, condición, situación, jerarquía.

ranura Estría, surco, muesca, hendedura, canal, raja, grieta, fisura. — *Juntura, unión.*

rapacidad Codicia, v. rapaz.

rapar V. rasurar.

rapaz Codicioso, ansioso, ambicioso, usurero, violento, saqueador. — *Generoso.*

rapidez Velocidad, actividad, ligereza, premura, urgencia, diligencia, dinamismo, apresuramiento, celeridad. — *Lentitud.*

rapiña Despojo, robo, expoliación, pillaje, usurpación, saqueo, latrocinio, botín.

raptar Secuestrar, forzar, retener, recluir, violentar, engañar. — *Devolver, liberar.*

raquítico Canijo, enclenque, enteco, débil, anémico, escaso, mezquino, mísero. — *Vigoroso, abundante.*

raro Extravagante, incongruente, infrecuente, original, singular, extraño, caprichoso, curioso. — *Corriente.*

rascar Frotar, arañar, fregar, restregar, raer, rozar, lijar, escarbar.

rasgar Desgarrar, despedazar, destrozar, abrir, hender, deteriorar. — *Unir, pegar.*

rasgo Trazo, línea, raya, marca. || Cualidad, carácter, atributo, distintivo, propiedad. || **rasgos** Facciones, semblante, fisonomía.

rasguño Arañazo, zarpazo, roce, marca, señal, herida, erosión.

raso Liso, plano, desnudo, despejado, claro. — *Accidentado, cubierto.*

raspar Frotar, raer, limar, rayar, restregar, rozar, arañar, desprender.

rastrear Batir, reconocer, explorar, averiguar, preguntar, escudriñar. — *Extraviar.*

rastrero Indigno, servil, abyecto, bajo, vil, mezquino, zalamero. — *Digno.*

rastro Señal, vestigio, marcha, traza, indicio, signo, pista, huella, pisada.

rasurar Afeitar, rapar, cortar, arreglar, acicalar.

ratería V. robo.

ratero Caco, descuidero, carterista, ladrón, ganzúa, delincuente. — *Policía.*

ratificar Conformar, sancionar, corroborar, certi-ficar, convalidar, reafirmar, aprobar. — *Rechazar.*

rato Momento, tiempo, período, etapa, lapso, pausa, racha, instante.

raudo V. rápido.

raya Trazo, línea, rasgo, lista, surco, estría, tilde, marca, guión. || Límite, linde, extremo, fin, frontera, demarcación.

rayar Trazar, marcar, señalar, tachar, surcar, delinear, subrayar.

rayo Centella, exhalación, meteoro, chispa, fulgor, destello, relámpago. || Radio, línea, varilla, barra. || Veloz, raudo. — *Lento.*

raza Linaje, casta, abolengo, alcurnia, clase, género, especie, ralea, progenie.

razón Raciocinio, discernimiento, inteligencia, juicio, entendimiento. — *Torpeza.* || Motivo, móvil, fundamento, impulso. || Argumento, prueba, demostración, explicación. || Acierto, cordura, prudencia, tacto, tiento, rectitud. — *Desacierto.*

razonable Justo, equitativo, legal, lógico, sensato. — *Injusto.* || Comprensivo, benévolo, amistoso, tolerante. — *Severo, rígido.*

razonamiento V. raciocinio.

razonar Argumentar, reflexionar, pensar, analizar,

discurrir, enjuiciar, sugerir, comprender, admitir.
— *Empecinarse.*

reacción Resistencia, oposición, rechazo, rebeldía,
intransigencia, antagonis-
mo. — *Sometimiento.* ||
Transformación, cambio,
modificación, evolución.
— *Inmovilidad.*

reacio Remiso, opuesto,
contrario, adverso, terco,
rebelde. — *Obediente,
dócil.*

real Regio, imperial, prin-
cipesco, majestuoso, pa-
laciego, noble, dinástico.
— *Plebeyo.* || Verdadero,
auténtico, positivo, cierto, innegable. — *Irreal.*

realce Engrandecimiento,
v. realzar.

realeza Majestad, nobleza,
majestuosidad, dinastía,
monarquía. — *Plebeyez.*

realidad Verdad, efectivi-
dad, certidumbre, certe-
za, confirmación, auten-
ticidad. — *Fantasía.*

realizar Ejecutar, celebrar,
proceder, elaborar, for-
mar, construir, crear. —
Destruir.

realzar Engrandecer, encumbrar, glorificar, acentuar, alabar, elogiar. —
Degradar, denigrar.

reanimar Alentar, reconfortar, tonificar, vigorizar, estimular, animar.
— *Desanimar.*

reanudar Continuar, seguir, proseguir, repetir,
mantener, renovar, rea-

parecer (v.), volver. —
Interrumpir.

reaparecer Regresar, volver, retornar, renacer,
reanudar (v.). — *Desapa-
recer.*

reavivar V. resucitar.

rebajar Aminorar, disminuir, reducir, bajar, descender, restar. — *Incre-
mentar.* || Abaratar, sal-
dar, descontar, liquidar,
desvalorizar. — *Encare-
cer.* || Humillar, degra-
dar, ultrajar, escarnecer.
— *Enaltecer.*

rebanada Tajada, corte,
lonja, loncha, rodaja,
parte, porción, trozo,
rueda.

rebaño Tropel, hato, tropilla, manada, piara, bandada, conjunto, jauría.

rebasar Sobrepasar, superar, desbordar, exceder,
aventajar, ganar. — *Re-
trasarse.*

rebatir Impugnar, refutar,
argüir, argumentar, ven-
cer, oponerse. — *Admi-
tir.*

rebelarse Sublevarse, amo-
tinarse, insurreccionarse,
perturbar, incitar, cons-
pirar. — *Acatar.*

rebelde Sublevado, v. rebe-
larse. || Indómito, deso-
bediente, terco, tozudo,
reacio. — *Dócil.*

rebeldía Sublevación, v.
rebelarse. || Oposición,
pugna, terquedad, obsti-
nación. — *Docilidad.*

rebelión Sublevación, revolución, subversión, conjura, conspiración, motín, levantamiento. — *Paz.*

reblandecer Ablandar, suavizar, macerar, ahuecar, debilitar, afeminar. — *Endurecer.*

reborde Resalte, saliente, rebaba, remate, moldura, pestaña, margen. — *Centro.*

rebosante Abundante, repleto, rico, sobrado, excesivo. — *Falto, carente.*

rebosar Abundar, sobrar, exceder, pulular. — *Faltar.* ‖ Verterse, derramarse, salirse. — *Contenerse.*

rebotar Saltar, rechazar, devolver, retroceder, repercutir, brincar.

rebuscado Amanerado, artificial, afectado, ficticio, artificioso, simulado. — *Sencillo, directo.*

rebuscar Escudriñar, investigar, inquirir, examinar, sondear, fisgonear, husmear. — *Encontrar.*

recadero Mandadero, botones, ordenanza, mozo, enviado, transportista, mensajero.

recado Mensaje, encargo, aviso, comisión, anuncio, misiva, misión, cometido.

recaer Agravarse, empeorar, desmejorar. — *Mejorar.* ‖ Reincidir, repetir, insistir. — *Corregirse.* ‖ Incidir, caer en, resultar.

recalcitrante V. terco.

recambio V. repuesto.

recapacitar Recapitular, pensar, sosegarse, dominarse, arrepentirse. — *Reincidir.*

recapitular Revisar, resumir, recordar, rememorar, repasar, sintetizar.

recargado Sobrecargado, abigarrado, profuso, excesivo, exagerado, vulgar. — *Sencillo, sobrio.*

recargar Aumentar, encarecer, subir, elevar, sobrecargar, llenar. — *Rebajar.*

recatado Honesto, moderado, púdico, casto, decoroso, humilde. — *Impúdico.*

recato Honestidad, v. recatado.

recaudar Cobrar, percibir, recolectar, recibir, ingresar, reunir. — *Pagar.*

recelar Desconfiar, v. recelo.

recelo Desconfianza, sospecha, duda, temor, barrunto, conjetura, suposición. — *Confianza.*

recepción Bienvenida, recibimiento, acogida. — *Despedida.* ‖ Admisión, aceptación, ingreso, entrada. — *Expulsión.* ‖ Reunión, fiesta, celebración, festejo, convite, velada, gala, homenaje.

recetar Prescribir, ordenar, formular, aconsejar.

recibidor Antesala, recibimiento, antecámara, vestíbulo, estancia.

recibir Admitir, acoger, aceptar, percibir, recoger, adoptar, tolerar, aprobar. — *Ofrecer.*

recibo Resguardo, acuse, vale, documento, garantía, justificante, comprobante. — *Factura.*

reciedumbre Vigor, v. recio.

reciente Actual, nuevo, flamante, estrenado, fresco, inédito, naciente. — *Antiguo.*

recinto Aposento, estancia, cuarto, habitación, ambiente, ámbito, espacio.

recio Vigoroso, fuerte, poderoso, animoso, enérgico, vital, firme, corpulento. — *Débil.*

recipiente Receptáculo, vasija, vaso, cacharro, pote, olla, bote.

recíproco Correspondiente, relacionado, dependiente, mutuo, bilateral, equitativo. — *Unilateral.*

recitar Declamar, cantar, entonar, narrar, pronunciar, enumerar. — *Callar.*

reclamar Demandar, solicitar, pedir, reivindicar, exigir, protestar, quejarse, suplicar, reprochar. — *Conceder.*

reclinarse Apoyarse, recostarse, inclinarse, sostenerse, ladearse, descansar. — *Erguirse.*

recluir Aislar, encerrar, enclaustrar, internar, encarcelar, aprisionar. — *Soltar.*

reclusión Aislamiento, v. recluir.

recluso Prisionero, presidiario, preso, forzado, penado, cautivo, culpable, reo. — *Libre.*

recluta Soldado, quinto, mílite, conscripto, enganchado, militar.

reclutar Alistar, levar, enganchar, incorporar, inscribir. — *Licenciar.*

recobrar V. recuperar.

recodo Revuelta, esquina, ángulo, rincón, recoveco, curva, vuelta. — *Recta.*

recoger Reunir, levantar, alzar, coger, tomar, encontrar. — *Tirar.* || Agrupar, guardar, encerrar, asilar, albergar. — *Echar.* || Amontonar, cosechar, aglomerar, acumular. — *Dispersar.* || recogerse Encerrarse, apartarse, recluirse. — *Salir.*

recogido Aislado, apartado, recluido, retraído, alejado, retirado. — *Comunicado.*

recolección Cosecha, v. recolectar.

recolectar Cosechar, reunir, acumular, aglomerar, almacenar. — *Dispersar.*

recomendación Advertencia, v. recomendar. || Favoritismo, v. recomendar.

recomendar Advertir, exhortar, aconsejar, avisar, rogar, sugerir, invitar, pedir. || Favorecer, proteger, ayudar, elogiar. — *Obstaculizar.*

recompensar Premiar, gratificar, galardonar, homenajear, retribuir. — *Denigrar.*

reconciliar Interceder, mediar, apaciguar, reunir. — *Enzarzar.* || **reconciliarse** Amigarse, olvidar, hacer las paces, aliarse, restablecer. — *Enemistarse.*

recóndito Profundo, hondo, escondido, encubierto, furtivo, disimulado. — *Superficial.*

reconocer Observar, escrutar, investigar, examinar, estudiar. — *Omitir.* || Admitir, confesar, conceder, aceptar. — *Negar.* || Recordar, distinguir, acordarse, evocar, identificar. — *Olvidar.*

reconquistar Recuperar, recobrar, rescatar, liberar, libertar, redimir. — *Perder.*

reconstruir Reedificar, reanudar, restaurar, reparar, arreglar, restablecer, repetir. — *Derribar.*

recopilar Seleccionar, resumir, compendiar, extractar, coleccionar, compilar. — *Dispersar.*

record* Marca, resultado, hazaña, triunfo.

recordar Rememorar, evocar, acordarse, reconstruir, resucitar, revivir. — *Olvidar.*

recorrer Pasar, transitar,
andar, deambular, venir, ir, caminar, atravesar. — *Detenerse.*

recorrido Itinerario, ruta, camino, marcha, trayecto, jornada, tránsito. — *Permanencia.*

recortar Podar, cercenar, truncar, segar, cortar, partir, limitar, ajustar.

recoveco V. recodo.

recreo Distracción, diversión, entretenimiento, regodeo, juego, esparcimiento. — *Aburrimiento.*

recriminar Reprobar, censurar, reprender, reprochar, regañar, reñir, culpar. — *Aprobar.*

rectificar Corregir, modificar, enmendar, revisar, reformar, enderezar. — *Estropear.*

recto Íntegro, justo, justiciero, severo, neutral, ecuánime. — *Injusto.* || Derecho, rectilíneo, tieso, liso, directo, seguido. — *Sinuoso, curvo.*

recubrir Forrar, revestir, tapizar, bañar, abrigar, resguardar. — *Descubrir.*

recuerdo Reminiscencia, memoria, evocación, repaso, retentiva. — *Olvido.*

recular V. retroceder.

recuperar Rescatar, recobrar, redimir, restaurar, reconquistar. — *Perder.* || **recuperarse** Mejorar, reponerse, aliviarse, sanarse. — *Agravarse.*

recurrir Apelar, prétender,

reclamar, suplicar, litigar, pleitear. — *Abandonar*.

recurso Medio, procedimiento, modo, manera, táctica. || **recursos** Bienes, fondos, caudales, medios, fortuna, capital. — *Indigencia*.

rechazar Negar, desechar, despreciar, desairar, rehusar, oponerse, resistir. — *Aprobar*.

rechinar Chirriar, crujir, chillar, crepitar, resonar, rozar, gemir.

rechoncho Regordete, rollizo, achaparrado, gordinflón, orondo, obeso, grueso, tripón. — *Delgado*.

red Malla, retículo, redecilla, trama, urdimbre, tejido, punto. || Trampa, lazo, ardid, celada. || Organización, distribución, servicio.

redactar Idear, componer, escribir, concebir, representar, reflejar.

redención Salvación, liberación, emancipación, independencia, libertad, manumisión. — *Esclavitud*.

redentor Salvador, emancipador, libertador, protector. — *Esclavizador*. || **Redentor** V. Jesucristo.

redimir Salvar, v. redención.

redondo Circular, esférico, anular, abombado, curvo, combado, cilíndrico, elíptico, discoidal, globular. — *Cuadrado, recto*.

reducir Aminorar, disminuir, menguar, bajar, mermar, limitar, circunscribir, abreviar. — *Aumentar*.

redundancia V. Repetición.

reembolsar Reintegrar, devolver, compensar, indemnizar, restituir. — *Retener*.

reemplazante Sustituto, v. reemplazar.

reemplazar Sustituir, suplir, relevar, representar, suceder, auxiliar. — *Mantenerse*.

referencia Alusión, nota, cita, observación, advertencia, comentario. || **referencias** Informes, recomendación, certificado, datos.

referir Narrar, relatar, contar, explicar, detallar, exponer. — *Omitir*. || Vincular, relacionar, conectar, enlazar. — *Desvincular*.

refinado Delicado, primoroso, distinguido, fino, elegante, sensual, culto. — *Tosco*.

refinar Depurar, limpiar, filtrar, tamizar, purificar, lavar, mejorar. — *Manchar*.

refirmar Confirmar, ratificar, afirmar, corroborar, sancionar. — *Negar*.

reflejo Reverbero, destello, irradiación, brillo, fulgor. || Reacción, respues-

ta, movimiento. || Auto-
mático, involuntario,
maquinal. — *Deliberado.*

reflexionar Meditar, considerar, pensar, atender,
cavilar, idear, especular,
recapacitar, repasar, ru-
miar, discurrir. — *Precipitarse.*

reformar Renovar, modificar, cambiar, alterar,
transformar, rectificar,
variar. — *Mantener.*

reforzar Fortalecer, robustecer, fortificar, consolidar, vigorizar. — *Debilitar.*

refrán Dicho, adagio, proverbio, aforismo, senten-
cia, máxima, moraleja.

refrenar Contener, moderar, detener, sujetar, corregir, reducir. — *Incitar.*

refrescar Moderar, mitigar,
calmar, enfriar, atempe-
rar, congelar. — *Calen-
tar.*

refresco Bebida, naranja-
da, limonada, sorbete, gaseosa.

refriega Escaramuza, riña,
encuentro, lucha, choque,
reyerta, pendencia. —
Armonía, paz.

refrigerio Tentempié, piscolabis, colación, aperi-
tivo, bocadillo. — *Ban-
quete.*

refuerzo Socorro, ayuda,
auxilio, asistencia, cola-
boración. — *Rémora.* ||
Puntal, viga, sostén, apoyo, soporte, traba.

refugiarse Cobijarse, resguardarse, abrigarse, de-

fenderse, arrimarse, es-
conderse, ocultarse, al-
bergarse, acogerse. — *Exponerse.*

refugio Cobijo, v. refugiar-
se. || Albergue, aloja-
miento, orfanato, hospi-
cio, inclusa.

refulgente V. resplandeciente.

refulgir V. resplandecer.

refunfuñar Rezongar, protestar, gruñir, murmu-
rar, mascullar, repro-
char. — *Alabar.*

regalar Obsequiar, donar,
dar, ofrecer, entregar,
dispensar, gratificar. —
Recibir, pedir, vender.

regalo Obsequio, donativo,
ofrenda, óbolo, gratificación, propina. — *Venta,
préstamo.*

regañar Amonestar, recon-
venir, increpar, sermo-
near, reñir, criticar, re-
prender. — *Elogiar.* ||
Disputar, pelear, enfa-
darse, enemistarse, eno-
jarse, romper, separar-
se. — *Amigarse.*

regar Mojar, irrigar, rociar, empapar, bañar, hu-
medecer, salpicar, im-
pregnar. — *Secar.*

regenerar Rehabilitar, reeducar, restablecer, recu-
perar, reivindicar, en-
mendar. — *Descarriar.*

régimen Sistema, método,
plan, política, modo, pro-
cedimiento. || Dieta, tra-
tamiento, medicación,
cura, abstención. — *Glo-
tonería.*

regio Suntuoso, majestuoso, espléndido, grandioso, soberbio, fastuoso. — *Humilde.* || Real, imperial, palaciego, principesco. — *Plebeyo.*

región Comarca, territorio, zona, demarcación, tierra, país, término. — *Nación.*

regir Regentar, administrar, dirigir, mandar, gobernar, guiar. — *Obedecer.*

registrar Rebuscar, examinar, cachear, reconocer, investigar, revolver. || Inscribir, matricular, empadronar, anotar, asentar. — *Anular.*

regla Mandato, precepto, orden, guía, pausa, fórmula, método, reglamento (v.).

reglamentario Legal, lícito, normalizado, admitido, regular. — *Irregular.*

reglamento Ordenanza, estatuto, código, ley, norma, precepto, mandato, regla (v.). *Anarquía, desorden.*

regocijo Alborozo, entusiasmo, contento, gozo, alegría, animación, jovialidad. — *Tristeza.*

regordete V. rechoncho.

regresar Retornar, volver, tornar, llegar, reanudar, retroceder. — *Alejarse.*

regular Reglamentar, preceptuar, ordenar, estatuir, sistematizar. — *Desordenar.* || Mediano, mediocre, moderado, intermedio, razonable. — *Malo, bueno.* || Estable, normal, usual, corriente. — *Desusado.*

rehabilitar Restituir, reivindicar, indemnizar, redimir, salvar, rescatar, rehacer (v.). — *Descarriar, denigrar.*

rehacer Restaurar, reedificar, restablecer, rehabilitar (v.), reparar, reformar. — *Conservar.*

rehén Prenda, fianza, garantía, prisionero, secuestrado, retenido, canjeado. — *Secuestrador.*

rehuir Evitar, soslayar, eludir, esquivar, sortear, aislarse, rehusar (v.). — *Encararse.*

rehusar Rechazar, negar, repudiar, desdeñar, objetar, rehuir (v.). — *Aceptar.*

reina Soberana, v. rey.

reinado Dominio, v. reino.

reinar Dominar, mandar, regentar, gobernar, dirigir, imperar, heredar. — *Abdicar.*

reincidente Contumaz, relapso, rebelde, obstinado, indisciplinado. — *Novato.*

reincidir Recaer, repetir, incurrir, insistir, obstinarse, reanudar. — *Desistir.*

reino Dominio, imperio, país, soberanía, mando, dinastía, territorio. — *República.*

reintegrar Devolver, reponer, reingresar, restablecer, regresar, volver. — *Conservar.*

reír Carcajear, desternillarse, celebrar, gozar, reventar, estallar, burlarse. — *Llorar.*

reiterar V. repetir.

reivindicar V. reclamar.

reja Cancela, verja, enrejado, barrotes.

rejuvenecer Remozar, renovar, vivificar, vigorizar, tonificar, revivir, reanimar. — *Envejecer.*

relación Concordancia, conexión, correspondencia, analogía, vínculo, lazo, dependencia. — *Independencia.* || Roce, trato, amistad, intimidad, familiaridad. — *Desvinculación, enemistad.*

relacionar Vincular, concordar, v. relación.

relajar Distender, aflojar, debilitar, tranquilizar, calmar, aliviar, corromper. — *Agarrotar.*

relámpago Centella, resplandor, chispazo, fulgor, brillo, descarga, rayo. — *Oscuridad.*

relatar Narrar, referir, contar, describir, reseñar, explicar, detallar, escribir, expresar. — *Callar.*

relativo Limitado, condicional, incidental, indefinido, comparativo, indeterminado. — *Absoluto.*

relato Narración, descripción, pormenor, reseña, escrito, cuento, informe, fábula.

relegar Rechazar, postergar, desplazar, arrinconar, repudiar. — *Ensalzar.*

relevar V. reemplazar.

relieve Resalte, saliente, prominencia, abultamiento, bulto. — *Concavidad, hendidura.* || Importancia, magnitud, grandeza, esplendor. — *Insignificancia.*

religión Creencia, doctrina, credo, fe, dogma, convicción, piedad, devoción. — *Irreligiosidad.*

religioso Creyente, devoto, piadoso, fiel, fervoroso, seguidor, adorador. — *Impío.*

reliquia Vestigio, traza, resto, fragmento, antigualla, anacronismo. — *Novedad.*

relucir Brillar, fulgurar, refulgir, resplandecer, relumbrar, centellear. — *Oscurecerse.*

rellenar Atestar, atiborrar, henchir, saturar, allanar, abarrotar. — *Vaciar.*

remanente Sobrante, residuo, exceso, desecho, rastrojo, sobras, escoria. — *Carencia.*

remanso Recodo, meandro, recoveco, revuelta, vado, paso, hoya. — *Rápido, corriente.*

remar Bogar, ciar, impulsar, avanzar.

rematar Eliminar, matar, suprimir, aniquilar, finiquitar. — *Perdonar.* || Concluir, completar, terminar, consumar. — *Empezar.* || Subastar, pujar, licitar, vender, adjudicar, liquidar. — *Comprar.*

remedar Imitar, emular, parodiar, fingir, copiar, burlarse.

remediar Corregir, enmendar, reparar, mejorar, subsanar, evitar, impedir, socorrer, aliviar, solucionar. — *Empeorar, agravar.*

remedio Corrección, v. remediar. || V. medicina.

rememorar V. recordar.

remendar Zurcir, recoser, arreglar, reparar, apañar, restaurar, corregir. — *Estropear.*

remesa Envío, expedición, paquete, bulto, transporte, encargo.

remiendo Parche, pieza, zurcido, compostura, rodillera, codera, arreglo, añadido. — *Andrajo.*

remilgado Melindroso, mojigato, ñoño, cursi, rebuscado, amanerado. — *Despreocupado.*

reminiscencia V. recuerdo.

remitir Enviar, mandar, expedir, despachar, dirigir, cursar, facturar. — *Recibir.*

remojar V. regar.

remolcar Arrastrar, tirar de, empuñar, impeler, atraer, acarrear, transportar.

remolino Vorágine, vórtice, torbellino, rápido, manga, ciclón, tifón, tornado. — *Calma.*

remolón Cachazudo, perezoso, renuente, premioso, remiso, refractario. — *Activo, dinámico.*

remontar Subir, ascender, progresar, superar, compensar. — *Bajar.*

rémora Dificultad, obstáculo, inconveniente, impedimento, engorro, freno, traba. — *Facilidad.*

remordimiento Pesadumbre, p e s a r, arrepentimiento, sentimiento, dolor, pena. — *Despreocupación.*

remoto Lejano, apartado, distante, ignoto, alejado. arcaico, antiguo, improbable, incierto. — *Cercano, actual, probable.*

remover Menear, agitar, revolver, sacudir, hurgar, cambiar, trasladar. — *Inmovilizar.*

remozar Rejuvenecer, reponer, rehabilitar, reparar, restaurar, acicalar — *Envejecer.*

remuneración Retribución, gratificación, compensación, pago, prima, sueldo, recompensa. — *Exacción.*

renacer V. revivir.

renacimiento Resurrección, reanimación, renovación, reanudación, florecimiento. — *Decadencia.*

rencilla Conflicto, pelea, altercado, querella, discordia, agarrada, encono. — *Amistad.*

rencor Resentimiento. saña, malevolencia, encono, perversidad, tirria. — *Afecto*.

rencoroso Resentido, sañudo, v. rencor.

rendición Capitulación, v. rendirse.

rendija Raja, grieta, resquicio, ranura, abertura, intersticio, juntura.

rendir Producir, beneficiar, aprovechar, compensar, fructificar, lucrar. — *Perjudicar*. || **rendirse** Capitular, entregarse, someterse, acatar, pactar, abandonar. — *Luchar, enfrentarse*. || Fatigarse, agotarse, cansarse, desfallecer. — *Descansar*.

renegar Traicionar, desertar, apostatar, abandonar, blasfemar, maldecir. — *Ayudar, alabar*.

renombre Fama, celebridad, popularidad, gloria, notoriedad, prestigio, aureola. — *Anonimato*.

renovar Reformar, reemplazar, modificar, innovar, restaurar, rejuvenecer. — *Conservar*.

renta Rendimiento, beneficio, utilidad, fruto, ganancia, provecho, lucro. — *Pérdida*.

renunciar Abandonar, cesar, dejar, desistir, desertar, dimitir, abdicar, retirarse. — *Persistir, mantenerse*.

reñido Encarnizado, duro, enconado, rabioso, feroz, disputado. — *Apacible*.

reñir V. regañar.

reo Culpable, inculpado, condenado, convicto, delincuente, acusado. — *Inocente*.

reorganizar V. renovar.

repantigarse Arrellanarse, acomodarse, retreparse, descansar. — *Erguirse*.

reparar Arreglar, reformar, componer, remendar, restaurar, renovar. — *Estropear*. || Indemnizar, satisfacer, desagraviar, compensar, resarcir. — *Agraviar*. || Advertir, mirar, ver, observar, notar, percatarse. — *Omitir*.

reparo Objeción, tacha, defecto, censura, desacuerdo, dificultad. — *Facilidad*.

repartir Distribuir, v. reparto.

reparto Distribución, división, adjudicación, entrega, proporción, ración, clasificación. — *Agrupación*.

repasar V. revisar.

repaso V. revisión.

repelente Repugnante, desagradable, molesto, aborrecible, odioso, fastidioso. — *Agradable*.

repente (de) De improviso, de pronto, de sopetón, súbitamente, inesperadamente. — *Lentamente*.

repentino Imprevisto, súbito, insospechado, inopinado, inesperado, brusco. — *Lento*.

repercusión Efecto, consecuencia, influencia, secuela, alcance, resultado. — *Causa*.

repercutir Influir, afectar, concernir, incumbir, atañer, obrar. — *Eludir.*

repetir Reiterar, insistir, reanudar, reproducir, renovar, acostumbrar, porfiar, duplicar, volver, imitar, reincidir.

repisa Estante, anaquel, ménsula, tabla, alacena, soporte, rinconera, estantería.

replegarse Retirarse, retroceder, alejarse, ceder, desviarse, huir. — *Avanzar.*

repleto Atestado, atiborrado, colmado, pletórico, relleno. — *Vacío.*

replicar Contestar, responder, argumentar, alegar, objetar, protestar. — *Aguantar.*

repoblar Colonizar, fomentar, desarrollar, sembrar, cultivar. — *Despoblar.*

reponer V. reintegrar.

reportaje Crónica, información, escrito, relato, noticia, artículo, reseña.

reportero V. periodista.

reposado Tranquilo, apacible, plácido, sosegado, manso, calmoso, pacífico, moderado. — *Intranquilo.*

reposar Descansar, dormir, echarse, yacer, tumbarse, acostarse, sestear. — *Actuar, moverse.*

reposo Descanso, sueño, siesta, ocio, letargo, inmovilidad, calma, sosiego. — *Actividad.*

reprender V. regañar.

represalia Desquite, venganza, reparación, castigo, resarcimiento, revancha. — *Indulto, perdón.*

representación Imagen, figura, idea, símbolo, alegoría, atributo. || Delegación, embajada, enviados. || Función, sesión, gala, velada, espectáculo.

representar Reemplazar, suplir, suplantar, sustituir, suceder, relevar. || Encarnar, simbolizar, figurar, personificar. || Interpretar, actuar, declamar, figurar, recitar, fingir.

reprimenda Amonestación, recriminación, rapapolvo, filípica, sermón, riña, censura. — *Alabanza.*

reprimir Contener, dominar, apaciguar, moderar, aplacar, refrenar, reprobar (v.), reducir. — *Estimular.*

reprobar Censurar, tachar, afear, desaprobar, vituperar, reprimir (v.). — *Aprobar.*

reprochar Recriminar, v. reproche.

reproche Crítica, recriminación, censura, desaprobación, vituperio, regañina. — *Elogio.*

reproducir Imitar, copiar, duplicar, calcar, repetir. — *Crear.* || **reproducirse** Multiplicarse, proliferar, engendrar, pulular. — *Extinguirse.*

repudiar Rechazar, negar, rehusar, despreciar, aborrecer, abominar. — *Aceptar*.

repuesto Recambio, suplemento, pieza, accesorio. || Restablecido, recuperado, mejorado, aliviado, convaleciente. — *Recaído, grave*.

repugnante Repulsivo, asqueroso, inmundo, nauseabundo, cochambroso. — *Agradable*.

repulsivo V. repugnante.

reputación Prestigio, notoriedad, fama, crédito, nombradía, celebridad. — *Descrédito*.

requerir Avisar, notificar, mandar, solicitar, reclamar, exhortar.

requiebro V. piropo.

requisar Confiscar, embargar, decomisar, incautar, apropiarse. — *Devolver*.

requisito Condición, formalidad, cortapisa, trámite, cláusula, limitación, traba. — *Facilidad*.

res Rumiante, cuadrúpedo, ganado, cabeza, bestia, vacuno, bovino.

resaltar Destacar, sobresalir, predominar, aventajar, diferenciarse. — *Confundirse*.

resarcir Compensar, indemnizar, subsanar, restituir, reparar, desquitarse, recuperar. — *Quitar*.

resbalar Escurrirse, deslizarse, patinar, rodar. || Equivocarse, errar, fallar. — *Acertar*.

rescatar Recuperar, resti-

tuir, reconquistar, liberar, salvar. — *Perder*.

rescate Recuperación, v. rescatar.

resentimiento Disgusto, mortificación, aflicción, rencor, animosidad, enfado. — *Alegría*.

reseña Resumen, v. reseñar.

reseñar Resumir, describir, detallar, narrar, aclarar, explicar. — *Ignorar, abstenerse*.

reservado Discreto, cauteloso, circunspecto, prudente, moderado, receloso, cauto. — *Parlanchín*.

reservar Guardar, retirar, separar, ocultar, almacenar, mantener, prolongar. — *Usar*.

resfriado Resfrío, constipado, catarro, coriza, enfriamiento, gripe.

resguardar Amparar, v. resguardo.

resguardo Amparo, protección, abrigo, auxilio, seguridad. — *Riesgo*. || Recibo, documento, comprobante, justificante, talón.

residencia Casa, morada, hogar, domicilio, albergue, refugio, pensión.

residir Morar, habitar, arrendar, ocupar, afincarse, asentarse, arraigar. — *Trasladarse*.

residuo Porción, vestigio, sedimento, sobras, remanente, resto. — *Conjunto*.

resignación Conformidad,

paciencia, estoicismo, aguante, mansedumbre, sumisión, docilidad. — *Rebeldía.*

resignarse Aguantar, conformarse, doblegarse, someterse, acatar. — *Rebelarse.*

resistente Fuerte, tenaz, duro, vigoroso, animoso, firme, robusto, brioso. — *Endeble.*

resistir Aguantar, soportar, tolerar, sufrir, transigir. *Rebelarse.* || Enfrentarse, oponerse, afrontar, reaccionar, rechazar. — *Desistir.*

resolución Osadía, audacia, brío, valor, intrepidez. — *Cobardía, indecisión.* || Conclusión, fallo, dictamen, decreto.

resolver Solucionar, allanar, remediar, despachar, solventar, decretar. — *Complicar.*

resonar Retumbar, ensordecer, atronar, rugir, bramar, repercutir.

resoplar Jadear, bufar, resollar, soplar.

resorte Muelle, ballesta, fleje, espiral, suspensión, alambre.

respaldar Apoyar, sostener, soportar, auxiliar, patrocinar, favorecer. — *Abandonar.*

respetable Serio, digno, decente, grave, honrado, íntegro, noble, solemne, — *Indecente, desdeñable.*

respetar Admirar, venerar, obedecer, honrar, reve-

renciar, amar, enaltecer. — *Deshonrar.*

respeto Admiración, v. respetar.

respetuoso Cortés, educado, atento, mirado, cumplido, complaciente. — *Descortés.*

respirar Inspirar, aspirar, exhalar, expulsar, jadear, alentar, resollar, resoplar. — *Asfixiarse.*

resplandecer Relucir, refulgir, brillar, fulgurar, alumbrar, centellear, relampaguear, chispear, deslumbrar. — *Oscurecerse.*

resplandeciente Reluciente, v. resplandecer.

resplandor Fulgor, luz, brillo, luminosidad, centelleo, destello, claridad. — *Oscuridad.*

responder V. replicar.

responsabilidad Deber, compromiso, obligación, cometido, juicio, sensatez, madurez. — *Irresponsabilidad.*

responsable Cabal, consciente, sensato, maduro, juicioso. — *Irresponsable.* || Causante, culpable, autor, reo. — *Inocente.*

respuesta Contestación, réplica, manifestación, afirmación, negativa, revelación. — *Silencio, omisión.*

resquebrajarse Agrietarse, rajarse, henderse, fragmentarse, cascarse. — *Unirse.*

resquicio Intersticio, hendedura, hueco, espacio, ranura, rendija. — *Juntura, soldadura.*

resta Sustracción, v. restar.

restablecer Reponer, restituir, reintegrar, renovar, reparar, reanudar. — *Destituir, quitar.* || **restablecerse** Recuperarse, curarse, convalecer, mejorar, aliviarse. — *Empeorar.*

restablecimiento Reposición, v. restablecer. || Recuperación, cura, v. restablecer.

restallar Chasquear, crepitar, estallar, crujir, repercutir, resonar.

restar Sustraer, disminuir, deducir, descontar, rebajar, excluir, quitar. — *Añadir, sumar.*

restaurar Renovar, rehabilitar, restablecer, reconstruir, reponer, reparar. — *Estropear, deponer.*

restituir Reponer, devolver, reintegrar, retornar, reembolsar. — *Quitar.*

resto Residuo, fracción, remanente, vestigio, pedazo. — *Total.* || **restos** Sobras, despojos, detritos. || Cuerpo, cadáver, despojos, muerto.

restregar Frotar, rozar, rascar, raspar, limar, raer, lijar, manosear. — *Acariciar.*

restricción Limitación, v. restringir.

restringir Limitar, impedir, obstaculizar, prohibir, ceñir, circunscribir. — *Liberar, permitir.*

resucitar Revivir, renacer, resurgir, reanimarse, restaurar, restablecer. — *Morir.*

resuelto Audaz, osado, intrépido, denodado, decidido, arriesgado. — *Indeciso, cobarde.*

resultado Efecto, consecuencia, producto, derivación, desenlace, fruto, provecho, utilidad. — *Causa.*

resultar Trascender, derivar, repercutir, reflejar, implicar, deducirse. — *Originar.*

resumen Recapitulación, extracto, compendio, sumario, abreviación, simplificación, recopilación, condensación. — *Ampliación.*

resumir Recapitular, v. resumen.

resurgir V. resucitar.

resurrección V. renacimiento.

retaguardia Extremidad, cola, destacamento, grupo, posterior, trasero. — *Vanguardia.*

retar Provocar, desafiar, encararse, pelear, fanfarronear, luchar. — *Apaciguar.*

retardar V. retrasar.

retardo V. retraso.

retener Detener, conservar, suspender, inmovilizar, estancar, paralizar, aferrar. — *Soltar.*

retirada Repliegue, retroceso, huida, desbandada, estampida, escapada. — *Avance, resistencia.*

retirar Apartar, alejar, quitar, despojar, desviar, separar, incomunicar, encerrar, aislar. — *Acercar.* || **retirarse** Jubilarse, licenciarse, abandonar. — *Ejercer.* || Retroceder, huir, replegarse, escapar. — *Avanzar.*

retiro Pensión, jubilación, licencia, excedencia, alejamiento. — *Actividad.* || Aislamiento, c l a u s u r a, encierro, recogimiento, refugio, cobijo. — *Comunicación.*

reto Desafío, provocación, lance, bravata, fanfarronada, amenaza, pelea. — *Avenencia.*

retocar Arreglar, mejorar, componer, modificar, corregir, perfeccionar. — *Dejar, abandonar.*

retoño Brote, renuevo, vástago, pimpollo, tallo, botón, cogollo. || Hijo, v. vástago.

retoque Arreglo, v. retocar.

retorcer Enroscar, arquear, encorvar, flexionar, pandear, curvar, rizar, arrugar. — *Alisar, extender.*

retornar V. regresar.

retorno Regreso, venida, vuelta, reintegro, reanudación, reembolso, entrega, devolución. — *Ida.*

retozar Juguetear, corretear, brincar, saltar, travesear.

retractarse Desdecirse, rectificar, enmendar, arrepentirse, negar, anular. — *Confirmar.*

retraído Hosco, huidizo, reservado, tímido, huraño, esquivo, misántropo, insociable. — *Sociable.*

retraso Demora, prórroga, postergación, dilatación, r e t a r d o, aplazamiento, suspensión. — *Adelanto.* || Ignorancia, atraso, incultura, miseria. — *Progreso, adelanto.*

retrato Fotografía, reproducción, copia, impresión, representación, imagen, clisé, dibujo, pintura, cuadro.

retrete Excusado, lavabo, servicio, letrina, evacuatorio, baño, urinario.

retribuir Gratificar, remunerar, pagar, compensar, asignar, indemnizar, subvencionar, corresponder, devolver, compensar. — *Deber, negar.*

retroceder V. recular.

retroceso Marcha atrás, vuelta, reculada, retorno, regreso, cambio, contramarcha, huida. — *Avance.*

retrógrado Atrasado, inculto, salvaje. — *Adelantado.* || Conservador, reaccionario, rancio. — *Progresista.*

retumbar V. resonar.

reunión Unión, fusión, junta, aglomeración, agrupación, amontonamiento, acumulación. — *Separa-*

ción. || Tertulia, fiesta, sarao, velada, recepción, celebración, festejo, junta, camarilla, comité.

reunir Unir, v. reunión.

revancha* Desquite, venganza, represalia, resarcimiento, desagravio.

revelar Declarar, manifestar, publicar, confesar, difundir, explicar, mostrar, exhibir. — *Callar, ocultar.*

reventar Estallar, explotar, volar, detonar, descargar, saltar, desintegrarse. || **reventarse** Agotarse, extenuarse, debilitarse, agobiarse. — *Descansar.*

reverencia Inclinación, saludo, venia, cortesía, homenaje, cumplido, sumisión, acatamiento. — *Insulto.*

revés Reverso, dorso, cruz, espalda, zaga, trasera. — *Cara, anverso.* || Fracaso, desgracia, desastre, contratiempo. — *Éxito.* || Bofetón, sopapo, guantazo, golpe, soplamocos. — *Caricia.*

revestir Recubrir, forrar, tapar, cubrir, bañar, tapizar, guarnecer, acolchar, envolver. — *Descubrir.*

revisar Verificar, reconocer, investigar, examinar, comprobar, estudiar, vigilar. — *Descuidar.*

revista Semanario, hebdomadario, publicación, boletín, periódico. || Inspección, verificación, inves-

tigación, examen, desfile, parada.

revivir Resucitar, renacer, reanimar, vivificar, rejuvenecer, reencarnar, resurgir. — *Morir, acabar.* || Recordar, rememorar, recapitular. — *Olvidar.*

revocar Anular, cancelar, rescindir, abolir, derogar, invalidar. — *Aprobar.*

revolcarse Restregarse, tirarse, echarse, tumbarse, retorcerse. — *Levantarse.*

revoltijo Confusión, enredo, fárrago, lío, embrollo, amasijo, ensalada. — *Orden.*

revoltoso Inquieto, travieso, vivaz, vivaracho, juguetón, alegre. — *Sosegado.* || V. revolucionario.

revolución Sublevación, sedición, insurrección, revuelta, subversión, motín. — *Paz, orden.*

revolucionario Sublevado, v. revolución.

revolver Menear, mover, agitar, remover, hurgar, desordenar, trastornar, enredar. — *Ordenar.*

revuelo Agitación, alboroto, inquietud, conmoción, perturbación, convulsión, revolución (v.). — *Calma.*

revuelta V. revolución.

revuelto Agitado, v. revuelto.

rey Monarca, soberano, emperador, príncipe, señor, majestad. — *Vasallo.*

reyerta V. rencilla.

rezagarse Retrasarse, atrasarse, entretenerse, demorarse, remolonear, tardar. — *Adelantarse*.

rezar Orar, invocar, suplicar, adorar, implorar, pedir, agradecer. — *Blasfemar*.

rezo Oración, v. orar.

rezongar Murmurar, refunfuñar, gruñir, protestar, mascullar, regañar. — *Bromear, alegrarse*.

rezumar Filtrarse, escurrirse, gotear, calar, perder, sudar. — *Estancarse*.

ría Estuario, desembocadura, entrada.

riachuelo V. río.

riada Crecida, corriente, inundación, torrente, desbordamiento, aluvión, avenida. — *Sequía*.

ribera Costa, margen, borde, orilla, litoral, playa, riba, ribazo, rompiente.

ribete Cinta, orla, borde, festón, filete, franja, fleco, remate. — *Centro*.

rico Acaudalado, pudiente, opulento, adinerado, potentado, millonario, creso, magnate. — *Pobre*. || Fértil, exuberante, próspero, lujurioso, feraz, floreciente. — *Desértico*. || Sabroso, suculento, apetitoso, exquisito, delicioso. — *Insípido, repugnante*.

ridículo Extravagante, incongruente, raro, singular, extraño, curioso, peculiar, mamarracho, irrisorio, caricaturesco. — *Serio, grave*.

riego Irrigación, regadío, remojo, mojadura, humedecimiento, impregnación. — *Secado*.

riel Carril, raíl, vía, viga, barra.

rienda Brida, correa, cincha, freno, ronzal, cabestro, sujeción.

riesgo Azar, peligro, albur, trance, apuro, posibilidad, suerte, ventura. — *Seguridad*.

rifa Sorteo, lotería, tómbola, azar, juego.

rifle Carabina, fusil, máuser, escopeta, mosquete, arcabuz, trabuco.

rígido Tirante, duro, erecto, consistente, firme, tieso, tenso. — *Flexible*.

rigor Austeridad, severidad, dureza, aspereza, disciplina, rigidez. — *Benevolencia*. || Inclemencia, intensidad, crudeza, fuerza. — *Bonanza*.

riguroso Austero, severo, v. rígido.

rima Verso, versificación, poesía, trova, estrofa, canto, balada, copla. — *Prosa*.

rimbombante Pomposo, ostentoso, retumbante, estrepitoso, atronador, resonante, estruendoso. — *Sencillo, silencioso*.

rincón Esquina, ángulo, canto, recodo, recoveco, vuelta, sinuosidad, escondrijo, guarida.

riña Pelea, disputa, contienda, escaramuza, lucha, pugna, batalla, liza, hostilidad, conflicto, disgusto, discusión. — *Paz, concordia.*

río Corriente, torrente, riacho, arroyo, regato, brazo, afluente.

riqueza Opulencia, bienestar, hacienda, fortuna, capital, caudal, patrimonio. — *Pobreza.* || Abundancia, exuberancia, fecundidad. — *Escasez.*

risa Carcajada, risotada, jolgorio, alegría, sonrisa. — *Llanto.*

risco Roca, peña, peñasco, piedra, talud, escarpa, acantilado, despeñadero, peñón, mogote.

ristra Hilera, ringlera, fila, sarta, rosario, cadena, línea, serie. — *Unidad.*

risueño Festivo, jocoso, hilarante, divertido, alegre, contento, placentero. — *Triste.*

ritmo Cadencia, regularidad, compás, medida, movimiento, paso, orden, equilibrio. — *Irregularidad.*

rito Culto, ceremonia, ritual, liturgia, costumbre, solemnidad, celebración, protocolo.

rival Competidor, contendiente, antagonista, enemigo, adversario, oponente, émulo. — *Aliado.*

rizado Ensortijado, crespo, rizoso, rufo, retorcido, ondulado, ondeado. — *Liso, lacio.*

rizo Bucle, sortija, onda, tirabuzón, mechón.

robar Hurtar, sustraer, quitar, apandar, escamotear, timar, despojar, saquear, desvalijar, estafar, usurpar, expoliar. — *Devolver.*

robo Hurto, v. robar.

robustecer Vigorizar, endurecer, fotalecer, tonificar, reforzar, fortificar. — *Debilitar.*

robusto Corpulento, musculoso, vigoroso, fuerte, fornido, pujante, hercúleo, sólido. — *Débil.*

roca Peña, peñasco, risco, piedra, escollo, arrecife, pico, granito, mineral.

roce Frote, frotamiento, fricción, restregón, desgaste, sobo. || **roces** Desavenencias, disgustos, violencias. — *Avenencia.*

rociar Salpicar, mojar, duchar, bañar, regar. — *Secar.* || Difundir, extender, soltar, dispersar. — *Reunir.*

rocoso Pedregoso, abrupto, escarpado, árido, desigual, desértico, áspero. — *Llano, liso.*

rodaja V. rebanada.

rodar Voltear, girar, correr, resbalar, virar, circular, deslizarse, desplazarse. — *Detenerse.*

rodear Circunvalar, desviarse, eludir, ladear, alejarse, orillar, torcer. — *Atravesar.* || Cercar, sitiar, asediar, aislar, encerrar. — *Liberar.*

rodeo Circunvalación, vuelta, desvío, separación. —

Través. || Evasiva, vague-dad, perífrasis, giro, am-bages, ambigüedad. — *Exabrupto.*

roer Mordisquear, corroer, carcomer, dentellar, gas-tar, comer. || Atormen-tar, angustiar. — *Tran-quilizar.*

rogar Suplicar, implorar, invocar, pedir, solicitar, orar, rezar. — *Exigir, ofrecer.*

rojo Encarnado, carmesí, colorado, escarlata, púr-pura, grana, rubí.

rollizo Gordo, grueso, obe-so, corpulento, gordin-flón, regordete, robusto. — *Flaco.*

rollo Rodillo, cilindro, eje, pilar. || Ovillo, madeja, lío, carrete. || Tabarra, lata, pesadez, aburrimien-to. — *Diversión.*

romance* Amorío, idilio, noviazgo, galanteo, corte-jo, festejo.

romántico Sentimental, de-licado, sensiblero, tier-no, apasionado, idealis-ta. — *Materialista.*

rompeolas Espigón, male-cón, escollera, dique, muelle, desembarcadero.

romper Destrozar, des-truir, quebrar, partir, despedazar, desbaratar, escacharrar, quebrantar, fracturar, rajar, hender, estropear. — *Arreglar.*

rompiente Arrecife, esco-llera, banco, bajío, ba-rra, peñasco, oleaje.

ronco Bronco, rauco, afó-

nico, enronquecido, ru-do, áspero, profundo, ba-jo. — *Agudo.*

ronda Guardia, vigilancia, patrulla, escolta, pelotón, destacamento, piquete, centinela. || Tanda, tur-no, vuelta, vez, serie.

rondar Merodear, deambu-lar, pasear, vigilar, pa-trullar, escoltar. — *Ale-jarse.*

ronquera Afonía, carras-pera, enronquecimiento.

ronquido Resuello, jadeo, estertor, respiración, mugido, gruñido.

roña Mugre, inmundicia, porquería, cochambre, asquerosidad. — *Pulcri-tud.*

roñoso Mugriento, v. ro-ña. || Avaro, tacaño, mi-serable, mezquino, ruin. — *Generoso.*

ropa Ropaje, vestidos, in-dumentaria, atuendo, ata-vío, prendas, trajes.

ropero Armario, guarda-rropa, aparador, cómo-da, estantería, anaquel.

rosario V. ristra.

rostro Semblante, fisono-mía, faz, cara, efigie, vi-saje, facciones, rasgos.

roto Partido, rajado, que-brado, destrozado, esca-charrado, averiado, hara-piento. — *Flamante, en-tero.*

rótulo Inscripción, título, anuncio, cartel, encabe-zamiento, marca, etique-ta.

rotundo Terminante, preciso, claro, regular, concluyente, firme. — *Impreciso.*

rotura Fractura, quiebra, ruptura, quebranto, destrozo, estrago. — *Compostura.*

rozagante Lozano, orondo, vistoso, saludable, fresco, flamante. — *Enfermizo.*

rozar Frotar, restregar, estregar, friccionar, fregar, manosear, sobar, raer, desgastar.

rubor Sonrojo, sofoco, bochorno, encendimiento, colores, vergüenza. — *Descaro.*

ruborizarse Sonrojarse, v. rubor.

rudimentario Primitivo, tosco, primario, elemental, anticuado. — *Perfeccionado.*

rudo Brusco, tosco, grosero, descortés, bronco, violento, duro, ignorante. — *Fino, culto.*

rueda Círculo, disco, circunferencia, corona, llanta, neumático, aro, volante. || Corrillo, corro, grupo, turno, tanda.

ruego Súplica, instancia, solicitud, petición, imploración, queja, pedido. — *Exigencia.* || Oración, rezo, plegaria, preces, adoración. — *Blasfemia.*

rufián Canalla, miserable, bribón, infame, ruin, truhán, chulo, alcahuete.

rugir Bramar, mugir, bufar, gruñir, aullar, ulular, chillar, berrear.

rugoso Áspero, desigual, arrugado, desnivelado, escabroso, surcado. — *Liso.*

ruido Sonido, fragor, rumor, zumbido, eco, estampido, estruendo, alboroto, baraúnda, griterío, bullicio. — *Silencio, calma.*

ruidoso Estrepitoso, escandaloso, estruendoso, ensordecedor, estridente. — *Silencioso.*

ruin Vil, despreciable, bajo, villano, infame. — *Noble.* || Avaro, tacaño, miserable. — *Generoso.*

ruina Quebranto, bancarrota, pérdida, fracaso, hundimiento, desastre, infortunio. — *Prosperidad.*

rumbo Dirección, camino, trayectoria, sentido, derrotero, orientación, marcha. || Pompa, boato, postín, ostentación, generosidad, derroche. — *Humildad.*

rumiar Mascar, tascar, mordisquear. || Madurar, reflexionar, urdir.

rumor Murmuración, cotilleo, comadreo, información, cuento, chisme. — *Verdad.*

ruptura Desavenencia, disgusto, riña, separación, rompimiento. — *Avenencia.* || V. rotura.

rural Campesino, aldeano, campestre, rústico (v.),

sencillo, pastoral. — *Ciudadano*.

rústico Tosco, primitivo, burdo, rudo, ordinario. — *Refinado*. || Campesino, v. rural. || Paleto, palurdo, lugareño, aldeano. — *Ciudadano*.

ruta Derrotero, itinerario, camino, viaje, periplo, trayecto, carretera.

rutilante Refulgente, resplandeciente, fulgurante, deslumbrante, brillante, esplendoroso, chispeante, centelleante, luminoso. — *Opaco*.

rutina Costumbre, frecuencia, repetición, hábito, tradición, modo, maña, apatía, desgana. — *Interés*.

S

saber Conocer, entender, penetrar, discernir, dominar, creer, pensar, intuir. — *Desconocer, ignorar.* || Sabiduría (v.).

sabiduría Saber, erudición, ciencia, ilustración, cultura, conocimiento, instrucción, penetración, intuición, dominio, pericia. — *Ignorancia.*

sabio Erudito, ilustrado, científico, investigador, estudioso, culto, lumbrera. — *Ignorante.*

sable V. espada.

sabor Gusto, regusto, gustillo, sapidez, sensación.

saborear Catar, gustar, paladear, probar, deleitarse. — *Aborrecer, repugnar.*

sabotaje Daño, avería, destrucción, estrago, terrorismo, violencia, represalia.

sabroso Delicioso, rico, exquisito, apetitoso, suculento, sazonado. — *Insípido, repugnante.*

sabueso Perro, can, dogo.

|| Policía, investigador, polizonte, detective. — *Delincuente.*

sacar Quitar, extraer, vaciar, abrir, exhumar, despojar, tomar, arrebatar, privar. — *Devolver, poner.* || Mostrar, enseñar, exhibir, revelar, lucir. — *Ocultar.*

sacerdote Cura, clérigo, religioso, padre, párroco, coadjutor, fraile, monje. — *Lego.*

saciarse Llenarse, hartarse, atiborrarse, atracarse, rellenarse, empacharse, empalagarse. — *Apetecer.*

saco Talego, saca, costal, fardo, bolsa, zurrón, bolso, macuto.

sacrificio Ofrenda, inmolación, martirio, expiación, holocausto, tributo, pago, muerte. — || Sufrimiento, padecimiento, abnegación, renuncia. — *Beneficio.*

sacrilegio Profanación, violación, vandalismo, irreverencia, escarnio, abominación, blasfemia, perjurio, impiedad. — *Adoración, arrepentimiento.*

sacudir Estremecer, conmocionar, convulsionar, agitar, temblar, chocar, percutir, golpear.

saeta Dardo, flecha, venablo, sagita, astil. || Manecilla, aguja, minutero, segundero.

sagaz Perspicaz, agudo, penetrante, clarividente, inteligente, astuto, sutil, lúcido. — *Torpe.*

sagrado Divino, consagrado, santo, santificado, venerable, bendito. — *Profano.*

sala Aposento, salón, recinto, estancia, pieza, cuarto, habitación, local, teatro.

salario Remuneración, paga, estipendio, retribución, gratificación, jornal, honorarios, mensualidad, sueldo, haberes.

saldo Pago, liquidación, abono, venta, resto, remanente, retazo.

salero V. simpatía.

salida Paso, comunicación, puerta, boca, agujero, abertura, desagüe, evacuación, derrame. || Marcha, partida, alejamiento, huida. — *Llegada.*

saliente Reborde, borde, resalte, remate, pestaña, punta, lomo. — *Entrante.*

salir Marchar, partir, alejarse, huir, escapar, evadirse. — *Entrar, llegar.*

salmodia Melopea, canturreo, repetición, zumbido, cántico, mosconeo.

salón V. sala.

salpicar Mojar, chapotear, rociar, duchar, chorrear, humedecer, irrigar, bañar. — *Secar.*

salsa Caldo, jugo, zumo, adobo, aderezo, condimento, aliño, moje, sopa, sustancia.

saltar Botar, rebotar, brincar, retozar, danzar, juguetear, girar. || Lanzarse, arrojarse, tirarse, arremeter. || Volar, estallar, explotar, reventar. || *saltarse* Omitir, olvidar, dejar.

salteador V. ladrón.

salto Brinco, rebote, cabriola, pirueta, retozo, danza, giro, tranco. || Omisión, olvido, descuido, laguna, falta, error. — *Corrección.*

salud Robustez, fortaleza, lozanía, vigor, brío, energía, resistencia.

saludable V. sano.

saludo Congratulación, ceremonia, cumplido, cortesía, recepción, entrevista, visita, reverencia, inclinación, ademán, gesto. — *Descortesía.*

salvador Protector, v. salvar. || **Salvador (El)** V. Jesucristo.

salvaje Bárbaro, brutal, atroz, bestial, animal, cruel, inicuo, infame. — *Culto, civilizado.* || Caníbal, antropófago, nativo, primitivo, aborigen, indígena. — *Civilizado*. ‖ Arisco, indómito, montaraz, agreste, montés, bravío, cerril, grosero. — *Manso*.

salvar Socorrer, asistir, auxiliar, rescatar, recuperar, liberar, esconder, ocultar, fomentar, redimir, disculpar. — *Entregar, abandonar*. ‖ Atravesar, franquear, saltar, pasar, vadear.

sanar Restablecerse, reponerse, curar, mejorar, convalecer, recobrarse, aliviarse. — *Agravarse, empeorar*.

sanatorio Hospital, clínica, nosocomio, policlínico, dispensario, lazareto.

sanción Castigo, pena, condena, prohibición, expulsión. — *Premio*. ‖ Autorización, confirmación, aprobación, permiso, decreto. — *Prohibición*.

sandalia Chancleta, alpargata, zapatilla, babucha, chanclo, pantufla, chinela.

sandez Desatino, necedad, majadería, disparate, dislate, despropósito, memez. — *Sensatez*.

sandwich* Bocadillo, emparedado, canapé, panecillo, tentempié, piscolabis.

sanear Limpiar, depurar, higienizar, purificar, desarrollar, arreglar, corregir. — *Ensuciar*.

sangre Humor, flujo, linfa,

plasma, líquido orgánico. ‖ V. linaje.

sangriento Cruento, brutal, bárbaro, salvaje (v.), feroz, inhumano, sanguinario, bestial. — *Bondadoso, piadoso*.

sanguinario V. sangriento.

sano Lozano, saludable, fuerte, vigoroso, robusto, fresco, resistente. — *Enfermo*. ‖ Higiénico, benéfico, saludable, cabal, íntegro.

santidad Virtud, perfección, gracia, misticismo, caridad, sublimidad. — *Condenación*.

santo Divino, sagrado, místico, perfecto, virtuoso, sublime, puro, augusto, inviolable, bienaventurado. — *Profano, endemoniado*. ‖ Beato, patrono, mediador, abogado, apóstol, mártir. — *Renegado*. ‖ Onomástica, festividad, celebración, aniversario, fiesta.

santuario Oratorio, monasterio, templo, capilla, abadía, convento, iglesia.

santurrón Mojigato, gazmoño, hipócrita, beato, puritano, fariseo. — *Sincero, abierto*.

saña Fobia, rabia, rencor, inquina, ira, ojeriza, hincha, antipatía. — *Afecto*.

saquear Desvalijar, pillar, rapiñar, despojar, capturar, asaltar, merodear. — *Perdonar, devolver*.

sarcástico Irónico, satírico, burlón, mordaz, cáustico, cínico, agresivo. — *Sincero.*

sarcófago Féretro, ataúd, caja, cajón, catafalco, sepulcro, sepultura, tumba.

sarpullido Erupción, eritema, inflamación, irritación, urticaria.

sarraceno Mahometano, moro, musulmán, agareno, árabe, muslime, beréber, berberisco. — *Cristiano.*

sarta Ristra, recua, retahíla, serie, rosario, cadena, ringlera, conjunto. — *Unidad.*

Satanás Lucifer, Belcebú, Mefistófeles, Luzbel, demonio, diablo. — *Dios.*

sátira Ironía, sarcasmo, mordacidad, causticidad, chanza, acrimonia, cinismo, indirecta. — *Alabanza.*

satisfacción Agrado, contento, alegría, gozo, placer, deleite, alborozo, euforia. — *Disgusto.* || Compensación, reparación, arreglo, resarcimiento, disculpa. — *Agravio.*

satisfecho Conforme, contento, ufano, complacido, aplacado, calmado. — *Insatisfecho.* || Harto, saciado, lleno, atiborrado. — *Ansioso.*

saturar Impregnar, rebosar, hartar, saciar.

sazón Madurez, punto, florecimiento, granazón, desarrollo. — *Inmadurez.* || Ocasión, oportunidad, coyuntura, circunstancia.

sazonar Adobar, aderezar, aliñar, condimentar, madurar, fructificar.

sebo Grasa, unto, tocino, gordo, mantequilla, crasitud, oleína, aceite.

secar Escurrir, orear, ventilar, enjugar, deshidratar, evaporar, vaciar, desaguar. — *Humedecer, inundar.* || **secarse** Marchitarse, agostarse, resecarse, amarillear, amustiarse, ajarse, apergaminarse. — *Reverdecer.*

sección División, departamento, sector, parte, grupo, apartado. — *Conjunto.* || Tajo, corte, incisión, división, amputación. — *Unión, costura.*

secesión Cisma, separación, división, disgregación, desviación. — *Unión.*

seco Escurrido, v. secar. || Marchito, v. secar.

secretaría Dependencia, oficina, despacho, ayudantía, negociado.

secreto Oculto, misterioso, incógnito, íntimo, furtivo, clandestino, reservado, disimulado. — *Evidente, divulgado.* || Enigma, misterio, incógnita, interrogante, sigilo, reserva, disimulo. — *Divulgación.*

secta Camarilla, grupo, clan, pandilla, liga, doctrina, iglesia, confesión.

sector Parte, división, porción, fragmento, esfera, nivel, lote, fase, tramo. — *Conjunto.*

secuaz Esbirro, paniaguado, sicario, gregario, segundón, partidario, seguidor.

secuela Resultado, consecuencia, efecto, derivación, alcance, desenlace. — *Causa.*

secuestrar Raptar, retener, detener, forzar, arrebatar, engañar. — *Devolver.* || Embargar, requisar, decomisar, incautarse. — *Permitir.*

secundario Complementario, accesorio, circunstancial, insignificante, trivial. — *Principal.*

sed Avidez, ansia, necesidad, deseo, afán, sequedad, deshidratación, desecación.

sedante Calmante, tranquilizante, lenitivo, paliativo, analgésico, narcótico, hipnótico, droga. — *Estimulante.*

sede Central, centro, base, cuna, diócesis. — *Sucursal.*

sedentario Estacionario, inmóvil, quieto, inactivo, estático. — *Nómada.*

sedición Insurrección, levantamiento, algarada, motín, pronunciamiento, alboroto, revolución. — *Calma, paz.*

sediento Ávido, ansioso, deseoso, anhelante, afanoso, apasionado, vehemente.

sedimento Poso, depósito, residuo, asiento, turbiedad, sarro, lodo, cieno.

seducir Fascinar, atraer, encantar, hechizar, alabar, sugestionar, persuadir, engañar. — *Repeler.*

segar Cortar, guadañar, seccionar, talar, tronchar, cercenar, decapitar, tumbar.

segmento Parte, porción, sección, sector, miembro, vestigio. — *Conjunto, totalidad.*

segregar Excretar, producir, rezumar, evacuar. || Discriminar, separar, diferenciar. — *Igualar.*

seguido Continuo, consecutivo, incesante, ininterrumpido, repetido. — *Discontinuo.*

seguidor V. partidario.

seguir Acompañar, escoltar, perseguir, rastrear. — *Abandonar.* || Admirar, simpatizar, apoyar, imitar. — *Contrariar.* || Continuar, proseguir, insistir, reanudar, prorrogar. — *Interrumpir.*

seguro Protegido, resguardado, invulnerable, inmune, indemne, defendido, inexpugnable, recio. — *Endeble, peligroso.* || Cierto, evidente, firme, fijo, indudable, positivo, sereno, tranquilo. — *Inseguro.*

seleccionar Elegir, separar, distinguir, extraer, clasificar, preferir. — *Confundir*.

selva Bosque, fronda, espesura, jungla, manigua, boscaje, arboleda, follaje. — *Desierto*.

sellar Precintar, lacrar, timbrar, cerrar, estampar, grabar, marcar, obstruir. — *Abrir*.

semblante Rostro, cara, efigie, fisonomía, faz, imagen, facciones, rasgos, aspecto.

sembrado Huerto, campo, cultivo, plantío, parcela. || Diseminado, cubierto, lleno, plantado, v. sembrar.

sembrar Esparcir, diseminar, desparramar, dispersar, lanzar. — *Reunir*. || Granear, sementar, melgar. || Divulgar, propalar, transmitir. — *Callar*.

semejante Análogo, afín, parecido, idéntico, igual, similar, calcado, copiado. — *Diferente*.

semejar Parecerse, recordar a, equivaler, aparentar, heredar. — *Diferenciarse*.

semidiós Héroe, superhombre, campeón, ídolo, titán.

semilla Simiente, grano, germen, pepita, pipa. || Origen, causa, fundamento. — *Consecuencia*.

sempiterno V. perenne.

sencillo Simple, llano, natural, franco, sincero, inocente, ingenuo, limpio, desnudo, evidente, claro, fácil. — *Complicado*.

sendero Senda, vereda, camino, ramal, trocha, travesía, huella.

senil Anciano, viejo, longevo, provecto, caduco, decrépito, chocho. — *Joven*.

seno Hueco, oquedad, concavidad, entrante, cavidad, depresión. — *Saliente*. || **senos** Mamas, pechos, tetas, ubres, busto.

sensación Impresión, emoción, excitación, imagen, representación. || Asombro, maravilla, pasmo. — *Indiferencia*.

sensato Prudente, moderado, discreto, cuerdo, circunspecto, cauteloso, juicioso. — *Imprudente*.

sensible Impresionable, sentimental, tierno, emotivo, delicado, suspicaz. — *Insensible*.

sensual Sibarita, refinado, profano, epicúreo. || Voluptuoso, concupiscente, lujurioso, lascivo, lúbrico, libidinoso, erótico. — *Impotente*.

sentarse Arrellanarse, repantigarse, descansar, acomodarse, ponerse. — *Levantarse, incorporarse*.

sentencia Veredicto, dictamen, decisión, fallo, resolución, condena. || Máxima, dicho, refrán, aforismo, adagio, moraleja.

sentenciar Condenar, penar, castigar, multar, sancionar, fallar, dictaminar.

sentido Discernimiento, juicio, sensatez, comprensión, sagacidad. || Significado, alcance, significación, acepción, valor. || Emotivo, cariñoso, afectivo, tierno, profundo, resentido. — *Indiferente.* || Dirección, orientación, trayectoria, rumbo.

sentimental V. sensible.

sentimiento Compasión, afecto, piedad, lástima, ternura, dolor, aflicción, tristeza, emoción, evocación, impresión. — *Insensibilidad.*

sentir Notar, percibir, advertir, percatarse, experimentar, comprobar. || Lamentar, arrepentirse, deplorar, conmoverse, afectarse. — *Alegrarse.* || Parecer, juicio, opinión, creencia, impresión.

seña Gesto, ademán, signo, mímica, actitud, pantomima, expresión. || Anticipo, adelanto, prenda. || Marca, v. señal. || señas Dirección, domicilio, residencia, destinatario.

señal Marca, huella, muesca, cicatriz, vestigio, indicio, reliquia, resto. || Síntoma, seña, sospecha, indicio. || Gesto, v. seña.

señalar Mostrar, indicar, apuntar, designar, advertir, mencionar. — *In-*determinar. || Marcar, imprimir, sellar, manchar, herir.

señor Caballero, noble, hidalgo, patricio, aristócrata, cortesano. — *Plebeyo.* || Amo, dueño, patrón, jefe, propietario, superior, titular, cabecilla. — *Vasallo, subordinado.*

señora Matrona, dama, ama, dueña, madre, cortesana. — *Mujerzuela.* || Esposa, mujer, cónyuge, consorte, compañera, pareja.

señorial Aristocrático, elegante, linajudo, distinguido, noble, majestuoso. — *Vulgar.*

señorita Damita, doncella, joven, chica, muchacha, moza, virgen. — *Señora.*

señuelo Cebo, carnada, lazo, trampa, engaño, incentivo, atractivo, aliciente.

separar Alejar, apartar, desprender, desunir, dividir, aislar, desviar, saltar, sacar, dispersar. — *Unir.* || Expulsar, exonerar, despedir, destituir, rechazar. — *Admitir.* || **separarse** Divorciarse, desligarse, romper, enemistarse. — *Unirse.*

sepelio Inhumación, entierro, ceremonia, acto.

sepulcro V. sepultura.

sepultar Inhumar, enterrar, ocultar, esconder, sumergir. — *Desenterrar, sacar.*

sepultura Fosa, tumba, panteón, sepulcro, cripta, huesa, mausoleo, sarcófago.

sequedad Deshidratación, desecación, evaporación, aridez, sequía, sed. — *Humedad.* || Antipatía, aspereza, dureza, descortesía. — *Amabilidad.*

sequía Estiaje, resecamiento, agostamiento, aridez, sed, calamidad. — *Inundación.*

séquito Acompañamiento, cortejo, escolta, compañía, comitiva, corte.

ser Criatura, ente, cosa, organismo, individuo, sujeto, naturaleza. || Existir, estar, vivir, quedar, hallarse, permanecer. || Acontecer, ocurrir, acaecer, transcurrir. — *Faltar.*

serenar Aplacar, moderar, tranquilizar, sosegar, aquietar, consolar. — *Excitar, aquietar.*

sereno Tranquilo, calmoso, flemático, imperturbable, frío, firme, estoico, sosegado. — *Nervioso.* || Despejado, claro, bonancible, limpio. — *Nublado, borrascoso.*

serie Sucesión, orden, progresión, curso, fila, hilera, lista, conjunto, grupo. — *Unidad.*

serio Grave, formal, digno, sensato, reposado, juicioso, reservado, circunspecto, decoroso, puntual,

cumplidor. — *Informal.* || Seco, tieso, adusto, severo, ceñudo, taciturno. — *Alegre.* || Grave, trascendental, importante, delicado, espinoso. — *Insignificante.*

sermón Prédica, plática, perorata, alocución, amonestación, arenga, regañina. — *Alabanza.*

serpiente Culebra, víbora, ofidio, sierpe, reptil, crótalo, áspid.

servicial Solícito, atento, complaciente, c o r t é s, amable, educado, considerado. — *Descortés.*

servicio Asistencia, ayuda, favor, subvención, auxilio. — *Desamparo.* || Servidumbre, personal, séquito, criados. || Retrete, excusado, lavabos, letrina, urinario. || Provecho, utilidad, rendimiento, aprovechamiento. — *Inutilidad.*

servidor V. sirviente.

servidumbre V. servicio.

servil Rastrero, indigno, abyecto, sumiso, adulador, borrego. — *Altanero.*

servir Auxiliar, asistir, ayudar, ejercer, ejecutar, trabajar, emplearse, valer. — *Desasistir.* || Partir, distribuir, presentar, ofrecer, dosificar. || servirse Dignarse, acceder, aceptar, permitir. — *Negar.*

sesgado Oblicuo, inclina-

do, cruzado, atravesado,
torcido, desviado. — *Di-
recto.*

sesión Conferencia, asamblea, reunión, junta, consulta, conclave, comité.

seso V. cerebro.

sesudo Reflexivo, prudente, moderado, juicioso,
cuerdo, empollón, aplica-
do, profundo. — *Superfi-
cial.*

seta Hongo, champiñón,
níscalo, mízcalo.

seto Valla, cercado, empalizada, coto, estacada, barrera, mata.

seudónimo Mote, apodo,
sobrenombre, alias, re-
moquete, apellido, nom-
bre.

severo Austero, riguroso,
intolerante, intransigen-
te, estricto, rígido. —
Benévolo, tolerante.

sexual Genital, genésico,
sensual, carnal, erótico,
lascivo, instintivo. — *Espiritual.*

shock* Choque, conmo-
ción, impresión, sacudi-
da, perjuicio, daño.

show* Espectáculo, función, exhibición.

sibarita Epicúreo, refinado,
sensual, comodón, rega-
lado, conocedor. — *Ta-
caño, tosco.*

sideral Espacial, cósmico,
astral, astronómico, ce-
leste, estelar, universal.

siembra Sementera, cultivo, labor, labranza.

siempre Eternamente, per-

petuamente, perennemen-
te, sin cesar. — *Nunca.*

siervo Servidor, sirviente
(v.), esclavo, vasallo, villano, súbdito. — *Amo.*

siesta Descanso, reposo,
sopor, letargo, pausa,
ocio, alto. — *Actividad.*

sigilo Secreto, disimulo,
reserva, cautela, pruden-
cia, hipocresía. — *Ruido,
franqueza.*

significado Sentido, acepción, alcance, extensión,
valor, fuerza, motivo.

significar Simbolizar, representar, encarnar, per-
sonificar. || Expresar, ex-
poner, declarar, comuni-
car, enunciar, estipular.
— *Omitir.*

signo Trazo, rasgo, marca,
símbolo, letra, abreviatu-
ra, cifra. || Señal (v.).

siguiente Posterior, ulterior, sucesivo, correlativo, continuador, vecino.
— *Anterior.*

silbar Pitar, chiflar, abuchear, alborotar, protes-
tar. — *Aprobar, aplau-
dir.*

silencio Reserva, sigilo, secreto, disimulo, discre-
ción, cautela, prudencia.
|| Mudez, afonía, mutis-
mo, enmudecimiento. ||
Calma, paz, sosiego,
tranquilidad, tregua, re-
poso, quietud. — *Ruido.*

silencioso Reservado, sosegado, v. silencio.

silueta Contorno, perfil,
trazo, sombra, bosquejo,

línea, borde, cerco, dibujo, forma.

silvestre Agreste, campestre, montaraz, montés, rural, bravío, selvático. — *Domesticado.*

silla Asiento, sillón (v.), butaca, banco, escaño, taburete, poltrona.

sillón Butaca, poltrona, mecedora, sitial, tronco, escaño, asiento, silla (v.).

sima Fosa, abismo, hondonada, depresión, pozo, oquedad, profundidad.

simbólico Metafórico, figurado, alegórico, teórico, representativo, alusivo. — *Real.*

símbolo Alegoría, emblema, efigie, representación, signo, atributo, figura, imagen. — *Realidad.* || Encarnación, personificación, compendio. || Letra, inicial, sigla, fórmula.

simetría Proporción, armonía, concordancia, ritmo, equilibrio. — *Desproporción.*

simiente V. semilla.

similar Parecido, semejante, relacionado, análogo, próximo, vecino, afín, igual. — *Diferente.*

simio V. mono.

simpatía Encanto, cordialidad, donaire, atractivo, gracia, hechizo. — *Antipatía.* || Inclinación, cariño, apego, compenetración, afinidad. — *Repulsión.*

simpatizante V. partidario.

simple Sencillo, elemental, llano, natural, espontáneo, evidente, fácil. — *Complejo.* || Bobo, necio, estúpido, tonto (v.).

simplificar Allanar, reducir, abreviar, facilitar, resolver, compendiar, resumir. — *Complicar.*

simulacro Ensayo, maniobra, práctica, ejercicio, simulación, engaño.

simular Fingir, aparentar, imitar, ocultar, desfigurar, engañar, encubrir. — *Revelar.*

simultáneo Coetáneo, coincidente, coexistente, presente, sincrónico. — *Anacrónico.*

sincero Franco, noble, cordial, honesto, honrado, veraz, claro, real. — *Hipócrita.*

síncope Vahído, ataque, patatús, colapso, vértigo, mareo, desfallecimiento, desmayo. — *Recuperación.*

sindicato Gremio, federación, hermandad, asociación, grupo, liga, junta.

sinfín Abundancia, pluralidad, sinnúmero, infinidad, cúmulo, inmensidad, exceso. — *Carencia, escasez.*

singular Particular, especial, notable, destacado, raro, extraño. — *Común.*

siniestro Tétrico, avieso, lúgubre, espeluznante, patibulario. — *Simpático.* || Catástrofe, desastre, accidente, ruina, hecatombe, calamidad. — *Bonanza, suerte.*

sino Hado, destino, providencia, fortuna, fatalidad, ventura, estrella.

sinónimo Equivalente, parejo, semejante, consonante, correspondiente, paralelo. — *Antónimo, contrario.*

sinopsis V. síntesis.

sinsabor Pena, disgusto, angustia, desazón, dolor, amargura. — *Alegría.*

síntesis Compendio, resumen, extracto, abreviación, sinopsis, recopilación. — *Análisis.*

sintético Artificial, químico, elaborado, adulterado. — *Natural.* || Resumido, v. síntesis.

síntoma Señal, signo, indicio, manifestación, evidencia, barrunto.

sinuoso Tortuoso, ondulante, serpenteante, desigual, torcido. — *Recto, parejo.*

sinvergüenza Bribón, truhán, pícaro, tunante, ladino, pillo, golfo, granuja, canalla. — *Honrado, decente.*

sirena Ninfa, ondina, nereida, náyade. || Silbato, pito, alarma.

sirviente Criado, fámulo, doméstico, camarero, servidor, muchacho, chico, lacayo, mayordomo.

sisar V. hurtar.

sistema Método, procedimiento, proceso, modo, práctica, estilo, usanza, técnica.

sistemático Invariable, perenne, constante, regular, persistente. — *Irregular.*

sitiar Rodear, cercar, encerrar, asediar, bloquear, arrinconar, aislar. — *Liberar.*

sitio Lugar, puesto, punto, parte, rincón, comarca, paraje, zona, término. || Asedio, cerco, bloqueo, acorralamiento. — *Liberación.*

situar Colocar, disponer, orientar, poner, dirigir, acomodar. — *Desplazar.*

snob* Afectado, cursi, presumido, pedante, petimetre. — *Sobrio, sensato.*

sobar Manosear, palpar, tentar, manipular, tocar, restregar, acariciar, ajar, desgastar.

soberanía Independencia, autonomía, libertad. — *Dependencia.*

soberano Monarca, rey, príncipe, emperador, señor, majestad, gobernante — *Vasallo.* || Independiente, autónomo, libre, emancipado. — *Dependiente.* || Magnífico, superior, excelente, espléndido. — *Pésimo.*

soberbio Arrogante, orgulloso, altanero, altivo, vanidoso, engreído, impertinente. — *Modesto.* || Magnífico, espléndido, maravilloso, estupendo, grandioso, sublime, admirable. — *Pésimo, humilde.*

sobornar Corromper, un-

tar, pagar, atraer, sedu-
cir, engatusar.

sobra Exceso, demasía,
abundancia, plétora, col-
mo, exageración, profu-
sión. — *Falta, carencia.* ||
sobras Despojos, desper-
dicios, residuos, restos.

sobrar Abundar, quedar,
exceder, rebasar, desbor-
dar, rebosar. — *Faltar.*

sobrecargar Recargar, incrementar, aumentar,
gravar, abrumar, moles-
tar. — *Aliviar.*

sobrecogedor Conmovedor,
estremecedor, espantoso,
impresionante, pasmoso.
— *Indiferente.*

sobreexcitación Inquietud,
agitación, conmoción,
nerviosidad, angustia. —
Calma.

sobrehumano ímprobo,
agotador, agobiante. —
Fácil. || V. sobrenatural.

sobrellevar Tolerar, aguantar, sufrir, soportar, resistir, resignarse. — *Lamentarse.*

sobrenatural Celestial, divino, heroico, sobrehuma-
no, ultraterreno, mágico.
— *Natural.*

sobrenombre Mote, apodo,
alias, seudónimo, nom-
bre, remoquete, calificativo, apelativo.

sobrepasar Superar, exceder, aventajar, rebasar,
vencer. — *Retrasarse.*

sobreponerse Dominarse,
contenerse, refrenarse,
superar, reprimirse. —
Abandonarse.

sobresaliente Superior,
aventajado, principal, excelente, descollante, magnífico. — *Vulgar, malo.*

sobresalir Descollar, superar, exceder, destacar,
aventajar, elevarse. —
Retrasarse.

sobresaltarse Intranquili-
zarse, atemorizarse, alterarse, inquietarse, angus-
tiarse. — *Tranquilizarse.*

sobretodo Gabán, abrigo,
capote, zamarra, pelliza,
trinchera, gabardina.

sobrevivir Perdurar, subsistir, mantenerse, continuar, perpetuarse. —
Morir.

sobrio Templado, mesurado, moderado, frugal,
ponderado, discreto, vir-
tuoso. — *Exagerado, in-
moderado.*

socarrón Astuto, marrullero, sarcástico, irónico,
cínico. — *Serio.*

socavón Bache, hoyo, agujero, hundimiento, hue-
co, zanja, oquedad, mina.

sociable Expansivo, comunicativo, abierto, trata-
ble, accesible, efusivo. —
Insociable, huraño.

sociedad Colectividad, comunidad, grupo, clase,
familia, semejante. ||
Compañía, empresa, fir-
ma, casa, consorcio, cor-
poración. || Club, círculo,
centro, asociación, ate-
neo. || Nobleza, aristocra-
cia, casta, gran mundo.
— *Hez, gentuza.*

socio Asociado, participante, empresario, consocio, beneficiario, afiliado.

socorrer Ayudar, auxiliar, amparar, asistir, remediar, aliviar, proteger, sufragar. — *Abandonar.*

soez Grosero, bajo, vil, ordinario, rudo, zafio, villano, insultante. — *Cortés.*

sofá Diván, canapé, sillón, asiento.

sofocante Bochornoso, caluroso, caliginoso, enrarecido, ardiente, asfixiante. — *Fresco, ventilado.*

sofocar Extinguir, apagar, dominar, contener. — *Avivar.* || **sofocarse** Ahogarse, asfixiarse, jadear, avergonzarse, turbarse, abochornarse.

sofrenar Dominar, contener, atajar, detener, moderar, sujetar. — *Soltar.*

soga Maroma, cuerda, cabo, calabrote, cable, amarra.

sojuzgar Dominar, subyugar, someter, avasallar, oprimir, esclavizar. — *Liberar.*

solapado Taimado, artero, traidor, disimulado, astuto, pérfido, pillo. — *Ingenuo, sincero.*

solar Parcela, terreno, tierra, propiedad, espacio, campo. || Linaje, casta, casa, descendencia, familia, cuna.

solaz Esparcimiento, diversión, distracción, pasatiempo, entretenimiento, recreo. — *Aburrimiento.*

soldado Militar, oficial, jefe, adalid, caudillo, capitán, estratega, recluta, quinto. — *Civil.*

soldar Unir, pegar, amalgamar, ligar, adherir, acoplar, engarzar. — *Separar.*

soledad Aislamiento, alejamiento, separación, desamparo, retiro, orfandad. — *Compañía.* || Tristeza, pena, congoja, melancolía, nostalgia. —*Alegría.*

solemne Majestuoso, mayestático, imponente, impresionante. || Protocolario, serio, grave, formal, ceremonioso, severo. — *Sencillo.*

solemnidad Ceremonia, acto, fiesta, función, celebración, gala, rito, fasto.

solera Antigüedad, abolengo, prosapia. — *Plebeyez.*

solicitar Pedir, demandar, pretender, aspirar, suplicar, buscar, exigir. — *Entregar, ofrecer.*

solícito Cuidadoso, diligente, afanoso, amable, atento, considerado. — *Descuidado, desatento.*

solidaridad Fidelidad, devoción, adhesión, concordia, apoyo, ayuda, fraternidad. — *Insolidaridad.*

sólido Duro, robusto, fuerte, macizo, denso, compacto, apretado, entero. — *Endeble.*

solitario Deshabitado, desierto, abandonado, aislado, despoblado, vacío, desolado. — *Concurrido,* *poblado.* || Huraño, retraído, tímido, insociable, huidizo, esquivo, misántropo. — *Sociable.* || Asceta, penitente, monje, ermitaño.

soliviantar Enardecer, excitar, incitar, inquietar, sublevar, alborotar. — *Calmar.*

solo V. solitario. || Único, exclusivo, impar, singular, sin par, dispar. — *Común.*

soltar Liberar, libertar, librar, manumitir, indultar, dispensar. — *Encarcelar.* || Desatar, dejar, alejar, separar, desprender, quitar, arrancar. — *Juntar.*

soltera Célibe, doncella, solterona, virgen, moza, manceba, casadera. — *Casada.*

soltura Agilidad, prontitud, presteza, desenvoltura, experiencia, maña. — *Torpeza.*

solución Remedio, arreglo, resolución, remate, medio, procedimiento, subterfugio. — *Problema.*

solucionar Resolver, remediar, v. solución.

sollozo Lloro, lloriqueo, gemido, lamento, gimoteo, suspiro, queja. — *Risa.*

sombra Penumbra, oscuridad, negrura, tinieblas, lobreguez. — *Claridad.* || Figura, imagen, contorno, perfil, silueta, proyección. || Ingenio, chispa,

gracia, salero, humor, garbo. — *Pesadez.*

sombrero Gorro, bonete, chambergo, pamela, boina, birrete, capelo, galera, chistera, bombín, hongo, tiara, mitra, caperuza.

sombrío Oscuro, umbrío, lóbrego, tétrico, nebuloso, opaco, cerrado, encapotado. — *Claro.* || Mustio, melancólico, triste. — *Alegre.*

someter Sojuzgar, dominar, subyugar, vencer, ganar, esclavizar, supeditar. — *Liberar.* || someterse Rendirse, claudicar, humillarse, entregarse. — *Luchar.*

somnífero V. soporífero.

somnolencia V. sopor.

sonar Resonar, retumbar, atronar, gemir, chirriar, restallar, chasquear, crujir.

sondear Averiguar, tantear, escrutar, indagar, preguntar. — *Rastrear.*

sonido Ruido, sonoridad, estruendo, bullicio, resonancia, son, retumbo, eco, crujido, cacofonía. — *Silencio.*

sonoro Ruidoso, retumbante, resonante, estruendoso, profundo, grave, armonioso. — *Silencioso.*

sonrisa Risita, gesto, expresión, mueca, mímica, mohín, visaje. — *Llanto.*

sonrojarse Avergonzarse, ruborizarse, enrojecer,

turbarse, sofocarse, azorarse. — *Insolentarse*.

sonrosado Colorado, encendido, saludable, fresco, sano. — *Pálido, mortecino*.

sonsacar Averiguar, inquirir, sondear, tantear, indagar, engatusar. — *Revelar*.

soñar Imaginar, fantasear, idear, vislumbrar, divagar, discurrir, revivir.

soñoliento Aletargado, entumecido, amodorrado, pesado, torpe, apático, perezoso. — *Despierto*.

sopa Caldo, consomé, puré, papilla, gachas, pasta, sopicaldo, bodrio.

sopapo V. tortazo.

soplar Exhalar, espirar, bufar, aventar, inflar, hinchar, echar, expulsar. — *Inspirar*.

soplón Delator, confidente, acusón, correveidile, chivato, denunciante.

soponcio Patatús, síncope, vahído, desfallecimiento, desmayo, coma. — *Actividad*.

soporífero Somnífero, narcótico, hipnótico, estupefaciente. — *Estimulante*. || Aburrido, tedioso, pesado, cargante, molesto. — *Entretenido*.

soportar Sostener, llevar, sustentar, resistir, aguantar. — *Soltar*. || Tolerar, llevar, transigir. — *Rebelarse*.

soporte Base, sostén, apoyo, cimiento, sustento,

trípode, puntal, viga, pilar, pata, poste. || Auxilio, ayuda, sustento, amparo, protección. — *Desamparo*.

sorber Chupar, absorber, aspirar, mamar, libar, tragar, beber. — *Escupir, echar*.

sórdido Ruin, indecente, sucio, vil. — *Noble*. || Tacaño, avaro, mísero, mezquino. — *Generoso*.

sordo Privado, disminuido, imposibilitado, defectuoso, duro de oído. || Indiferente, insensible, cruel. — *Piadoso*. || Retumbante, lejano, grave, ahogado. — *Claro*.

sorprendente Asombroso, extraordinario, raro, prodigioso, pasmoso, extraño. — *Corriente*.

sorprender Descubrir, atrapar, pillar, cazar. — *Perder*. || **sorprenderse** Maravillarse, asombrarse, admirarse, impresionarse, extrañarse.

sorpresa Pasmo, maravilla, asombro, admiración. — *Indiferencia*. || Susto, sobresalto, alarma, desconcierto. — *Calma*.

sorteo Rifa, juego, tómbola, lotería, azar.

sortija Anillo, aro, alianza, argolla, sello, arete, cintillo, tresillo.

sortilegio Encantamiento, brujería, hechizo, magia, nigromancia, agüero. — *Exorcismo*.

sosegado Pacífico, tranquilo, reposado, calmoso, sereno, juicioso, serio. — *Alocado, travieso.*

sosería Insulsez, v. soso.

sosiego Reposo, quietud, placidez, silencio, tranquilidad, calma, descanso, ocio. — *Agitación, ruido.*

soso Insulso, insípido, insustancial, simple, necio, inexpresivo, apático. — *Gracioso.*

sospecha Recelo, desconfianza, suspicacia, prejuicio, malicia, aprensión, celos. — *Confianza.*

sospechoso Raro, anormal, misterioso, oculto, oscuro, secreto, dudoso. — *Normal.* || Furtivo, merodeador, vagabundo, maleante, acusado, encartado. — *Inocente.*

sostén Soporte, sustento, apoyo, fundamento, cimiento, pilar. || Auxilio. apoyo, protección, ayuda, manutención, amparo. — *Desamparo.* || Ajustador, ceñidor, corpiño, prenda interior.

sostener Soportar, v. sostén.

sótano Cueva, bodega, cripta, silo, bóveda, subterráneo, túnel. — *Buhardilla.*

standard* Estándar, uniforme, homogéneo, en serie, normal. — *Diferente, irregular.* || Norma, pauta, patrón, tipo.

stock* Reservas, existencia, surtido, depósito.

suave Terso, sedoso, fino,

delicado, liso, parejo, leve, tenue. — *Recio.* || Apacible, dócil, manso, sumiso, humilde. — *Arisco, áspero.*

subalterno V. subordinado.

subasta Almoneda, puja, licitación, remate, compraventa, ocasión.

subconsciente Instintivo, automático, mecánico, inconsciente, involuntario, maquinal. — *Consciente.*

subdesarrollado Atrasado, rezagado, inculto, pobre, primitivo. — *Rico, progresista.*

súbdito Ciudadano, natural, habitante, vecino, poblador, residente. — *Extranjero.*

subida Cuesta, pendiente, repecho, rampa, desnivel, declive, talud. — *Bajada.* || Ascenso, v. subir.

subir Ascender, remontar, auparse, encaramarse, gatear, izar, montar, alzarse, elevarse, trepar, escalar, erguirse. — *Bajar.* || Progresar, mejorar, promover, adelantar, crecer, desarrollar, intensificar. — *Empeorar.* || Encarecer, incrementar, especular, abusar. — *Abaratar.*

súbito Inesperado, repentino, imprevisto, brusco, insospechado, veloz, impetuoso. — *Lento.*

sublevación Insurrección, alzamiento, rebelión, revolución, motín, conspiración, enfrentamiento, independencia. — *Sumisión.*

sublevar Insurreccionar, v. sublevación.

sublime Eminente, excelso, insuperable, grandioso, divino, celestial, glorioso. — *Vulgar.*

subordinado Subalterno, auxiliar, inferior, dependiente, ayudante, empleado, criado. — *Superior.* || Sometido, v. subordinar.

subordinar Someter, supeditar, sujetar, esclavizar, relegar, postergar, humillar. — *Ascender, liberar.*

subrayar Acentuar, recalcar, resaltar, señalar, hacer hincapié. — *Ignorar.* || Tachar, marcar, rayar, trazar, señalar.

subsanar Corregir, remediar, arreglar, enmendar, compensar, mejorar, solucionar. — *Empeorar.*

subsidio V. subvención.

subsistir Perdurar, conservarse, mantenerse, preservarse, resistir, aguantar. — *Perecer.*

substancia Ingrediente, materia, componente, elemento, principio, factor, compuesto. || Caldo, zumo, jugo, extracto, concentrado. || Ser, esencia, principio, naturaleza, espíritu, carácter.

substancial Importante, esencial, trascendente, valioso, básico. — *Insignificante.* || Inherente, pro-

pio, intrínseco, innato, congénito. — *Adquirido.*

substancioso Suculento, nutritivo, alimenticio, exquisito, jugoso, caldoso. —*Seco, insípido.* || Importante, valioso, interesante. — *Insignificante.*

substituir Reemplazar, suplir, relevar, suceder, auxiliar, apoderar, representar. — *Encabezar.*

substituto Reemplazante, v. substituir.

substracción Resta, disminución, diferencia, cálculo, resultado, operación, descuento. — *Suma.* || Robo, hurto, despojo, timo, escamoteo, sisa. — *Devolución.*

substraer Restar, v. substracción. || Robar, v. substracción.

subterfugio Argucia, evasiva, asidero, pretexto, simulación, excusa, disculpa. — *Verdad, realidad.*

subterráneo Hondo, profundo, oculto, furtivo, ilegal. — *Superficial, claro, legal.* || Subsuelo, sótano, cueva, caverna, pasadizo, túnel, mina. — *Superficie, exterior.*

suburbio Arrabal, barrio, afueras, extrarradio, barriada, contornos, alrededores. — *Centro.*

subvención Asistencia, ayuda, auxilio, apoyo, contribución, subsidio, donativo. — *Recaudación.*

subversión Sedición, insurrección, revolución, tumulto, conspiración, rebelión, alzamiento. — *Paz.*

subyugar Fascinar, atraer, dominar, cautivar, seducir, embelesar. — *Repeler.*

suceder Ocurrir, acontecer, pasar, acaecer, sobrevenir, producirse. || Reemplazar, v. substituir.

sucesión Serie, orden, curso, proceso, línea, lista, cadena. — *Interrupción, final.*

sucesivo Continuo, gradual, paulatino, alterno, progresivo, periódico. — *Interrumpido.*

suceso Hecho, acaecimiento, acontecimiento, incidente, episodio, lance, incidencia, peripecia.

sucesor V. heredero.

suciedad Mancha, v. sucio.

sucinto Resumido, lacónico, breve, conciso, condensado, compendiado. — *Extenso.*

sucio Manchado, inmundo, tiznado, cochino, grasiento, mugriento, asqueroso. — *Limpio.*

suculento V. substancioso.

sucumbir V. perecer.

sucursal Filial, agencia, anexo, delegación, dependencia, rama, representación. — *Central.*

sudoroso Mojado, empapado, congestionado, jadeante, agotado, fatigado. — *Fresco, descansado.*

sueldo Paga, salario, remu-

neración, jornal, honorarios, estipendio.

suelo Terreno, superficie, tierra, piso, pavimento. || Territorio, país, patria, solar.

suelto Separado, disgregado, aislado, disperso, solo. — *Junto.* || Calderilla, cambio, monedas. — *Billete.*

sueño Letargo, modorra, somnolencia, sopor, descanso, siesta. — *Vigilia.* || Ensueño, fantasía, aparición, ficción, pesadilla, alucinación. — *Realidad.*

suerte Hado, sino, ventura, azar, destino, providencia, fatalidad, casualidad. — *Previsión.* || Ventura, chamba, chiripa, fortuna, estrella, éxito. — *Desgracia.* || Forma, manera, modo, estilo.

suficiente Bastante, sobrado, harto, preciso, justo, adecuado. — *Insuficiente.* || Apto, capaz, idóneo, hábil, experimentado. — *Inepto.*

sufragar Costear, satisfacer, pagar, abonar, contribuir, desembolsar. — *Escatimar.*

sufragio Voto, votación, elecciones, comicios, plebiscito, referéndum.

sufrimiento Padecimiento, dolor, pena, angustia, daño, tormento, aflicción, martirio. — *Alegría.*

sufrir Padecer, soportar, aguantar, tolerar, transigir, atormentarse. — *Rebelarse.*

sugerir Proponer, insinuar, indicar, explicar, aconsejar, aludir. — *Ordenar.*

sugestionar Fascinar, hipnotizar, dominar, hechizar. || **sugestionarse** Obcecarse, obstinarse, ofuscarse, cegarse, alucinarse. — *Razonar.*

sugestivo Atractivo, seductor, fascinante, cautivante, encantador, maravilloso. — *Repulsivo.*

suicidarse Eliminarse, inmolarse, matarse, sacrificarse, quitarse la vida.

sujetar Retener, contener, agarrar, aferrar, asir, enganchar, clavar, pegar. — *Soltar.*

sujeto Individuo, fulano, tipo, prójimo, persona, personaje. || Tema, asunto, materia, motivo, argumento. || Retenido, v. sujetar.

suma Adición, total, aumento, resultado, incremento, añadido, cuenta, operación. — *Resta.* || Colección, conjunto, totalidad, todo. — *Unidad.*

sumar Adicionar, v. suma.

sumario Índice, compendio, resumen, extracto, epítome, sinopsis. — *Texto.* || Expediente, antecedentes, datos. || Conciso, breve, lacónico, abreviado, resumido. — *Extenso.*

sumergir Hundir, sumir, bajar, descender, abis-

mar, empapar, bañar, naufragar, zozobrar. — *Emerger.*

suministrar Proveer, entregar, aprovisionar, racionar, abastecer, repartir. — *Negar.*

sumiso Dócil, humilde, resignado, manso, obediente, fiel, manejable. — *Rebelde.*

suntuoso Lujoso, ostentoso, fastuoso, opulento, magnífico, rico. — *Mezquino, pobre.*

supeditar Subordinar, sujetar, depender, someter, postergar, relegar. — *Anteponer.*

superar Rebasar, exceder, dominar, aventajar, prevalecer, adelantar, mejorar. — *Retrasarse.*

superchería Engaño, fraude, timo, impostura, falsedad, enredo, estafa. — *Realidad, honradez.*

superficial Insubstancial, frívolo, trivial, voluble, débil, pueril. — *Fundamental.* || Exterior, externo, frontal, visible, saliente. — *Interior.*

superficie Extensión, área, espacio, perímetro, término, medida, contorno, parcela.

superfluo Innecesario, inútil, excesivo, recargado, sobrante, nimio, redundante, superficial (v.). — *Necesario.*

superior Sobresaliente, excelente, preeminente, bueno, aventajado, descollante, supremo, magnífico. — *Inferior*. || Jefe, director, dirigente, amo, patrono. — *Subordinado*.

superstición Fanatismo, credulidad, idolatría, paganismo, fetichismo, magia. — *Ortodoxia*.

supervisar Revisar, controlar, inspeccionar, verificar, observar, fiscalizar. — *Abandonar, descuidar*.

supervivencia Longevidad, duración, persistencia, aguante, vitalidad. — *Muerte, fin*.

suplantar Sustituir, simular, reemplazar, engañar, falsear, estafar.

suplementario Accesorio, complementario, adicional, subsidiario, adjunto. — *Fundamental*.

suplemento Complemento, aditamento, accesorio, anejo, apéndice. — *Totalidad*.

suplente Reemplazante, auxiliar, substituto, relevo, delegado. — *Titular*.

suplicar Rogar, implorar, solicitar, impetrar, exhortar, pedir. — *Exigir*.

suplicio Tormento, tortura, martirio, sufrimiento, padecimiento, persecución, dolor, angustia, daño, pena, fatiga. — *Placer*.

suplir Reemplazar, substituir, completar, auxiliar. || Suministrar (v.).

suponer Creer, presumir, sospechar, imaginar, conjeturar, calcular, intuir.

suposición Creencia, v. suponer.

supremacía Predominio, hegemonía, preponderancia, superioridad, dominio, poder. — *Inferioridad*.

supremo Superior, descollante, dominante, culminante, poderoso, destacado. — *Ínfimo, inferior*.

suprimir Eliminar, anular, destruir, liquidar, abolir, matar, callar, resumir. — *Añadir*.

supuesto Suposición, hipótesis, presunción, creencia. — *Seguridad*. || Figurado, imaginario, admisible, aparente, problemático, gratuito. — *Real*.

sur Sud, mediodía, antártico, meridional. — *Norte*.

surcar Hender, cortar, enfilar, navegar. || Labrar, roturar, arar, ahondar.

surco Ranura, corte, muesca, estría, canal, rebajo. || Zanja, cauce, conducto, excavación, huella, carril, senda, sendero. — *Llano*.

surgir Brotar, manar, salir, aparecer, nacer, asomar, alumbrar, manifestarse. — *Desaparecer*.

surtido Variado, mezclado, completo, diverso, múltiple, vario, dispar. — *Uniforme, igual*. || Colección, conjunto, muestrario, repertorio, juego.

surtidor Fuente, chorro, manantial, ducha.

surtir Proveer, suministrar, aprovisionar, abastecer, equipar, dotar. — *Negar, retirar.*

susceptible Suspicaz, delicado, malicioso, escamado, mosqueado, desconfiado. — *Despreocupado.*

suscitar Originar, creer, producir, promover, ocasionar, motivar, influir, infundir. — *Evitar.*

susodicho Aludido, antedicho, mencionado, referido, nombrado, indicado.

suspender Interrumpir, detener, cancelar, contener, limitar, entorpecer, frenar, obstaculizar. — *Reanudar.* || Castigar, privar, penar, disciplinar, sancionar, separar, apartar. — *Perdonar.* || Reprobar, catear, desaprobar, eliminar, dar calabazas. — *Aprobar.* || Colgar, enganchar, mantener, pender. — *Descolgar.*

suspicaz V. susceptible.

suspirar Espirar, exhalar, respirar, soplar. — *Aspirar.* || Anhelar, ansiar, desear, apetecer, querer, ambicionar, codiciar, lamentar, evocar. — *Olvidar.*

sustancia V. substancia.

sustancial V. substancial.

sustancioso V. substancioso.

sustentar Sostener, contener, soportar, apoyar, sujetar, reforzar, apuntalar, aguantar. — *Ceder.* || Defender, amparar, justificar. — *Abandonar.*

sustento Alimento, manutención, sostén, comida, yantar, pitanza, comestibles. — *Ayuno.*

sustituir Relevar, suplantar, reemplazar, permutar, cambiar, renovar, canjear.

sustituto V. suplente.

susto Sobrecogimiento, sobresalto, alarma, emoción, estremecimiento, temor, miedo, pavura, angustia, cobardía. — *Valor, serenidad.*

sustracción V. substracción.

sustraer V. substraer.

susurrar Cuchichear, murmurar, balbucear, musitar, rumorear, mascullar, farfullar.

sutil Perspicaz, agudo, ingenioso, sagaz, astuto. — *Torpe.* || Fino, suave, delicado, menudo. — *Tosco.* || Detallado, nimio, cuidadoso, complicado, difícil. — *Evidente, fácil.*

sutileza Ironía, ingeniosidad, agudeza, ocurrencia, salida, humorada. — *Exabrupto.*

sutilizar Bromear, ironizar, profundizar, detallar, escudriñar, analizar.

sutura Costura, cosido, puntada, unión, costurón, cicatriz.

tábano Moscardón, moscón, rezno, insecto, díptero.

tabarra Lata, matraca, pesadez, molestia, fastidio, monserga, rollo.

taberna Bodegón, bodega, tasca, cantina, tugurio, figón, bar, fonda.

tabique Pared, muro, medianera, mamparo, tapia, división, parapeto, lienzo.

tabla Tablón, chapa, madera, lámina, larguero, plancha, traviesa, puntal, leño, viga.

tablado Estrado, entarimado, peana, escenario, plataforma, grada, tribuna.

tablazón V. tablado.

tableta Pastilla, comprimido, g r a g e a, píldora, oblea.

tablón V. tabla.

tabú Prohibición, obstáculo, precepto, veto, oposición, impedimento.

taburete Escabel, banquillo, banqueta, escaño, asiento, silla.

tacaño Avaro, mezquino, miserable, sórdido, roñoso, cicatero, ruin. — *Generoso*.

tácito Implícito, supuesto, sobrentendido, expreso, manifiesto, omiso.

taciturno Huraño, silencioso, reservado, retraído, callado, melancólico, hosco. — *Comunicativo*.

taco Cuña, tarugo, tapón, madero, bloque. || Embrollo, lío, enredo, obstáculo. — *Solución*. || Reniego, maldición, juramento, blasfemia, palabrota. — *Elogio*.

táctica Método, procedimiento, estrategia, sistema, fin, propósito, práctica, plan.

tacto Sensación, sentido, percepción, impresión. || Mesura, diplomacia, discreción, tino. — *Rudeza*.

tacha Falta, defecto, lacra, falla, vicio, sombra, inconveniencia, lunar. — *Perfección*.

tachar Rayar, trazar, anular, corregir, suprimir, tildar. — *Añadir, subra-*

yar. || Censurar, criticar, recriminar, reprochar,

taimado Ladino, disimulado, marrullero, zorro, perillán, hipócrita, tuno, pillo. — *Ingenuo.*

tajada Rebanada, loncha, lonja, corte, rueda, pedazo, trozo, porción, raja, parte.

tajante Autoritario, seco, enérgico, firme, incisivo, cortante, rudo. — *Amable.*

tajar Cortar, dividir, seccionar, segar, rebanar, rajar, abrir, partir. — *Unir, cerrar.*

tajo Corte, sección, incisión, herida, cuchillada, sablazo, navajazo.

taladrar Horadar, perforar, agujerear, barrenar, calar, punzar, trepanar. — *Obturar.*

taladro Barrena, perforador, escariador, punzón, broca, fresa, trépano.

talante Humor, ánimo, disposición, índole, modo, cariz, aspecto, estilo, voluntad.

talar Podar, cortar, seccionar, segar, tajar, cercenar.

talego Talega, morral, bolsa, zurrón, macuto, mochila, saco, alforja, costal.

talento Inteligencia, cacumen, entendimiento, agudeza, perspicacia, penetración, lucidez, clarividencia, mente, genio. — *Torpeza, imbecilidad.*

talismán Amuleto, fetiche, ídolo, reliquia, imagen, figura, superstición.

talud Rampa, repecho, declive, cuesta, desnivel, caída, subida, bajada, vertiente. — *Llano.*

talla Escultura, estatua, figura, bajorrelieve, efigie. || Estatura, altura, medida, alzada, dimensión, corpulencia, alto.

tallar Esculpir, cincelar, labrar, trabajar, grabar, repujar, cortar, modelar.

talle Cintura, cinto. || Proporción, disposición, traza, apariencia, hechura, aspecto.

taller Estudio, obrador, local, dependencia, manufactura, fábrica, nave, factoría.

tallo Tronco, troncho, retoño, vástago.

tamaño Dimensión, medida, volumen, extensión, proporción, magnitud, altura, largo, ancho.

tambalearse Vacilar, oscilar, bambolearse, fluctuar, inclinarse. — *Sostenerse.*

también Asimismo, igualmente, además, incluso, todavía, del mismo modo. — *Tampoco.*

tambor Timbal, atabal, caja, parche, bombo, pandero, tamboril.

tamiz Criba, cernedor, zaranda, cedazo, garbillo, harnero, colador, cándara.

tanda Turno, vuelta, vez,

alternativa, período, ciclo, rueda, sucesión. || Grupo, partida, caterva, corrillo, conjunto, cantidad.

tangente Adyacente, tocante, contiguo, lindante, rayano, confinante. — *Separado.*

tangible Palpable, real, concreto, material, perceptible, manifiesto, evidente, notorio. — *Inconcreto.*

tanque Depósito, cuba, receptáculo, recipiente, aljibe. || Carro de combate, carro de asalto.

tantear Probar, sondear, examinar, explorar, calcular, ensayar, intentar, reconocer. || Palpar, tocar, tentar, sobar, rozar.

tanto Mucho, exceso, bastante, demasiado. — *Poco.* || Punto, puntuación, gol.

tañer Pulsar, tocar, rasguear, puntear. || Doblar, repicar, voltear, sonar.

tapa Cubierta, tapadera, cobertera, tapón, cápsula, obturador, cierre, funda.

tapar Cubrir, cerrar, obturar, obstruir, taponar, envolver, abrigar, forrar. — *Destapar.* || Ocultar, esconder, disimular, disfrazar, encubrir, silenciar, callar. — *Denunciar, revelar.*

tapia Muro, pared, paredón, tabique, medianera, muralla, parapeto.

tapiz Colgadura, repostero, alfombra, cortina, paño, toldo, palio, tapicería.

tapizar Recubrir, forrar, cubrir, revestir, acolchar, enfundar, guarnecer, proteger. — *Descubrir.*

tapón Corcho, espiche, tarugo, cierre, tapa.

taponar Obstruir, atascar, cerrar, ocluir, interrumpir, cegar, sellar, tupir. — *Desatascar.*

taquilla Despacho, casilla, garita, quiosco, cabina, ventanilla, puesto.

tara Estigma, defecto, lacra, degeneración, falla, vicio, mácula. — *Virtud.*

tarambana Aturdido, imprudente, ligero, zascandil, trasto, distraído, alocado. — *Sensato.*

tararear Canturrear, entonar, mosconear, salmodiar.

tardar Demorar, retrasarse, dilatar, alargar, prorrogar, detener, esperar, diferir. — *Adelantar.*

tarde Víspera, siesta, crepúsculo, atardecer. || Retrasado, demorado, detenido, diferido. — *Temprano.*

tardío Lento, moroso, cachazudo, perezoso. — *Activo.* || Retrasado, demorado, inoportuno. — *Tempranero.*

tarea Labor, trabajo, quehacer, faena, ocupación, cuidado, misión, obra, trajín. — *Inactividad.*

tarifa Lista, tabla, arancel,

índice, relación, derechos, honorarios, precio.

tarima V. tablado.

tarjeta Ficha, cédula, cartulina, papeleta, rótulo, etiqueta, membrete.

tarro Bote, lata, pote, envase, recipiente, frasco, vaso, receptáculo.

tarta Pastel, torta, budín, bizcocho, golosina.

tartamudear Farfullar, tartajear, balbucear, barbotar, mascullar, chapurrear, azararse. — Articular.

tartamudo Tartajoso, gangoso, entrecortado, balbuciente, azarado.

tartera Cacerola, fiambrera, portaviandas, recipiente.

tarugo V. taco.

tasa Tarifa, canon, arancel, impuesto, derecho, valoración, precio, costo, honorarios.

tasar Valorar, evaluar, apreciar, estimar, tantear, determinar. ‖ Distribuir, repartir, reducir, economizar, ahorrar, regatear.

tasca Taberna, figón, bodegón, cantina, fonda, tugurio, vinatería.

taza Pocillo, tazón, jícara, vaso, jarra, recipiente.

tea Antorcha, hacha, cirio, candela.

teatral Dramático, tragicómico, melodramático, simulado, afectado, fingido. — Real, verdadero.

teatro Coliseo, salón, sala, escena, tablas.

técnica Método, procedimiento, sistema, práctica, tecnología, destreza.

técnico Perito, experto, especialista, profesional, entendido, científico. — Inexperto.

techo Tejado, techumbre, cobertizo, cubierta, bóveda, revestimiento, azotea. — Cimientos.

tedio Aburrimiento, fastidio, molestia, cansancio, monotonía, rutina, hastío. — Distracción.

tejado V. techo.

tejer Trenzar, urdir, entrelazar, cruzar, hilar, tramar, elaborar, fabricar.

tejido Tela, lienzo, paño, género, trapo, casimir, estambre, trama. ‖ Carne, tegumento, capa.

tela V. tejido.

telegráfico Resumido, breve, sucinto, urgente, rápido, veloz. — Extenso, detallado, lento.

telegrama Despacho, mensaje, cable, comunicado, parte, circular, misiva.

telón Cortina, lienzo, cortinaje, bastidor, decorado.

tema Asunto, materia, motivo, argumento, razón, sujeto, negocio.

temblar Estremecerse, trepidar, vibrar, tiritar, menearse, agitarse, sacudirse. ‖ Temer, atemorizarse, asustarse, espantarse. — *Enfrentarse, serenarse*.

temblor Estremecimiento, v. temblar.

temer Asustarse, atemorizarse, aterrarse, sobrecogerse, espantarse, recelar, dudar, sospechar. — *Envalentonarse, confiar, calmarse*.

temerario Arrojado, audaz, osado, atrevido, imprudente, precipitado, alocado. — *Sensato, cauto*.

temeroso Asustadizo, miedoso, espantadizo, tímido, cobarde, pusilánime. — *Osado, temerario* (v.).

temible Espantable, terrible, espantoso, horrendo, horrible, horripilante, peligroso. — *Inofensivo*.

temor Miedo, aprensión, pavor, espanto, horror, pánico, alarma, recelo, desconfianza, timidez, vergüenza, fobia. — *Valentía, serenidad*.

temperamento Carácter, temple, humor, naturaleza, conducta, manera, índole, genio.

temperatura Calor, sofoco, bochorno, nivel, grado, marca. — *Frío*. || Fiebre, calentura, décimas.

tempestad V. tormenta.

tempestuoso V. tormentoso.

templado Cálido, tibio, suave, moderado, benigno, tenue, agradable. — *Riguroso, extremado*.

templanza Sobriedad, moderación, frugalidad, mesura, prudencia. — *Incontinencia, exageración*.

templar Calentar, caldear. — *Enfriar*. || Suavizar, moderar, atenuar, sosegar. — *Extremar*.

temple Serenidad, fortaleza, ánimo, osadía, impavidez, genio, carácter, humor. — *Timidez, desánimo*.

templo Iglesia, santuario, parroquia, oratorio, ermita, capilla, convento, monasterio, catedral, basílica.

temporada Período, lapso, tiempo, época, espacio, era, fase, ciclo, duración.

temporal V. tormenta. || Provisional, circunstancial, transitorio, efímero, fugaz, pasajero. — *Eterno, perenne*.

temprano Precoz, prematuro, anticipado, adelantado, avanzado, verde. — *Retrasado*. || Pronto, precozmente, v. temprano.

tenaz Constante, tesonero, perseverante, firme, asiduo, leal, pertinaz, tozudo, terco. — *Voluble, inconstante*.

tendencia Propensión, inclinación, índole, disposición, simpatía, cariño, afecto, dirección.

tender Propender, v. tendencia. || Extender, desplegar, estirar, desenvolver. — *Doblar, recoger*. || **tenderse** Echarse, tumbarse, yacer, descansar, dormirse. — *Levantarse*.

tendero Comerciante, marchante, negociante, vendedor. — *Comprador.*

tenebroso Lóbrego, oscuro, tétrico, lúgubre, sombrío. — *Alegre.*

tener Haber, poseer, gozar, beneficiarse, disfrutar, contener. — *Carecer.* ‖ Sujetar, aferrar, sostener, asir. — *Soltar.*

tenorio Conquistador, donjuán, mujeriego, galán, galanteador, castigador. — *Misógino.*

tensión Tirantez, tracción, fuerza, resistencia, rigidez, tiesura. — *Flojedad.* ‖ Expectativa, incertidumbre, espera, violencia, nerviosidad. — *Serenidad.*

tentación Fascinación, estímulo, atracción, incentivo, sugestión, seducción. — *Voluntad, fortaleza.*

tentar Fascinar, v. tentación.

tentativa Intento, prueba, ensayo, proyecto, intentona, propósito, designio. — *Fracaso.*

tentempié Piscolabis, aperitivo, refrigerio, merienda, aperitivo, bocadillo. — *Banquete.*

tenue Leve, sutil, fino, suave, etéreo, vaporoso, menudo, ligero, grácil, débil. — *Recio.*

teñir Pintar, colorear, pigmentar, pintar, oscurecer, manchar. — *Blanquear.*

teoría Hipótesis, creencia, suposición, conjetura, fantasía. — *Realidad.*

terapéutica Tratamiento, curación, medicina, medicación, cura.

terco Tozudo, tenaz, testarudo, porfiado, cabezudo, contumaz, caprichoso, obstinado. — *Razonable.*

tergiversar Confundir, embrollar, enredar, falsear. — *Rectificar.*

terminante Concluyente, decisivo, indiscutible. — *Dudoso.*

terminar Concluir, acabar, finalizar, consumar, cerrar, liquidar, cesar, agotar, rematar. — *Empezar.*

término Final, terminación, conclusión, desenlace, fin. — *Comienzo.* ‖ Territorio, jurisdicción, comarca, partido, zona. ‖ Plazo, período, lapso, intervalo, vencimiento. ‖ Vocablo, palabra, expresión, voz, giro, locución.

ternero Becerro, recental, choto, jato, vaquilla.

ternura Amor, cariño, afecto, apego, estima, simpatía, predilección — *Odio.*

terquedad Tozudez, v. terco.

terraza Azotea, terrado, solana, mirador, galería, tejado.

terremoto Temblor, sismo, seísmo, sacudida, cataclismo, catástrofe, desastre.

terreno Campo, tierra, superficie, solar, espacio, piso, capa, tierras.

terrible Espantoso, horrible, horroroso, pavoroso, apocalíptico, espantable. — *Grato, magnífico.*

territorio Circunscripción, término, distrito, jurisdicción, partido, comarca, zona.

terror Espanto, horror, pavor, miedo, susto, estremecimiento, pánico. — *Serenidad, valor.*

terso Pulido, liso, bruñido, suave, parejo, raso, uniforme, lustroso. — *Áspero, desigual.*

tertulia Reunión, grupo, peña, corro, casino, velada, conversación, charla.

tesis Argumento, principio, conclusión, razonamiento, proposición, opinión.

tesón Constancia, firmeza, tenacidad, empeño, asiduidad, terquedad. — *Inconstancia.*

tesoro Caudal, valores, dineral, oro, riquezas, fisco, erario, hacienda.

test* Prueba, examen, reconocimiento, ejercicio, selección, sondeo.

testamento Declaración, última voluntad, documento, memoria, sucesión, herencia, legado.

testarudo V. terco.

testificar Declarar, manifestar, exponer, alegar, demostrar, atestiguar. — *Callar, abstenerse.*

testigo Declarante, presente, circunstante. — *Ausente.*

testimonio Demostración, manifestación, prueba, evidencia, declaración, alegato. — *Abstención.*

teta Mama, seno, pecho, busto, ubre, glándula.

tétrico Lúgubre, fúnebre, tenebroso, sombrío, lóbrego, macabro, triste. — *Alegre.*

texto Manual, compendio, obra, tratado, volumen. || Pasaje, escrito, contenido, relación, memoria.

textual Fiel, literal, exacto, idéntico, calcado, al pie de la letra. — *Diferente, corregido.*

tez Cutis, piel, pellejo, dermis, epidermis, aspecto, color, semblante.

tibio Cálido, caliente, suave, agradable, grato. — *Helado, ardiente.*

tic Crispación, contracción, gesto, espasmo, convulsión, temblor.

tiempo Período, lapso, plazo, ciclo, fase, etapa, duración, intervalo, época, era, fecha. || Estado atmosférico, ambiente, elementos, temperatura.

tienda Establecimiento, comercio, negocio, bazar, local, puesto, casa, sociedad.

tierno Blando, suave, fofo, flojo, delicado, flexible, pastoso. — *Duro.* || Nuevo, verde, joven, fresco. — *Maduro, pasado.* || Cariñoso, afectuoso, sensible, emotivo, afectivo. — *Duro, cruel.*

tierra Planeta, globo, mundo, orbe, astro, universo. || Suelo, terreno, piso, pavimento, firme. || Greda, arena, polvo, grava, arcilla. || Patria, país, nación, pueblo.

tieso Rígido, duro, tirante, tenso, erecto, estirado, firme, enhiesto. — *Flojo, lacio.*

tildar Tachar, censurar, denigrar, desaprobar, criticar, motejar, apodar. — *Alabar.*

tilde Marca, señal, acento, trazo, rasgo, vírgula, apóstrofo, virgulilla.

timar Embaucar, enfadar, engañar, chantajear, defraudar, despojar, sisar, robar. — *Devolver, reintegrar.*

tímido Vergonzoso, apocado, corto, pusilánime, irresoluto, encogido, indeciso, cobarde, ñoño, timorato. — *Decidido, audaz.*

timo Embaucamiento, v. timar.

timón Gobernalle, caña, dirección, mando, gobierno, guía, autoridad. — *Desgobierno.*

tina Cuba, barreño, tinaja, vasija, cubeta, caldero, artesa, recipiente.

tinglado Cobertizo, techado, barracón, almacén. || Embrollo, lío, jaleo. — *Orden.*

tinieblas Obscuridad, sombras, lobreguez, noche, negrura, cerrazón. — *Claridad, luz.*

tino Puntería, acierto, pulso, seguridad. || Cordura, sensatez, tiento, mesura. — *Desequilibrio.*

tinte Colorante, color, tintura, anilina, tonalidad, matiz, tono, gama.

típico Folklórico, popular, pintoresco, tradicional, característico, peculiar, representativo. — *General.*

tipo Prototipo, ejemplo, modelo, original. || Individuo, fulano, sujeto, persona.

tira Faja, lista, cinta, banda, ribete, franja, cordón, ceñidor.

tiranía Despotismo, dictadura, opresión, yugo, absolutismo, esclavitud. — *Libertad, democracia.*

tirano Déspota, autócrata, dictador, dominador, imperioso. — *Libertador, democrático.*

tirante Rígido, tenso, duro, estirado. — *Flojo.*

tirantez Violencia, tensión, disgusto, rigidez. — *Entendimiento.*

tirar Lanzar, arrojar, despedir, echar, proyectar, impulsar, verter, soltar. — *Recoger.* || Derribar, derruir, abatir, desmoronar, tumbar. — *Erigir.* || Derrochar, despilfarrar, malgastar, desperdiciar. — *Economizar.* ||

tirarse Tumbarse, echarse, extenderse, acostarse, yacer, caer. — *Levantarse.*

tiritar Temblar, castañetear, estremecerse.

tiro Detonación, disparo, descarga, balazo, salva, andanada, explosión.

tirón Empujón, sacudida, despojo, zarandeo.

tiroteo Refriega, encuentro, choque, enfrentamiento, descarga, disparos, tiros. — *Tregua, paz.*

titán Gigante, hércules, cíclope, goliat, coloso, sansón, superhombre, héroe. — *Canijo, enclenque.*

títere Fantoche, muñeco, polichinela, marioneta, pelele, monigote, infeliz.

titubear Vacilar, fluctuar, dudar, confundirse, cambiar, turbarse, preocuparse. — *Decidirse.*

título Diploma, licencia, autorización, reconocimiento, credencial, certificado. || Encabezamiento, rótulo, letrero, inscripción, cartel. || Dignidad, jerarquía, linaje, abolengo, prosapia. — *Plebeyez.*

tiznar Ensuciar, manchar, pringar, ennegrecer. — *Limpiar.*

tocadiscos Fonógrafo, gramófono, gramola, aparato.

tocar Palpar, tentar, manipular, acariciar, sobar, manosear, rozar, hurgar. || Pulsar, tañer, rasguear, rozar, interpretar, ejecu-

tar. || Repicar, sonar, doblar, voltear. || Concernir, atañer, referirse.

todo Completo, total, íntegro, absoluto, entero. — *Nada.* || Completamente, íntegramente.

todopoderoso Omnipotente, supremo, absoluto, sumo, Dios, altísimo. — *Inerme, impotente.*

toilette* Tocado, adorno, atavío. || Tocador, cómoda, mueble.

toldo Palio, dosel, baldaquino, entoldado, lona, tienda, pabellón.

tolerante Indulgente, condescendiente, comprensivo, complaciente, benévolo, indulgente. — *Intransigente.*

tolerar Admitir, consentir, aceptar, disimular, soportar, aguantar, comprender. — *Prohibir, rechazar.*

toma Ocupación, conquista, incautación, apropiación, asalto, ataque, invasión. — *Pérdida.*

tomar Ocupar, v. toma. || Asir, coger, agarrar, aferrar, apresar, pillar, despojar, arrebatar. — *Soltar.* || Beber, libar, probar, ingerir, tragar, consumir. — *Arrojar.*

tomo Volumen, ejemplar, libro, obra, cuerpo, parte.

tonada Aire, canción, cantar, cántico, tonadilla, aria, melodía, copla.

tonel Barril, barrica, cuba,

pipa, casco, tina, vasija, recipiente.

tónico Reconstituyente, remedio, medicina, medicamento, estimulante. — *Sedante.*

tonificar Vigorizar, fortalecer, reconfortar, estimular, robustecer, animar. — *Debilitar.*

tono Voz, inflexión, altura, elevación, entonación, dejo, tonillo, modulación.

tontería Bobada, v. tonto.

tonto Bobo, simple, torpe, necio, idiota, imbécil, mentecato, estúpido, ingenuo, majadero, infeliz, inepto. — *Listo.*

topar Chocar, tropezar, percutir, dar, pegar, encontrarse, golpear. — *Eludir.*

tópico Vulgaridad, trivialidad, chabacanería. — *Ingeniosidad.* || Vulgar, trivial. — *Ingenioso.*

toque Roce, contacto, fricción, unión, arrimo. || Llamada, señal, aviso, clarinazo.

tórax Pecho, busto, tronco, torso.

torbellino Vorágine, remolino, ciclón, rápido, actividad, agitación, revolución. — *Calma.*

torcer Enroscar, retorcer, rizar, ondular, encrespar, doblar, arquear, pandear, combar, curvar, flexionar. || Desviarse, separarse, girar, volver, cambiar, virar. — *Continuar.* || torcerse Descarriarse,

desviarse, corromperse, enviciarse, empecinarse. — *Enmendarse.*

toreo Lidia, faena, corrida, encierro, novillada, becerrada, fiesta, festejo.

torero Diestro, matador, lidiador, espada, maestro.

tormenta Temporal, galerna, tempestad, turbión, tromba, borrasca, ciclón, huracán. — *Bonanza, calma.*

tormento Suplicio, martirio, tortura, padecimiento, sacrificio, sufrimiento. — *Placer.*

tormentoso Borrascoso, tempestuoso, cerrado, cubierto, inclemente. — *Sereno, bonancible.*

tornar V. regresar.

torneo Combate, justa, liza, desafío, lucha, pelea, competencia, pugna.

toro Astado, cornúpeta, bovino, vacuno, morlaco.

torpe Desmañado, tosco, rudo, inepto, inhábil, incompetente, inútil, nulo. — *Hábil.*

torre Atalaya, torreón, campanario, baluarte, fortín, ciudadela.

torrente Corriente, rápidos, catarata, cascada, barranco, arroyo.

tórrido Cálido, ardiente, caluroso, caliente, sofocante, abrasador. — *Gélido.*

torso V. tórax.

torta Pastel, tarta, masa, pasta, bollo, rosco, bizcocho. || Tortazo, bofetada, bofetón, guantazo, moquete, sopapo. — *Caricia.*

tortuoso Sinuoso, ondulante, serpenteante, torcido, curvo. — *Recto.* || Solapado, taimado, disimulado, maquiavélico, zorro. — *Abierto, franco.*

tortura V. tormento.

tosco Ordinario, rudo, vulgar, grosero, palurdo, chabacano. — *Refinado.* || Áspero, rugoso, basto, burdo, desigual, rudimentario. — *Terso, fino, liso.*

tostado Bronceado, atezado, moreno, curtido, quemado. — *Blanco.* || Asado, v. tostar.

tostar Asar, dorar, cocinar, quemar, soflamar, chamuscar, cocer. || Broncear, v. tostado.

total Suma, monta, adición, resultado, cuenta, resumen, todo, conjunto, totalidad. — *Parte.* || General, universal, absoluto, íntegro, completo, entero. — *Parcial.*

tóxico Veneno, ponzoña, tósigo, toxina, droga, pócima. — *Antitóxico.* || Venenoso, ponzoñoso, nocivo, dañino, perjudicial. — *Desintoxicante.*

tozudo V. terco.

traba Impedimento, obstáculo, estorbo, dificultad, freno, barrera, inconveniente. — *Facilidad.*

trabajador Diligente, asiduo, laborioso, solícito, afanoso. — *Holgazán.* || Obrero, productor, asalariado, artesano, operario, peón.

trabajar Laborar, fabricar, producir, hacer, afanarse, matarse, esforzarse, perseverar. — *Holgazanear.*

trabajo Labor, tarea, faena, actividad, función, profesión, puesto, obra. || Esfuerzo, molestia, sudor, padecimiento, brega, lucha. — *Inactividad.*

trabajoso Penoso, laborioso, doloroso, molesto, agotador, difícil. — *Sencillo, descansado.*

trabar Inmovilizar, obstaculizar, sujetar, impedir. — *Facilitar.*

tradición Costumbre, carácter, folklore, usanza, leyenda, mito, gesta.

tradicional Legendario, ancestral, proverbial, folklórico, enraizado, usual. — *Desarraigado.*

traducir Verter, transcribir, descifrar, trasladar, interpretar, aclarar.

traer Acertar, atraer, trasladar, conducir, transferir, aproximar. — *Llevar.*

traficar Comerciar, negociar, tratar, vender, especular, comprar.

tráfico Comercio, v. traficar. || Tránsito, circulación, movimiento, transporte.

tragaluz Ventanal, claraboya, lumbrera, ventanuco, cristalera, hueco.

tragar Engullir, devorar, comer, pasar, ingerir, deglutir, embuchar, manducar, zampar. — *Devolver*.

tragedia Infortunio, desdicha, desgracia, catástrofe, calamidad, desastre. — *Fortuna*.

trágico Infortunado, v. tragedia.

tragón Comilón, glotón, hambrón, voraz, insaciable, ávido. — *Inapetente, sobrio*.

traición Infidelidad, v. traidor.

traicionar Engañar, entregar, delatar, denunciar, conspirar, maquinar, desertar. — *Proteger*.

traidor Infiel, desleal, felón, perjuro, alevoso, falso, intrigante, vil, ingrato, infame, conspirador, delator. — *Fiel, leal*.

traje Terno, prenda, indumento, atavío, atuendo, vestimenta, ropaje, galas.

trajín Ajetreo, brega, ocupación, fajina, afán, esfuerzo, trabajo. — *Ocio, descanso*.

trama Urdimbre, red, malla. || Argumento, tema, materia, intriga, plan.

tramar Planear, maquinar, conspirar, maniobrar, fraguar, idear, conjurarse.

trámite Gestión, comisión, diligencia, despacho, procedimiento, expediente, negocio, asunto.

tramo Parte, trecho, trozo, ramal, tiro, distancia, recorrido, trayecto.

trampa Celada, ardid, estratagema, asechanza, insidia, engaño, confabulación, embuste, zancadilla. —*Ayuda*. || Cepo, lazo, red, garlito.

tramposo Estafador, timador, engañoso, embustero, embaucador, bribón, farsante. — *Honrado*.

tranca Palo, garrote, estaca, cayado, porra.

trance Apuro, brete, aprieto, dificultad, problema, dilema, peligro. — *Facilidad*.

tranquilidad Serenidad, sosiego, reposo, paz, quietud, placidez, calma, silencio. — *Agitación*. || Pachorra, cachaza, flema. — *Dinamismo*.

tranquilizar Calmar, aplacar, apaciguar, aquietar, serenar. — *Agitar*.

tranquilo Sereno, v. tranquilidad.

transacción Negocio, convenio, intercambio, asunto, acuerdo, compromiso. — *Desacuerdo*.

transatlántico Ultramarino, transoceánico. || Buque, paquebote, vapor, navío, motonave, barco.

transcribir Reproducir, copiar, duplicar, resumir, imitar, pasar, trasladar.

transcripción V. transcribir, reproducción.

transcurrir Pasar, suceder,

cumplirse, verificarse, producirse, acontecer. — *Detenerse.*

transcurso Sucesión, paso, curso, duración, lapso, intervalo, plazo, marcha. — *Detención.*

transeúnte Peatón, viandante, caminante, paseante, andarín, andariego, peón.

transferir Traspasar, trasladar, ceder, transmitir, abandonar, entregar, pagar. — *Retener.*

transformación Cambio, v. transformar.

transformar Cambiar, variar, mudar, metamorfosear, transfigurar, convertir, alterar, rectificar, reformar, corregir, innovar. — *Conservar.*

transgresión Infracción, violación, vulneración, falta, delito, atropello, contravención. — *Rectificación.*

transición Cambio, mudanza, v. transformación.

transigir Consentir, condescender, tolerar, contemporizar, otorgar, ceder. — *Negar, exigir.*

transitar Pasar, recorrer, circular, viajar, vadear, deambular, atravesar, caminar. — *Detenerse.*

tránsito Circulación, tráfico, movimiento. || Paso, comunicación, cruce, trayecto, recorrido.

transitorio Provisional, fugaz, temporal, momentáneo, pasajero, corto, bre-

ve, efímero, precario. — *Perenne.*

translúcido Claro, transparente, borroso, opalino.

transmitir Traspasar, trasladar, transferir, ceder, enviar, entregar, pagar. — *Retener.* || Emitir, radiar, difundir, perifonear, propalar. || Contagiar, contaminar, pegar, infectar, inocular.

transparente Claro, diáfano, nítido, limpio, translúcido, luminoso, terso, cristalino. — *Opaco.*

transpirar Sudar, eliminar, segregar, empaparse, humedecerse, rezumar.

transportar Acarrear, cargar, trasladar, conducir, enviar, llevar, transferir, arrastrar.

transversal Perpendicular, sesgado, atravesado, cruzado, desviado, torcido.

trapero Ropavejero, quincallero, chamarilero, botellero, basurero.

trapichear Regatear, cambalachear, tratar, discutir. — *Acordar.*

trapisonda Embrollo, enredo, maraña, lío, trampa, engaño, estafa, fraude. — *Verdad.*

trapo Paño, tela, género, tejido, fieltro, lienzo, casimir, retal, recorte, andrajo, pingo, guiñapo, harapo, jirón, desgarrón.

traqueteo Movimiento, agitación, meneo, estremecimiento, sacudida, ajetreo.

trascendental Importante, interesante, influyente, valioso, notable, vital. — *Insignificante.*

trascender Propagarse, extenderse, filtrarse, manifestarse, difundirse, divulgarse. — *Ignorarse.*

trasero Posaderas, nalgas, asentaderas, culo, pompis. || Posterior, final, zaguero, último, caudal, postrero. — *Delantero.*

trasgo Duente, fantasma, genio, espíritu, espectro, visión, aparición.

trashumante Errante, ambulante, nómada, vagabundo, errático, viajero. — *Estable.*

trasiego Cambio. trasvase, traslado, mudanza.

trasladar V. transportar.

trasluz Sombra, silueta, contorno, figura.

trasnochado Gastado, manido, sobado, ajado, pasado, vulgar, manoseado, rancio, anticuado. — *Nuevo, original.*

trasnochador Noctámbulo, nocturno, noctívago, parrandero, calavera. — *Formal, serio, dormilón.*

traspapelar Confundir, extraviar, mezclar, perder, embarullar, embrollar. — *Encontrar.*

traspasar V. transferir. || Cruzar, salvar, atravesar, franquear, trasponer, salvar. — *Detenerse.* || Violar, infringir, vulnerar, quebrantar. — *Cumplir.*

traspié Tropezón, resbalón, error, equivocación, misión, desliz. — *Acierto.*

trasplantar Replantar, mudar, transportar, remover, implantar, colocar, sustituir.

trasponer Salvar, atravesar, cruzar, v. traspasar.

trastabillar V. tropezar.

trastada Jugarreta, faena, canallada, picardía, villanía, truhanería. — *Ayuda.*

trastazo Porrazo, costalada, golpazo, batacazo, caída.

trastienda Rebotica, dependencia, aposento, anejo.

trasto Armatoste, cachivache, artefacto, cacharro, bártulo, chisme, trebejo, chirimbolo. || Tarambana, zascandil, alocado. — *Serio, formal.*

trastornar Revolver, embarullar, remover, perturbar, alterar, desordenar, embrollar, desarreglar. — *Ordenar.* || Inquietar, angustiar, apenar, afligir. — *Calmar.* || **trastornarse** Enloquecer, chiflarse, perturbarse, chalarse, desvariar. — *Razonar.*

trastorno Desorden, barullo, perturbación, molestia, dificultad, fastidio. — *Orden.* || Locura, perturbación, excentricidad, demencia, chaladura. — *Cordura.* || V. enfermedad.

trastrocar V. trastornar.

trasunto Remedo, copia, símil, imitación, calco. — *Original.* || Compendio, resumen.

trata Tráfico, comercio, trajín, prostitución, alcahuetería, manejo.

tratable Cortés, amable, correcto, educado, atento, considerado, afectuoso. — *Intratable.*

tratado Obra, texto, libro, manual, escrito, discurso, ensayo. — *Folleto.* || Pacto, convenio, trato, compromiso, alianza. — *Desacuerdo.*

tratamiento Régimen, medicación, cura, administración. || Título, dignidad, trato (v.).

tratar Alternar, relacionarse, intimar, conocerse, comunicarse. — *Aislarse.* || Negociar, pactar, convenir, acordar, ajustar, aliarse. — *Romper.* || Debatir, discutir, estudiar, resolver. — *Ignorar.*

trato Relación, v. tratar.

traumatismo Lesión, contusión, golpe, equimosis, magulladura, herida.

travesaño Viga, listón, madero, tabla, tablón, larguero, refuerzo, traviesa.

travesía Calleja, pasaje, pasadizo, camino. || Viaje, trayecto, itinerario, jornada.

travesura Picardía, pillería, diablura, trastada, chiquillada. — *Formalidad.*

traviesa V. travesaño.

travieso Pícaro, pillo, tunante, revoltoso, inquieto, enredador, diablillo. — *Formal.*

trayecto Recorrido, espacio, viaje, trecho, itinerario, distancia, carrera, marcha.

traza Apariencia, aspecto, cariz, aire, pinta, viso, porte. || **trazas** Vestigios, residuos. — *Conjunto, totalidad.*

trazar Diseñar, dibujar, delinear, perfilar, bosquejar, esbozar, marcar. || Proyectar, planear, dirigir, imaginar. — *Desechar.*

trazo Raya, línea, rasgo, señal, plumazo, tachadura, marca. || **trazos** Rasgos, facciones, fisonomía.

trecho Tramo, recorrido, trayecto, espacio, intervalo, distancia, parte.

tregua Armisticio, conciliación, acuerdo, pausa, espera, suspensión, cese. — *Reanudación, acción.*

tremendo Tremebundo, temible, espantoso, enorme, gigantesco, formidable, pasmoso. — *Normal, minúsculo.*

tremolar Ondear, flamear, flotar, mecer, agitar, columpiar, enarbolar. — *Inmovilizarse.*

tremolina Alboroto, escándalo, algarabía, tiberio, tumulto, riña, pelea. — *Calma, paz.*

trémulo Tembloroso, trepidante, convulso, estremecido, asustado, temeroso. — *Sereno*.

tren Ferrocarril, convoy, línea, vagones, coches. || Rumbo, fasto, boato. — *Sencillez*.

trenza Coleta, guedeja, mechón, rodete, moño, melena.

trenzar Entretejer, entrelazar, urdir, tramar, cruzar, tejer, peinar. — *Deshacer*.

trepar Escalar, ascender, gatear, subir, reptar, serpentear, avanzar, encumbrarse. — *Descender*.

trepidar V. temblar.

treta Truco, engaño, estafa, estratagema, artimaña, ardid, trampa, chasco, celada. — *Honradez*.

tribu Clan, pueblo, familia, grupo, raza, casta, linaje, horda, caterva, cabila. — *Sociedad*.

tribulación Congoja, pena, angustia, tristeza, sufrimiento, dolor. — *Alegría, dicha*.

tribuna Plataforma, estrado, tarima, grada, graderío, galería, podio.

tribunal Juzgado, audiencia, corte, palacio de Justicia, sala, jueces, magistrados.

tributo Pago, contribución, impuesto, subsidio, cuota, tasa, derecho, obligación.

trifulca Pendencia, gresca,

alboroto, pelea, escaramuza, tremolina. — *Calma, paz*.

trinar Cantar, gorjear, piar, llamar, silbar. — *Callar*.

trinchera Parapeto, defensa, resguardo, terraplén, muralla, foso. || Impermeable, gabardina, capote, chubasquero, gabán.

trino Gorjeo, canto, gorgorito, llamada, canturreo, reclamo, silbo.

tripa Barriga, vientre, abdomen, panza, estómago, grasa. — *Esbeltez*.

trípode Soporte, sostén, pedestal, base.

tripulación Dotación, marinería, equipo, tripulantes, marineros.

triquiñuela V. treta.

tristeza Aflicción, angustia, desconsuelo, pena, amargura, abatimiento, congoja, dolor, desdicha, nostalgia, sinsabor. — *Alegría*.

triturar Moler, machacar, majar, pulverizar, comprimir, aplastar, desintegrar, desmenuzar. — *Rehacer*.

triunfar Ganar, vencer, arrollar, dominar, conquistar, aniquilar, derrotar. — *Perder*.

triunfo Victoria, éxito, conquista, aniquilación, gloria, fama, dominio, ganancia. — *Derrota*.

trivial Nimio, pueril, insignificante, baladí, fútil, insubstancial, anodino. — *Fundamental.*

trofeo Premio, triunfo, galardón, laurel, recompensa, copa, medalla, corona.

trola V. mentira.

tromba Torbellino, vorágine, ciclón, huracán, tormenta, tempestad. — *Bonanza.*

trompada Puñetazo, torta, mojicón, sopapo, bofetón, bofetada, moquete. — *Caricia.*

trompazo Batacazo, golpe, porrazo, caída, costalada, topetazo, trompada (v.).

trompeta Corneta, clarín, cuerno, cornetín.

trompo Peón, perinola, peonza.

tronar Retumbar, resonar, atronar, estallar. || Encolerizarse, irritarse, rugir. — *Calmarse.*

tronco Tallo, leño, madero, troncho. — *Copa, ramas.* || Tórax, torso, busto, pecho, cuerpo. — *Miembros.*

tronchar Doblar, partir, truncar, quebrar, torcer, quebrantar, segar. — *Enderezar.*

trono Sillón, sitial, solio, escaño, poltrona, butaca, asiento, sede. — *Taburete.*

tropa Hueste, milicia, falange, mesnada, partida, grupo, destacamento, piquete, vanguardia, ejército. || Tropel, banda, ha-

tajo, pandilla, cuadrilla, caterva, camarilla, turba, chusma.

tropel V. tropa.

tropelía Desmán, atropello, injusticia, desafuero, arbitrariedad, abuso. — *Justicia.*

tropezar Trastabillar, vacilar, tambalearse, trompicar. || Retrasarse, demorarse, errar. — *Adelantar.*

tropezón Traspié, trompicón, choque, golpe, encontronazo, caída.

tropical Cálido, ardiente, tórrido, bochornoso, caluroso. — *Polar, helado.*

tropiezo V. tropezón.

trotamundos Viajero, turista, excursionista, caminante, peregrino, vagabundo.

trotar Correr, galopar, andar, avanzar, pasar.

trovador Juglar, bardo, poeta, rapsoda, vate.

trozo Fragmento, porción, pedazo, sección, parte, partícula, resto, residuo, pizca, añico, rodaja, rebanada, loncha. — *Totalidad, conjunto.*

truco Estratagema, ardid, treta, engaño, trampa. — *Honradez.* || Prestidigitación, suerte, juego, maniobra, mangoneo.

truculento Tremebundo, espantoso, atroz, siniestro, patibulario, macabro. — *Alegre.*

trueno Fragor, retumbo, estruendo, estampido, detonación, repercusión. — *Silencio.*

trueque Cambio, cambalache, canje, trapicheo, modificación, alteración. — *Devolución.*

truhán Granuja, bribón, pícaro, pillo, estafador, perillán, bellaco, tramposo. — *Honrado.*

truncar Cortar, mutilar, cercenar, amputar, tronchar, segar, podar, interrumpir. — *Completar.*

trust* Monopolio, consorcio, agrupación, especuladores, acaparadores.

tubo Caño, conducto, cánula, sifón, conducción, cañería, tubería, cilindro.

tufo Vaho, emanación, exhalación, efluvio, hedor, fetidez. — *Aroma.*

tugurio Cuchitril, cuartucho, desván, tabuco, antro, covacha, guarida. — *Palacio.*

tullido Baldado, lisiado, mutilado, inválido, paralítico, contrahecho, inútil. — *Capaz, apto, útil.*

tumba Sepultura, sepulcro, mausoleo, panteón, cripta, fosa, sarcófago, nicho.

tumbar Derribar, abatir, tirar, volcar, voltear. — *Levantar.* || **tumbarse** Echarse, acostarse, descansar, tenderse. — *Levantarse.*

tumor Quiste, bulto, dureza, carnosidad, excrecencia, hinchazón.

tumulto Confusión, desorden, alboroto, estrépito, escándalo, riña, pelea, trifulca. — *Orden, paz.*

tunante V. truhán.

tunda Zurra, somanta, felpa, paliza, soba, vapuleo, castigo, meneo. — *Caricias.*

túnel Galería, paso, conducto, corredor, pasaje, pasillo, subterráneo, mina.

túnica Manto, toga, manteo, hábito, sotana, clámide, veste. || Telilla, película, capa, piel, pellejo, cascarilla, escama.

tuntún (al buen) Desordenadamente, confusamente, sin ton ni son. — *Ordenadamente.*

tupé Flequillo, copete, mechón, pelo, guedeja, rizo, bucle. || Descaro, atrevimiento. — *Respeto.*

tupido Denso, compacto, espeso, cerrado, apretado, impenetrable. — *Ralo, suelto.*

turba Tropel, cáfila, horda, caterva, banda, chusma, gentuza, pandilla.

turbación Confusión, aturdimiento, desorientación, vergüenza, desconcierto, duda. — *Seguridad, calma.*

turbar Desconcertar, sorprender, azorar, aturdir, desorientar, preocupar, consternar, enternecer, emocionar, entristecer. — *Calmar.*

turbio Sombrío, opaco, velado, oscuro, sucio, borroso. — *Claro, transpa-*

rente. || Sospechoso, confuso, vago, embrollado, turbulento, enredado, incomprensible. — *Honrado, claro.*

turbulento Escandaloso, tumultuoso, ruidoso, rebelde. — *Dócil.* || V. turbio.

turgente Hinchado, abultado, redondo, abombado, carnoso, tumefacto, opulento. — *Liso.*

turismo Excursión, paseo, viaje, gira, periplo, itinerario, recorrido.

turista Excursionista, visitante, viajero, trotamundos, paseante, peregrino.

turnarse Alternar, cambiar, permutar, renovar, relevar, mudar, sustituir. — *Permanecer.*

turno Tanda, rueda, ciclo, alternativa, período, canje, vuelta, suplencia.

tutela Defensa, protección, amparo, beneficencia, auxilio, guía, orientación. — *Desamparo.*

tutor Defensor, protector, guía, supervisor, consejero, maestro, cuidador.

U

ubérrimo Fecundo, fértil, exuberante, prolífico, rico, abundante, productivo. — *Pobre, estéril.*

ubicar Colocar, poner, situar, disponer, hallarse, estar, encontrarse. — *Quitar.*

ubre Teta, mama, pecho, seno, busto.

ufano Gozoso, alegre, eufórico, satisfecho, contento, optimista, jactancioso, vano, presumido. — *Triste, sencillo.*

úlcera Llaga, lesión, pústula, supuración, matadura, herida.

ulterior Subsiguiente, posterior, siguiente, consecutivo, accesorio, v. último. — *Anterior.*

último Postrero, final, zaguero, posterior, v. ulterior, lejano, actual. — *Primero.*

ultrajar Vejar, mancillar, insultar, agraviar, ofender, injuriar, humillar. — *Enaltecer.*

ultraje Vejación, v. ultrajar.

umbral Paso, acceso, escalón. — *Dintel.* || Principio, comienzo, origen. — *Término.*

unánime Conforme, acorde, coincidente, espontáneo, general, voluntario. — *Restringido.*

unción Fervor, veneración, piedad, devoción, recogimiento. — *Irreligiosidad.*

uncir Atar, sujetar, amarrar, unir, juntar, aparear, acoplar. — *Separar.*

ungüento Unto, untura, pomada, bálsamo, crema, potingue, medicamento.

único Solo, singular, exclusivo, uno, puro, peculiar, característico, escaso. — *Corriente.* || Extraordinario, magnífico, inmejorable. — *Vulgar, malo.*

unidad V. unión. || Número, cifra, cantidad, uno, comparación. || Entidad, esencia, ser, sujeto.

unificar V. unir.

uniforme Parejo, regular, equilibrado, similar, análogo. — *Desparejo.* || Liso, llano, regular, fino, monótono. — *Irregular.* ‖ Guerrera, casaca, sahariana, capote, atuendo, atavío militar.

unión Concordia, unidad, acuerdo, inteligencia, identidad, coincidencia, armonía. — *Discordia.* ‖ Mezcla, fusión, cohesión, reunión, acercamiento, amalgama, combinación, mixtura. — *Separación.* ‖ V. matrimonio.

unir Mezclar, fusionar, reunir, acercar, juntar, agrupar, ligar, vincular, soldar, atar, ensamblar. — *Separar.* ‖ **unirse** Asociarse, aliarse, sindicarse, pactar, federarse. — *Desligarse.* ‖ Casarse, desposarse, contraer matrimonio. — *Divorciarse.* ‖ Ayuntarse, copular, fornicar, aparearse.

universal Mundial, general, internacional, planetario, total, absoluto, completo. — *Local.*

universo Cosmos, infinito, cielo, firmamento, caos, vacío, creación. ‖ Orbe, tierra, planeta, globo, astro.

untar Ungir, engrasar, pringar, cubrir, bañar, aceitar, extender. ‖ Sobornar, comprar, corromper.

uña Garra, zarpa, pezuña, casco, punta, espina, pincho, pico.

urbanidad Cortesía, educación, cultura, corrección, modales, delicadeza. — *Grosería.*

urbano Ciudadano, metropolitano, edilicio, urbanístico, municipal. — *Rústico, campestre.* ‖ Educado, cortés, fino, amable. — *Grosero.*

urbe Ciudad, metrópoli, capital, población, centro, cabeza, emporio. — *Aldea.*

urdir Tramar, intrigar, enredar, confabularse, fraguar, conchabarse, conjurarse, conspirar. — *Descubrir.*

urgente Apremiante, necesario, obligatorio, precipitado, rápido, apresurado. — *Postergable, lento.*

urna Arca, caja, arqueta, receptáculo, vasija, vaso, joyero, estuche.

usanza V. uso.

usar Utilizar, gastar, aprovechar, servirse, disfrutar, dedicar. ‖ Desgastar, raer, sobar.

uso Empleo, utilización, aplicación, provecho, menester. — *Desuso.* ‖ Desgaste, roce, consunción, deterioro, daño, deslucimiento. — *Conservación.*

usual Corriente, común, normal, habitual, ordinario, frecuente, familiar, tradicional. — *Desusado.*

usurero Prestamista, prendero, avaro, explotador, sanguijuela. — *Filántropo.*

utensilio Herramienta, instrumento, artefacto, aparato, útil, trebejo, trasto.

útil Ventajoso, provechoso, lucrativo, fructuoso, beneficioso, rentable, valioso, favorable. || **útiles** Herramientas, v. utensilio.

utilizar Emplear, usar, aprovechar, gastar, disfrutar, explotar, consumir, manipular, manejar. — *Arrinconar, abandonar.*

utopía Quimera, mito, fantasía, ilusión, fábula, capricho, desvarío, ideal. — *Realidad.*

V

vaca Res, vacuno, bovino, ternera, vaquilla, becerra, rumiante, ganado. — Toro.

vacación Descanso, asueto, fiesta, festividad, recreo, reposo, ocio, cierre. — — Trabajo.

vacante Desocupado, libre, expedito, disponible, vacío, abierto, abandonado, ausente. — Ocupado.

vaciar Desocupar, agotar, verter, desagotar, descargar, desembarazar. — Llenar.

vacilante Indeciso, irresoluto, perplejo, inseguro, dudoso, confuso. — Decidido.

vacilar Titubear, dudar, desconfiar, preocuparse. — Decidir. || Oscilar, mecerse, tambalearse. — Inmovilizarse.

vacío Desocupado, libre, descargado, despejado, limpio, evacuado, desagotado, solitario. — Lleno. || Ausencia, carencia, falta, enrarecimiento. — Densidad.

vacuna Vacunación, inoculación, inyección, preservación, profilaxis, inmunización, prevención. — Contagio.

vacuno Bovino, vaca, toro, buey, bóvido, rumiante, res, ganado, cabeza de ganado.

vacuo V. trivial.

vadear Cruzar, pasar, salvar, franquear, traspasar, rebasar, transitar.

vagabundo Trotamundos, errabundo, errante, nómada, callejero, andarín, ambulante. — Estable. || Merodeador, sospechoso, mendigo, holgazán, indeseable, pícaro. — Decente.

vagar Errar, caminar, andar, deambular, merodear, vagabundear, rondar, holgazanear. — Detenerse, ocuparse.

vago Holgazán, gandul, perezoso, apático, ocioso, insolente. — Trabajador. || Truhán, indeseable, v. vagabundo. || Impreciso, confuso, incierto, indeter-

minado, ambiguo, indefi-
nido. — *Determinado,
preciso.*

vagón Carruaje, coche, furgón, vehículo, vagoneta,
compartimiento, unidad.

vahído Vértigo, colapso,
mareo, desmayo, desva-
necimiento, descompos-
tura, ataque, síncope. —
Recuperación.

vaho Vapor, hálito, exhalación, neblina, niebla, efluvio, emanación.

vaivén Balanceo, mecimiento, oscilación, tumbo,
bamboleo. — *Inmovili-
dad.* || Fluctuación, mu-
danza, variación, inesta-
bilidad, altibajo. — *Estabilidad.*

vale Bono, talón, recibo,
nota, resguardo, pape-
leta.

valentía Coraje, intrepidez,
valor, temple, hombría,
heroísmo, audacia, bra-
vura, osadía. — *Cobar-
día.*

valentón Fanfarrón, bravucón, camorrista, jactan-
cioso, matasiete, perdo-
navidas. — *Prudente, ca-
bal.*

valer Costar, importar, totalizar, ascender, montar,
desembolsar, subir, su-
mar. || Servir, aprove-
char, satisfacer, ayudar,
convenir, interesar, pro-
ducir. — *Desaprovechar.*

valeroso V. valiente.

válido Legal, legítimo, justo, vigente, efectivo, permitido. — *Ilegal.*

valiente Valeroso, audaz,
intrépido, osado, temera-
rio, corajudo, decidido,
animoso. — *Cobarde.*

valija Maleta, baúl, maletín, equipaje, bulto.

valioso Inestimable, precioso, meritorio, aprecia-
do, único, insustituible.
— *Insignificante, inútil.*

valor Coraje, v. valentía. ||
Precio, estimación, coste,
costo, importe, total,
cuantía, monto, gasto. ||
Mérito, atractivo, beneficio, provecho, utilidad,
importancia, trascenden-
cia. — *Inutilidad.*

valla Cercado, barrera, cerco, tapia, vallado, verja,
empalizada, estacada.

valle Vaguada, cuenca, cañada, hondonada, desfi-
ladero, garganta, quebra-
da, paso, cañón. — *Lla-
no.*

vanagloriarse Jactarse, envanecerse, alardear, fan-
farronear, presumir. —
Disculparse, humillarse.

vandalismo Barbarie, crueldad, saña, violencia, atrocidad, impiedad, feroci-
dad. — *Civilización, cultura.*

vanguardia Frente, delantera, avanzada, primera
línea. — *Retaguardia.*

vanidad Orgullo, altivez,
engreimiento, altanería,
impertinencia, soberbia,
jactancia. — *Humildad.*

vapor V. vaho.

vaporoso Tenue, sutil, ligero, etéreo, impalpable,

flotante, volátil, grácil.
— *Pesado.*

vara Palo, pértiga, percha, fusta, bastón, varilla, cayado, garrote, estaca, asta, báculo.

variable Inestable, inconstante, inseguro, mudable, versátil, irregular. — *Fijo, constante.*

variado Abundante, diverso, distinto, vario, ameno, diferente, entretenido, heterogéneo. — *Monótono.*

variar Modificar, cambiar, mudar, alterar, reformar, innovar, revolucionar, corregir. — *Mantener, conservar.*

variedad Abundancia, v. variado.

vario V. variado.

varón Hombre, macho, individuo, caballero, señor, persona, sujeto masculino. — *Hembra.*

varonil Masculino, viril, enérgico, hombruno, firme, macho, poderoso. — *Femenino.*

vasallo Siervo, servidor, esclavo, villano, plebeyo, tributario, feudatario. — *Amo.*

vasija Jarra, jarro, recipiente, jarrón, cacharro, cántaro, cuenco, búcaro, vaso (v.).

vaso Copa, cáliz, jarro, copón, vasija (v.).

vástago Hijo, descendiente, heredero, retoño, sucesor, familiar. — *Ascendiente.* || Cogollo, brote,

renuevo, capullo, retoño, tallo. — *Planta, tronco.*

vasto Inmenso, infinito, extenso, dilatado, amplio, enorme, ancho, grande. — *Reducido.*

vate V. poeta.

vaticinar Presagiar, augurar, adivinar, prever, pronosticar, profetizar. — *Confirmar.*

vecino Próximo, cercano, contiguo, inmediato, adyacente, lindante. — *Lejano.* || Conciudadano, compañero, domiciliado, habitante, residente, poblador. — *Forastero.*

vedar Prohibir, privar, limitar, vetar, impedir, ordenar, acotar. — *Autorizar, liberar.*

vedette* Estrella, astro, primera figura, luminaria, celebridad, personaje, artista de fama. — *Comparsa.*

vegetal Planta, hortaliza, verdura, legumbre, verde, mata, arbusto. — *Mineral.*

vehemente Fogoso, ardoroso, impetuoso, apasionado, efusivo, entusiasta, furioso. — *Apático.*

vehículo Carruaje, carricoche, carromato, artefacto, coche, auto, camión.

vejación Agravio, ofensa, injuria, humillación, ultraje, insulto. — *Alabanza.*

vejar Injuriar, agraviar, afrentar, v. vejación.

vejestorio Carcamal, veterano, vejete, maduro, setentón, decrépito, senil. — *Mozalbete.*

vejez Ancianidad, senectud, madurez, longevidad, decrepitud, ocaso, veteranía. — *Juventud.*

vela Cirio, candela, bujía, blandón, hachón. || Trapo, paño, lona, velamen.

velada Reunión, fiesta, tertulia, festejo, sarao, recepción, gala, celebración.

velado Turbio, opaco, oscuro, nebuloso, gris, vago, nublado, sucio, confuso, misterioso. — *Claro.*

velar Trasnochar, vigilar, acompañar, asistir, proteger, despabilarse. — *Dormir.* || Encubrir, disimular, ocultar, enturbiar. — *Aclarar, mostrar.*

veleidoso Frívolo, voluble, caprichoso, cambiante, inconstante. — *Constante.*

velo Mantilla, rebozo, gasa, tul, manto, pañuelo, toca, mantón. || Nube, cortina, obscuridad. — *Claridad.*

velocidad Rapidez, v. veloz.

veloz Rápido, ligero, pronto, vivaz, apresurado, ágil, urgente, activo, raudo. — *Lento.*

vello Bozo, pelusa, pelo, vellosidad, cerda.

velloso Velludo, peludo, hirsuto, tupido, erizado. — *Lampiño.*

venablo Lanza, dardo, flecha, jabalina.

venado Corzo, ciervo, gamo, rebeco, antílope, gacela, mamífero.

vencer Triunfar, ganar, dominar, conquistar, arrollar, derrotar, aplastar, batir. — *Perder.*

venda Tira, faja, gasa, banda, apósito, compresa.

vendar Cubrir, ligar, sujetar, inmovilizar, fajar, curar, cuidar. — *Descubrir.*

vendaval V. viento.

vendedor Comerciante, tendero, mercader, traficante, negociante, tratante, minorista, mayorista. — *Comprador.*

vender Ceder, traspasar, adjudicar, enajenar, saldar, comerciar, traficar, especular. — *Comprar.*

veneno Tóxico, ponzoña, tósigo, toxina, bebedizo, pócima, filtro. — *Antitóxico.*

venerable Respetable, solemne, majestuoso, noble, virtuoso, patriarcal, reverendo. — *Despreciable.*

veneración Consideración, respeto, v. venerar.

venerar Considerar, respetar, reverenciar, admirar, celebrar, honrar, idolatrar. — *Desdeñar.*

venganza Castigo, resarcimiento, satisfacción, reparación, escarmiento, represalia, desquite, pena, revancha, ajuste. — *Perdón, reconciliación.*

vengativo Rencoroso, sañudo, malévolo, irrecon-

ciliable, solapado. — *Noble, magnánimo.*

venia Autorización, permiso, consentimiento, licencia, conformidad. — *Pro-
hibición.* || Reverencia,
saludo, inclinación, ho-
menaje, cortesía. — *Des-
cortesía.*

venial Leve, ligero, intrascendente, despreciable,
minúsculo. — *Mortal, ca-
pital.*

venir Regresar, llegar, volver, retornar, arribar,
reintegrarse, presentarse.
— *Ir, marchar.*

venta Transacción, cesión,
negocio, acuerdo, traspa-
so, trato, suministro, despacho, oferta, comercio,
liquidación. — *Compra.* ||
Mesón, figón, fonda, al-
bergue, parador, hoste-
ría.

ventaja Cualidad, virtud,
valor, beneficio, utilidad,
atributo, superioridad,
provecho, ganga. — *Des-
ventaja, inconveniente.*

ventajoso Útil, provechoso,
favorable, beneficioso, lucrativo, productivo, ren-
didor. — *Perjudicial.*

ventana Abertura, hueco,
ventanal, ventanuco, tra-
galuz, claraboya, crista-
lera, mirador.

ventilar Airear, purificar,
refrescar, orear, abrir,
renovar, secar. — *Enra-
recer.*

ventisca Borrasca, v. viento.

venturoso Feliz, afortuna-

do, dichoso, próspero,
plácido, contento, placentero. — *Desdichado.*

ver Mirar, observar, apreciar, divisar, percibir, reparar, distinguir. — *Ce-
garse.* || Estudiar, consi-
derar, examinar, com-
prender. — *Ignorar.*

veracidad Sinceridad, v. veraz.

veraneo Vacaciones, asueto, descanso, recreo, ocio,
reposo, holganza. — *Tra-
bajo.*

veraz Sincero, franco, honrado, fiel, leal, verdadero, claro, real, serio. —
Mentiroso.

verbena Fiesta, festejo, feria, festividad.

verbo Palabra, frase, lengua, vocablo, lenguaje.

verboso Locuaz, charlatán,
facundo, gárrulo, pala-
brero, desenvuelto. —
Parco.

verdad Prueba, evidencia,
certidumbre, certeza,
exactitud, dogma, axio-
ma, autenticidad, decla-
ración. — *Mentira.*

verdadero Real, cierto,
auténtico, exacto, positivo, indiscutible. — *Ine-
xacto, falso.*

verde Lozano, fresco, jugoso, sano, frondoso. —
Seco. || V. obsceno.

verdura Legumbre, hortaliza, vegetal, planta, verde,
hoja, fronda, espesura,
ramaje.

vereda Senda, camino, sendero, trocha, travesía.

veredicto Sentencia, dictamen, fallo, resolución, juicio, decisión, condena.

vergonzoso Tímido, v. vergüenza.

vergüenza Timidez, indecisión, modestia, retraimiento, rubor, embarazo, escrúpulo. — Desvergüenza. || Deshonor, ignominia, degradación, escándalo, indecencia. — Honra.

verificar Examinar, comprobar, cotejar, revisar, controlar, repasar, demostrar. — Omitir.

verja Reja, enrejado, alambrada, barrera, cerca, barandilla, valla (v.).

vermut Aperitivo, bebida, tónico, estimulante, licor.

vernáculo Local, doméstico, nativo, familiar, regional, propio, peculiar, comarcal. — Nacional, general.

verosímil Admisible, posible, aceptable, probable, verdadero, creíble. — Increíble, inverosímil.

versátil V. voluble.

versión Interpretación, relato, explicación, aclaración, traducción.

verso Estrofa, parte, poema, balada, poesía, oda, copla, cantar. — Prosa.

verter Vaciar, echar, derramar, volcar, evacuar. — Llenar. || Traducir, interpretar.

vertical Perpendicular, normal, recto, derecho, erecto, erguido, escarpado, empinado. — Horizontal.

vértice Punto, ápice, punta, remate, ángulo, extremo, cúspide, cumbre, cima, culminación. — Base.

vertiente Ladera, declive, perpendicular, falda, talud, desnivel. — Llano.

vertiginoso Raudo, rápido, veloz, ligero, activo, alado, acelerado, dinámico. — Lento.

vértigo Vahído, mareo, aturdimiento, desfallecimiento, desmayo. — Recuperación.

vestíbulo Recibidor, recibimiento, portal, zaguán, porche, entrada, atrio, sala.

vestido Prenda, traje, atavío, ropaje, ropa, indumento, ajuar, guardarropa, vestuario. — Desnudez.

vestigio Rastro, traza, indicio, residuo, reliquia, remanente, trozo, partícula. — Totalidad.

vestir Cubrir, ataviar, acicalar, adornar, llevar, ponerse, usar, lucir. — Desvestirse.

veta Faja, lista, banda, estría, ribete, filón, vena, masa, yacimiento.

vetar V. vedar.

veterano Antiguo, experimentado, ducho, diestro, competente, preparado, fogueado. — Novato.

veto Censura, oposición, negativa. — Aprobación.

vetusto Decrépito, achacoso, añoso, viejo, caduco, decadente. — *Flamante, nuevo.*

vez Turno, mano, ciclo, tanda, rueda. || Tiempo, ocasión, momento, oportunidad, circunstancia.

vía Riel, carril, raíl, hierro. || Camino, ruta, vereda, senda, calle, carretera, arteria.

viajar Recorrer, a n d a r, desplazarse, peregrinar, ausentarse, deambular, errar. — *Permanecer.*

viaje Periplo, camino, jornada, recorrido, tránsito, marcha, desplazamiento. — *Permanencia.*

viajero Excursionista, pasajero, caminante, turista, transeúnte, peregrino, trotamundos. — *Sedentario.*

vianda Alimento, comida, sustento, manduca, manjar.

víbora Culebra, serpiente, ofidio, reptil, cascabel.

vibrar Trepidar, temblar, agitarse, menearse, oscilar, convulsionarse, tremolar.

viceversa A la inversa, al revés, al contrario.

vicio Corrupción, descarrío, extravío, perjuicio, perversión, daño, depravación. — *Virtud.*

vicioso Corrompido, v. vicio.

víctima Herido, perjudicado, lesionado, mártir, sacrificado, torturado. — *Victimario.*

victoria Triunfo, éxito, trofeo, conquista, premio, dominio, honor, aureola. — *Derrota.*

victorioso Vencedor, triunfal, ganador, i n v i c t o, conquistador, campeón, heroico. — *Derrotado.*

vida Existencia, subsistencia, paso, tránsito, supervivencia, vigor, energía. — *Muerte.* || Biografía, historia, relación, crónica, hazañas.

vidente Adivino, profeta, mago, augur, nigromante, hechicero, médium.

vidriera Cristalera, ventanal, escaparate, vitral.

vidrio Cristal, vidriado, espejo.

viejo Anciano, provecto, senil, decrépito, maduro, veterano, achacoso, longevo. — *Joven.* || Antiguo, arcaico, primitivo, lejano, vetusto, rancio. — *Flamante.*

viento Brisa, aire, ráfaga, airecillo, céfiro, aura, corriente, racha, vendaval, ventarrón, huracán, ciclón. — *Calma.*

vientre Barriga, panza, abdomen, tripa, mondongo, estómago, intestinos, grasas, gordura. — *Delgadez.*

viga Madero, traviesa, leño, puntal, poste, tirante, durmiente, listón.

vigía Centinela, guardián, cuidador, sereno, vigilante.

vigilancia Custodia, guardia, defensa, protección,

desvelo, inspección, examen, vigilia. — *Descuido*.

vigilante Atento, cuidadoso, precavido, alerta. — *Descuidado*. || Guardia, guarda, policía, agente, cuidador. — *Delincuente*.

vigilar Custodiar, v. vigilancia.

vigilia Desvelo, vela, insomnio, trasnochada. — *Sueño*. || Ayuno, abstinencia, dieta. — *Comida*.

vigor Fuerza, poder, corpulencia, pujanza, potencia, energía, reciedumbre. — *Debilidad*.

vil Indigno, ruin, abyecto, servil, vergonzoso, bochornoso, ignominioso. — *Noble*.

vilipendio V. calumnia.

villa V. población.

villano Ruin, v. vil. || Plebeyo, siervo, vasallo, rústico, tosco, pueblerino. — *Distinguido*.

vínculo Unión, enlace, ligadura, ligazón, lazo, fusión, parentesco, familiaridad. — *Separación*.

violar Quebrantar, transgredir, vulnerar, infringir, contravenir, dosobedecer, abusar. — *Obedecer*. || Desflorar, profanar, desvirgar, forzar, deshonrar.

violento Intenso, vehemente, fogoso, rudo, furioso, agresivo, cruel, brusco, fanático, salvaje. — *Sereno, suave*.

violeta Morado, violado,

violáceo, cárdeno, amoratado.

virgen Doncella, adolescente, impúber, moza, señorita. — *Casada, desflorada*. || Puro, virginal, casto, inmaculado, limpio, inocente, virtuoso. — *Mancillado*. || Inexplorado, remoto, aislado, impenetrable. — *Explorado*.

virginidad Pureza, castidad, inocencia, candidez, virtud, doncellez. — *Mancilla*.

viril Masculino, varonil, hombre, potente, fértil, poderoso, resuelto, macho. — *Afeminado*.

virtud Castidad, v. virginidad. || Honradez, honestidad, moralidad, caridad, modestia, probidad, integridad. — *Deshonestidad*. || Cualidad, ventaja, facultad, aptitud, beneficio, particularidad. — *Defecto*.

virtuoso Casto, honrado, v. virtud.

visaje Mueca, expresión, gesto, guiño, mímica, aspaviento, mohín, seña, ademán.

viscoso Pegajoso, espeso, adherente, pringoso, adhesivo, untuoso, grasiento. — *Seco*.

visible Claro, diáfano, transparente, luminoso puro, límpido, perceptible, evidente, manifiesto. — *Invisible, oscuro*.

visión Vista, visualidad,

ojo, vistazo. || Alucinación, sueño, ensueño, quimera, fantasía. — *Realidad.* || Trasgo, duende, fantasma, aparición. || Perspicacia, agudeza, intuición, previsión. — *Torpeza.*

visita Visitante, invitado, convidado, agasajado, relación, amistad. — *Desconocido.* || Entrevista, saludo, convite, agasajo, encuentro, audiencia. — *Ausencia.*

visitar Invitar, entrevistar, v. visita.

vislumbrar Divisar, entrever, atisbar, columbrar, distinguir, percibir, sospechar. — *Omitir.*

vista V. visión. || Panorama, paisaje, perspectiva, espectáculo, panorámica. || Perspicacia, agudeza, intuición, previsión. — *Torpeza.*

vistazo Ojeada, mirada, atisbo, visual.

vistoso Atractivo, sugestivo, seductor, bonito, encantador, fascinador, llamativo, espectacular. — *Deslucido.*

vital Trascendental, grave, importante, indispensable, valioso, — *Insignificante.* || Vivaz, estimulante, activo, vigoroso. — *Decaído.*

vitalidad Dinamismo, energía, vivacidad, exuberancia, vigor, pujanza. — *Decaimiento.*

vitorear Aclamar, ovacionar, aplaudir, loar, homenajear, exaltar. — *Abuchear.*

vitrina Armario, estantería, aparador, escaparate, vasar, mueble, rinconera.

vituperar Censurar, calumniar, recriminar, difamar, denigrar, afear. — *Alabar.*

vivaracho Alegre, travieso, bullicioso, vivaz, enérgico, activo, dinámico, listo, agudo. — *Tardo, cachazudo.*

víveres Comestibles, vituallas, provisiones, alimentos, abastecimientos, suministros, abasto.

viveza V. vivacidad.

vívido Real, crudo, auténtico, verídico, efectivo, realista. — *Fingido.*

vividor Parásito, gorrón, comensal, sablista. — *Honrado.*

vivienda Morada, casa, residencia, domicilio, hogar, habitación, finca, techo.

vivificante Estimulante, reconfortante, tonificante, excitante, saludable. — *Deprimente.*

vivir Existir, ser, subsistir, coexistir, prevalecer, vegetar, respirar, alentar. — *Morir.*

vivo Viviente, existente, prevaleciente, vitalicio, superviviente. — *Muerto.* || Vivaracho, ágil, rápido, activo. — *Cachazudo.*

vocablo Palabra, término, dicho, expresión, locución, verbo.

vocabulario Léxico, terminología, repertorio, glosario, lista, diccionario, v. vocablo.

vocación Inclinación, propensión, afición, don, aptitud, preferencia, facilidad, disposición. — *Repulsión.*

vocear Chillar, gritar, vociferar, aullar, bramar, desgañitarse, rugir. — *Callar.*

vocerío Griterío, alboroto, clamor, escándalo, algarabía, bullicio, bulla, batahola, confusión. — *Silencio.*

vociferar V. vocear.

volante Impreso, hoja, aviso, apunte, octavilla, papel, panfleto, cuartilla. ‖ Volador, volátil. — *Terrestre.* ‖ Rueda, aro, anillo, redondel, corona.

volar Planear, remontarse, elevarse, surcar, revolotear, deslizarse, descender. — *Aterrizar.* ‖ Correr, trotar, apresurarse, acelerar. — *Retrasarse.* ‖ Estallar, reventar, explotar, saltar, desintegrarse.

volcánico Fogoso, ardiente, impetuoso, violento, arrebatado, frenético. — *Sereno, apacible.*

volcar Tumbar, caer, abatir, derrumbar, tirar, torcer, invertir, desnivelar. — *Enderezar.*

voltear Rodar, girar, virar, moverse, menearse, oscilar. — *Inmovilizarse.*

voltereta V. pirueta.

voluble Frívolo, versátil, caprichoso, inconstante, ligero, casquivano, veleidoso, cambiante. — *Cabal, constante.*

volumen Masa, espacio, dimensión, bulto, magnitud, mole. ‖ Capacidad, cabida, tonelaje. ‖ Libro, tomo, ejemplar, cuerpo, parte.

voluminoso Corpulento, abultado, amplio, grande, considerable, vasto, ingente. — *Pequeño.*

voluntad Deseo, gana, antojo, ansia, anhelo, empeño, pasión. — *Apatía.* ‖ Tenacidad, energía, firmeza, tesón, constancia. — *Debilidad.* ‖ Mandato, orden, disposición, encargo, decisión. — *Enmienda, revocación.*

voluntario Libre, espontáneo, facultativo, discrecional, intencionado. — *Involuntario.*

voluntarioso Caprichoso, obstinado, terco, tozudo. — *Razonable.* ‖ Servicial, solícito, tenaz, tesonero. — *Desconsiderado, apático.*

voluptuoso Sensual, erótico, apasionado, sibarita, epicúreo, delicado, lascivo. — *Casto.* ‖ Delicioso, placentero, mórbido, exquisito. — *Desagradable.*

volver Regresar, retornar,

venir, llegar, repatriarse, retroceder, recular. — *Ir, marchar.*

vomitar Devolver, regurgitar, lanzar, arrojar, expulsar, echar, marearse.

vómito Náusea, arcada, asco, basca, ansia, angustia, espasmo, desazón.

vorágine V. torbellino.

voraz Glotón, tragón, hambrón, insaciable, intemperante, comilón. — *Inapetente.*

votación Sufragio, plebiscito, elección, comicios, voto, referéndum, nombramiento, propuesta. — *Abstención.*

votar Elegir, emitir, nombrar, designar, proponer, presentar. — *Abstenerse.*

voto Papeleta, sufragio, boleto, talón. || Promesa, ofrecimiento, ruego, juramento, ofrenda. — *Abstención.* || Blasfemia, reniego, imprecación, palabrota. — *Alabanza.* || Decisión, dictamen, juicio, sentencia.

voz Sonido, fonación, emisión, lenguaje, dicción, fonética. || V. vocablo. || Grito, alarido, chillido, exclamación, aullido, queja. — *Silencio.*

vuelco Volteo, tumbo, giro, caída. — *Enderezamiento.* || Cambio, transformación, alteración. — *Persistencia.*

vuelo Planeo, evolución, revoloteo, ascenso, descenso, subida, bajada, acrobacia. — *Aterrizaje.*

vuelta Giro, rotación, volteo, rodeo, viraje, círculo, traslación, curva. || Recodo, ángulo, esquina, curva. || Regreso, retorno, venida, llegada, retroceso, repetición. — *Ida.*

vulgar Ordinario, chabacano, plebeyo, rústico, ramplón, basto, tosco, prosaico, bajo. — *Extraordinario.*

vulgarizar Divulgar, difundir, familiarizar, generalizar, pluralizar, popularizar. — *Preservar, ocultar.*

vulgo Plebe, gentuza, masa, turba, morralla, hez, horda, patulea. — *Aristocracia.*

vulnerable Frágil, indefenso, flojo, inseguro, inerme, indeciso. — *Fuerte, enérgico.*

vulnerar Dañar, perjudicar, herir, quebrantar, infringir, violar, transgredir. — *Obedecer, favorecer.*

W

water-closet* Excusado, lavabos, servicios, letrina, evacuatorio, baño, retrete.

week-end* Fin de semana, descanso, asueto. — *Trabajo*.

western* Película del Oeste, filme, cinta.

whisky Güisqui, licor.

X

xenofobia Odio, rencor, hostilidad hacia los extranjeros, patriotería, fanatismo, intransigencia. — *Hospitalidad*, *cortesía*.

Y

yacer Tenderse, echarse, acostarse, tumbarse, extenderse, reposar. — *Incorporarse*.

yacimiento Filón, mina, explotación, cantera, placer, depósito, reserva.

yanqui Norteamericano, estadounidense, americano, gringo.

yate Velero, goleta, balandro, barca, nave, embarcación de vela.

yegua Potranca, potra, jaca, hembra del caballo.

yelmo Morrión, casco, almete, celada, capacete.

yermo Baldío, estéril, infecundo, infructuoso, árido, estepario, desértico. — *Fértil.*

yerro Error, equivocación, incorrección, descuido, omisión, inadvertencia. — *Acierto.*

yerto Tieso, rígido, agarrotado, helado, exánime, inmóvil, quieto. — *Animado, cálido.*

yeso Cal, tiza, escayola, estuco, pasta.

yugo Opresión, esclavitud, servidumbre, sumisión, tiranía, despotismo. — *Libertad.*

yunta Pareja, p a r, yugada.

yuxtaponer Juntar, adosar, arrimar, enfrentar, acercar. — *Separar, alejar.*

Z

zafarse Soltarse, libertarse, desembarazarse, escabullirse, huir. — *Permanecer.*

zafarrancho Refriega, riña, trifulca, marimorena, alboroto. — *Paz, tranquilidad.*

zafio Cerril, grosero, vulgar, ordinario, tosco, rudo, patán, cafre, rústico. — *Refinado.*

zaga Retaguardia, cola, extremidad, extremo, punta, final. — *Delantera.*

zaguán Vestíbulo, portal, soportal, porche, recibidor, entrada.

zaherir V. vejar.

zalamero Adulador, adulón, lisonjero, pelotillero, cobista, lavacaras. — *Sincero, sobrio.*

zamarrear Menear, sacudir, estremecer, agitar, zarandear, maltratar. — *Respetar, sujetar.*

zambo Patizambo, torcido, deforme. — *Normal.*

zambullirse Sumergirse, chapuzarse, saltar, bucear. — *Emerger, salir.*

zampar Tragar, devorar, atiborrarse, embaular, embuchar, comer, engullir. — *Devolver.*

zanca Pata, muslo, pierna, miembro, remo.

zancada Paso, tranco, marcha.

zancadilla Traspié, estorbo, tropiezo, traba, obstáculo, engaño, treta, celada. — *Facilidad.*

zángano Holgazán, gandul, perezoso, haragán, ocioso, desidioso, indolente. — *Activo, trabajador.*

zanja Surco, cuneta, arroyada, conducto, aradura, cauce, trinchera.

zanjar Solucionar, allanar, vencer, dirimir, liquidar, resolver. — *Complicar.*

zapatilla Chancleta, pantufla, alpargata, chancla, chinela, sandalia, babucha, chapín.

zapato Calzado, bota, botín, escarpín, mocasín, v. zapatilla.

zaparrastroso Andrajoso, harapiento, desastrado. — *Pulcro.*

zarandear Menear, agitar, sacudir, estremecer, maltratar. — *Respetar.*

zarcillo Pendiente, aro, arete, pinjante, colgante, arracada, joya, alhaja.

zarpa Garra, mano, garfa, uñas.

zarpazo Arañazo, rasguño, uñada, desgarrón, herida.

zarza Maleza, espesura, maraña, fronda, breñal, matorral, soto.

zascandil Mequetrefe, tarambana, chiquilicuatro, informal, enredador. — *Formal, serio.*

zigzag Serpenteo, culebreo, ondulación.

zócalo Pedestal, base, peana, podio, basamento, rodapié, recubrimiento.

zoco Mercado, feria, lonja, baratillo.

zona Franja, lista, faja, círculo, límite, banda, parte, sector, región, país, área, distrito.

zopenco Bruto, tosco, rudo, tonto, zoquete. — *Listo.*

zoquete V. zopenco.

zorro Astuto, pícaro, disimulado, marrullero, ladino, sagaz, hipócrita. — *Sincero.*

zozobra Desasosiego, inquietud, angustia, ansiedad, incertidumbre. — *Tranquilidad.*

zozobrar Naufragar, volcar, encallar, irse a pique. — *Salir a flote.*

zumbar Silbar, susurrar, sonar, pitar, resonar, ulular, mosconear.

zumo Caldo, jugo, extracto, esencia, agua, néctar, substancia, líquido.

zurcir Coser, remendar, reforzar, hilvanar, arreglar, componer, unir. — *Descoser.*

zurra Tunda, azotaina, vapuleo, somanta, meneo, paliza, leña. — *Caricias.*

zurrar Vapulear, pegar, azotar, apalear, aporrear, castigar. — *Acariciar.*

zurriago Látigo, correa, azote, fusta, vergajo, tralla, rebenque, flagelo, cinto.

zurrón Mochila, talego, bolsa, saco, morral, escarcela, macuto.

zutano Fulano, mengano, robiñano, perengano, citano, uno, cualquiera.